Au Nom

d'ALLAH

le Miséricordieux, le Compatissant

La personnalité de la musulmane

- Titre: ***La personnalité de la musulmane***
- Auteur: Dr Mohammed AL HACHIMI
- Traduit par: Abdelkarim KENDOUS
- 2ème édition Française - 2007
- Mise en page: Hicham Challah
- Cover Design: Samo Press Group
- Filming: Samo Press Group

La personnalité de la musulmane

شخصية المرأة المسلمة

Dr Mohammed AL HACHIMI

Traduit par :
Abdelkarim KENDOUS

INTERNATIONAL ISLAMIC PUBLISHING HOUSE

King Fahd National Library Cataloging-in-Publication Data

Al-Hashimi, Muhammad A.M.

La personnalité de la musulmane : Muhammad A.M. Al-Hashimi ; Traduit par: Abdelkarim Kendous ; 2ème édition - Riyadh, 2007

...p. ; ... cm

ISBN Hard Cover: 9960-9748-4-7
ISBN Soft Cover: 9960-9748-3-9

1- Islamic ethics 2-Islamic culture 3-Women in Islam
I- Title

219.1 dc

ISBN Hard Cover: 9960-9748-4-7 Legal Deposit no. 1427/1685
ISBN Soft Cover: 9960-9748-3-9 Legal Deposit no. 1427/1683

International Islamic Publishing House (IIPH)
P.O.Box 55195 Riyadh 11534, Saudi Arabia
Tel: 966 1 4650818 - 4647213 - Fax: 4633489
E-Mail: iiph@iiph.com.sa - www.iiph.com.sa

Veuillez participer à ce travail noble en transmettant vos commentaires par e-mail, fax ou à l'adresse postale.

INTRODUCTION

Louanges à Allah. Des louanges multiples, pures et bénies, qui siéent à la Majesté de Sa Face et à la Magnificence de Son Pouvoir — (ﷻ)! Et que la miséricorde et le salut soient accordés à notre Maître Mohammed (ﷺ), le plus noble parmi les Prophètes et les Messagers, celui qui a été envoyé en tant que miséricorde pour l'Humanité toute entière!

Depuis bien longtemps, l'idée d'écrire un ouvrage sur la musulmane était un souhait qui ne cessait de me frôler l'esprit. L'objectif essentiel de ce projet était de mettre en exergue le statut de prestige que l'Islam lui a octroyé.

Dans cette perspective, l'idée consistait principalement à illustrer, par écrit, les traits essentiels de la personnalité de la musulmane, éclairée par les Enseignements de l'Islam, consciente de ses principes et conforme à ses préceptes.

Cependant, et malgré mon attachement intense à ce projet ainsi que ma ferme volonté de le mettre à jour, je ne pus le réaliser en temps voulu à cause d'occupations débordantes qui m'en ont détourné. Les années passaient, mais l'idée ne quitta point mon esprit. Au contraire, ces obstacles ne faisaient que consolider mon attachement à mon objectif et raviver mon intention de le concrétiser. Cela dura jusqu'à cette année, 1415 H-*1994, l'année où Allah m'a honoré en m'accordant l'appui nécessaire pour écrire le présent ouvrage.*

La volonté d'exposer clairement les traits distinctifs de la personnalité de la musulmane a été essentiellement suscitée par les contradictions flagrantes que j'ai pu constater dans sa réalité vécue.

Il y a en effet des contradictions comportementales qui vont d'un extrême à l'autre, d'un rigorisme exagéré à une négligence indifférente. Ainsi, il arrive de constater qu'une musulmane soit pieuse en réservant aux actes cultuels l'observance nécessaire, mais néglige sa propreté physique en ne lui accordant aucune importance, au point de provoquer la répugnance des gens.

A l'opposé, d'autres femmes s'occupent soigneusement de leur hygiène et de leur santé, mais négligent ou manquent à leurs devoirs religieux. D'autres aussi accomplissent avec rigueur les cultes obligatoires, mais n'adhèrent pas à la conception authentique de l'Islam concernant l'être humain, la vie et l'Univers.

Dans d'autres cas, elles adhèrent à cette conception et appliquent tout ce qui est cultuel, mais négligent les valeurs morales prônées par l'Islam. On ne s'étonnera donc pas de les voir nuire à leurs voisins, ou s'adonner à la médisance et à la calomnie, etc.

D'autres encore se comportent convenablement avec les personnes qui n'appartiennent pas à leurs familles, mais manquent aux droits dus à leurs parents. Il en est même qui adoptent une tenue négligée en présence de leurs époux, mais se font belles et élégantes devant les autres femmes. Il arrive aussi qu'elles soient dévouées à leurs époux, mais ne les encouragent pas à être bienveillants envers leurs père et mère et à accomplir les bonnes œuvres, ou ne s'occupent pas de leurs enfants et négligent leur éducation.

Dans le domaine des relations sociales, il y a des femmes qui observent correctement tout ce qui se rapporte au culte et à leurs devoirs envers père et mère, époux et enfants, mais qui manquent à leurs obligations envers leurs proches. Ou qui observent de tels devoirs mais ne s'intéressent point à la Communauté musulmane et négligent leurs liens avec les autres membres de la société, en s'occupant exclusivement de leurs affaires privées.

Certaines musulmanes s'acquittent pleinement de leurs devoirs privés et relationnels, mais négligent complètement l'acquisition du savoir et l'enrichissement de leurs connaissances. A l'opposé, il y en a d'autres qui s'adonnent pleinement à l'acquisition du savoir, mais négligent leurs ménages, leurs époux et leurs enfants.

Ces paradoxes étonnants, et bien d'autres, existent effectivement dans les sociétés musulmanes contemporaines. Mais le plus étonnant est de les constater, tous ou en partie, dans le comportement de musulmanes censées être instruites et imprégnées d'une culture islamique non négligeable.

A notre avis, cela est dû, dans certains cas, à la négligence ou à l'indifférence. Dans d'autres cas, la cause en est l'absence d'une connaissance parfaite concernant la notion d'équilibre à partir duquel l'Islam a fondé une conception globale vis-à-vis de l'être humain, la vie et l'Univers. Car, selon cette notion d'équilibre et de complémentarité, tout élément de la vie doit être satisfait, et aucun de ses aspects ne doit être négligé au profit d'un autre.

Quiconque examine attentivement les Textes du Coran et de la Sunna authentique qui définissent le comportement idéal de la femme musulmane sur le double plan individuel et social pourrait agréablement s'étonner devant la multitude de ces Textes et leur aspect global qui va des détails mineurs de la vie humaine jusqu'aux principes essentiels et globaux. L'ensemble des Enseignements tirés de ces Textes vise à éclairer le droit chemin pour la femme musulmane. Le chemin qui lui assure, in chaa Allah, *bonheur et succès dans ce bas monde, et lui procure rétribution et salut dans l'autre.*

Cependant, il existe un grand décalage entre ces Enseignements sublimes et le comportement assez souvent contradictoire de la femme contemporaine qui se réclame de l'Islam. D'où la nécessité, pour elle, de connaître les caractéristiques de sa personnalité originelle, celle définie par le Coran et la Sunna du Prophète (ﷺ),

car c'est en s'évertuant à adopter ces caractéristiques qu'elle parviendra à atteindre le haut rang qui fait d'elle une femme distinguée — par ses sentiments, sa mentalité, son comportement et ses relations avec les autres.

Atteindre ce haut niveau n'est pas une ambition dont les effets positifs profitent uniquement à la femme, car ils se projettent aussi dans la vie de l'Humanité tout entière.

Cela revient au rôle déterminant que la femme assume dans le façonnement de l'avenir de toute société. C'est elle, en effet, qui contribue de manière considérable à instaurer l'affection, la quiétude, la stabilité, la satisfaction et le bonheur au sein du foyer. C'est elle aussi qui a un rôle décisif dans l'éducation des générations futures en enracinant en elles l'ambition et la vertu.

Seule la musulmane est donc apte à diffuser toutes ces valeurs dans le monde d'aujourd'hui, un monde où la femme souffre péniblement de la philosophie matérialiste qui a imposé aux sociétés non islamiques un mode de vie infernal. Elle ne parviendra, cependant, à atteindre cet objectif qu'en ayant une connaissance parfaite des Sources pures qui lui permettent de façonner sa personnalité conformément aux Enseignements d'Allah (ﷻ) et de Son Messager (ﷺ), pour devenir ainsi une femme distinguée.

C'est dans le but d'exposer les traits distinctifs de cette personnalité que j'ai rédigé le présent ouvrage. Après avoir compilé les Textes du Coran et de la Sunna relatifs au sujet, je les ai classifiés par thèmes. Cet effort a donné lieu au plan suivant qui regroupe des développements traitant de la quasi-totalité des questions relatives à la vie de la femme, aussi bien sur le plan privé que sur le plan public:

1 - Le comportement de la musulmane vis-à-vis du Seigneur.

2 - Son comportement vis-à-vis d'elle-même.

3 - Son comportement vis-à-vis de ses père et mère.

4 - Son comportement vis-à-vis de son mari.

5 - Son comportement vis-à-vis de ses enfants.

6 - Son comportement vis-à-vis de ses belles-filles et ses beaux-fils

7 - Son comportement vis-à-vis de ses proches parents.

8 - Son comportement vis-à-vis de ses voisins.

9 - Son comportement vis-à-vis de ses amies et ses sœurs en religion.

10 - Son comportement vis-à-vis de sa société.

En analysant attentivement les Textes islamiques qui constituent le corpus de base du présent ouvrage, j'ai abouti à la conclusion suivante: les Enseignements de l'Islam concernant la femme attestent de l'immense miséricorde qu'Allah lui a accordée. C'est une vérité qu'on a souvent tendance à ne pas remarquer, mais qui nous interpelle dès qu'on médite attentivement lesdits Textes.

L'Islam a en effet sauvé la femme de l'humiliation, de la servilité et de la subordination à l'homme. Il l'a rehaussée à un niveau bien élevé, où sa féminité est entourée de dignité et de noblesse. Il lui a garanti, fût-elle riche, son indépendance financière en la dispensant des charges familiales ainsi que de toute lutte pénible et fastidieuse pour gagner sa vie. Il a enfin fait d'elle l'égale de l'homme au niveau de la dignité humaine.

Pour l'Islam, la femme est un être humain à part entière. Elle est concernée par toutes les obligations à portée générale. A l'instar de l'homme, elle a des devoirs à accomplir, tout comme elle a les droits qu'elle mérite. Et, auprès d'Allah (ﷻ), elle est aussi l'égale de l'homme en ce qui concerne la rétribution et le châtiment.

Les faveurs que l'Islam a octroyé à la femme ne se limitent pas à cette transition considérable de l'état d'humiliation et de désarroi vers la dignité et l'indépendance, mais elles se manifestent aussi à travers l'attention qu'il a accordée à la formation intégrale de sa personnalité pour en faire un être humain digne de sa mission sur terre.

Toutefois, comment l'Islam conçoit-il la personnalité de la femme? Comment a-t-il réussi à concrétiser cette personnalité comme modèle? Quels sont les secrets qui ont fait que la femme musulmane ait pu atteindre un niveau de bien-être qu'aucune femme n'a pu atteindre à travers l'Histoire humaine? Dans le présent ouvrage, les lectrices et les lecteurs trouveront les réponses à ces questions et à bien d'autres interrogations relatives à ce sujet.

Enfin, j'implore Allah afin d'agréer cet effort de ma part et d'en faire une œuvre sincère et profitable. Je L'implore d'en faire une source de lumière durant ma vie, un viatique utile pour moi après ma mort et une bonne action qui intercédera en ma faveur au Jour du Jugement Dernier. Je L'implore d'en faire une œuvre inspirée par le bon sens et la rectitude, préservée des réflexions erronées, des intentions égarées, des arguments fragiles et des propos excessifs ou superflus.

Dr Mohammed 'Alî AL HÂCHIMI
Riyadh, le 20.7.1414 H
(2.1.1994)

CHAPITRE PREMIER

LE COMPORTEMENT DE LA MUSULMANE VIS-À-VIS DU SEIGNEUR

1. Une croyante avertie

La foi en Allah est ce qui caractérise fondamentalement la femme musulmane. Elle doit avoir la certitude que tout ce qui advient dans l'univers ainsi que les destins de la totalité des Hommes sont la manifestation de la volonté d'Allah. Elle doit aussi avoir la foi profonde que tout ce qui arrive à l'homme lui est prédestiné et que, par conséquent, il n'a d'autre choix que celui qui consiste à suivre le chemin du Bien et d'adopter les moyens qui lui permettent de bien agir dans sa vie spirituelle et temporelle, tout en s'en remettant à Allah, en se soumettant à Sa volonté et en ayant la certitude d'être dépendant de Son assistance et de Sa satisfaction.

L'histoire de Hâjar propose à la femme musulmane l'un des merveilleux modèles traduisant la profonde foi en Allah et le sincère abandon à Sa volonté. Quand le Prophète Abraham (qu'Allah lui accorde Sa paix) décida de la laisser à côté d'un grand arbre au-dessus de Zamzam, près de la Ka'ba, la Mecque était privée d'eau et Hâjar n'avait d'autre compagnon que son fils Ismaël qu'elle allaitait. Elle dit alors à Abraham, en toute confiance et sérénité: «Est-ce Allah qui t'a ordonné d'agir de la sorte?» - Oui, lui répondit-il. A cette réponse, la réplique de Hâjar fut pleine de satisfaction, de confiance, d'optimisme et de sécurité même; elle lui dit: «Puisqu'il en est ainsi, Il ne nous abandonnera point.»[1]

---

[1] D'après un *Ḥadîth* rapporté par Bukhari. Cf. Ibn Ḥajar al-'Asqalânî, *Fat'h Al-Bâri*, vol. VI, p. 396.

Ce fut une situation des plus délicates et des plus difficiles: un homme qui abandonne son épouse et son nouveau-né dans un désert aride, sans eau ni compagnon, pour ainsi se diriger loin vers le Shâme, ne leur laissant qu'une sacoche contenant des dattes et une outre d'eau! Sans la foi profonde et le sincère abandon à la volonté d'Allah qui imprégnaient l'âme de Hâjar, elle n'aurait pas pu supporté cette situation et se serait peut-être effondrée à l'instant même. Or, si elle avait agi de la sorte, elle n'aurait pu être cette femme mémorable que se rappellent les pèlerins et les visiteurs de la Ka'ba le long des jours et des nuits, chaque fois qu'ils consomment l'eau pure de Zamzam, et chaque fois qu'ils accomplissent la course processionnelle '(*as-sa'y*) entre aṣ-Ṣafa et al-Marwa, exactement comme elle s'est déplacée durant ce jour pénible.

Cette lucidité d'esprit suscitée par la foi a produit des effets extraordinaires dans la vie des musulmans et des musulmanes. Elle a contribué à l'éveil de leurs consciences et au raffinement de leurs sentiments. Elle les a rendus conscients qu'Allah connaît en permanence leurs secrets les plus intimes, et qu'Il est avec l'homme là où il se trouve. Pour illustrer cet éveil d'esprit et cette crainte permanente d'Allah, en public comme en privé, il n'y a pas mieux que l'histoire de cette jeune musulmane, citée dans *Wafayât al-a'yân* et rapportée par Ibn al-Jawzî dans *Ṣifat aṣ-ṣafwa et Aḥkâm an-nissâ'*[1]:

D'après 'Abd Allah ibn Zayd ibn Aslam, son grand-père a dit: j'étais en compagnie de 'Umar ibn al-Khattâb (qu'Allah l'agrée) alors qu'il effectuait l'une de ses rondes de nuit à Médine. S'étant senti fatigué, il s'appuya contre un mur. Cela se passait au cœur de la nuit. Et à ce moment là, nous entendîmes une femme, de l'autre côté du mur, dire à sa fille: ô ma fille, prends ce lait et mélange-le avec de l'eau.

---

[1] PP. 441-442.

- Mère! N'es-tu pas au courant du décret promulgué aujourd'hui par le Commandant des croyants? lui dit la fille.

- Et quel fut son décret, ma fillette? lui demanda sa mère.

- Il a ordonné à quelqu'un d'annoncer aux gens qu'il était interdit de vendre du lait mêlé d'eau, répondit la fille.

Sa mère lui dit: ma fille! tu es dans un endroit où 'Umar ne pourrait te voir. Lève-toi donc et ajoute de l'eau à ce lait.

Et sa fille de répliquer: je ne saurai lui obéir en public et lui désobéir en privé.

'Umar qui a écouté la conversation me dit alors: «Aslam! Dirige-toi vers l'endroit où ces deux femmes se trouvent, puis renseigne-toi sur leur identité et si l'une d'entre elles a un époux ou non». Je me suis dirigé vers le lieu où elles se trouvaient, poursuit Aslam, et là j'ai appris que la jeune fille n'était pas mariée et que la femme qui lui parlait était sa mère. Je me suis donc retourné pour en informer 'Umar. Suite à cela, 'Umar convoqua ses fils et leur dit: «Si quelqu'un d'entre vous a besoin d'une épouse, je suis prêt à le marier. Et sachez que si votre père avait encore envie de femmes, personne d'entre vous ne l'aurait devancé pour épouser la jeune fille qu'il vous propose.» Son fils 'Abd Allah lui dit alors: je suis déjà marié. Ce fut également la réponse de 'Abd Ar-Raḥmân. Quant à 'Âṣim, il lui dit: je n'ai point d'épouse, et je voudrais bien que tu me maries avec elle.

'Umar convoqua alors la jeune fille et la maria à 'Âṣim. Plus tard, ce couple engendra une fille qui sera la mère du Calife 'Umar ibn 'Abd al-'Azîz.

Ce récit illustre l'éveil de conscience que l'Islam a enraciné dans l'esprit de cette jeune fille musulmane. Si elle fut pieuse et dans le droit chemin, en privé comme en public, c'est parce qu'elle avait la certitude qu'Allah était avec elle en permanence, et qu'Il écoutait tous ses dires et observait tous ses actes. Telle fut la foi authentique dont l'effet fut l'ascension de cette jeune fille au degré de la haute bienfaisance (*al-iḥsène*). Allah, d'ailleurs, l'en a récompensé en l'honorant par ce mariage béni, puisque dans sa descendance il y eut 'Umar ibn 'Abd al-'Azîz, le Cinquième Calife Bien guidé (qu'Allah l'agrée).

La foi d'une femme musulmane avertie doit être pure; elle ne doit être entachée ni d'ignorance, ni de charlatanisme, ni de concepts erronés. C'est une foi basée sur la croyance en Allah, l'Un, l'Unique, le Très-Haut, Le Seul à être imploré, l'Omnipotent, Celui dont les Mains détiennent les clés (les destins) de toute chose et à qui revient l'Ordre tout entier:

> «Dis: Qui détient en Sa Main la Royauté absolue de toute chose, et qui protège et n'a pas besoin d'être protégé? *[Dites]*, si vous le savez! Ils diront: Allah. Dis: comment donc se fait-il que vous soyez ensorcelés *[au point de ne pas croire en Lui?]*» *[Coran 23: 88-89]*

Cette foi claire, pure et profonde, dote la personnalité de la femme musulmane d'une force, d'une prise de conscience et d'une lucidité qui lui permettent de voir la vie dans sa réalité: un lieu d'examen et d'épreuve dont les résultats seront exposés le Jour du Jugement Dernier. A ce propos, Allah dit:

> «Dis: Allah vous fait vivre, puis Il vous fera mourir. Ensuite Il vous réunira, le Jour de la Résurrection, il n'y a pas de doute à ce sujet, mais la plupart des gens ne savent pas.» *[Coran 45: 26].*

> «Pensiez-vous que Nous vous ayons crées sans but, et que vous ne seriez pas ramenés vers Nous?» *[Coran 23: 115]*

> «Béni soit Celui dans la Main de Qui est la Royauté, Il est Omnipotent. Celui qui a créé la mort et la vie afin de vous mettre à l'épreuve: qui d'entre vous sera meilleur

en œuvre. Il est le Tout-Puissant, le Très-Pardonnant.﴿
[Coran 67: 1-2]

Ce jour-là, l'homme sera rétribué selon ses actes: le bien pour le bien, et le mal pour le mal; sans la moindre injustice.

﴾Ce jour-là, chaque âme sera rétribuée selon ce qu'elle aura acquis. Ce jour-là, pas d'injustice, car Allah est prompt à dresser le compte.﴿ *[Coran 40: 17].*

La Balance du Jugement sera d'une précision infime, que ce soit au profit de l'homme ou à son détriment:

﴾Quiconque fait un bien, fût-ce du poids d'un atome, le verra; et quiconque fait un mal, fût-ce du poids d'un atome, le verra.﴿ *[Coran 99: 7-8]*

Ce Jour-là, même l'œuvre équivalente à un grain de moutarde n'échappera pas à Allah, le Détenteur de la Toute-Puissance et de la Majesté.

﴾Au Jour de la Résurrection, nous placerons les balances exactes. Pas âme qui soit lésée en rien, fût-ce du poids d'un grain de moutarde que Nous ferons venir. Nous suffisons largement pour dresser les comptes.﴿
[Coran 21: 47]

Sans doute, quand une femme musulmane dotée d'un esprit mûr et lucide médite le sens de ces versets explicites et pense à ce pénible Jour, elle s'orientera nécessairement vers son Seigneur, obéissante, repentante et reconnaissante. Ainsi, elle multipliera les bonnes œuvres en vue d'une vie heureuse dans l'Au-delà.

2. *Elle adore son Seigneur*

Il n'y a rien d'étonnant à ce que la femme musulmane se dévoue avec zèle à adorer Allah. Consciente qu'elle est concernée par les obligations imposées par Allah à tout musulman et à toute musulmane, elle les accomplit de la façon la plus parfaite, loin de toute négligence et de tous prétextes permissifs les concernant.

3. *Elle accomplit les cinq Prières obligatoires*

Elle accomplit les cinq Prières obligatoires à leurs horaires. Ni les tâches ménagères, ni ses responsabilités envers ses enfants et son époux ne doivent l'en détourner. Car *«la Prière est le pilier fondamental de la religion, celui qui l'accomplit aura établit sa religion, alors que celui qui l'abandonne aura détruit sa propre religion.»*[1] Elle est également, parmi les bonnes œuvres, celle qui a le plus de mérite et le plus de valeur. Ceci est mentionné explicitement par le Messager d'Allah (ﷺ) dans le *Ḥadîth* suivant: on rapporte que 'Abd Allah ibn Massoud (qu'Allah l'agrée) a dit: je demandai au Messager d'Allah (ﷺ): laquelle, parmi les œuvres, est la plus méritoire?

- *«La Prière en son temps, me répondit-il.»*

- Ensuite, laquelle? Ajoutai-je.

- *«Se dévouer envers père et mère.»*

- Et quoi encore après cela? repris-je.

- *«La lutte pour la cause d'Allah, répliqua-t-il.»*[2]

En effet, la Prière est le rapport direct entre l'homme et son Seigneur. C'est une source inépuisable d'où l'homme puise force, détermination, compassion et satisfaction. C'est aussi, conformément aux *Ḥadîths*, une source qui lui permet de se purifier de sa souillure, de ses péchés et de ses erreurs.

---

[1] Cf. Al-Ghazâlî, *Iḥyâ' 'ulûm ad-dîn*, vol. I, p. 147.

[2] *Ḥadîth* rapporté par Bukhari et Muslim. Cf. al-Baghawî, *Sharḥ as-sunna*, vol. II, p. 176, éd. Al-Maktab al-Islâmî.

On rapporte qu'Abû Hurayra (qu'Allah l'agrée) a dit: j'ai entendu le Messager d'Allah (ﷺ) dire: *«Imaginez qu'une rivière passe devant la porte de l'un d'entre vous et que celui-ci s'y lave cinq fois par jour. Pensez-vous qu'après cela il lui resterait la moindre saleté?»* - Non, il ne lui resterait aucune saleté, répondirent-ils. - *«Il en est de même des cinq Prières, ajouta-t-il, c'est par elles qu'Allah efface les péchés.»*[1]

On rapporte également, d'après Jâbir ibn 'Abd Allah (qu'Allah l'agrée), que le Messager d'Allah (ﷺ) a dit: *«Les cinq Prières sont comparables à une rivière d'eau abondante coulant devant la porte de l'un d'entre vous, et dans laquelle il se lave cinq fois par jour.»*[2]

La Prière est source de miséricorde pour les humains. A cinq reprises par jour, ils s'abritent sous son ombre pour célébrer les louanges d'Allah, L'exalter, Lui demander Son assistance, Sa miséricorde, Son orientation vers le droit chemin et Son pardon. D'où son effet purificateur pour ceux et celles qui l'accomplissent: elle efface leurs erreurs et expie leurs péchés.

A ce propos, on rapporte que 'Uthmân ibn 'Affân (qu'Allah l'agrée) a dit: j'ai entendu le Messager d'Allah (ﷺ) dire: *«Il n'y a de musulman qui, à l'heure de la Prière prescrite, fait soigneusement ses ablutions puis accomplit sa Prière avec recueillement et en s'inclinant correctement, sans qu'elle lui soit une expiation de ses péchés passés, excepté les péchés majeurs. Cela lui est accordé durant toute sa vie.»*[3]

---

[1] *Ḥadîth* rapporté par Bukhari et Muslim. Cf. al-Baghawî, *Sharḥ as-sunna*, vol. II, p. 175.

[2] *Ḥadîth* rapporté par Muslim. Cf. An-Nawawî, *Sharḥ Ṣaḥîḥ muslim*, vol. V, p. 170, éd. Ri'âsat idârât al-buḥûth al-'ilmiyya wa l-iftâ', Arabie Saoudite.

[3] Voir *Sharḥ Ṣaḥîḥ muslim*, vol. III, p. 112.

Hormis les *Ḥadîths* que nous avons cités, il en existe d'autres, et en grand nombre, qui mentionnent le mérite de la Prière, son importance, ses bienfaits et sa bénédiction pour ceux et celles qui l'accomplissent. L'ensemble de ces *Ḥadîths* met l'accent sur les bienfaits énormes que les fidèles, hommes et femmes, récoltent chaque fois qu'ils se dressent debout pour prier Allah avec recueillement.

4. *Elle se rend parfois à la mosquée pour la Prière en commun*

Tout en exemptant la femme de l'obligation de participer à la Prière en commun dans la mosquée, l'Islam lui a permis de s'y rendre. En effet, les traditions confirment que la femme sortait de chez elle pour accomplir la Prière derrière le Messager d'Allah.

On rapporte que 'Â'isha, la Mère des croyants (qu'Allah l'agrée), a dit: «Quand le Messager d'Allah (ﷺ) accomplissait, *[en tant qu'imâm],* la Prière du *fajr [dans la mosquée],* certaines femmes parmi les croyantes y assistaient enveloppées dans leurs voiles. Ensuite, elles retournaient à leurs demeures sans que personne parvînt à les reconnaître.»[1]

On rapporte également qu'elle a dit: «Des femmes croyantes assistaient à la Prière du *fajr* avec le Messager d'Allah (ﷺ) *[en tant qu'imâm].* Elles étaient enveloppées dans leurs voiles. Ensuite, une fois la Prière terminée, elle retournaient à leur demeures sans que personne parvînt à les reconnaître, à cause de l'obscurité.»[2]

Cette réalité est également confirmée par les traditions qui soulignent que le Messager d'Allah (ﷺ) allégeait sa Prière en tant qu'imâm lorsqu'il entendait un enfant pleurer, en raison de la

---

[1] *Ḥadîth* rapporté par Bukhari. Cf. *Fat'h Al-Bâri*, vol. I, p. 482.

[2] *Ḥadîth* rapporté par Bukhari et Muslim. Cf. al-Baghawî, *Sharḥ as-sunna*, vol. II, p. 195.

préoccupation qu'aurait sa mère. Dans un *Ḥadîth* rapporté par Bukhari et Muslim, le Messager d'Allah (ﷺ) dit: *«Il m'arrive d'entamer la Prière* [en commun] *en ayant l'intention de la prolonger. Mais dès que j'entends un enfant pleurer, j'accélère ma Prière, parce que je sais combien une mère souffre quand elle entend son enfant pleurer.»*[1]

Par ailleurs, c'est une vaste miséricorde qu'Allah accorde à la femme en l'exemptant de participer aux cinq Prières prescrites en commun dans la mosquée. Si Allah lui avait imposé cette tâche, cela lui aurait causé de grandes difficultés; elle ne l'assumerait sûrement pas et se trouverait dans l'incapacité de l'accomplir de façon stricte. Si les hommes, comme nous le constatons de nos jours, ne parviennent pas à observer assidûment la Prière en commun dans la mosquée et se trouvent, dans la plupart des cas, obligés de l'accomplir là où ils se trouvent, dans leurs lieux de travail ou chez eux, que dire donc des femmes! C'est que les tâches ménagères de la femme, ainsi que ses multiples occupations, dont la responsabilité envers son foyer, son époux et ses enfants, ne lui permettent nullement de quitter sa demeure cinq fois par jour; il lui est même impossible d'assumer toutes ses responsabilités à la fois. A partir de cette réalité, on parvient à saisir clairement le sens profond pour lequel l'obligation de participer à la Prière en commun dans les mosquées n'incombe qu'aux hommes, et le fait que la Prière de la femme dans sa demeure soit préférable à celle accomplie dans la mosquée. Concernant cette question donc, l'Islam a laissé le libre choix à la femme; elle peut accomplir la Prière chez elle, comme elle peut quitter sa demeure pour l'accomplir dans la mosquée; et même son époux, il n'a pas le droit de l'en empêcher quand elle lui demande la permission. Cela est affirmé par le Messager d'Allah (ﷺ) dans plusieurs *Ḥadîth*s, dont:

- *«N'empêchez pas vos femmes d'aller aux mosquées. Toutefois, il*

---

[1] *Ḥadîth* rapporté par Bukhari et Muslim. Cf. al-Baghawî, *Sharḥ as-sunna*, vol. III, p. 410.

leur est préférable [d'accomplir la Prière dans] *leurs demeures.»*[1]

- «Quand la femme de l'un d'entre vous lui demande la permission d'aller à la mosquée, qu'il ne l'en empêche pas.»[2]

En dépit du fait que la sortie des femmes ne fut ni du goût des contemporains du Messager d'Allah (ﷺ) ni compatible avec leurs mentalités, dès qu'ils entendirent les injonctions du Prophète, ils s'exécutèrent et autorisèrent leurs femmes à le faire. On rapporte, à ce propos, que 'Abd Allah ibn 'Umar ibn al-Khaṭṭâb a dit: l'une des épouses de 'Umar [ibn al-Khaṭṭâb] assistait à la Prière du *ṣubḥ* et à celle du *'ishâ'* en commun dans la mosquée. On lui dit alors: pourquoi sors-tu ainsi, alors que tu sais que cela déplaît à 'Umar et le rend jaloux? - Et qu'est-ce qui l'empêche de me l'interdire? Dit-elle. On lui répondit: ce qui l'empêche c'est que le Messager d'Allah (ﷺ) a dit: *«N'empêchez pas les servantes d'Allah* [d'aller aux] *mosquées d'Allah.»*[3]

En raison des directives du Prophète (ﷺ) d'autoriser la femme à se rendre aux mosquées et son interdiction de l'en empêcher, les mosquées connurent une présence régulière de la part des femmes depuis l'époque du Prophète (ﷺ), à chaque fois que cela leur était possible. Ainsi, elles accomplissaient la Prière en commun, assistaient aux invocations bénéfiques de la part des croyants, écoutaient les exhortations et participaient à la vie publique des musulmans. Ce fut même un phénomène courant depuis l'institution de la Prière en commun dans l'Histoire musulmane. A titre indicatif, les sources du *Ḥadîth* soulignent que lorsque l'ordre d'Allah aux musulmans de se tourner vers la Ka'ba durant la Prière fut révélé, les croyants qui accomplissaient la Prière en commun en direction du

---

[1] *Ḥadîth* rapporté par Abû Dâwûd et Aḥmed ibn Ḥanbal. Cf. *Dâwûd Sunan Abî*, vol. I, p. 221; *al-Musnad*, vol. II, p. 76.

[2] *Ḥadîth* rapporté par Bukhari (Cf. *Fat'h Al-Bâri*, vol. II, p. 351) et Muslim (Voir *Sharḥ Ṣaḥîḥ muslim*, vol. III, p. 112).

[3] *Ḥadîth* rapporté par Bukhari. Cf. *Fat'h Al-Bâri*, vol. II, p. 382.

Shâme (Jérusalem, exactement) s'orientèrent vers la Ka'ba, ce qui obligea les femmes à se mettre à la place des hommes et vice-versa.[1]

La mosquée fut et demeurera un centre de rayonnement et d'orientation pour les musulmans et les musulmanes. C'est dans cet espace pur que le culte est pratiqué, et c'est du haut de ses chaires que les exhortations à suivre le droit chemin sont prononcées; depuis l'aube de l'Islam, la femme musulmane y a toujours enregistré sa présence et sa participation.

Les Textes authentiques qui confirment cette participation sont multiples. Ils mentionnent que la femme assistait à la Prière du vendredi, à la Prière de l'éclipse et à la Prière relative aux deux Fêtes; elle répondait régulièrement à l'appel du muezzin: «*[Venez à]* la Prière en commun!»

Dans son *Saḥîḥ,* Muslim rapporte que Umm Hishâm bint Ḥâritha ibn an-Nu'mân a dit: «Je n'ai appris la sourate intitulée *Qâf* que de la bouche du Messager d'Allah (ﷺ), le jour du vendredi. Car, chaque vendredi, il la récitait sur le minbar lors de son prêche qu'il adressait aux gens.»[2] Il rapporte également que la sœur de 'Amra bint 'Abd Ar-Raḥmân a dit: «J'ai appris la sourate intitulée *Qâf* de la bouche du Messager d'Allah (ﷺ), le jour du vendredi. Car, à chaque Prière du vendredi, il la récitait sur le minbar.»[3]

Les traditions indiquent donc que les femmes assistaient à la Prière du vendredi. Bien plus, Certaines traditions confirment que le Prophète (ﷺ) recommandait aux femmes, comme aux hommes, de faire les ablutions majeures et de se préparer convenablement à la Prière du vendredi. On rapporte qu'il a dit: *«Quand une personne,*

---

[1] *Ḥadîth* rapporté par Bukhari (Cf. *Fat'h Al-Bâri*, vol. I, p. 506) et Muslim (Voir *Sharḥ Ṣaḥîḥ muslim*, vol. V, p. 10).

[2] Voir *Sharḥ Ṣaḥîḥ muslim*, vol. VI, p. 162.

[3] Voir *Sharḥ ṣaḥîḥ muslim*, vol. VI, p. 160.

homme ou femme, vient [à la mosquée pour assister] *à la Prière du vendredi, qu'elle fasse ses ablutions majeures* [avant de venir].»[1]

Les Textes mentionnent aussi qu'Asmâ bint Abî Bakr aṣ-Ṣiddîq (qu'Allah les agrée) a participé à la Prière de l'éclipse solaire, et qu'elle avait demandé à un homme qui se trouvait près d'elle de lui répéter un passage du sermon du Prophète (ﷺ) qu'elle n'avait pas bien entendu. Bukhari rapporte qu'elle a dit: *(...) le Messager d'Allah (ﷺ) se leva pour prononcer un prêche* [après l'éclipse solaire]. *Il parla de l'épreuve de la tombe à laquelle l'homme sera exposé,* et là, les musulmans *[présents]* poussèrent une grande clameur qui m'empêcha d'entendre les dernières paroles du Messager d'Allah (ﷺ). Quand leur clameur prit fin, je demandai à un homme qui était près de moi: eh, qu'Allah te bénisse! Qu'est-ce que le Messager d'Allah (ﷺ) a dit vers la fin de son prêche? Il me répondit: il a dit: *«Il m'a été révélé que, dans vos tombes, vous subirez une épreuve comparable à celle que l'Antéchrist vous exposera.»*[2]

Dans une autre version de ce même *Ḥadîth*, Bukhari et Muslim rapportent qu'Asmâ a dit: une éclipse solaire a eu lieu du vivant du Messager d'Allah (ﷺ). *(...)* «Je me suis alors rendue à la mosquée. Quand je suis entrée à la mosquée, j'ai constaté que le Messager d'Allah (ﷺ) était en position debout *[dans sa Prière]* et j'en ai fait autant. Il demeura dans cette position si longtemps qu'à maintes reprises je m'apprêtai à m'asseoir. Mais, à chaque fois, en remarquant une femme faible qui persistait à adopter cette position, je me disais: pourtant, elle est plus faible que moi! Alors je me levais. Après cela, il effectua une longue inclinaison, puis se redressa en position debout qu'il prolongea au point que si un homme venait *[le rejoindre dans la Prière],* il penserait qu'il ne s'était pas encore

---

[1] *Ḥadîth* rapporté, d'après 'Abd Allah ibn 'Umar ibn al-Khaṭṭâb, par Abû 'Awâna, Ibn Khuzayma et Ibn Ḥibbân.

[2] Cf. *Fat'h Al-Bâri*, vol. III, p. 236.

incliné. Quand il acheva la Prière, le soleil fut dégagé. Alors, il adressa un prêche aux gens. Il célébra les louanges d'Allah, puis il dit...»

A l'époque du Prophète (ﷺ), l'âge d'or de l'Histoire de l'Islam, la femme musulmane était consciente de ce qui concernait sa religion et tenait à comprendre tous les événements de son temps ayant un impact sur la vie temporelle ou spirituelle des musulmans. Dès qu'elle entendait l'appel exceptionnel: «*[Venez à]* la Prière en commun!», elle s'empressait de se rendre à la mosquée pour entendre les directives que le Messager d'Allah (ﷺ) prononçait du haut de son minbar. On rapporte que Fâṭima bint Qays, l'une des premières Emigrées, a dit: «*(...)* On appela à une Prière en commun. Je me rendis donc, parmi tant d'autres femmes, à la mosquée. En accomplissant la Prière derrière le Messager d'Allah (ﷺ), j'étais au premier rang parmi les femmes, tandis que lui (son ex-mari) était au dernier parmi les hommes.»[1]

A travers les Textes authentiques cités, il en ressort clairement que la femme musulmane se rendait à la mosquée dans les diverses occasions, et que cette fréquentation de sa part fut une pratique courante et admise à l'époque du Prophète (ﷺ). On rapporte même qu'une femme fut agressée alors qu'elle se dirigeait vers la mosquée, et que cet incident n'incita point le Prophète (ﷺ) à faire des réserves sur l'autorisation octroyée aux femmes de se rendre aux mosquées. Bien au contraire, ses instructions de l'autoriser d'aller à la mosquée et son interdiction de l'en empêcher sont restées en vigueur, vu les effets positifs que représente cette présence, quoique occasionnelle, sur son âme, son esprit et sa personnalité.

Selon Wâ'il al-Kindî, une femme qui se rendait à la mosquée pour accomplir la Prière du *ṣubḥ* fut victime d'une agression. Ayant demandé le secours d'un homme qui passait, son agresseur s'enfuit.

---

[1] Cf. *Sharḥ ṣaḥîḥ muslim*, vol. XVIII, p. 84.

A ce moment, elle demanda le secours d'un groupe de gens armés qui passait non loin d'elle. Ces hommes se précipitèrent derrière celui qui avait assisté la femme, le prenant pour l'agresseur, celui-ci s'étant enfui. Ils l'attrapèrent et le ramenèrent à la femme. - Je suis celui qui t'a assistée, lui dit l'homme; ton agresseur a pris la fuite. *[Devant cette situation,]* ils reconduirent l'homme auprès du Messager d'Allah (ﷺ), l'informèrent qu'il a agressé la femme et qu'ils l'ont attrapé en plein fuite. L'homme se défendit une seconde fois en disant: j'étais en train de l'assister contre son agresseur quand ceux-là m'ont attrapé et m'ont conduit ici. Mais la femme déclara: il ment; c'est lui qui m'a violée! Alors le Messager d'Allah (ﷺ) leur dit: *«Emmenez-le pour le lapider.»* Là, un homme se leva et dit: ne le lapidez pas; lapidez-moi plutôt, c'est moi qui ai commis le viol. Suite à cet aveu, le Messager d'Allah (ﷺ) réunit les trois personnes: la femme violée, celui qui l'a violée et celui qui l'a assistée. Il (ﷺ) dit au violeur:

«Quant à toi, Allah t'a pardonné ton péché.» Puis il adressa ses compliments à celui qui a assisté la femme agressée. Alors 'Umar ibn al-Khaṭṭâb lui dit: dois-je lapider celui qui a avoué avoir commis la fornication? - *«Non, lui répondit le Messager d'Allah (ﷺ), car il s'est repenti à Allah.»* Je crois l'avoir entendu dire, précise le transmetteur: *«Son repentir est* [d'une sincérité telle] *que si les gens de Médine l'avait déclaré,* [Allah] *l'aurait accepté de leur part.»*[1]

Par ailleurs, le Messager d'Allah (ﷺ) prenait en considération les conditions des femmes qui assistaient à la Prière en commun et manifestait sa bienveillance à leur égard. Ainsi, comme nous l'avons vu dans un *Ḥadîth* cité plus haut, il allégeait la Prière dès qu'il entendait un enfant pleurer, afin que sa mère ne soit pas préoccupée à son sujet. On rapporte qu'une fois, le Prophète s'attarda tant à

---

[1] *Ḥadîth* rapporté par Aḥmed ibn Ḥanbal. Cf. Al-Albânî, *Silsilat al-aḥâdîth aṣ-ṣaḥîḥah*, vol. II, p. 601, n° 900.

entamer la Prière du *'ishâ [en commun]* que 'Umar ibn al-Khaṭṭâb (qu'Allah l'agrée) l'interpella: les femmes et les enfants *[présents]* se sont endormis! Le Prophète (ﷺ) sortit alors *[de sa loge]* et dit: *«Parmi les habitants de la terre, personne en dehors de vous ne l'attend.»*[1]

Une multitude de Textes authentiques souligne aussi que le Messager d'Allah (ﷺ) organisait la participation des femmes à la Prière en commun dans la mosquée.

Muslim rapporte que le Prophète (ﷺ) a dit: «[Lors de la Prière en commun,] *le meilleur des rangs pour les hommes est le premier, alors que le pire est le dernier. Pour les femmes, c'est plutôt le dernier rang qui est le meilleur, alors que le pire est le premier.»*

A propos de la règle qui recommande de laisser le passage aux femmes, après la Prière en commun, pour quitter la mosquée avant les hommes, Bukhari rapporte le *Ḥadîth* suivant:

D'après Hind bint al-Ḥârith, Umm Salama, l'épouse du Prophète (ﷺ), l'a informée que «du temps du Messager d'Allah (ﷺ), quand les femmes prononçaient le salut final de la Prière prescrite *[en commun]*, elles se levaient *[pour quitter la mosquée]*, tandis que le Messager d'Allah (ﷺ) et les hommes qui avaient participé à la Prière demeuraient en place un bon moment. Ensuite, aussitôt que le Messager d'Allah (ﷺ) se levait, les hommes faisaient de même.»[2]

A propos de la recommandation aux femmes de claquer des mains pour attirer l'attention de l'imâm sur une erreur commise de sa part durant la Prière, Bukhari et Muslim rapportent, d'après Sahl ibn Sa'd as-Sâ'idî, que le Messager d'Allah (ﷺ) a dit: *«Pourquoi avez-vous multiplié les claquements de mains? Quand un doute* [concernant le bon accomplissement de la Prière] *s'empare de l'un d'entre vous durant la Prière* [en commun], *qu'il dise: Gloire à Allah! Car quand*

---

[1] Cf. *Sharḥ ṣaḥîḥ muslim*, vol. IV, p. 159.

[2] Cf. *Fat'h Al-Bâri*, vol. II, p. 349.

il prononce ces mots, [cela suffit pour] *me retourner vers lui* [pour savoir de quoi il s'agit]. *Quant à claquer des mains, il ne convient qu'aux femmes.»*[1]

Après l'époque du Prophète (ﷺ), le nombre de femmes qui fréquentaient les mosquées ne cessait de croître au fil des temps, au point qu'à l'époque 'Abbâside, elles occupaient la totalité du parvis de la mosquée, contraignant ainsi les hommes à accomplir la Prière derrière elles.

Cette situation nouvelle fut d'ailleurs tolérée par l'Imâm Mâlik ibn Anas. Dans *al-Mudawwana al-kubrâ*, ibn al-Qâssim dit: «J'ai interrogé Malik au sujet de gens qui, ayant trouvé le parvis de la mosquée empli de femmes et la mosquée elle-même entièrement occupée par les hommes, accomplissent la Prière en commun derrière les femmes. Il m'a répondu: leur Prière est correcte; ils ne sont pas obligés de la refaire.»[2]

Cependant, et en conformité avec les préceptes de l'Islam exigeant la pureté des sentiments, des comportements et des rites au sein de la société, la sortie de la femme pour accomplir la Prière dans la mosquée ne doit susciter aucune tentation. Au cas où la sortie de la femme de chez elle, pour une raison ou une autre, est susceptible de provoquer une tentation quelconque chez les hommes, il lui est préférable, voire recommandé, d'accomplir sa Prière dans sa demeure. Le *Ḥadîth* cité plus haut le confirme:

D'après 'Abd Allah ibn 'Umar ibn al-Khaṭṭâb, le Prophète (ﷺ) a dit: *«N'empêchez pas vos femmes d'aller aux mosquées. Toutefois, il leur est préférable* [d'accomplir la Prière dans] *leurs demeures.»*

Mais cela ne doit en aucun cas servir de prétexte aux hommes pour empêcher les femmes de se rendre aux mosquées. Le premier

---

[1] *Ḥadîth* rapporté par Bukhari et Muslim. Cf. al-Baghawî, *Sharḥ as-sunna*, vol. III, p. 273.

[2] *Al-Mudawwana al-kubrâ*, vol. I, p. 106.

passage du *Ḥadîth* que nous venons de citer précise qu'il est interdit de recourir à une telle décision. Il y a également d'autres *Ḥadîths* qui vont dans ce sens. Le Messager d'Allah (ﷺ) a dit:

- *«N'empêchez pas vos femmes de se rendre aux mosquées quand elles vous demandent la permission.»*[1]

- «N'empêchez pas les servantes d'Allah de se rendre aux mosquées d'Allah.»[2]

- «Quand vos femmes vous demandent la permission de se rendre aux mosquées, accordez-la-leur.»[3]

D'autre part, un bon nombre de *Ḥadîths* confirme que le Messager d'Allah (ﷺ) tenait à ce que les femmes participent aux assemblées bénéfiques et assistent aux invocations des musulmans dans les mosquées.

Pourtant, il semble que certains hommes ont mis en avant la crainte d'une éventuelle tentation que causerait la sortie des femmes et s'en sont servis de prétexte pour les empêcher de se rendre aux mosquées. Les deux traditions suivantes illustrent parfaitement ce cas:

- On rapporte que 'Abd Allah ibn 'Umar cita le *Ḥadîth* qui dit: *«N'empêchez pas les femmes de se rendre aux mosquées durant la nuit* [pour accomplir la Prière du *'ishâ*].» L'un de ses fils répliqua: nous ne devons pas leur permettre de sortir, sinon elles en feraient un subterfuge *[qui les mènerait à la débauche]*. Alors Ibn 'Umar le réprimanda en ces termes: je te dis: «Le Messager d'Allah (ﷺ) a dit», et tu oses répliquer en disant: nous ne devons pas le leur permettre![4]

- On rapporte aussi que lorsque 'Abd Allah ibn 'Umar cita le *Ḥadîth* du Prophète (ﷺ) qui dit: *«Ne privez pas vos femmes de leurs*

---

[1] Cf. *Sharḥ Ṣaḥîḥ muslim*, vol. IV, p. 161.

[2] *Ḥadîth* rapporté par Bukhari (Cf. *Fat'h Al-Bâri*, vol. II, p. 382) et Muslim (Voir *Sharḥ Ṣaḥîḥ muslim,* vol. IV, p. 161).

[3] Cf. *Sharḥ Ṣaḥîḥ muslim*, vol. IV, p. 161.

[4] *Idem.*, vol. IV, p. 161-162.

parts [de participer aux Prières en commun] *dans les mosquées quand elles vous en demandent la permission.»* Bilâl répliqua: par Allah, nous les en empêcherons! ‘Abd Allah ibn ‘Umar lui dit alors: je te dis: «Le Messager d’Allah (ﷺ) a dit», et tu oses répliquer en disant: nous les en empêcherons![1]

La participation de la femme musulmane à la Prière en commun est certes autorisée et bénéfique même, mais elle est soumise à certaines conditions, dont les plus importantes sont: ne pas se parfumer; et ne pas exhiber leurs atours. A ce sujet, le Messager d’Allah (ﷺ) a dit:

- *«Quand l’une d’entre vous décide de participer à la Prière du* ‘ishâ [en commun], *elle ne doit pas se parfumer* [avant de se rendre à la mosquée].»[2]

- *«Quand l’une d’entre vous décide de participer à la Prière* [en commun], *qu’elle ne touche à aucun parfum.»*[3]

- *«Toute femme ayant touché à l’encens, n’est pas autorisée à participer à la Prière du* ‘ishâ *avec nous.»*[4]

5. *Elle participe aux Prières relatives aux deux Fêtes*

En la chargeant des mêmes devoirs cultuels que l’homme, l’Islam accorde un grand honneur à la femme. Ceci s’illustre par les différents Textes qui l’exhortent à assister aux assemblées publiques des musulmans, notamment lors de la Prière de la rupture du jeûne et celle du sacrifice, pour s’accorder les effets bénéfiques qu’elles comportent et bénéficier des invocations des croyants. En effet,

---

[1] *Idem.*, vol. IV, p. 162-163.

[2] *Ḥadîth* rapporté par Muslim, d’après Zaynab ath-Thaqafiyya. Cf. *Idem.*, vol. IV, p. 163.

[3] *Idem.*, vol. IV, p. 163.

[4] *Idem.*, vol. IV, p. 163.

plusieurs *Ḥadîths*, rapportés par Bukhari et muslim dans leurs *Ṣaḥîḥ*s, mentionnent que le Messager d'Allah (ﷺ) ordonnait à toutes les femmes de sortir de chez elles pour assister à ces assemblées, y compris les vierges, celles qui ne quittaient jamais leurs gynécées et celles qu'on tenait à l'abri des regards. Il ordonnait même aux femmes qui avaient leurs menstrues de quitter leurs demeures et se mettre à l'écart du lieu de Prière, pour assister à cette assemblée bénéfique et bénéficier des invocations des croyants. Il était tellement soucieux de la participation de toutes les croyantes aux assemblées relatives à ces deux fêtes qu'il ordonna à celle qui avait plus d'une mante (*jilbâb*) de vêtir celle qui n'en disposait pas. Cela reflète, comme nous l'avons signalé, qu'il incitait les femmes à assister aux Prières des deux Fêtes et, surtout, qu'il les encourageait à consolider l'esprit de compassion, de solidarité et d'entre aide dans l'accomplissement des œuvres pies.

On rapporte qu'Umm 'Aṭiyya a dit: *«Le Messager d'Allah (ﷺ) nous a donné l'ordre de faire sortir, pour les Prières des deux Fêtes, les vierges et celles qui ne quittent jamais leurs gynécées. A cette occasion, il ordonnait aux femmes qui avaient leurs menstrues de se tenir à l'écart du* mussallâ.*»*[1]

On rapporte aussi qu'elle a dit: «On nous ordonnait de faire sortir celle qu'on tient à l'abri de regards et la vierge pour les *[Prières des]* deux Fêtes. Quant aux femmes ayant leurs menstrues, elles se plaçaient derrière les gens et proclamaient la grandeur d'Allah avec eux.»[2]

Elle a également dit: *«Le Messager d'Allah (ﷺ) nous a donné l'ordre de faire sortir les vierges, celles qui ne quittent pas leurs gynécées ainsi que celles qui avaient leurs menstrues, le jour de la fête de la rupture du jeûne et celui de la fête des sacrifices. Quant aux*

[1] Cf. *Sharḥ Ṣaḥîḥ muslim*, vol. VI, p. 178.

[2] Cf. *Sharḥ ṣaḥîḥ muslim*, vol. VI, p. 179.

femmes ayant leurs menstrues, elles se mettaient à l'écart et ne participaient pas à la Prière. Du reste, elles assistaient à cette réunion pieuse et participaient aux invocations des musulmans.» J'ai demandé au Prophète (ﷺ), ajoute Umm 'aṭiyya: ô Messager d'Allah, que doit faire *[à cette occasion]* celle qui d'entre nous ne possède pas de mante? Il me répondit: *«Que l'une de ses sœurs la revête de l'une de ses mantes.»*[1]

Dans son *Ṣaḥîḥ,* Bukhari rapporte, d'après Mohammed ibn Sallâm, d'après 'Abd al-Wahhâb, d'après Ayyûb que Ḥafṣa bint Sîrîn a dit: nous empêchions nos vierges de sortir pour les *[Prières des]* deux Fêtes. *[Un jour,]* une femme arriva et s'installa au château des Banû Khalaf. Elle nous raconta que le mari de sa sœur avait fait douze expéditions militaires en compagnie du Prophète (ﷺ) et que sa sœur avait accompagné son mari dans six de ces expéditions. Nous soignions les blessés, lui avait dit sa sœur, et nous nous occupions des malades. Un jour, rapporta-t-elle, ma sœur demanda au Prophète (ﷺ) : lorsque l'une d'entre nous n'a pas de mante, y a-t-il quelque inconvénient à ce qu'elle ne sorte pas? - «Alors, répondit le Prophète (ﷺ), *que sa compagne la revête de sa mante pour qu'elle assiste à cette réunion pieuse et participe aux invocations des musulmans.»* Ḥafṣa ajouta: aussitôt qu'Umm 'Aṭiyya fut venue, j'allai la trouver et lui demandai: as-tu entendu le Prophète (ﷺ) *[dire pareille chose]?* Je lui donnerais la vie de mon père!

Oui, répondit-elle. (Elle ne l'évoquait jamais, précise Ḥafṣa, sans dire: Je lui donnerais la vie de mon père!) Je l'ai entendu dire: *«Que les vierges, celles qui ne quittent pas leurs gynécées* - ou: *les vierges et celles qui ne quittent pas leurs gynécées - ainsi que les femmes qui ont leurs menstrues sortent pour assister à cette réunion pieuse et participer aux invocations des croyants. Celles qui ont leurs menstrues doivent se tenir à l'écart du mussallâ.»* Je lui demandai

---

[1] *Idem.*, vol. VI, p. 180.

alors: même celles qui ont leurs menstrues? - Oui, me répondit-elle. Une femme ayant ses menstrues n'assiste pas à 'Arafâ? N'assiste-elle pas encore à tel [rite collectif] et à tel autre rite?[1]

Bukhari rapporte aussi dans son *Ṣaḥîḥ* une autre version dans laquelle Umm 'Aṭiyya dit: «On nous donnait l'ordre de sortir le jour de la Fête. Nous faisions même sortir la vierge de son gynécée et aussi celles qui avaient leurs menstrues. Elles se tenaient toutes derrière les fidèles; elles proclamaient la grandeur d'Allah en même temps qu'eux et prononçaient les mêmes invocations, dans l'espoir d'acquérir la bénédiction de ce jour-là et son effet purificateur.»[2]

Ces *Ḥadîths* authentiques indiquent clairement l'intérêt que portait le Messager d'Allah (ﷺ) à la sensibilisation de la femme musulmane sur les plans intellectuel et spirituel. Pour cette raison, il ordonnait à toutes les femmes de sortir de chez elles pour participer à ces cérémonies. Même les femmes en période de menstrues qui sont pourtant épargnées de la Prière et ne sont pas autorisées à se rendre à la mosquée, le Prophète (ﷺ) leur ordonnait de quitter leurs demeures pour participer à ces deux grandes cérémonies, assister à leurs réunions bénéfiques, proclamer la grandeur d'Allah, L'invoquer avec les croyants et écouter les imâms, du haut de leurs minbars, après la Prière, les tenir au courant des questions qui concernent la communauté musulmane.

Le Prophète portait un intérêt particulier à la sensibilisation de la femme et à son orientation pour qu'elle participe à l'élaboration de la société musulmane, au point qu'il lui consacrait une partie de son sermon. Après le sermon qui succède à la Prière de la Fête, il se dirigeait vers l'endroit où les femmes se rassemblaient et leur adressait un sermon exclusif à elles.

Il fit de ce sermon l'un des devoirs de l'imâm pendant cette

---

[1] Cf. *Fat'h Al-Bâri*, vol. II, p. 469.

[2] *Idem.*, vol. II, p. 461.

cérémonie. Bukhari et Muslim rapportent d'après Ibn Jurayj, d'après 'Aṭâ' que Jâbir ibn 'Abd Allah a dit: *«Le jour de la rupture du jeûne, le Prophète (ﷺ) se leva et fit la Prière. Avant de prêcher, il débuta par* [présider à] *la Prière. Ensuite, il adressa son prêche aux gens. Quand il eût terminé, il descendit, se rendit auprès des femmes et leur fit des exhortations. Durant ce temps, il s'appuyait sur le bras de Bilâl, et celui-ci étendait son vêtement sur lequel les femmes déposaient leurs aumônes.»*

Je demandai alors à 'Aṭâ', ajouta Ibn Jurayj: était-ce l'aumône obligatoire de la rupture du jeûne? - Non, me répondit-il, mais une aumône surérogatoire qu'elles faisaient à cette occasion. L'une d'entre elles déposait sa grosse bague, et les autres faisaient de même *[en déposant encore d'autres choses de valeur].* Je dis à 'Aṭâ', reprend Ibn Jurayj: est-il également du devoir de l'imâm, à notre époque, d'aller auprès des femmes *[après son prêche]* et de les exhorter? - Certes, répondit-il, c'est un devoir qui leur incombe, et il n'y a aucune raison pour qu'il ne le fasse pas.[1]

Dans un autre *Ḥadîth*, rapporté également par Bukhari et Muslim, 'Abd Allah Ibn 'Abbâs ajoute que, durant ce sermon, le Messager d'Allah (ﷺ) rappelait aux femmes le serment d'allégeance qu'elles lui avaient prêté et s'assurait si elles étaient toujours fidèles à ses clauses.

D'après Ṭâwûs, 'Abd Allah ibn 'Abbâs (qu'Allah l'agrée) a dit: j'ai assisté à la Prière de la rupture du jeûne à l'époque du Prophète, ainsi qu'aux époques d'Abû Bakr, de 'Umar et de 'Uthmân. *Ils accomplissaient tous la Prière [en tant qu'imâms] avant leurs prêches. Il me semble encore voir le Prophète (ﷺ) [ce jour-là] descendre* [de son tertre] *en faisant signe de la main aux hommes leur demandant de rester assis. Ensuite, il traversa leur foule et arriva auprès des femmes en compagnie de Bilâl.* Il dit alors: ô Prophète!

---

[1] Cf. *Fat'h Al-Bâri*, vol. II, p. 466.

Quand les croyantes viennent te prêter serment d'allégeance, *[et jurent]* qu'elles n'associeront rien à Allah.... Il récita le verset jusqu'à sa fin. Puis il leur dit: *«Etes-vous toujours fidèles à cela?»*

Là, aucune femme ne répondit au Prophète, excepté une (al-Ḥassan ibn Ṭâwûs n'a pas pu l'identifier)[1] qui lui dit: oui, Prophète d'Allah! - *«Faites donc l'aumône!»*, leur enjoignit le Prophète (ﷺ). Bilâl étendit son vêtement, puis il leur dit: accourez donc! Je suis même prêt à sacrifier père et mère pour vous! Les femmes se mirent aussitôt à déposer leurs grosses et petites bagues dans le vêtement de Bilâl.[2]

Il est évident qu'en exhortant les femmes dans le *mussallâ*, en les incitant à faire l'aumône et en s'assurant qu'elles étaient toujours fidèles à leur serment d'allégeance, le Messager d'Allah (ﷺ) leur rappelait leurs devoirs religieux et les encourageait à accomplir les œuvres pies. Or tout cela n'a pu se réaliser que grâce à l'appel qu'il leur a adressé de participer à la Prière des deux Fêtes; d'où l'importance de la Prière en commun pour la vie individuelle et collective dans la société musulmane.

Certes, l'Islam n'oblige pas les femmes à participer à la Prière en commun dans la mosquée. Néanmoins, il leur recommande, quand elles se rassemblent dans un endroit quelconque, d'accomplir la Prière prescrite en commun. Dans ce cas, elles ne sont tenues de faire ni l'Appel à la Prière (*al-adhân*) ni de prononcer la formule annonçant l'accomplissement de la Prière (*al-iqâma*). Conformément à ce que Umm Salama, la Mère des croyants, avait fait quand elle avait présidé à la Prière d'un groupe de femmes, elles doivent se

---

[1] D'après Ibn Ḥajar al-'Asqalânî, il s'agirait de Asmâ' bint Yazîd ibn as-Sakan (m. en 30 de l'Hégire), qui était connue pour son audace et son éloquence, et qu'on surnommait «l'Oratrice des femmes». (Cf. *Fat'h Al-Bâri*, vol. II, p. 468.)

[2] Cf. *Fat'h Al-Bâri*, vol. II, p. 466; *Sharḥ ṣaḥîḥ muslim*, vol. VI, p. 171.

mettre en rang, et celle qui les y préside se met au milieu d'elles sans les devancer.[1]

6. Elle accomplit fréquemment les Prières surérogatoires

Une femme musulmane avisée ne se contente pas d'accomplir les cinq Prières prescrites; elle tâche plutôt, autant que possible, d'accomplir les Prières dites *rawâtib* et les Prières surérogatoires dont la Prière de milieu de matinée *(aḍ-ḍuḥa),* celle accomplie après le *maghrib* et la Prière nocturne.

En effet, la Prière surérogatoire rapproche l'être humain de son Seigneur, contribue à ce qu'Il lui accorde Son agrément et Son amour, et fait de lui l'une des personnes qui auront le salut en raison de leur piété et leur obéissance à Allah.

Le prochain *Ḥadîth qudsî,* [propos divins hors Coran], illustre parfaitement le haut rang que le croyant atteint en multipliant les actes surérogatoires pour se rapprocher d'Allah: *«Mon adorateur ne cessera de se rapprocher de Moi par des œuvres surérogatoires jusqu'à ce que Je l'aimerai. Et quand Je l'aimerai, Je serai son ouïe grâce à laquelle il entendra, son regard grâce auquel il verra, sa main grâce à laquelle il saisira et son pied grâce auquel il marchera. Quand il me demandera* [une chose], *Je la lui donnerai; et s'il cherche refuge auprès de Moi, Je le lui accorderai.»*[2]

Les actes surérogatoires permettent donc à l'adorateur d'atteindre l'amour d'Allah; et quand Allah accorde Son amour à un être humain, Il fait que les gens du ciel et de la terre l'aiment. D'après Abû Hurayra, le Messager d'Allah (ﷺ) a dit: *«Quand Allah aime un être humain, Il mande l'Archange Gabriel et lui dit: J'aime untel;*

---

[1] Cf. Ibn al-Jawzî, *Aḥkâm an-nissâ'*, pp. 186, 204, éd. Beyrouth; Ibn Qudâma, *al-Mughnî,* vol. II, p. 202, éd. Riyad.

[2] *Fat'h Al-Bâri,* vol. XI, p. 341.

aime-le aussi, et Gabriel aime cet homme. Puis Gabriel crie aux habitants du ciel: Allah aime untel; aimez-le aussi, et les habitants du ciel aiment cet homme. Ensuite, on lui accordera l'agrément [des gens] *sur terre. Quand, par contre, Allah déteste un être humain, Il mande Gabriel et lui dit: Je déteste untel; déteste-le aussi., et Gabriel déteste cet homme. Puis Gabriel crie aux habitants du ciel: Allah déteste untel; détestez-le aussi, et les habitants du ciel détestent cet homme. Ensuite, on fera qu'il soit détesté sur terre.»*[1]

C'est pour cette raison que le Messager d'Allah (ﷺ) priait si longtemps durant la nuit que ses pieds se fendillaient. Et lorsque 'Â'isha, la Mère de croyants, (qu'Allah l'agrée) lui dit: ô Messager d'Allah, pourquoi agis-tu ainsi, puisque Allah t'a pardonné tes pêchés passés et tes pêchés à venir? Il lui répondit: *«Ne devrais-je donc pas être un serviteur reconnaissant!»*[2]

On rapporte que Zaynab, la mère des croyants, en raison des Prières surérogatoires qu'elle prolongeait, attacha une corde à deux colonnes de la mosquée pour s'y accrocher en cas de fatigue et retrouver ainsi son énergie.

Le Messager d'Allah (ﷺ), s'étant rendu à la mosquée, remarqua la corde.

- *«Qu'est-ce que cette corde»,* demanda-t-il.

- Elle est à Zaynab, lui répondit-on; elle s'y accroche quand elle se sent fatiguée dans ses Prières.

- *«Détachez-la,* leur ordonna-t-il. *Que chacun d'entre vous prie selon sa force; quand il se sent fatigué, qu'il s'asseye.»*[3]

On rapporte aussi qu'une femme de la tribu Banû Assad, nommée al-Ḥawlâ' bint Tuwayt, passait toutes ses nuits à prier et ne dormait point.

---

[1] Cf. *Sharḥ ṣaḥîḥ muslim*, vol. XVI, p. 184.

[2] *Ḥadîth* rapporté par Bukhari et Muslim. Cf. al-Baghawî, vol. VI, p. 45. *Sharḥ as-sunna.*

[3] Cf. *Sharḥ ṣaḥîḥ muslim*, vol. VI, p. 72-73.

Un jour, elle se rendit chez 'Â'isha, la Mère des croyants, alors que le Messager d'Allah (ﷺ) était chez elle. 'Â'isha la lui présenta en disant: c'est al-Ḥawlâ' bint Tuwayt. On prétend qu'elle ne dort pas la nuit *[et la passe à prier]*. - *«Elle ne dort pas!»*, s'étonna le Messager d'Allah (ﷺ). *«Entreprenez les actions dont vous êtes capables! Par Allah, Allah ne se lassera pas* [de vos actions pieuses] *avant que vous en soyez vous-mêmes lassés.»*[1]

Il ressort de ce texte que la Tradition du Prophète (ﷺ), tout en incitant les musulmans et les musulmanes à multiplier les actes surérogatoires, appelle à la modération en matière de culte et réprouve tout excès à ce sujet. Le but de cette modération étant de réaliser l'équilibre de la personnalité du musulman et garantir son assiduité à accomplir les actes d'obéissance avec élan et enthousiasme, loin de toute lassitude qui l'empêcherait de continuer à les observer régulièrement. La tradition du Prophète (ﷺ) traduit cet esprit, quand elle précise que les œuvres qu'Allah aime le plus sont celles qui perdurent, fussent-elles très limitées. D'après 'Â'isha (qu'Allah l'agrée), le Messager d'Allah a dit: *«L'œuvre qu'Allah aime le plus est celle qu'on pratique avec assiduité, même si c'est peu de chose.»* Quand 'Â'isha, ajoute le transmetteur du *Ḥadîth*, entreprenait une œuvre pie, elle continuait à l'accomplir avec assiduité.[2]

Accomplir les bonnes œuvres avec assiduité n'était pas une attitude propre à 'Â'isha; ce fut un comportement adopté par l'ensemble des membres de la famille du Prophète (ﷺ).

Cela est attesté par le *Ḥadîth* rapporté par Muslim, dans lequel 'Â'isha dit: Le Messager d'Allah (ﷺ) avait une natte qu'il étendait durant la journée, et dont il se servait d'enclos, la nuit, pour y prier. Les gens se mirent alors à *[se ranger derrière lui et à]* prier comme

---

[1] *Idem.*, vol. VI, p. 73.

[2] *Idem.*, vol. VI, p. 72.

lui. Une nuit, ils se réunirent *[de nouveau]*, mais le Prophète (ﷺ) leur dit: *«Ô hommes! Entreprenez les actions dont vous êtes capables! Allah ne se lassera pas* [de vos Prières] *avant que vous en soyez vous-mêmes lassés. L'action qu'Allah aime le plus est celle qu'on pratique avec assiduité, même si c'est peu de chose.»*

'Â'isha ajoute: *quand les membres de la famille du Prophète Mohammed (ﷺ) entreprenaient une action pieuse, ils s'y appliquaient avec assiduité.*[1]

7. Elle accomplit parfaitement sa Prière

La femme musulmane pieuse et consciente a le souci permanent d'accomplir parfaitement sa Prière. Elle l'accomplit dans le recueillement et la présence d'esprit, en se remémorant la signification des versets qu'elle récite et des évocations et invocations qu'elle prononce. Durant ses Prières, son âme s'emplit de recueillement, et son cœur ne cesse d'exprimer sa gratitude et sa soumission à Allah. Et si jamais des idées sataniques venaient à lui frôler l'esprit, afin de la distraire et la détourner de son recueillement, elle s'empresserait de les écarter en méditant les versets coraniques et les formules d'évocation qu'elle prononce. Puis, une fois sa Prière achevée, elle ne se lève pas immédiatement pour reprendre ses tâches ménagères ou ses autres occupations. Elle doit plutôt patienter et accorder un temps aux formules d'évocation et d'invocation que le Messager d'Allah (ﷺ) prononçait à cette occasion.

Elle commencera par implorer trois fois le pardon d'Allah, puis elle dira: *«Ô Allah! Tu es Celui qui détient le salut, et c'est de Toi que le salut émane. Gloire à Toi, Détenteur de la Majesté et de la Générosité!»* Ensuite, elle tâchera *d'exalter trente-trois fois la gloire d'Allah, Le louer trente-trois fois et proclamer trente-trois fois Sa grandeur,* avant de dire: *«Il n'y a point de divinité à part Allah; Lui*

---

[1] *Idem.*, vol. VI, pp. 70-72.

seul n'a pas d'associé. A Lui la souveraineté et les louanges; Il est l'Omnipotent.»

Dans un *Ḥadîth* authentique, le Messager d'Allah (ﷺ) dit: *«Quiconque exalte la gloire d'Allah trente-trois fois à la fin de chaque prière, célèbre Sa louange trente-trois fois et proclame Sa grandeur trente-trois fois puis prononce la centième formule, le nombre des formules évoquées étant quatre-vingt-dix-neuf, en disant: il n'y a point de divinité à part Allah; Lui seul n'a pas d'associé; à Lui la souveraineté et les louanges; Il est l'Omnipotent - aura ses péchés pardonnés même s'ils étaient aussi abondants que l'écume de la mer.»*[1]

Ensuite, elle s'adressera à Allah en L'implorant d'améliorer en bien tout ce qui la concerne, dans ce bas monde et dans l'Au-delà, de répandre sur elle Ses bienfaits apparents et cachés, et de faire qu'elle suive la voie de la rectitude.

Ainsi, quand elle aura quitté sa Prière, elle aura l'esprit lucide, l'âme pure et le cœur déférent envers Allah. Son être tout entier sera empli d'une énergie spirituelle qui l'aidera à surmonter les charges de la vie quotidienne et à assumer les responsabilités relatives à son foyer et à ses enfants. Elle vivra sous la protection rassurante de son Seigneur, n'éprouvant aucun abattement en cas de malheur, et ne privant personne de ses biens en cas d'abondance, car telle est l'attitude des croyantes qui accomplissent leurs Prières avec recueillement et sincérité. Allah dit:

> ﴾Oui, l'homme a été créé instable; quand le malheur le touche, il est abattu; et quand le bien lui est attribué, il refuse *[de le partager]*. Sauf ceux qui prient, qui sont assidus à leurs Prières, et qui affectent sur leurs biens un droit bien déterminé au mendient et au déshérité.﴿
>
> *[Coran 70: 19-25]*

---

[1] Cf. *Sharḥ ṣaḥîḥ muslim*, vol. V, p. 95.

8. Elle s'acquitte de l'Aumône obligatoire

Quand la femme musulmane possède des biens redevables d'Aumône obligatoire *(zakâte),* elle s'en acquitte. Chaque année, selon une échéance précise, elle évalue avec précision tous les biens qu'elle possède et s'acquitte en toute honnêteté de l'Aumône qui lui incombe. L'Aumône obligatoire représente l'un des Piliers de l'Islam; il n'est donc pas permis de la négliger ou de chercher des justifications pour s'en dispenser, même quand il s'agit de sommes colossales.

L'idée de se dérober à l'Aumône obligatoire ne doit même pas frôler l'esprit de la femme musulmane, pieuse et avertie. L'aumône obligatoire est un devoir financier bien déterminé à caractère cultuel qu'Allah a imposé à tout musulman et à toute musulmane détenant le «minimum imposable» *(an-nissâb).* Refuser de la payer ou nier son caractère obligatoire est un acte d'apostasie flagrante et de mécréance déclarée. Celui qui adopte cette position s'expose à une peine d'*[astreinte]* et à être combattu jusqu'à ce qu'il s'acquitte de l'Aumône, conformément aux règles de la religion. A ce sujet, la prise de position honorable d'Abû Bakr aṣ-Ṣiddîq (qu'Allah l'agrée) vis-à-vis de ceux qui refusèrent de payer l'Aumône obligatoire est toujours d'actualité, et ses éternelles paroles résonnent encore de nos jours: «Par Allah, je combattrai quiconque distinguera entre la Prière et l'Aumône obligatoire!»[1]

Ces éternelles paroles illustrent la grandeur d'une religion qui lie le spirituel au temporel. Elles révèlent qu'Abû Bakr avait saisi le sens profond de cette parfaite religion, et qu'il avait vu juste en faisant le lien entre la foi et les implications pratiques qui en découlent. Car, en effet, les versets coraniques qui mentionnent conjointement la Prière

---

[1] Cf. *Sharḥ ṣaḥîḥ muslim,* vol. I, p. 207.

et l'Aumône obligatoire, afin d'inciter à bâtir une foi solide dans les âmes croyantes, sont multiples et convergents. Allah dit:

﴾Les croyants qui accomplissent la Prière et s'acquittent de l'Aumône.﴿ *[Coran, 5: 55]*

﴾Accomplissez la Prière et acquittez-vous de l'Aumône.﴿ *[Coran 2: 43]*

﴾Ceux qui accomplissent la Prière et s'acquittent de l'Aumône.﴿ *[Coran 2: 277]*

Il n'échappe pas à la musulmane pieuse et consciencieuse que l'Islam qui, certes, lui a accordé l'indépendance financière et l'a exonérée des charges familiales, que seul l'homme doit assumer, lui a, d'autre part, imposé l'Aumône en tant que droit bien déterminé qu'elle doit affecter au pauvres. Quand une musulmane hésite donc à s'acquitter de ce devoir en le dépensant aux ayants droit, prétextant qu'elle est une femme et qu'elle n'est concernée par aucune dépense, c'est qu'elle a mal compris sa religion et que sa foi est altérée. Il arrive aussi qu'une femme, observant une religiosité apparente, en accomplissant la Prière, le jeûne et le Pèlerinage, et en allant même jusqu'à faire aumône de sommes futiles par rapport à la richesse qu'elle possède, néglige l'acquittement de l'Aumône obligatoire par omission ou par avarice. Cependant, ces deux catégories de femmes n'ont aucun rapport avec la femme musulmane qui se conforme aux finalités de l'Islam.

9. Elle observe le jeûne et la Prière nocturne durant le Ramadhan

La femme musulmane pieuse jeûne pendant le mois de Ramadhan en ayant la foi profonde que «quiconque jeûne le mois de Ramadhan avec foi sincère et en escomptant *[la récompense d'Allah],* ses péchés passés lui seront pardonnés.»[1] Durant son jeûne, elle se conforme à la conduite que doit observer tout croyant; elle protège ses paroles, son regard et ses gestes de tout ce qui est susceptible de perturber son jeûne ou diminuer sa rétribution. Si, toutefois, elle se sent tentée par une querelle, une dispute haineuse ou une vocifération, elle adopte la conduite recommandée par le Prophète (ﷺ) à ceux et celles qui observent le jeûne:

- *«Quand l'un d'entre vous observe le jeûne, qu'il s'abstienne de proférer des obscénités et de vociférer. Si, toutefois, quelqu'un l'injurie ou l'agresse, qu'il lui réponde: j'observe le jeûne! J'observe le jeûne!»*[2]

- *«Celui qui ne renonce ni au mensonge, ni à appliquer ce qui en découle, Allah n'a aucun besoin qu'il s'abstienne de manger ou de boire.»*[3]

Pendant la période de Ramadhan, la femme musulmane avertie doit prendre conscience qu'il s'agit d'un mois qui se distingue des autres; un mois où la rétribution pour les bonnes œuvres est multipliée et les portes du Bien sont ouvertes; un mois où le jeûne est destiné exclusivement à Allah et Lui seul en récompense. Or les récompenses d'Allah, le Suffisant à Lui-même, le Bienfaiteur, le Tout-Donateur, sont si vastes et si multiples qu'aucune imagination ne peut les concevoir.

Le Messager d'Allah (ﷺ) dit: *«Toute bonne action de la part de l'homme est multipliée* [en récompense]. *Ainsi, la bonne action sera décuplée et pourra même atteindre sept cents multiples. Allah (exalté soit-Il) a dit: 'Hormis le jeûne; il est pour Moi, et c'est Moi qui en*

---

[1] *Ḥadîth* rapporté par Bukhari et Muslim. Cf. al-Baghawî, *Sharḥ as-sunna*, vol. VI, p. 217.

[2] *Ḥadîth* rapporté par Bukhari et Muslim. Cf. an-Nawawî, *Riyâḍ aṣ-ṣâliḥîn*, p. 570.

[3] *Ḥadîth* rapporté par Bukhari. Cf. *Fat'h Al-Bâri*, vol. IV, p. 116.

récompense. Pour Me satisfaire, il renonce à ses passions, à boire et à manger'. Le jeûne est une protection. Le jeûneur éprouve la joie en deux circonstances: quand il rompt son jeûne et quand il rencontre son Seigneur. Certes, l'haleine qui se dégage de la bouche de celui qui jeûne est plus agréable auprès d'Allah que l'odeur du musc.»[1]

Par conséquent, il est recommandé à la femme musulmane avertie de trouver, durant Ramadhan, le compromis entre ses tâches ménagères et la nécessité de consacrer des moments aux pratiques cultuelles ainsi qu'à toutes les œuvres qui la rapprochent d'Allah. Les tâches ménagères ne doivent aucunement la détourner de l'accomplissement des Prières prescrites en leurs temps, des Prières surérogatoires et de la récitation du Coran.

Il en est de même pour les soirées familiales.

Elles ne doivent pas la distraire de la Prière nocturne ou de l'invocation, car elle connaît parfaitement l'abondante rétribution et le vaste pardon qu'Allah a réservés à ceux et celles qui accomplissent la Prière nocturne en ce mois. Le Messager d'Allah (ﷺ) a dit: *«Quiconque observe la Prière nocturne durant le Ramadhan avec foi sincère et en escomptant* [la récompense d'Allah], *ses péchés passés lui seront pardonnés.»*[2]

Tel fut le comportement du Messager d'Allah (ﷺ): durant le Ramadhan, il s'appliquait plus qu'en d'autres temps à multiplier les bonnes œuvres, notamment dans la dernière décade de ce mois. On rapporte que 'Â'isha (qu'Allah l'agrée) a dit: *«Le Messager d'Allah (ﷺ) s'évertuait* [à accomplir les pratiques cultuelles] *durant la dernière décade de Ramadhan plus qu'en d'autres temps.»*[3]

---

[1] *Ḥadîth* rapporté par Bukhari et Muslim. Cf. al-Baghawî, *Sharḥ as-sunna*, vol. VI, p. 221.

[2] *Ḥadîth* rapporté par Bukhari et Muslim. Cf. al-Baghawî, *Sharḥ as-sunna*, vol. IV, p. 166.

[3] *Hadîth* rapporté par Bukhari et Muslim. Cf. *Sharḥ ṣaḥîḥ Muslim*, vol. VIII, p. 70.

On rapporte également qu'elle a dit: *«Quand les dix dernières nuits de Ramadhan commençaient, le Prophète (ﷺ) les passait à prier. Il encourageait ses épouses à le suivre en les réveillant de nuit, et s'évertuait* [à adorer Allah].*»*[1]

Durant ce mois, le Prophète (ﷺ) ordonnait aux croyants de s'enquérir de la nuit du Destin et les exhortait à la passer en priant et en invoquant Allah. Il disait:

- *«Enquérez-vous de la nuit du destin durant la dernière décade de Ramadhan.»*[2]

- *«Quiconque observe la Prière nocturne durant la nuit du destin avec foi sincère et en escomptant* [la récompense d'Allah], *ses péchés passés lui seront pardonnés.»*[3]

Ce mois béni représente une période exclusive au culte. En l'occurrence, il n'est pas convenable pour une musulmane sérieuse de passer ses nuits à se divertir et à veiller vainement et longuement, puis vers l'aube, quand le sommeil envahit les membres de sa famille, elle leur donne à manger, pour les laisser sombrer ensuite dans un sommeil profond qui les empêcherait même de se lever pour accomplir la Prière du *fajr*.

Bien au contraire: elle doit s'évertuer, avec sa famille, à suivre, pendant ce mois, le mode de vie islamique pendant ce mois. Elle doit organiser ses soirées de sorte que son époux et ses enfants ne veillent pas longtemps après la «Prière à pauses» *(at-tarâwih),* car après quelques heures ils auront à se lever pour accomplir la Prière

---

1 *Ḥadîth* rapporté par Bukhari et Muslim. Cf. al-Baghawî, *Sharḥ as-sunna*, vol. VI, p. 389.

2 *Ḥadîth* rapporté par Bukhari et Muslim. Cf. al-Baghawî, *Sharḥ as-sunna*, vol. VI, p. 380.

3 *Ḥadîth* rapporté par Bukhari et Muslim. Cf. al-Baghawî, *Sharḥ as-sunna*, vol. VI, p. 379.

nocturne puis prendre le «repas d'avant l'aube» *(as-suhur)*, dont les bienfaits sont multiples, et au sujet duquel le Messager d'Allah (ﷺ) a dit: *«Prenez le repas d'avant l'aube, car une bénédiction y est attachée.»*[1]

Conformément aux recommandations du Messager d'Allah (ﷺ), la musulmane consciencieuse aide les membres de sa famille à se lever pour le «repas d'avant l'aube». Les réveiller à ce moment réalise, en effet, plusieurs objectifs dont: le rappel de la Prière nocturne, retrouver leur dynamisme pour aller accomplir la Prière du *fajr* en commun et, bien évidemment, nourrir leur corps pour pouvoir supporter le jeûne.

C'est d'ailleurs ce que le Messager d'Allah (ﷺ) faisait et habituait ses Compagnons à le faire. On rapporte que Zayd ibn Thâbit (qu'Allah l'agrée) a dit: «J'ai pris le repas d'avant l'aube en compagnie du Messager d'Allah (ﷺ). Ensuite, nous nous sommes levés pour accomplir la Prière *[de l'aube]*.

- Quelle était l'intervalle de temps entre le repas d'avant l'aube et la Prière? lui demanda-t-on.

- *[Le temps de réciter]* cinquante versets, répondit-il.»[2]

Quand la femme croyante contribue à la réalisation de tous ces objectifs bénéfiques pour les membres de sa famille, il n'y a aucun doute qu'Allah lui réservera les meilleures des récompenses. Allah dit:

> ﴾Ceux qui auront cru et qui auront accompli de bonnes œuvres *[verront que]* Nous ne laisserons pas perdre la récompense de celui qui fait du bien.﴿ *[Coran, 18: 30]*

---

[1] *Ḥadîth* rapporté par Bukhari et Muslim. Cf. al-Baghawî, *Sharḥ as-sunna*, vol. VI, p. 251.

[2] *Ḥadîth* rapporté par Bukhari et Muslim. Cf. al-Baghawî, *Sharḥ as-sunna*, vol. VI, p. 253.

10. Elle observe le jeûne surérogatoire

La musulmane pieuse observe, dans la mesure du possible, le jeûne surérogatoire en dehors du mois de Ramadhan. Parmi les jours où il est recommandé de jeûner, il y a: ‘Arafa, ‘Âshûrâ’ et le jour qui le précède. Selon les Traditions du Messager d’Allah (ﷺ), jeûner durant ces jours est l’une des œuvres pies qui effacent les péchés:

- On rapporte qu’Abû Qatâda (qu’Allah l’agrée) a dit: interrogé au sujet du mérite du jeûne le jour de ‘Arafa, le Messager d’Allah (ﷺ) répondit: *«Il permet d’absoudre les péchés de l’année qui précède et de celle qui suit.»*[1]

- ‘Abd Allah ibn ‘Abbâs (qu’Allah l’agrée) a dit: *«Le Messager d’Allah (ﷺ) a observé le jeûne le jour de ‘Âshûrâ’ et nous a ordonné de le faire.»*[2]

- Abû Qatâda (qu’Allah l’agrée) a dit: interrogé au sujet du jeûne le jour de ‘Âshûrâ’, le Messager d’Allah (ﷺ) répondit: *«Il permet d’absoudre les péchés commis l’année qui le précède.»*[3]

- D’après ‘Abd Allah ibn ‘Abbâs (qu’Allah l’agrée), le Messager d’Allah (ﷺ) a dit: *«Si je reste encore vivant l’année prochaine, je jeûnerai le neuvième jour* [de muḥarram].»[4]

Citons également le jeûne de six jours du mois de shawwâl, dont le mérite est mentionné par le Messager d’Allah (ﷺ) dans le *Ḥadîth* qui dit: *«Celui qui jeûne le mois de Ramadhan puis le fait suivre de six jours du mois de shawwâl est semblable* [en rétribution] *à celui qui observe un jeûne perpétuel.»*[5]

Les Traditions mentionnent aussi qu’il est recommandé de jeûner trois jours de chaque mois:

---

[1] *Ḥadîth* rapporté par Muslim. Cf. *Sharḥ ṣaḥîḥ muslim*, vol. VIII, p. 51.

[2] *Ḥadîth* rapporté par Muslim. Cf. *Sharḥ ṣaḥîḥ muslim*, vol. VIII, p. 12.

[3] *Ḥadîth* rapporté par Muslim. Cf. *Sharḥ ṣaḥîḥ muslim*, vol. VIII, p. 51.

[4] *Ḥadîth* rapporté par Muslim. Cf. *Sharḥ ṣaḥîḥ muslim*, vol. VIII, p. 13.

[5] *Ḥadîth* rapporté par Muslim. Cf. *Sharḥ ṣaḥîḥ muslim*, vol. VIII, p. 56.

- Abû Hurayra (qu'Allah l'agrée) a dit: *«Mon Confident (ﷺ) m'a recommandé d'observer les trois* [pratiques cultuelles] *suivantes: jeûner trois jours de chaque mois, accomplir deux rak'a en milieu de matinée* (aḍ-ḍuḥa) *et faire la Prière du* witr *avant de dormir.»*[1]

- Abû ad-Dardâ' (qu'Allah l'agrée) a dit: *«Mon Bien-aimé (ﷺ) m'a recommandé de ne jamais négliger les trois* [pratiques cultuelles] *suivantes, tant que je suis vivant: jeûner trois jours de chaque mois, accomplir la Prière du milieu de matinée* (aḍ-ḍuḥa) *et de ne dormir qu'après avoir accompli la Prière du* witr.»[2]

- D'après 'Abd Allah ibn 'Amr ibn al-'Âṣ (qu'Allah l'agrée), le Messager d'Allah (ﷺ) a dit: *«Jeûner trois jours de chaque mois est semblable [en rétribution] au jeûne perpétuel.»*[3]

Certaines Traditions précisent que ces trois jours sont le treize, le quatorze et le quinze de chaque mois lunaire, les désignant par «les Jours blancs» (*al-ayyâm al-bîḍḥ*). Cependant, d'autres Traditions indiquent que les trois jours de chaque mois durant lesquels le Messager d'Allah (ﷺ) jeûnait n'étaient pas déterminés. On rapporte à ce sujet que Mu'âdha al-'Adawiyya interrogea 'Â'isha (qu'Allah l'agrée): «Le Messager d'Allah (ﷺ) observait-il le jeûne durant trois jours de chaque mois?

- Oui, lui répondit 'Â'isha.

- Lesquels? lui demanda-t-elle de nouveau.

- Pour jeûner durant le mois, répondit 'Â'isha, il n'était pas attentif à des jours en particulier.»[4]

---

[1] *Ḥadîth* rapporté par Bukhari (Cf. *Fat'h Al-Bâri*, vol. IV, p. 226.) et Muslim (Cf. *Sharḥ ṣaḥîḥ muslim*, vol. V, p. 234).

[2] *Ḥadîth* rapporté par Muslim. Cf. *Ṣharḥ Ṣaḥîḥ muslim*, vol. V, p. 235.

[3] *Ḥadîth* rapporté par Bukhari et Muslim. Cf. *Sharḥ as-sunna*, vol. VI, p. 362.

[4] *Ḥadîth* rapporté par Muslim. Cf. *Sharḥ ṣaḥîḥ muslim*, vol. VIII, p. 48.

11. Elle accomplit le Pèlerinage

Une musulmane consciente des directives de sa religion place au premier plan des ses préoccupations le pèlerinage à la Mosquée Sacrée, dès qu'elle en a les moyens. Une fois les moyens et les conditions légales lui permettant le Pèlerinage réunis, elle se consacre, avant le voyage, à étudier attentivement les règles relatives au Pèlerinage. Ainsi, quand elle entreprendra l'accomplissement des rites, elle le fera de façon correcte et judicieuse. Grâce à cette démarche qui permet de répondre à toutes les conditions légales, son Pèlerinage sera valide et aura un statut équivalent à celui du *jihâd* pour les hommes.

On rapporte à ce sujet que 'Â'isha, la Mère des croyants (qu'Allah l'agrée) a dit: j'ai interrogé le Prophète (ﷺ): ô Messager d'Allah, pourquoi ne participons-nous pas aux expéditions militaires ni à la lutte pour la cause d'Allah (le *jihâd*) avec vous? Il m'a répondu: *«Vous avez la meilleure et la plus belle lutte pour la cause d'Allah: le Pèlerinage; un Pèlerinage sincère et agréé.»* Depuis que j'ai entendu ces paroles du Messager d'Allah (ﷺ), ajoute 'Â'isha, je ne manque plus de faire le Pèlerinage.[1]

12. Elle accomplit le Petit Pèlerinage ('umra)

Au même titre que le Pèlerinage, le Petit Pèlerinage *(al-'umra)* est aussi un devoir qui incombe à la femme musulmane dès qu'elle en a les moyens, notamment durant Ramadhan; car, en ce mois-ci, cette pratique cultuelle équivaut en rétribution à un Pèlerinage en compagnie du Messager d'Allah (ﷺ). Bukhari rapporte que 'Abd Allah ibn 'Abbâs (qu'Allah l'agrée) a dit: lorsque le Prophète (ﷺ) revint de son Pèlerinage, il dit à Umm Sinân al-Anṣâriyya: *«Qu'est-ce qui t'a empêchée de faire le Pèlerinage?»*

---

[1] *Ḥadîth* rapporté par Bukhari. Cf. *Fat'h Al-Bâri*, vol. IV, p. 72.

- Abû untel *[allusion à son mari]*, répondit-elle. Nous avions deux chameaux. Il a effectué le Pèlerinage sur l'un d'eux, et nous a laissé l'autre pour irriguer l'une de nos terres.

- *«Un Petit Pèlerinage* ('umra) *en Ramadhan, lui dit le Prophète* (ﷺ), *vaudra pour toi un Pèlerinage.»*

Dans une autre version, rapportée également par Ibn 'Abbâs, il est dit: *«Un Petit Pèlerinage* ('umra) *en Ramadhan vaudra pour toi un Pèlerinage en ma compagnie.»*[1]

13. Elle obéit à Allah

La femme musulmane consciencieuse doit toujours se rappeler qu'elle est concernée par les Commandements d'Allah. Sur ce plan, elle est l'égale de l'homme et ne diffère de lui qu'en certains statuts spécifiques à chacun des deux sexes; pour le reste, elle est tenue, à l'instar de l'homme, à assumer ses responsabilités devant Allah. Allah (exalté soit-Il) dit:

> ﴾Les musulmans et les musulmanes, croyants et croyantes, obéissants et obéissantes, loyaux et loyales, endurants et endurantes, déférents et déférentes *[envers Allah],* donneurs et donneuses d'aumône, jeûneurs et jeûneuses, gardiens de leur chasteté et gardiennes, très évocateurs d'Allah et évocatrices: Allah a préparé pour eux un pardon et une énorme récompense.﴿
>
> *[Coran, 33: 35]*

> ﴾Quiconque, mâle ou femelle, fait une bonne œuvre tout en étant croyant, Nous lui ferons mener une bonne vie. Nous leur donnerons, certes, leur récompense, en fonction des meilleures de leurs actions.﴿
>
> *[Coran, 16: 97]*

---

[1] *Ḥadîth* rapporté par Bukhari. Cf. *Fat'h Al-Bâri*, vol. IV, p. 72.

﴾Leur Seigneur les a alors exaucés: en vérité, Je ne laisse pas perdre le bien que quiconque parmi vous a fait, homme ou femme, car vous êtes les uns des autres. Ceux donc qui ont émigré, qui ont été expulsés de leurs demeures, qui ont été persécutés dans Mon chemin, qui ont combattu, qui ont été tués; Je tiendrai certes pour expiées leurs mauvaises actions, et Je les ferai entrer dans les Jardins sous lesquels coulent les ruisseaux, comme récompense de la part d'Allah. C'est auprès d'Allah qu'est la plus belle récompense.﴿

[Coran, 3: 195]

Précisons que la locution *yâ ayyuhâ n-nâssu* (ô gens) dans le Coran et la Tradition du Prophète (ﷺ) désigne l'ensemble des humains, hommes et femmes.

Parmi les Textes qui attestent de cette notion, le *Ḥadîth* rapporté par Muslim d'après la Mère des croyants, Umm Salama (qu'Allah l'agrée), qui dit: j'entendais les gens parler du Bassin, cependant je ne l'avais jamais entendu de la bouche du Messager d'Allah (ﷺ).

Un jour, alors qu'une servante me coiffait les cheveux, j'entendis le Messager d'Allah (ﷺ) dire: *«Ô gens!»* Je dis alors à la servante: écarte-toi de moi *[pour que je puisse aller l'écouter]*. Elle me répliqua: mais il a fait appel aux hommes et non aux femmes. — Je fait partie des gens, lui répondis-je.

Ensuite, j'ai entendu le Messager d'Allah (ﷺ) dire: *«Je vous devancerai au Bassin. Que l'un d'entre vous ne finisse pas par faire partie de ceux qui se dirigeront vers moi et qu'on éloignera de moi comme on éloigne un chameau égaré. Car, à ce moment-là, je demanderai: pourquoi avez-vous agi de la sorte? Et on me répondra: tu ne sais pas ce qu'ils ont fait après ton départ. Je dirai alors: qu'ils soient loin de moi.»*[1]

---

[1] Cf. *Sharḥ ṣaḥîḥ muslim*, vol. XV, p. 56.

Muslim rapporte également une autre version où il est dit: «... *Je dirai alors: loin de moi! Loin de moi, ceux qui ont changé après mon départ!*»[1]

Donc, sur le plan de la nécessité d'exécuter les ordres d'Allah et de s'abstenir de commettre ses interdits, l'homme et la femme sont égaux devant Lui (à Lui la puissance et la majesté). En saisissant cette vérité, la femme musulmane accomplit ce qu'Allah a ordonné et s'abstient de commettre ce qu'Il a interdit; car elle a la certitude qu'elle sera interrogée sur ce qu'elle aura fait durant sa vie, et qu'elle sera rétribuée par le bien pour ses bonnes actions et par le mal pour les mauvaises. Ainsi, elle respecte les normes établies par Allah, ne les transgresse point et ne commet aucun acte illicite. Elle cherche toujours à savoir les règles établies par Allah et Son Messager et s'y conforme en tout ce qui advient dans sa vie.

A ce sujet, l'Histoire nous a conservé plus d'un exemple éclatant de femmes musulmanes qui se conformèrent aux commandements d'Allah et n'éprouvèrent aucun désir de s'en détourner. L'un de ces exemples est le récit qui relate l'histoire de Khawla bint Tha'laba avec son époux Aws ibn aṣ-Ṣâmit, rapporté par Aḥmed ibn Ḥanbal, Abû Dâwûd et Ibn Kathîr dans la partie consacrée au début de la sourate *al-mujâdala* (la Discussion) de son *Tafsir*:

Khawla a dit: par Allah, c'est à propos de moi et de Aws ibn aṣ-ṣâmit qu'Allah révéla le début de la sourate *[intitulée] al-mujâdala*. J'étais son épouse, et il était un vieillard dont le caractère devenait mauvais. Un jour, à son entrée chez moi, je lui adressai une objection qui le mit en colère. Il me dit alors: tu m'es, désormais, aussi interdite que le dos de ma mère.

Puis il sortit et rejoignit un groupe de sa tribu. Il resta une heure en leur compagnie puis revint me voir. Et là, il tenta de me forcer à assouvir son besoin charnel. Je lui dis alors: non, après ce que tu as

---

[1] *Idem.*, vol. XV, p. 54.

déclaré à mon sujet! Par Celui qui détient mon âme en Sa Main, tu ne m'aborderas que lorsque Allah et Son Messager décréteront un jugement sur notre cas. Il fit une seconde tentative, ajoute Khawla, mais je réussis à me défendre par les moyens qu'une femme emploie pour repousser un vieillard. Je l'ai donc repoussé, puis je suis allée me rendre chez une voisine pour lui emprunter un vêtement *[de sortie]*.

Après quoi, je suis allée trouver le Messager d'Allah (ﷺ). Je me suis assise devant lui, et je lui ai raconté ce que mon mari m'a fait subir. Puis quand je me suis mise à me plaindre auprès de lui de la mauvaise conduite de mon époux à mon égard, il m'a dit: *«Ô Khawayla, ton cousin est un vieillard, ménage-le donc par piété!»*

Par Allah, poursuit Khawla, avant même de le quitter, un *[passage du]* Coran fut révélé à mon sujet. Le Messager d'Allah fut pris par une torpeur qui le saisissait en ces circonstances, puis quand cet état cessa, il me dit: *«Ô Khuwyala, Allah m'a révélé du Coran au sujet de ton compagnon et toi.»* Et il me récita les versets suivants: ﴾Allah a entendu la parole de celle qui discutait avec toi à propos de son époux et se plaignait à Allah. Et Allah entendit votre conversation; car Allah est Audient et Clairvoyant﴿...jusqu'au verset qui se termine par: ﴾Et les mécréants auront un châtiment avilissant.﴿

[Coran, 58: 1,4]

Ensuite, le Messager d'Allah (ﷺ) me dit: *«Communique-lui l'ordre d'affranchir un esclave».*

- Mais nous n'avons aucun esclave à affranchir, ô Messager d'Allah! lui dis-je.

- *«Qu'il observe le jeûne durant deux mois consécutifs, reprit-il.»*

A quoi je répliquai: par Allah, c'est un vieillard qui a atteint un âge avancé et n'a pas, par conséquent, assez de force pour jeûner. Il me dit: *«Qu'il nourrisse soixante pauvres par un* wasq *(un peu plus d'un quintal) de dattes».*

Je lui répondis: par Allah, ô Messager d'Allah, il ne possède pas cette quantité. Le Messager d'Allah (ﷺ) finit alors par me dire: *«J'y contribuerai par un* faraq [quelque 50 quintaux] *de dattes».* - Moi aussi, ajoutai-je, j'y contribuerai par un autre *faraq*. Il me dit: *«Tu as bien agi. Va donc faire cette aumône à sa place, puis tâche d'être bienveillante à son égard!»* Ce que je fis, conclut-elle.[1]

Ce récit nous informe que dès que son époux prononça la formule du *dhihâr* à son encontre, formule qui était considérée comme répudiation à l'époque préislamique, elle n'admit pas de continuer à cohabiter avec lui avant d'aller se renseigner auprès du Prophète (ﷺ) sur le jugement d'Allah concernant leur situation. Pourtant, elle n'avait même pas une tenue convenable pour sortir et se rendre chez le Messager d'Allah (ﷺ). Mais, en dépit de cela, elle prit la peine d'emprunter un vêtement de l'une de ses voisines et se dirigea immédiatement vers le Prophète (ﷺ) afin d'écouter le jugement d'Allah sur son cas et l'appliquer.

Il n'est donc pas étonnant que cette éminente femme fût hautement estimée par ceux qui connaissaient son mérite parmi ses contemporains, notamment 'Umar ibn al-Khaṭṭâb. On rapporte à ce propos qu'un jour elle rencontra alors qu'il sortait de la mosquée en compagnie d'al-Jârûd al-'Abdî. 'Umar, pourtant Commandeur des croyants à cette époque, commença par la saluer. Elle lui rendit le salut puis lui dit: ô 'Umar! Quand je t'ai connu, on t'appelait 'Umayr, et tu n'étais qu'un simple berger qui, le bâton à la main, gardait les moutons au marché de 'Ukâdh. Crains donc Allah dans tes relations avec tes sujets. Sache que celui qui craint la menace verra proche de lui ce qui est lointain, et celui qui redoute la mort redoute nécessairement l'écoulement du temps *[sans œuvres pies de sa part]*.

A ce moment, al-Jârûd l'interrompit en disant: ô femme! Tu as

---

[1] Cf. *Tafsîr Ibn Kathîr*, vol. III, p. 459, éd. Dâr al-Qur'ân al-Karîm, Beyrouth.

trop parlé au Commandeur des croyants. Mais ‘Umar lui répliqua: laisse-là parler; ne la connais-tu pas? C’est Khawla dont la parole a été entendue par Allah par-dessus sept cieux! Par Allah, ‘Umar a toutes les raisons de l’écouter.

Ibn Kathîr, dans son exégèse du Coran, rapporte ceci: ayant remarqué le bon accueil et l’écoute attentive que ‘Umar accorda à Khawla, un homme protesta en lui disant: tu fais attendre les notables de Quraych à cause de cette vieille!

- Malheur à toi! lui dit ‘Umar; sais-tu qui est cette femme?
- Non, répondit l’homme.
- C’est une femme dont la plainte a été entendue par Allah par-dessus sept cieux! lui dit ‘Umar. Il s’agit de Khawla bint Tha‘laba. Par Allah, si elle décidait de ne pas me quitter durant toute la nuit, je ne la quitterais qu’une fois ses vœux comblés. A moins que l’heure de la Prière arrive, alors je partirai l’accomplir puis je reviendrai pour répondre à sa demande.

La musulmane consciencieuse se représente en permanence le verset où Allah (béni et exalté soit-Il) dit:

> ﴿Il n’appartient pas à un croyant ou à une croyante, une fois qu’Allah et Son Messager ont décidé d’une chose, d’avoir encore le choix dans leur façon d’agir. Et quiconque désobéit à Allah et à Son Messager, s’est égaré certes, d’un égarement évident.﴾ *[Coran, 33: 36]*

Car l’obéissance à Allah et à Son Messager doit avoir la primauté sur les passions et les ambitions personnelles, sur les plaisirs de la vie présente et même sur la volonté de soi-même.

A propos de la soumission aux ordres d’Allah et de Son Messager, Zaynab bint Jaḥsh, la Mère des croyants, donna le plus beau des exemples. Avant de la prendre comme épouse, Le Messager d’Allah (ﷺ) lui demanda d’accepter de se marier avec son *mawlâ (allié ou protégé)* et fils adoptif d’alors, Zayd ibn Ḥâritha. Cette initiative de la part du Prophète avait deux objectifs purement législatifs:

1 - Etablir l'égalité parfaite entre les gens, en mariant une belle femme Quarayshite, l'une des nobles de la tribu Banû 'Abd Shams et fille de la tante paternelle du Prophète, à un *Mawlâ*. A cette époque, les *mawâlî* étaient considérés comme une caste inférieure qui ne saurait égaler la caste des «maîtres». Les disparités qui existaient entres ces deux classes étaient tellement profondes et intenses qu'elles nécessitaient une décision en rapport direct avec la réalité, et rendue publique par le Messager d'Allah (ﷺ), pour que les croyants le prennent en exemple et contribuent ainsi à éliminer ces discriminations; car seul le degré de piété distingue les uns des autres parmi les humains.

2 - Abolir la coutume de l'adoption qui était fort répandue durant l'époque préislamique. En se mariant avec Zaynab qui fut l'épouse de son fils adoptif, le Prophète présenta un argument pratique confirmant que Zayd n'était pas réellement son fils, sinon Allah (exalté soit-Il) ne lui aurait pas révélé des versets lui ordonnant ce mariage.

Zaynab fut donc choisie pour réaliser ces deux objectifs législatifs, et le fait qu'elle appartenait à la famille du Messager d'Allah (ﷺ) contribuait à un accueil favorable de ces deux principes de la part des gens, sans réticence et en toute obéissance aux ordres d'Allah et Son Messager.

Ainsi, les Traditions rapportent que lorsque le Messager d'Allah (ﷺ) la choisit pour épouser Zayd ibn Ḥâritha, elle refusa catégoriquement et lui dit: ô Messager d'Allah, je ne l'épouserai pas. Je ne l'épouserai jamais; je suis l'une des nobles parmi les descendants de 'Abd Shams! — *«Tu l'épouseras»*, insista le Messager d'Allah (ﷺ), fermement et en toute sérénité.

A ce moment, et alors qu'ils étaient en train de discuter, Allah révéla le verset suivant à Son Messager:

﴾Il n'appartient pas à un croyant ou à une croyante, une fois qu'Allah et Son Messager ont décidé d'une chose d'avoir encore le choix dans leur façon d'agir. Et quiconque désobéit à Allah et à Son Messager, s'est égaré certes, d'un égarement évident.﴿ *[Coran, 33: 36]*

Alors Zaynab déclara sa soumission à l'ordre d'Allah et de Son Messager en disant: dans ce cas, je ne pourrai désobéir à Allah ou à Son Messager; j'accepte Zayd comme époux.

Ensuite, il y eut des discordes entre elle et Zayd, ce qui entraîna leur séparation. Et quand sa *'idda (délai de viduité)* prit fin, Allah (exalté soit-Il) révéla ce verset:

﴾Quand tu disais à celui qu'Allah avait comblé de bienfaits, tout comme toi-même l'avais comblé: garde pour toi ton épouse et crains Allah - et tu cachais en ton âme ce qu'Allah allait rendre public. Tu craignais les gens; or c'est Allah qui est plus digne de ta crainte. Puis quand Zayd eut cessé toute relation avec elle, Nous te la fîmes épouser, afin qu'il n'y ait *[aucune]* gêne pour les croyants d'épouser les femmes de leurs fils adoptifs, quand ceux-ci cessent toute relation avec elles. Le commandement d'Allah doit être exécuté.﴿ *[Coran: 37: 33]*

En récitant ce verset, le Messager d'Allah (ﷺ) manifesta un sourire de satisfaction. Ensuite, il dit aux personnes présentes: *«Que l'un d'entre vous aille voir Zaynab et lui annonce la bonne nouvelle: Allah me l'a accordée comme épouse du haut du ciel!»*

C'est comme si Allah (exalté soit-Il) voulut récompenser Zaynab pour son obéissance absolue et rarissime à Ses ordres, en déclarant son mariage au Prophète (ﷺ) dans des versets coraniques que les musulmans continueront à réciter jusqu'au Jour Dernier. Il s'agit là d'un honneur qu'Allah a attribué exclusivement à Zaynab, la distinguant ainsi des autres Mères des croyants. Zaynab en était, d'ailleurs, consciente. Elle s'en félicitait et disait fièrement aux autres épouses du Prophète (ﷺ): ce sont vos parents qui vous ont mariées. Quant à moi, c'est Allah (exalté soit-Il), bien au-dessus des sept cieux, qui m'a mariée.[1]

14. Elle évite toute situation d'isolement avec un 'étranger'

L'obéissance à Allah et à Son Messager ne se réalise qu'en se conformant à ce qu'ils ont commandé et en évitant ce qu'ils ont interdit. Ne pas s'isoler avec un 'étranger' de la part de la femme musulmane est l'un des aspects de son obéissance à Allah et à Son Messager, car ce tête-à-tête est considéré illicite et condamné à l'unanimité par les jurisconsultes musulmans. La base de cette unanimité est le *Ḥadîth* suivant: on rapporte que le Messager d'Allah (ﷺ) dit: *«Il n'est permis à aucun homme de s'isoler avec une femme, à moins qu'elle ne soit accompagnée d'un de ceux que la Loi leur interdit d'épouser* (maḥram). *Il n'est également permis à la femme de voyager qu'en compagnie de l'un de ceux que la Loi leur interdit de l'épouser* (maḥram)». Alors un homme se leva et dit: ô Messager d'Allah, ma femme est partie en Pèlerinage, et moi, je me suis inscrit pour telle et telle expéditions militaires. — *«Pars accomplir le Pèlerinage avec ta femme, lui répondit le Prophète».*[2]

Le terme *maḥram*, par rapport à la femme, désigne tous ceux que la Loi leur interdit de façon perpétuelle de l'épouser, tels le père, le fils, l'oncle paternel, l'oncle maternel, etc.

Le terme *ajnabî* ('étranger'), par rapport à la femme, désigne tout homme autorisé légalement à l'épouser, y compris les proches parents, notamment son beau-frère. Il est interdit à la femme de s'isoler avec qui que ce soit de ces hommes, et ce, en raison du *Ḥadîth* suivant: on rapporte que le Messager d'Allah (ﷺ) dit:

---

[1] Cf. *Fat'h Al-Bâri*, vol. XIII, p. 403.

[2] *Ḥadîth* rapporté par Bukhari et Muslim. Cf. al-Baghawî, *Sharḥ as-sunna*, vol. VII, p. 18.

«Gardez-vous d'entrer chez les femmes». Un homme des *Ansâr* (Médinois) lui demanda alors: ô Messager d'Allah, et que dis-tu du proche parent? — *«Le proche parent est* [semblable à] *la mort»*, répondit-il.

Le terme *ḥam'w* (le proche parent) dans ce *Ḥadîth* désigne le beau-frère ainsi que tous les autres proches parents parmi les hommes. *«Le proche parent est [semblable à] la mort»* signifie que le mal est susceptible de provenir de lui plus que de tout autre homme, vu la facilité d'accès qui lui est accordée d'accès chez son frère. C'est donc pour avertir des conséquences néfastes de cet éventuel abus de confiance que le Prophète a assimilé le proche parent à la mort, pour dire qu'il est pire qu'un autre 'étranger', et que l'isolement de la femme avec les proches parents de son époux pourrait mener à la tentation, à l'égarement et à une perdition semblable à la mort. Par conséquent, une musulmane pieuse et consciencieuse doit s'abstenir de commettre cet interdit, violé, hélas, de nos jours par un grand nombre de gens permissifs.

15. Elle porte le voile légal

La musulmane s'astreint à porter le voile légal chaque fois qu'elle quitte sa demeure. Le voile (*al-ḥijâb*) est l'habit islamique dont les caractéristiques ont été précisées dans le Coran et la Tradition du Prophète. Elle ne doit donc pas sortir de chez elle ou apparaître devant des 'étrangers' en exhibant ses atours ou en étant maquillée, car elle sait très bien qu'un tel comportement est catégoriquement interdit par un Texte explicite du Coran. Allah dit:

> ﴾Et dis aux croyantes de baisser leurs regards, de garder leur chasteté, et de ne montrer de leurs atours que ce qui en paraît; et qu'elles rabattent leurs voiles sur les fentes de *[leurs bustiers]*; et qu'elles ne montrent leurs atours qu'à leurs maris, ou à leurs pères, ou aux pères de leurs maris, ou à leurs fils, ou aux fils de leurs maris, ou à

leurs frères, ou aux fils de leurs frères, ou aux fils de leurs sœurs, ou à leurs esclaves des deux sexes, ou aux domestiques impuissants, ou aux garçons impubères qui ignorent tout des parties cachées des femmes. Et qu'elles ne frappent pas de leurs pieds de façon que l'on sache ce qu'elles cachent de leurs parures. Et repentez-vous tous devant Allah, ô croyants! afin que vous récoltiez le succès.﴿ *[Coran, 24: 31]*

La musulmane consciencieuse ne fait donc pas partie de ces femmes qui pullulent dans les sociétés contemporaines; des femmes quasi nues, égarées du droit chemin et désobéissantes aux commandements d'Allah. Loin s'en faut. Elle doit éprouver une inquiétude intense quand elle entend le *Ḥadîth* qui relate dans un tableau terrifiant le sort de ces femmes non voilées et égarées, qui subornent les hommes et contribuent à la corruption des mœurs. Le Messager d'Allah (ﷺ) dit: *«Il y a deux catégories parmi les gens de l'Enfer que je n'ai jamais vues auparavant: des gens qui en frappent d'autres en se servant de fouets semblables aux queues de vache; et des femmes nues* [bien qu'elles soient] *habillées, qui* [délibérément] *vacillantes* [dans leur démarche] *font vaciller* [les esprits] *(mâ'ilâtune mumîlâte), et dont les têtes* [à cause de leur coiffure ostentatoire] *ressemblent aux bosses de chameaux. Celles-là n'accèderont jamais au Paradis et n'en sentiront point son odeur, bien qu'elle soit perceptible à telle distance* [d'elles]».[1]

La musulmane avisée, qui a appris l'Islam de ses sources pures et a grandi conformément à ses enseignements, ne s'astreint pas à porter le voile par habitude ou selon une coutume ancestrale qu'elle a héritée des femmes d'antan, comme certains simplistes se plaisent à présenter cette pratique, sans fondement scientifique ou argument logique. Bien au contraire, elle doit le porter en ayant la foi profonde

---

[1] *Ḥadîth* rapporté par Muslim. Cf. *Sharh Ṣaḥîḥ muslim*, vol. XIV, p. 109.

que c'est Allah (à Lui la puissance et la majesté) qui l'a prescrit. Elle doit avoir la conviction que le port du voile est une prescription religieuse qu'Allah a instituée pour honorer et protéger la femme musulmane de la tentation, de la débauche et de l'égarement. Ainsi, à l'instar des premières musulmanes avec leur attitude lorsque le verset du voile fut révélé, elle l'accepte avec satisfaction, sérénité et conviction.

Bukhari rapporte que 'Â'isha, la Mère des croyants (qu'Allah l'agrée) a dit: qu'Allah accorde Sa miséricorde aux premières femmes Emigrées; quand Allah révéla: ﴾*Et qu'elles rabattent leurs voiles sur les fentes de* [leurs bustiers] (...)﴿ *[Coran, 24: 31]*, elles déchirèrent leurs étoffes pour se voiler la tête. Bukhari rapporte également une autre version où il est dit: «(...) Elles prirent leurs étoffes et les fendirent du côté de la bordure pour en faire des voiles».[1]

Dans une autre version, Ibn Abî Ḥâtim rapporte que Ṣafiyya bint Shayba a dit: alors que nous évoquions les mérites des femmes Qurayshites chez 'Â'isha (qu'Allah l'agrée), elle nous dit: certes, les femmes Qurayshites ont leur mérite. Cependant, par Allah, je n'ai pas vu de femmes aussi méritoires, ni aussi promptes à croire au Livre d'Allah et à la Révélation que les femmes des *Ansâr (Médinois partisans du Prophète)*. Quand *[le verset suivant]* de la sourate *[intitulée] La Lumière* fut révélé: ﴾Et qu'elles rabattent leurs voiles sur les fentes de [leurs bustiers] *(...)*﴿ *[Coran, 24: 31]*, leurs hommes retournèrent les rejoindre pour leur réciter ce qui les concernait de ce qu'Allah a révélé. Chacun d'eux la récita devant son épouse, sa fille, sa sœur et toute parente proche. Alors, chacune d'entre elles prit son étoffe pour se voiler la tête; ce qui illustre leur foi et leur adhésion à ce qu'Allah a révélé. Puis dès le lendemain, elles étaient derrière le Messager d'Allah (ﷺ) *[lors de la Prière en commun]* à têtes couvertes; on aurait dit qu'elles avaient des corbeaux sur la tête![2]

---

[1] Cf. *Fat'h Al-Bâri*, vol. VIII, p. 489.

[2] Cf. *Fat'h Al-Bâri*, vol. VIII, p. 489-490.

Qu'Allah accorde Sa bénédiction aux Emigrées (Mecquoises) et aux *Ansârites* (Médinoises)! Quelle foi profonde! Quelle adhésion sincère à l'Islam! Et quelle soumission prompte à la Vérité, dès sa révélation! Toute croyante en Allah et en Son Messager devrait suivre l'exemple de ces femmes de mérite; elle devrait s'astreindre au port du voile islamique, et ne prêter aucune attention à la nudité et l'exhibitionnisme dans son entourage. Ceci me rappelle l'attitude d'une jeune universitaire musulmane voilée qui n'est pas moins exemplaire que celle adoptée par les Emigrées (de la Mecque) et les (femmes) *Ansârites* de Médine (qu'Allah les agrée). Un correspondant de presse en visite à l'université de Damas demanda à cette fille les raisons pour lesquelles elle supporte le voile durant la chaleur infernale de l'été. Et elle de répondre:

﴾Dis: le feu de la Géhenne est plus intense en chaleur﴿

[Coran, 9: 81].

En effet, c'est avec des jeunes musul-manes de cette catégorie, consciencieuses et pures, qu'on doit fonder des familles, pour éduquer les générations futures selon la vertu, et multiplier ainsi le nombre de personnes braves et dotées d'esprit constructif au sein de la société. Or ces femmes sont nombreuses de nos jours, et nous ne pouvons que dire: louanges à Allah!

Notons, par ailleurs, que le port du voile n'est pas une pratique innovée par l'Islam. En réalité, toutes les lois relatives aux religions révélées avant l'Islam l'ont prescrit. Cela est attesté par ce qui nous est parvenu de ces Lois dans les Livres révélés, en dépit des falsifications qu'ils ont subies. On le constate aussi dans la tenue pudique des nonnes chrétiennes, comme on le constate à travers l'habitude qu'ont les femmes chrétiennes de couvrir leurs têtes avant d'entrer dans une église. Il en ressort donc que l'actuelle désapprobation insolente du principe du port d'une tenue décente de la part de la femme représente une rébellion contre la totalité des Lois révélées, de la religion d'Abraham, de Moïse et de Jésus, jusqu'à l'avènement de l'Islam. En vérité, cette désapprobation traduit un désengagement à l'égard de la religion qu'Allah, l'Unique, a communiquée à l'humanité tout entière à travers les temps, par le biais de Ses Messagers afin d'enraciner dans l'âme humaine les valeurs de droiture, de vertu et de bienfaisance humaine, et pour que les gens bien guidés fusionnent en une seule communauté, une communauté qui ne se soumet et n'adore qu'un seul Seigneur. Allah dit:

> ﴾Les gens ne formaient *[à l'origine]* qu'une seule communauté. Puis ils divergèrent. Et n'était une décision préalable de ton Seigneur, les litiges qui les opposaient seraient tranchés.﴿ *[Coran, 10: 19]*

> ﴾Ô Messagers! Mangez de ce qui est permis et agréable et faites du bien. Car Je sais parfaitement ce que vous faites. Certes, cette communauté, la vôtre, est une seule communauté; Je suis votre Seigneur. Craignez-Moi donc.﴿ *[Coran, 23: 51-52]*

> ﴾Et celle *[la vierge Marie]* qui avait préservé sa chasteté! Nous insufflâmes en elle un souffle *[de vie]* venant de Nous et fîmes d'elle ainsi que de son fils, un signe pour l'univers. Certes, cette communauté, la vôtre, est une seule communauté; Je suis votre Seigneur. Adorez-Moi donc.﴿ *[Coran, 21: 91-92]*

L'obstination de certaines communautés humaines contemporaines à dévoiler la femme et à l'inciter à être impudique, que ce soit dans les pays musulmans ou dans les autres pays du monde, indique leur égarement de la voie d'Allah. Cependant, si les Occidentaux persévèrent à inventer des styles vestimentaires nudistes et libertins, c'est que, entre autres, leurs religions falsifiées ne comportent aucune restriction morale à ce sujet. Quant aux musulmans, en dépit de l'apathie et de la négligence que certains d'entre eux manifestent de temps en temps à l'égard de leur religion, ils ne doivent en aucun cas accepter une telle perversion; car le Coran, ce Livre authentique, a été révélé puis préservé par Allah, et ils continuent à le réciter nuit et jour. Or le Texte du Coran, ainsi que ceux de la Sunna, ne cessent d'avertir ceux qui désobéissent à Allah et à Son Messager, les menaçant de vivre dans le trouble en ce bas monde et de subir un supplice douloureux dans l'Au-delà. Allah dit:

> ﴿Que ceux donc qui contreviennent à Son ordre prennent garde qu'un trouble ne les atteigne, ou que ne les atteigne un châtiment douloureux.﴾ *[Coran, 24: 63]*

C'est à la lumière de cette vérité qu'on parvient à comprendre l'échec cuisant de tous les défaitistes qui se sont évertués à inciter la femme à se débarrasser du voile islamique. Même dans les pays musulmans qui ont connu des propagandes qui consistaient à inciter, voire à obliger, la femme à abandonner son voile ainsi que sa pudeur. Mais même dans ces pays, la femme musulmane consciente et éduquée s'est remise à porter la tenue islamique qui reflète sa pudeur et sa dignité, et ce, grâce à la résistance des croyants et croyantes appartenant au mouvement d'Eveil islamique à travers le monde.

L'échec flagrant des partisans de l'occidentalisation et de la débauche est donc une réalité. Tel fut, entre autres, le cas des partisans d'Atatürk en Turquie, de Réza Pahlavi en Iran, de Mohammed Amân en Afghanistan, d'Aḥmed Zogou et Enwar Khodja en Albanie, de Morkos Fahmî, Qâssim Amîn et Houdâ Sha'râwî en Egypte. Mieux: certains d'entre eux se sont rétractés et ont abandonné leurs idées antérieures qui appelaient la femme au dévoilement et à une mixité inconsidérée avec les hommes.

Ainsi, Nawâl as-Sa'dâwî, qui ne cessa dans le passé de critiquer avec véhémence le voile ainsi que celles qui le portent, et s'obstinait avec une hargne singulière à inciter à l'abandonner, la voici qui se ravise maintenant et critique l'impudicité de la femme occidentale et son nudisme scandaleux. «Dans les rues de Londres, raconte-t-elle, je constate que les femmes sont quasi nues. Ces femmes-là exposent leur corps comme une marchandise. A mon avis, les vêtements ont une fonction bien précise: protéger le corps des conditions climatiques; ils ne doivent en aucun cas servir de moyens de séduction. Si la femme se considérait en tant qu'être humain et non en tant que marchandise, elle n'aurait aucun besoin de se dénuder.»[1]

Après un long parcours, Nawâl as-Sa'dâwî s'est rendue compte qu'il fallait en premier lieu ôter le voile des esprits, notamment chez les intellectuels, hommes et femmes. Selon elle, un bon nombre de femmes portant le voile et ayant atteint un niveau scolaire moyen manifestent une mentalité éclairée qui dépasse de loin celle des femmes instruites non voilées, car celles-ci ont un esprit et une nature qui sont restés couverts par le voile de l'ignorance. «Mon programme à court terme, annonça-t-elle, consiste à ôter le voile de l'ignorance qui couvre les esprits des intellectuels des deux sexes.»[2] Elle ajoute: «Je connais des femmes hautement instruites, des professeurs, des médecins, des ingénieurs, etc., mais qui souffrent d'analphabétisme politique, social et intellectuel».[3]

Telle fut également la position d'Iḥsân 'Abd Al-Qouddous, ce célèbre romancier qui inonda le marché littéraire par ses romans incitant la femme à quitter son foyer et à se mêler aux hommes dans des soirées dansantes organisées par certains clubs. Dans une interview accordée au quotidien koweïtien *al-Anbâ*[4], ce même romancier déclare: je considère que le foyer et les enfants représentent la responsabilité principale de toute femme. Ceci s'applique en premier lieu à mon cas personnel, car sans le dévouement total de ma femme à notre foyer et à nos enfants, je n'aurai jamais pu ni fonder une famille ni réaliser la stabilité et la réussite que j'ai connues...

---

[1] Cf. la revue koweïtienne *al-Mujtama'*, nº 932.

[2] *Al-Mujtama'*, nº 931.

[3] *Ibid.*

[4] Edition du 18.1.1989.

Dans un autre passage de la même interview, il avance: de ma vie, je n'ai jamais souhaité me marier avec une femme qui travaille. Ma position là-dessus est bien connue. Dès le début, j'étais conscient de l'importante responsabilité ménagère incombant à la femme.

16. Elle évite la mixité inconsidérée avec les hommes

Une femme musulmane avisée évite, autant que possible, la mixité avec les hommes; elle ne l'encourage pas, et tâche de ne pas se trouver dans des situations de promiscuité avec les hommes. En agissant ainsi, elle se conforme à la tradition de Fâṭima, fille du Messager d'Allah (ﷺ), des Mères des croyants et des femmes de nos pieux prédécesseurs parmi les Compagnons, les Epigones ainsi que ceux qui adoptèrent leur conduite en suivant le droit chemin.

La femme musulmane avisée doit savoir que la mixité entraîne de graves préjudices aux hommes comme aux femmes. Les Occidentaux, qui appliquent la mixité à grande échelle, ont constaté son impact sur la dégradation du niveau de l'enseignement et ont, par conséquent, opté pour la séparation des deux sexes dans plusieurs universités et établissements scolaires. Un bon nombre de personnalités musulmanes appartenant au secteur de l'éducation ont visité l'Europe, la Russie et les Etats-Unis, et ont constaté de près la séparation entre les deux sexes dans ce domaine. Le témoignage de l'illustre pédagogue syrien Aḥmed Maẓhar al-Aẓma est assez significatif. Envoyé par le ministère de l'éducation syrien en Belgique pour une mission scientifique, il visita plusieurs écoles belges. Lors d'une visite à une école primaire de filles, il demanda à la directrice: pourquoi n'avez-vous pas adopté la mixité pour ce stade d'enseignement? Sa réponse fut: c'est parce que nous avons constaté les méfaits de la mixité, même dans le cycle primaire.

Les Russes ont également abouti à cette conviction. Ils ont mis à jour des filières universitaires à part, où la mixité n'a pas droit de cité.

Aux Etats-Unis, il existe plus de 170 sections universitaires qui ne sont pas mixtes. Cela est le résultat du constat des pédagogues et des responsables de ces universités concernant les conséquences néfastes de la mixité dans une société qui s'y est pourtant habituée dans les différents domaines de la vie sociale.

Les exemples mettant en exergue les méfaits de la mixité dans le monde sont innombrables. Ils convergent tous à confirmer la sagesse de l'Islam qui, en restreignant la mixité, a évité aux sociétés musulmanes les conséquences désastreuses de ce phénomène qui gâche les énergies et sème le trouble dans les âmes et les esprits.

17. Elle ne serre la main à aucun homme hormis ses «maḥrams»

De toute évidence, une musulmane qui n'a pas l'habitude de se mêler aux hommes ne serre pas la main en saluant ceux qui ne lui sont pas interdits en mariage. Un tel comportement reflète l'attachement aux paroles et à la conduite du Messager d'Allah (ﷺ).

Bukhari rapporte que 'Â'isha (qu'Allah l'agrée) a dit: lorsque des croyantes émigraient auprès du Messager d'Allah (ﷺ), il les mettait à l'épreuve, en leur récitant la parole d'Allah (à Lui la puissance et la majesté):

> ﴾Ô croyants! Quand les croyantes viennent à vous en émigrées, éprouvez-les﴿ *[Coran, 60: 10]* ...jusqu'à la fin du verset. Si elles déclarent avoir accepté les conditions exprimées dans ce verset, le Messager d'Allah (ﷺ) leur dit: *«Allez donc, j'ai reçu votre serment d'allégeance.»* Par Allah, jamais la main du Messager d'Allah (ﷺ) n'a-t-elle touché la main d'une femme *['étrangère']*; il se contentait de leur faire prêter serment en paroles. Par Allah, jamais le Messager d'Allah (ﷺ) n'a-t-il fait prêter les femmes serment que conformément à ce qu'Allah lui a ordonné. Quand il leur faisait prêter serment d'allégeance, il leur disait: *«J'ai pris votre serment en paroles»*.[1]

---

[1] Cf. *Fat'h Al-Bâri*, vol. IX, p. 420.

18. Elle ne voyage jamais sans «maḥram»

L'Islam oriente la femme musulmane à ne voyager qu'en compagnie d'un *maḥram.* Le voyage étant souvent entouré de difficultés, voire de risques et de dangers; il est donc déconseillé à la femme d'affronter tout cela sans l'aval d'un *maḥram* qui l'assiste et la défend. D'où la multiplicité des Traditions du Prophète (ﷺ) qui interdisent à la femme de voyager toute seule:

- Bukhari rapporte que le Messager d'Allah (ﷺ) a dit: *«Que la femme ne voyage pas plus de trois jours, à moins d'être accompagnée par quelqu'un avec qui il est interdit de se marier* (maḥram)».[1]

- Muslim rapporte que le Messager d'Allah (ﷺ) a dit: *«Il n'est licite à une femme qui croit en Allah et au Jour Dernier de voyager à une distance de trois nuits qu'en compagnie d'un homme avec qui il est interdit de se marier».*[2]

Les *Ḥadîths* à ce sujet sont multiples, mais nous nous contenterons de ce qui vient d'être cité. Notons néanmoins qu'ils confirment tous la nécessité pour la femme d'être accompagnée d'un *maḥram* dans ses voyages, sauf dans certains cas particuliers que les savants de l'Islam ont précisés, sans être pour autant unanimes quant aux solutions proposées.[3]

La vraie femme musulmane est celle qui obéit à son Seigneur, exécute Ses ordres, évite Ses interdits, accepte Ses Lois et s'attache aux enseignements, aux rites et aux règles de conduite édictés par sa religion. Elle doit manifester toute la patience nécessaire pour accomplir les commandements d'Allah (à Lui la puissance et la majesté), même s'ils ne correspondent pas à certains concepts

---

[1] Cf. *Fat'h Al-Bâri*, vol. II, p. 566.

[2] Cf. *Sharḥ ṣaḥîḥ muslim*, vol. IX, p. 103.

[3] Pour plus de détails, cf. *Sharḥ ṣaḥîḥ muslim*, vol. IX, p. 1026109.

sociaux dominants. En se comportant ainsi, elle doit avoir la confiance et la certitude absolue que la réussite est de son côté et que c'est elle qui est sur la voie du salut. Le Saint Coran a bien confirmé cette vérité, quand il dit:

> ﴿Par le Temps! L'homme est certes en perdition, sauf ceux qui croient et accomplissent les bonnes œuvres, s'enjoignent mutuellement la vérité et s'enjoignent mutuellement l'endurance.﴾ *[Coran, 103: 1-3]*

19. Elle accepte la prédestination et les décrets d'Allah

Il n'y a rien d'étonnant à ce que la femme musulmane qui obéit aux commandements de Son Seigneur soit pleinement satisfaite de la prédestination et des décrets d'Allah, car cela représente l'un des signes les plus importants de la foi, de l'obéissance et de la piété chez l'être humain. La musulmane consciente des préceptes de sa religion manifeste en toutes circonstances sa satisfaction devant ce qui lui arrive de bien ou de mal; car, dans les deux cas, cette satisfaction ne lui sera que bénéfique. Le Messager d'Allah (ﷺ) a dit: *«Etonnant est le* [destin du] *croyant! Tout ce qui lui arrive est bénéfique, et cela n'est accordé à aucune autre personne hormis le* [vrai] *croyant. S'il reçoit un bienfait, il remercie Allah, et ceci lui est bénéfique. Si,* [par contre,] *il est atteint par un malheur, il endure, et cela lui est* [également] *bénéfique!»*[1]

La femme musulmane doit avoir la foi profonde que, durant sa vie, ce qui l'a atteint n'aurait pu l'épargner, et ce dont elle a été épargnée n'aurait pu l'atteindre, car tout a été prédestiné. Ainsi, tout ce qui lui arrive lui est bénéfique. Car, en cas de bienfaisance, elle exprime sa gratitude à son Seigneur, le Bienfaiteur et le Tout-Donateur, pour faire ainsi partie des femmes reconnaissantes; et en cas de malheur, elle l'endure, et rejoint par conséquent les femmes

---

[1] Cf. *Sharḥ ṣaḥīḥ muslim,* vol. IX, p. 103.

endurantes. Donc, dans les deux cas, elle fera partie de celles qui bénéficieront du salut.

Cette profonde foi enracinée dans l'âme de la femme musulmane lui donne la force nécessaire pour supporter tous les drames de la vie et les accepter avec un esprit constamment satisfait de son destin. En s'armant de patience, de Prières et de confiance en la récompense d'Allah, elle Lui exprime en permanence sa gratitude pour ce qu'Il lui a prédestiné. Elle agit ainsi à l'exemple d'al-Khansâ', qui dit lorsqu'on lui annonça la mort en martyrs de ses quatre fils: «Louange à Allah qui m'a honorée par leur martyre! J'espère qu'Il me réunira avec eux sous Son éternelle miséricorde.»[1] Elle doit chercher secours dans la Prière et l'endurance, à l'instar d'Asmâ bint 'Umays, qui, grâce à ce comportement, supporta la mort de son mari Ja'far ibn Abî Ṭâlib, puis celle de son second époux Abû Bakr aṣ-Ṣiddîq avant celle de son fils Mohammed ibn Abî Bakr (qu'Allah les agrée).

Des femmes semblables à al-Khansâ' et à Asmâ bint 'Umays sont nombreuses dans l'Histoire de la femme musulmane qui croit en Allah, endure son destin et escompte Sa rétribution. Et Allah les gratifiera certes de récompenses incommensurables:

> ﴿Ceux qui sont endurants recevront leur récompense Au-delà de tout compte﴾. *[Coran, 39: 10]*

20. Elle est repentante

Il arrive que la croyante manque à ses devoirs, néglige les commandements de son Seigneur ou commet des erreurs qui ne sont pas dignes d'une musulmane consciencieuse. Cependant, elle ne doit pas persister dans cette négligence. Dès qu'elle s'en rend compte, elle doit s'empresser à se repentir de son erreur et implorer le pardon d'Allah, pour retrouver l'éclat de sa foi, la pureté de son âme et

---

[1] Cf. Ibn Ḥajar al-'Asqalânî, *al-Iṣâba fî tamyîz aṣ-ṣaḥâba*, vol. VIII, pp. 66-67.

l'enthousiasme qu'elle avait pour sa religion. Elle implore le pardon d'Allah et revient à Lui, repentante, car:

> ﴿Ceux qui craignent *[Allah]*, lorsqu'une suggestion du Diable les touche, se rappellent *[Son châtiment]*: et les voilà devenus clairvoyants.﴾ *[Coran, 7: 201]*

C'est que la négligence ne saurait souiller un cœur imprégné de la joie de croire; elle ne parvient à ce seuil qu'avec les cœurs rouillés par la débauche et les péchés. Or le cœur de la musulmane pieuse et consciencieuse est en permanence grand ouvert pour accueillir les rappels qui l'incitent à la rectitude, l'obéissance et le repentir, et bénéficier ainsi de la miséricorde et du pardon d'Allah.

21. Elle assume pleinement sa responsabilité envers sa famille

Auprès d'Allah, la responsabilité de la musulmane envers ses enfants n'est pas moins importante que celle de l'homme. Elle est même, dans certains cas, plus importante, car en raison de sa présence prolongée en compagnie de ses enfants, la femme est mieux placée que son époux pour découvrir les besoins et les secrets de la vie de chacun d'entre eux.

La femme musulmane consciencieuse ressent cette responsabilité chaque fois qu'elle entend le *Ḥadîth* du Messager d'Allah (ﷺ) qui dit: *«Chacun d'entre vous est dépositaire; chacun d'entre vous donc est responsable de ce qui lui a été confié. L' 'Imâm'* [premier dirigeant] *est dépositaire; il est responsable des* [sujets] *confiés* [à sa gouvernance]. *L'homme est dépositaire de sa famille; il en est responsable. La femme est dépositaire du foyer de son époux; elle en est la responsable. Le servant est dépositaire des biens de son maître; il en est le responsable. Ainsi, chacun d'entre vous est dépositaire; chacun d'entre vous donc est responsable de ce qui lui a été confié».*[1]

Ce sentiment de responsabilité doit constamment inciter la musulmane à corriger les mœurs de ses enfants, en cas de dérive, et à les écarter de toute négligence constatée dans leur comportement. Et si elle se met à passer sous silence leur déviance, leur vulnérabilité morale, leur paresse ou leur négligence, c'est qu'elle souffre d'une fragilité sur le plan religieux, d'un manque de personnalité et d'une incapacité intellectuelle.

22. *L'agrément d'Allah est sa principale aspiration*

Dans tous ses actes, la musulmane sincère aspire toujours à la satisfaction d'Allah. La satisfaction d'Allah (à Lui la puissance et la majesté) est l'unique critère selon lequel elle accomplit tel acte et s'abstient d'en faire un autre. Si toutefois les gens n'admettent pas les actes agréés par Allah qu'elle observe, elle opte sans réticence aucune pour la satisfaction d'Allah, même si cela risque d'engendrer leur exaspération. Car, de par sa profonde compréhension de l'Islam et de sa finesse d'esprit, elle sait que satisfaire les gens est un but difficile à atteindre, et qu'il est même susceptible de la faire encourir le courroux d'Allah. En se conformant à cette conduite, elle ne fait qu'appliquer les orientations du Messager d'Allah (ﷺ) qui dit: *«Celui qui sollicite la satisfaction d'Allah en* [dépit de] *la désapprobation des gens, Allah lui épargnera la peine* [de leurs préjudices]. *Quant à celui qui sollicite la satisfaction des gens* [en suscitant] *la désapprobation d'Allah, Allah le livrera aux gens».*[2]

Ce critère précis et rigoureux permet à la femme musulmane de voir clairement le droit chemin et savoir, par conséquent, ce qu'elle

---

[1] *Ḥadîth* rapporté par Bukhari et Muslim. Cf. al-Baghawî, *Sharḥ as-sunna*, vol. X, p. 61.

[2] *Ḥadîth* rapporté par at-Tirmidhî. Cf. *as-Sunan*, vol. IV, p. 34.

doit adopter et ce qu'elle doit abandonner. Son critère exact et permanent sera la satisfaction d'Allah (à Lui la puissance et la majesté). Grâce à quoi, elle échappera aux contradictions scandaleuses et ridicules dans lesquelles s'empêtrent de nombreuses femmes égarées de la voie d'Allah.

En vérité, s'écartent du droit chemin celles qui prient en manifestant leur crainte d'Allah, mais qui se détournent de Lui dans la plupart des situations en n'hésitant pas à recourir à des décisions émanant de leurs passions et leurs caprices. Ainsi que celles qui, dans leurs rencontres, donnent libre cours à leurs langue pour médire, colporter calomnieusement les propos d'autrui et critiquer les gens; qui usent de stratagèmes contre celles qu'elles n'aiment pas et donnent des interprétations malsaines à leurs comportements, afin de leur nuire et leur porter préjudice: toutes ces femmes-là souffrent de défectuosité dans leur religiosité, d'une fragilité dans leur foi et d'une insuffisance dans leur compréhension de la religion. Elles oublient que cette religion est parfaite et universelle, et qu'Allah l'a révélée pour modeler la personnalité de l'être humain dans sa totalité, de sorte que son comportement, en privé comme en public, puisse mériter la bénédiction d'Allah et être concordant avec Ses enseignements, concrétisant ainsi la bonne conduite conçue par l'Islam.

Il en est de même pour les femmes qui, à leur guise, obéissent à Allah dans certains domaines et lui désobéissent dans d'autres, prenant leurs passions pour seul critère de conduite. Ces femmes-là sont des «semi-musulmanes». Hélas, cette ambivalence dont souffre la femme qui n'a pas saisi le sens profond de sa religion constitue l'une des plus graves maladies comportementales et morales de notre époque.

23. Elle agit selon le principe de «l'adoration» due à Allah

La femme musulmane consciente des préceptes de sa religion doit avoir une conviction profonde qu'elle a été créée dans cette vie pour une noble raison. Cette raison d'être est déterminée par Allah dans le verset qui dit:

﴾Je n'ai créé les djinns et les humains que pour qu'ils M'adorent.﴿ *[Coran, 51: 56]*

Pour une musulmane consciencieuse, l'existence ne se résume pas à occuper son temps par les tâches quotidiennes habituelles et à jouir des délices et des ornements de la vie. Celle-ci est, pour elle, une période accordée au croyant pour accomplir sa mission principale qui consiste à adorer Allah. Pour atteindre ce stade, le croyant doit avoir présente à l'esprit l'intention de satisfaire Allah dans tous ses actes. Car en Islam, la valeur des actes dépend exclusivement des intentions qui les suscitent. Cette notion est confirmée par le *Ḥadîth* du Messager d'Allah (ﷺ) qui dit: *«Les actes* [dépendent] *des intentions; toute personne n'aura que ce qu'elle aura entendu faire. Celui donc dont l'Emigration a été pour Allah et Son Messager, son Emigration sera considérée pour Allah et Son Messager. Celui dont l'Emigration a été pour obtenir un bien quelconque de ce bas monde ou pour épouser une femme, son émigration se limitera au but de son déplacement».*[1]

Ainsi, du moment où la musulmane garde présente à l'esprit l'intention d'accomplir sa mission dans la vie conformément à la volonté d'Allah, elle peut considérer que toutes ses tâches sont des actes d'adoration. Quand elle se comporte avec bienveillance à l'égard de ses père et mère, quand elle assume ses responsabilités envers son époux, quand elle éduque convenablement ses enfants,

---

[1] *Ḥadîth* rapporté par Bukhari et Muslim. Cf. al-Baghawî, *Sharḥ as-sunna*, vol. I, p. 401.

quand elle entreprend ses tâches ménagères, quand elle garde les liens de parent, etc. Dans tous ces cas, elle adore Allah, puisqu'elle agit dans cette intention et pour Lui obéir.

24. Elle s'évertue à apporter son soutien à l'Islam

Le plus noble acte d'adoration que la femme musulmane puisse accomplir est la contribution à établir la religion d'Allah dans la réalité. Elle doit œuvrer pour l'application de cette religion au niveau de l'individu, de la famille, de la société et de l'Etat.

Une femme musulmane sincère et consciente des préceptes de sa religion ressent au fond d'elle-même un manquement aux exigences de l'adoration quand elle néglige cet aspect vital dans sa vie ainsi que dans celle de tous les musulmans. Apporter son soutien au Message de l'Islam et le propager est un acte de grande importance. C'est grâce à ce soutien qui contribue à la prépondérance de l'Islam dans la réalité que le noble objectif pour lequel Allah créa les humains se réalise, à savoir: adorer Allah. Allah dit:

> ﴾Et Je n'ai créé les djinns et les humains que pour qu'ils M'adorent.﴿ *[Coran, 51: 56]*

C'est grâce aussi à ce soutien que le sens de la profession de foi *Il n'y a point de divinité à part Allah, et Mohammed est Son Messager*, se concrétise dans la réalité.

Les premières femmes musulmanes saisirent le sens profond de ce principe et l'assumèrent pleinement, au point que leur enthousiasme, leur courage et leur abnégation pour la cause de l'Islam furent aussi intenses que chez les hommes. Et bien plus: sur ces plans, certaines de ces femmes surpassèrent les hommes.

Tel fut, à titre d'exemple, le cas de Asmâ bint 'Umays, l'épouse de Ja'far ibn Abî Ṭâlib (qu'Allah les agrée). Elle fut l'une des premières femmes à embrasser l'Islam, durant la rude période où les musulmans étaient persécutés et opprimés. C'est d'ailleurs en raison de ces persécutions que, malgré les difficultés et les dangers, elle s'exila en Abyssinie en compagnie de son mari, car elle n'avait qu'un seul mobile: satisfaire Allah et soutenir Sa religion. A ce sujet, on rapporte que 'Umar ibn al-Khaṭṭâb (qu'Allah l'agrée) plaisanta avec elle un jour en lui disant: hé, toi l'Abyssinienne! Nous vous avons devancés dans l'Emigration! Elle répliqua: certes, tu as raison. Tandis que vous étiez en compagnie du Messager d'Allah (ﷺ), qui nourrissait ceux qui avaient faim parmi vous et enseignait à ceux qui étaient dans l'ignorance, nous n'étions que des étrangers qu'on avait pourchassés de chez eux! Par Allah, j'irai voir le Messager d'Allah (ﷺ) pour lui faire part de ce que tu viens de dire. Elle alla donc voir le Prophète (ﷺ) et lui dit: ô Messager d'Allah, certaines personnes cherchent à nous dénigrer en prétendant que nous ne faisons pas partie des premiers Emigrés! Il lui répondit: *«Bien au contraire! Vous, vous avez le mérite de deux Emigrations: vous avez émigré en Abyssinie alors que nous sommes restés à la Mecque; puis, après cela, vous avez émigré* [à Médine] *pour me rejoindre».*[1]

Asmâ avait bien agi en établissant la preuve sur le mérite des premiers Emigrés vers l'Abyssinie. Elle obtint ainsi la reconnaissance pour ce noble groupe de croyants, et la mention du mérite des deux Emigrations qu'ils ont effectuées. Et c'est un grand honneur que d'avoir bénéficié de ce mérite qui traduit leur empressement à soutenir le Prophète (ﷺ) et la cause de l'Islam en quittant proches et demeures.

Autre exemple: lors du serment d'allégeance d'Al-'Aqaba qui eut lieu de nuit dans la plus grande discrétion et qui engendra un grand soutien au Messager d'Allah (ﷺ), la femme marqua sa présence. Dans la délégation des *Ansâr* (Médinois), il y avait deux femmes connues pour leur sagesse, leur mérite et leur haut rang: Nusseiba bint Ka'b al-Mâziniyya et Umm Manî' Asmâ bint 'Amr as-Sulamiyya, la mère de Mu'âdh ibn Jabal (qu'Allah les agrée). La

---

[1] Ibn Sa'd, *aṭ-Ṭabaqât al-kubrâ*, vol. VIII, p.280, éd. Beyrouth.

seconde a eu aussi le mérite de participer à la Bataille de Khaybar en compagnie du Messager d'Allah (ﷺ), où elle fit preuve de courage exemplaire et digne d'éloges.

Encore un exemple: celui de Rouqayqa bint Ṣyafî. Quand le Prophète (ﷺ) proclama son Message, en appelant au monothéisme pur et à abandonner l'idolâtrie, les polythéistes de Quraysh s'opposèrent farouchement à son appel et complotèrent pour l'assassiner de nuit dans sa maison. Par précaution, les conspirateurs convinrent de garder leur plan au secret jusqu'à l'heure de l'exécution. Cependant, une femme, pourtant âgée de plus de cent ans, découvrit leur complot. Cette femme fut Ruqayqa bint Ṣyafî. Ni la vieillesse ni le dépérissement qu'elle lui occasionne ne l'empêchèrent d'aller avertir le Messager d'Allah (ﷺ). En faisant un effort sur elle-même, elle alla le voir et lui fit part du complot manigancé par ses ennemis. Suite à quoi, il décida d'émigrer vers Médine. Afin de dissuader les comploteurs qui assiégeaient sa maison de le suivre et leur faire croire qu'il y était toujours, il demanda à son cousin, 'Alî ibn Abî Ṭâlib, de le remplacer dans sa couche puis il quitta discrètement la Mecque, la Cité qu'il aimait le plus.[1]

Quel service considérable rendu par cette femme auguste à l'Islam et aux musulmans! Et quel effort déployé pour sauver la vie du Messager d'Allah (ﷺ), alors qu'il traversait l'une des périodes les plus sombres et affrontait l'une des plus graves situations!

Le soutien des premières musulmanes à la cause de l'Islam ne s'arrêta pas à ce stade. Quand le Messager d'Allah (ﷺ) avait quitté la Mecque accompagné d'Abû Bakr, et une fois loin des regards, dans la caverne située au sommet du mont Thawr, une jeune fille leur apportait nourriture et eau et les informait des agissements de leurs

[1] *Idem.*, vol. VII, p. 35; Ibn Ḥajar al-'Asqalânî, *al-Isṣâba fî tamyîiz aṣ-ṣaḥâba*, vol. VIII, p. 83.

poursuivants. C'était Asmâ bint Abî Bakr aṣ-Ṣiddîq (qu'Allah les agrée).

Cette jeune musulmane unique en son genre traversait, au cœur de la nuit, la longue distance qui sépare la Mecque du mont Thawr pour accomplir sa mission. Ni le chemin désert et accidenté, ni même la présence des ennemis ne l'en dissuadèrent. Elle savait qu'en aidant le Messager d'Allah (ﷺ) et son compagnon à arriver sains et saufs à Médine, elle apportait son soutien à la cause de l'Islam et à la suprématie du Message de la Vérité. Alors, chaque jour, elle entreprenait cette difficile mission, en marchant discrètement et prudemment, puis en escaladant le mont jusqu'à parvenir au lieu où se trouvaient le Prophète (ﷺ) et son compagnon, pour les approvisionner en nourriture et leur fournir les informations nécessaires, avant de retourner, la nuit même, à la Mecque.

Cette mission dont même les hommes les plus braves s'avèrent parfois incapables d'accomplir ne fut pas le seul acte de soutien qu'Asmâ apporta à la cause de l'Islam et de son Prophète. Elle dut confronter une rude épreuve, quand certains polythéistes l'assiégèrent puis l'interrogèrent sur l'endroit où se trouvait son père. Et quand elle nia le savoir et fit semblant de n'être au courant d'aucune de ses nouvelles, ils se montrèrent plus sévères avec elle, au point qu'Abû Jahl la gifla si violemment que l'un de ses pendants se détacha de son oreille. En dépit de cet incident, elle fit preuve d'une rare détermination et persista à taire son secret. Elle continua donc à accomplir sa mission quotidienne, jusqu'au jour où le Prophète et son compagnon quittèrent la caverne de Thawr pour se rendre à Médine. Pour les approvisionner en vue de leur voyage, Asmâ leur prépara un sac de nourriture et une outre d'eau. Mais n'ayant trouvé que sa ceinture pour les lier, elle demanda conseil à son père, qui lui dit: fends-la en deux, et lie avec l'un des deux morceaux l'outre, et avec l'autre le sac. Ce qu'elle fit, et c'est pour cela qu'on l'appela par la suite «la femme aux deux ceintures».[1]

Aux débuts de l'Islam, soutenir sa cause et rejoindre la voie empruntée par ses adeptes était un engagement constant de la part de la femme musulmane. La douceur de la foi affluente qui emplissait les cœurs des premières musulmanes était telle qu'elles ne supportaient plus demeurer dans des territoires dominés par la mécréance, loin de la lumière de l'Islam et de sa bienveillance. Elles émigraient donc vers Médine, en compagnie de leurs époux, pour celles qui étaient mariées, en quête de l'obéissance à Allah et en soutien à Sa religion, à l'instar des hommes.

Tout comme les hommes, les femmes musulmanes croyaient en une cause, et faisaient d'énormes sacrifices pour la soutenir. C'est cette foi et cet engagement qui incitèrent Umm Kulthûm bint 'Uqba ibn Abî Ma'îṭ à émigrer vers Médine alors que la trêve d'al-Ḥudaybiya était en vigueur. Rappelons que cette trêve, conclue entre le Messager d'Allah (ﷺ) et les polythéistes de Quraysh, stipulait aussi que les musulmans devaient refouler toute personne se rendant à Médine après sa conversion à l'Islam. Le Messager d'Allah (ﷺ) respecta, en effet, ce pacte et refoula deux musulmans venus le rejoindre à Médine. Cependant, le cas d'Umm Ma'îṭ donna lieu à une règle d'exception. Ainsi, quand Umm Ma'îṭ arriva à Médine, elle se rendit auprès du Messager d'Allah (ﷺ) et lui dit: j'ai pris la fuite pour sauver ma foi. Protège-moi donc! J'ai su que tu as refoulé deux hommes. Or moi, Je ne suis qu'une faible femme. Si jamais tu me refoules, ils vont me torturer et m'exposer à la tentation de renier ma religion, et je ne pourrai supporter un tel supplice. Je ne suis qu'une femme, et tu sais à quel point les femmes sont fragiles.

---

[1] Cf. *Fat'h Al-Bâri*, vol. VII, p. 233; vol. VI, p. 129.

Alors, le Prophète (ﷺ) lui dit: «*Allah (à Lui la puissance et la majesté) déclare nul ce pacte en ce qui concerne les femmes*».[1]

Allah savait que la foi d'Umm Kulthûm bint 'Uqba ibn Abî Ma'îṭ ainsi que celle des autres femmes Emigrées était sincère, et qu'elles n'avaient quitté leur pays que pour l'amour qu'elles vouaient à Lui ainsi qu'à Son Messager, d'où la révélation d'un verset à leur sujet. Ce verset exclut les femmes du pacte qui avait eu lieu entre le Messager et les polythéistes. Il interdit au Prophète de les refouler, et lui ordonne de les mettre en épreuve pour s'assurer qu'elles n'ont pas émigré en vue d'un mariage ou d'un bien quelconque de ce bas monde, mais bien pour l'amour d'Allah et de Son Messager. Allah dit:

> ﴿Ô croyants! Quand les croyantes viennent à vous en émigrées, éprouvez-les; Allah connaît mieux leur foi; si vous constatez qu'elles sont croyantes, ne les renvoyez pas aux mécréants. Elles ne sont pas licites [en tant qu'épouses] pour eux; et eux non plus ne sont pas licites *[en tant qu'époux]* pour elles...﴾. *[Coran, 60: 10]*

Parmi les femmes de mérite qui furent les premières à soutenir l'Islam et son Messager, il y a Umm al-Faḍl Lubâba bint al-Ḥârith, la sœur germaine de la Mère des croyants, Maymûna. C'est elle qui fut la deuxième à se convertir à l'Islam après Khadîja (qu'Allah l'agrée) et apporta un grand soutien au Messager d'Allah (ﷺ).

Umm al-Faḍl, qui était l'épouse d'al-'Abbâs ibn 'Abd al-Muṭṭalib, l'oncle paternel du Prophète, fut à l'opposé d'Umm jamîl bint Ḥarb, l'épouse d'un autre oncle du Prophète: Abû Lahab. Celle-ci, selon la description du Coran, sera la porteuse de bois et aura au cou une corde de fibres, en raison du tort qu'elle causait au Messager d'Allah (ﷺ). Alors que l'autre est l'une des premières femmes qui

---

[1] Cf. Ibn al-Jawzî, *Aḥkâm an-nissâ'*, p. 439.

s'empressèrent de porter leur soutien au Prophète et se montrèrent prêtes à tous les sacrifices pour le triomphe de sa religion, durant la période qui fut la plus pénible et la plus éprouvante pour les premiers musulmans.

Sur ordre du Messager d'Allah (ﷺ), Umm al-Faḍl et son époux, al-'Abbâs, dissimulaient leur conversion à l'Islam. Cette décision sage et mûrement réfléchie visait à ce qu'ils pussent découvrir les stratagèmes secrets des polythéistes et l'en informer.

Quand la bataille de Badr entre les musulmans et les polythéistes eut lieu, les nouvelles affirmant la défaite des Qurayshites parvinrent à la Mecque. Afin d'éviter la malveillance des polythéistes, notamment Abû Lahab qui affichait une haine singulière envers Mohammed (ﷺ) ainsi que ses Compagnons et son Message, Umm al-Faḍl conseilla à ses enfants et à son servant Abû Râfi' d'être discrets et de ne pas manifester ouvertement leur joie pour la défaite des Qurayshites.

Cependant, Abû Râfi' ne put dissimuler sa joie, ce qui lui attira l'agression d'Abû Lahab qui, l'ayant remarqué, fut pris de colère et le frappa sous les yeux d'Umm al-Faḍl. Et là, Umm al-Faḍl, telle une lionne, bondit sur lui et lui dit: tu abuses de sa faiblesse en l'absence de son maître! Puis, avec l'une des colonnes en bois de sa maison, elle lui adressa un coup à la tête qui lui fut fatal, car il succomba sept jours plus tard.

Umm al-Faḍl a dû aussi endurer une autre épreuve d'un autre ordre. Celle de vivre loin de son mari. Cela commença lorsque le Prophète (ﷺ) demanda à al-'Abbâs de rester à la Mecque, pour une mission bien déterminée, et ordonna à l'épouse de celui-ci, Umm al-Faḍl, d'émigrer vers Médine.

Cette séparation fut longue, pénible et insupportable. Cependant, Umm al-Faḍl fit montre de patience et de résignation, grâce à la Prière et au jeûne. Elle attendait son arrivée d'un jour à l'autre, mais il s'attarda longtemps à la Mecque; il fut même le dernier croyant à avoir émigré vers Médine. Durant cette longue absence, la seule consolation d'Umm al-Faḍl était de constater que son fils aîné, 'Abd Allah, était attaché à la compagnie du Prophète (ﷺ).

Cette compagnie lui permit d'acquérir plus de connaissances religieuses qui illuminèrent son cœur et son esprit. Pendant ce temps-là, Umm al-Faḍl ne savait pas qu'elle avait rendez-vous avec l'Histoire et qu'elle était la mère de celui qui allait devenir «le savant par excellence de la communauté musulmane» et «l'interprète du Coran»: 'Abd Allah ibn 'Abbâs (qu'Allah les agrée).

Dans un autre registre, celui du martyre, nous citerons le cas exemplaire d'une autre femme qui fut parmi les premières à embrasser l'Islam: Sumayya, mère de 'Ammâr ibn Yâsir. Pour conserver sa foi, cette brave femme supporta toutes sortes de supplices et endura toutes les souffrances. Au milieu de la journée, en pleine canicule, quand le sable devenait brûlant, les mécréants appartenant au clan des Banû Makhzûm la prenaient, ainsi que son fils et son époux, en plein désert, les couvraient de sable, les obligeaient à mettre des cuirasses chauffées et se mettaient à leur cogner le crâne à l'aide de pierres tranchantes. La torture était tellement cruelle qu'afin de l'éviter, son époux et son fils furent contraints de s'accommoder aux exigences des polythéistes qui leur demandaient de renier leur religion. C'est d'ailleurs à leur sujet et au sujet de cas similaires qu'Allah révéla le verset suivant:

> ﴾Celui qui renie Allah après avoir cru - sauf celui qui y a été contraint alors que son cœur demeure plein de la sérénité de la foi - mais ceux qui ouvrent délibérément leur cœur à la mécréance: sur eux le courroux d'Allah s'abattra, et un terrible châtiment les atteindra.﴿
>
> *[Coran, 16: 106]*

Mais Sumayya choisit une autre voie, celle de l'endurance; elle s'y attacha avec fermeté. Elle refusa de prononcer la moindre rétractation susceptible de satisfaire les polythéistes. Cette inébranlable détermination exaspéra Abû Jahl, qui n'hésita pas à user de sa lance pour la tuer en toute lâcheté. Elle rendit alors l'âme, inscrivant ainsi son nom dans l'Histoire comme étant la première martyre de l'Islam.

L'Histoire de l'Islam nous a conservé de nombreux noms de femmes qui agirent à l'instar de Sumayya, des femmes qui, pour soutenir la cause de l'Islam, endurèrent même plus que ce qu'elle a enduré. Ce sont des femmes qui ne manifestèrent aucune faiblesse, ne firent aucune concession à leurs bourreaux et ne succombèrent pas jusqu'à les supplier d'avoir pitié d'elles. Bien au contraire, elles se montrèrent endurantes, satisfaites même, et ne firent aucune concession au détriment de leur foi, car elles escomptaient sincèrement la récompense d'Allah.

D'ailleurs, fait intéressant, les anciens biographes musulmans soulignent que, hormis Bilâl, tous les croyants, qui ont subi l'oppression des mécréants, ont abdiqué, sous la contrainte, pour sauver leurs vies. Cependant, ils ne citent aucune femme ayant agi de même dans des situations similaires. Il y eut donc au cours de l'Histoire musulmane des femmes appartenant à un type unique en son genre; des femmes qui ne cessaient d'appeler à l'Islam, en dépit des épreuves et des souffrances qui leur faisaient obstacle; des femmes dont la foi était telle qu'elles supportaient tout supplice dans la voie d'Allah, afin de confirmer Sa religion sur terre.

Le récit d'Umm Shurayk al-Qurashiyya, rapporté par Ibn 'Abbâs, témoigne de la foi inébranlable de ces femmes, de leur enthousiasme à appeler au Message d'Allah et de leur endurance devant tous les obstacles qu'elle rencontraient dans cette voie. 'Abd Allah ibn 'Abbâs dit: «Convaincue de l'Islam, Umm Shurayk se convertit alors qu'elle était encore à la Mecque. Elle se mit donc à prêcher discrètement l'Islam auprès des femmes Qurayshites.

Mais les Mecquois, s'étant rendu compte de ses agissements, l'arrêtèrent et lui dirent: si ce n'était par égard à ta tribu, nous t'affligerions telle et telle punitions. Toutefois, nous allons te livrer à ta tribu. Ils me déposèrent alors sur le dos d'un chameau dénudé de toute housse, raconte Umm Shurayk. *[En ce voyage,]* ils ne m'offrirent rien à boire ou à manger durant trois jours, au point qu'au troisième jour je ne pouvais rien entendre.

Quand ils faisaient une halte, ils se mettaient à l'ombre; tandis que moi, ils me ligotaient les mains, m'exposaient à la chaleur du soleil et me privaient de nourriture et d'eau. Cela durait jusqu'à ce qu'ils se remettent en route...»

La femme musulmane ne se contenta pas de cette participation sincère qui traduit son soutien et son abnégation pour la cause de l'Islam. Elle alla même jusqu'à sortir en expéditions militaires en compagnie du Messager d'Allah (ﷺ) et ses Compagnons. Ainsi, quand les affrontements armés entre croyants et mécréants furent déclenchés, elle participa à plusieurs batailles. Elle entreprit des rôles louables dans le soutien logistique aux combattants; elle assurait l'approvisionnement en eau, transportait les blessés hors du champ de batailles et soignait leurs blessures, etc. On outre, elle n'hésita pas, durant les périodes les plus difficiles de certaines batailles, à prendre les armes et s'engager dans les combats côte à côte avec le Messager d'Allah (ﷺ) et ses Compagnons.

Dans leurs deux *Ṣaḥîḥ*, Bukhari et Muslim rapportent un grand nombre de Traditions qui illustrent cette glorieuse image de la femme musulmane durant la période de la meilleure des générations, au temps où l'engagement pour l'Islam traduisait la sincérité, l'amour d'Allah et de Son Messager ainsi que la volonté de faire prévaloir cette religion. De ces Traditions, nous nous contenterons de citer les suivantes:

- Muslim rapporte qu'Umm 'Aṭiyya al-Anṣâriyya a dit: «J'ai participé à sept expéditions militaires en compagnie du Messager d'Allah (ﷺ). Je restais dans leur campement; je leur préparais à manger, je soignais les blessés parmi eux et je m'occupais des malades.»[1]

- Il rapporte aussi qu'Anas ibn Mâlik a dit: «Quand le Messager d'Allah (ﷺ) partait en expédition, Umm Salîm ainsi que d'autres femmes *Anṣârites* l'accompagnaient; elles apportaient de l'eau *[aux combattants]* et soignaient les blessés parmi eux.»[2]

- Bukhari rapporte qu'ar-Rubayyi' bint Mu'awwadh a dit: «Nous accompagnions le Prophète (ﷺ) *[en expédition]*; nous donnions à boire *[aux combattants]*, nous soignions les blessés et nous ramenions les morts à Médine».[3]

- Bukhari et Muslim rapportent qu'Anas ibn Mâlik (qu'Allah l'agrée) a dit: le jour de la bataille d'Uḥud, certaines gens s'enfuirent et abandonnèrent le Prophète (ﷺ). Abû Ṭalḥa se mit alors devant le Prophète (ﷺ) et le protégea avec son bouclier. Abû Ṭalḥa était un excellent archer; il était habile au tir. Ce jour-là, il [tira tellement qu'il] brisa deux ou trois de ses arcs. Quand un homme ayant des flèches dans son carquois passait devant le Prophète (ﷺ), il lui disait: *«Donne-les à Abû Ṭalḥa!»*

Chaque fois que le Prophète (ﷺ) se haussait pour voir ses combattants, Abû Ṭalḥa lui disait: ô Prophète d'Allah, je te donnerai la vie de mon père et celle de ma mère! Ne te découvre pas ainsi, car l'une des flèches de nos ennemis pourrait t'atteindre; ma poitrine protègera la tienne.

En ce jour-là, je constatai aussi 'Â'isha bint Abî Bakr et Umm Sulaym, continue Anas. Les vêtements retroussés au point que j'apercevais les bracelets qu'elles avaient autour des chevilles, elles bondissaient avec les outres d'eau sur le dos, donnaient à boire aux

---

[1] Cf. *Sharḥ ṣaḥîḥ muslim*, vol. XII, p. 194.

[2] *Idem.*, vol. XII, p. 188.

[3] Cf. *Fat'h Al-Bâri*, vol. VI, p. 80.

combattants puis partaient remplir leurs outres. Ensuite, elles retournaient de nouveau pour leur donner à boire. Abû Ṭalḥa, ajoute Anas, avait tellement sommeil que son sabre lui tomba des mains à deux ou à trois reprises.[1]

Quelle noble tâche que ces deux femmes braves et méritoires accomplissaient! Sous le soleil brûlant du Ḥijâz et sur le champ d'une bataille sanglante, elles se déplaçaient pour étancher la soif des combattants, sans prêter attention ni aux flèches qui tombaient de tous les côtés ni aux sabres qui cliquetaient partout. C'est, d'ailleurs, pour cette raison que quand le Calife Bien Guidé 'Umar ibn al-Khaṭṭâb (qu'Allah l'agrée) fit le partage d'étoffes entre les femmes de Médine, il donna la priorité à Umm Ṣalîṭ al-Anṣâriyya, au détriment de son épouse, Umm Kulthûm bint 'Alî Ibn Abî Ṭâlib. Et quand on l'interrogea là-dessus, il répondit que Umm Ṣalîṭ avait le mérite de coudre les outres qui servaient à approvisionner les combattants en eau lors de la Bataille d'Uḥud. 'Umar accordait à cette tâche, qui paraît modeste, une grande importance, car elle contribuait à rafraîchir les combattants et permettait de les revigorer.

Bukhari rapporte que Tha'laba ibn Abî Mâlik a dit: 'Umar ibn al-Khaṭṭâb (qu'Allah l'agrée) partagea des étoffes entre des femmes de Médine. Comme il en restait un beau morceau, l'un de ceux qui étaient présents lui dit: ô Commandant des croyants, offre cette étoffe à la fille du Messager d'Allah - On désignait par cela Umm Kulthûm, la fille de 'Alî ibn Abî Ṭâlib.

'Umar répondit: Umm Salîṭ y a plus de droit! Umm Salîṭ, précise l'un de ceux qui ont rapporté cette tradition, est l'une des femmes *Ansârites* (Médinoises) qui prêtèrent serment d'allégeance au Messager d'Allah (ﷺ). 'Umar ajouta: au jour de la bataille d'Uḥud, elle nous cousait les outres.[2]

---

[1] Cf. *Fat'h Al-Bâri*, vol. VII, p. 361; *Sharḥ ṣaḥîḥ muslim*, vol. XII, p. 189.

[2] Cf. *Fat'h Al-Bâri*, vol. VI, p. 79; vol. VII, p. 366.

Lors de la bataille d'Uḥud, le visage du Messager d'Allah (ﷺ) fut ensanglanté; sa joue et sa lèvre supérieure furent blessées, et il avait une incisive brisée. C'était sa fille Fâṭima (qu'Allah lui accorde Sa paix) qui lavait ses blessures, pendant que 'Alî lui versait de l'eau. Puis, voyant que l'eau ne faisait qu'accroître l'effusion du sang, Fâṭima prit un morceau de natte, le fit brûler et appliqua [les cendres] sur la plaie, ce qui arrêta le sang.[1]

Parmi les femmes qui firent preuve de détermination et d'endurance lors de la bataille d'Uḥud, nous citerons Ṣafiyya bint 'Abd al-Muṭṭalib, la tante paternelle du Prophète (ﷺ). Quand certains croyants abandonnèrent le combat, cette femme se leva et se mit à frapper les combattants aux visages à l'aide d'un arc qu'elle avait à la main, en criant: vous avez osé abandonner le Messager d'Allah!

L'ayant vue, le Messager d'Allah (ﷺ) conseilla à son fils à elle, az-Zubayr ibn al-'Awwâm, de la faire partir pour lui éviter de voir le corps mutilé de son frère Ḥamza (qu'Allah l'agrée). Mais elle s'y opposa en disant: pourquoi devrai-je m'éloigner? J'ai su qu'on a mutilé le corps de mon frère. Pour la cause d'Allah (à Lui la puissance et la majesté), c'est peu de chose. J'accepte ce qui m'est arrivé, et si Allah (exalté soit-Il) le veut, j'endurerai en escomptant Sa récompense!

Ṣafiyya participa aussi à la bataille du Fossé. Lors de cette bataille, elle était dans la forteresse de Ḥassân ibn Thâbit. Quand le Messager d'Allah (ﷺ) quittait Médine pour affronter l'ennemi, il avait l'habitude d'y laisser ses épouses et les femmes appartenant à sa famille, car c'était l'une des forteresses les plus inaccessibles de cette Cité. Alors que Ṣaffiya y était, elle remarqua qu'un juif rôdait autour. Elle dit à Ḥassân: ô Ḥassân! Ce juif n'arrête pas de rôder autour de la forteresse, et rien ne nous assure qu'il n'ira pas divulguer notre refuge aux autres juifs qui profiteraient de l'absence du Messager

---

[1] *Idem.*, vol. VII, p. 372.

d'Allah (ﷺ) et de ses Compagnons. Descends donc le tuer! Qu'Allah te pardonne!

Ô fille de 'Abd al-Muṭṭalib, lui répliqua Ḥassân, tu sais très bien que je ne suis pas habitué à ce genre d'actes. Ayant entendu ces paroles, Ṣafiyya prit une barre en bois, descendit de la forteresse et frappa le juif d'un coup qui mit fin à ses jours.

Ensuite, elle regagna la forteresse et dit à Ḥassân: descends récupérer ses dépouilles - le fait qu'il soit un homme m'empêche de le faire. Mais Ḥassân lui répondit: je n'ai aucun besoin de ses dépouilles, ô fille de 'Abd al-Muṭṭalib.

Hormis cet acte héroïque, Ṣafiyya eut également l'honneur de participer à la bataille de Khaybar.

Entre toutes les femmes qui participèrent à la bataille d'Uḥud, celle qui se distingua le plus fut Umm 'Amâra, Nassiba bint Ka'b al-Mâziniyya. Au début de cette bataille, les musulmans avaient le dessus sur leurs ennemis. A l'instar des autres combattantes, Umm 'Amâra donnait alors à boire aux combattants et soignait les blessés d'entre eux. Mais cette domination ne dura pas longtemps, et la victoire faillit se transformer en défaite, en raison de la joie anticipée des lanceurs qui les mena à quitter leurs postes et négliger ainsi les instructions du Messager d'Allah. Le Coran décrit en mots précis cette situation. Allah (exalté soit-Il) dit:

﴾Rappelez-vous quand vous fuyiez sans vous retourner vers personne. Cependant que, derrière vous, le Messager vous appelait.﴿ *[Coran, 3: 153]*

En ce tournant décisif de la bataille, Nassiba s'avança avec audace, prit son sabre et son arc puis rejoignit le peu d'hommes qui résistaient avec le Messager d'Allah (ﷺ) et faisaient de leur corps un bouclier humain pour le protéger des flèches ennemies. A chaque fois qu'elle sentait le danger menacer le Messager d'Allah (ﷺ), elle s'empressait de le défendre au point qu'il remarqua son héroïsme et en témoigna plus tard en disant: *«Je ne me retournais à droite ou à gauche sans remarquer qu'elle combattait pour me défendre».*

En cette situation difficile, elle manifesta un héroïsme unique. On rapporte que son fils 'Amâra a dit: ce jour-là, on me blessa au bras gauche; un homme de grande taille, aussi grand qu'un dattier, m'atteignit par sa flèche puis s'en alla et ne revint plus à moi. Voyant que le sang ne cessait pas d'effuser, le Messager d'Allah (ﷺ) me dit: *«Bande ta blessure!»*

Alors, ma mère, qui avait préparé des bandes pour panser les blessures et les avait mises sous sa ceinture, vint me retrouver, prit l'une d'entre elles et me la noua autour du bras. En ce moment, le Prophète était debout en train de nous regarder. Ensuite, ma mère me dit: lève-toi, et va-y combattre l'ennemi! Le Prophète (ﷺ) lui dit alors: *«Ô Umm 'Amâra, personne ne peut endurer ce que tu es capable d'endurer!»*

Juste après, raconte Umm 'Amâra, remarquant l'homme qui avait blessé mon fils face à nous, le Messager d'Allah (ﷺ) me dit: *«Voici l'homme qui a blessé ton fils!»* Je l'interceptai alors et le frappai d'un coup de sabre qui le mit à genoux. A ce moment-là, continue Umm 'Amâra, je remarquai que le Messager d'Allah (ﷺ) avait un large sourire. Il me dit: *«Ô Umm 'Amâra, tu viens d'appliquer toi-même la loi du talion!»*

Ensuite, nous continuâmes à le frapper avec nos armes jusqu'à sa mort. Puis le Prophète (ﷺ) me dit: *«Louanges à Allah qui t'a rendue heureuse, en t'accordant le triomphe sur ton ennemi et en te permettant d'assister à cette vengeance».*

Ce jour-là, Nassiba avait le corps couvert de blessures. Mais malgré cela, elle continua à résister et à combattre l'ennemi. Le Messager d'Allah (ﷺ) s'en aperçut et appella aussitôt son fils à elle: «[Attention à] *Ta Mère! Panse la blessure de ta mère!»* Puis il ajouta: *«Qu'Allah bénisse votre famille! Le rang de dignité qu'occupe ta mère est supérieur à celui d'untel et d'untel».*

Ayant entendu ces paroles du Messager d'Allah (ﷺ), Nassiba lui dit: invoque Allah pour qu'Il nous accorde ta compagnie au Paradis. Il dit alors: *«Ô Allah, fais d'eux mes compagnons au Paradis!»* Et là, Nassiba dit: *[désormais,]* je ne me soucierai point de ce qui m'atteindra dans ce bas monde.[1]

La lutte sincère d'Umm 'Emâra pour la cause de l'Islam ne se limita pas à son engagement héroïque dans la bataille d'Uḥud. Elle participa à plusieurs autres événements en compagnie du Messager d'Allah (ﷺ). Elle fut présente lors du serment d'al-'Aqaba, à al-Ḥudaybiya, à Khaybar et à Ḥunayn.

Ses actes héroïques lors de cette dernière bataille furent aussi remarquables que ceux qu'elle a manifestés durant la bataille d'Uḥud.

Elle participa aussi à la bataille d'al-Yamâma durant le règne d'Abû Bakr aṣ-Ṣiddîq, où elle a fait preuve d'un courage extraordinaire dont les conséquences furent douze blessures plus l'amputation de sa main. Il n'est donc pas surprenant que le Messager d'Allah (ﷺ) lui annonce qu'elle sera au Paradis, que le Calife Abû Bakr aṣ-Ṣiddîq et son chef militaire Khâlid ibn al-Walîd la traitent ensuite avec estime, et que le deuxième Calife 'Umar ibn al-Khaṭṭâb lui rende tous les honneurs qu'elle méritait.[2]

De cette glorieuse période de l'Histoire de la femme musulmane combattante, nous retiendrons ainsi le nom d'une femme aussi méritoire et distinguée que Nassiba bint Ka'b.

Il s'agit d'Umm Sulaym bint Milḥân, que nous avons mentionnée plus haut avec Umm 'Amâra, 'Â'isha la Mère des croyants et Fâṭima

---

[1] Voir les récits relatifs à la bataille d'Uḥud dans: *Sîrat ibn Hishâm*; *Insân al-'Uyûn*; *al-'Âthâr al-Mohammediyya*; *Ṭabaqât ibn Sa'd*; *al-Iṣâba fî tamyîz aṣ-ṣaḥâba*; *Usd al-ghâba fî ma'rifat aṣ-ṣaḥâba*.

[2] Cf. adh-Dhahabî, *Siyar a'lâm an-nubalâ'*, vol. II, p. 281.

ainsi que d'autres femmes qui approvisionnaient les combattants en eau et soignaient les blessés d'entre eux.

A présent, nous allons la voir dans un autre épisode aussi honorable que le premier. Quand le Messager d'Allah (ﷺ) s'apprêta à quitter Médine pour la conquête de la Mecque, Abû Ṭalḥa, l'époux d'Umm Sulaym, fut parmi les combattants.

Pendant ce temps-là, elle était enceinte et sa grossesse était à terme. Cependant, cela ne l'empêcha pas de décider d'accompagner son mari pour obtenir l'honneur du combat pour la cause d'Allah. Elle s'occupait peu des difficultés d'un tel voyage, de la longueur du trajet à faire et des conditions inconfortables à endurer.

En raison de ces pénibles conséquences qu'il redoutait, Abû Ṭalḥa demanda au Prophète s'il pouvait autoriser sa femme ainsi enceinte à les accompagner. Mais le Prophète lui accorda son autorisation, et elle en fut réjouie. Ainsi, en compagnie de son mari, elle assista à la victoire éclatante des musulmans sur les mécréants.

En ce jour béni, les vallées de la Mecque retentirent des acclamations des croyants combattants qui scandaient: «Il n'y a point de divinité à part Allah, seul. Il a honoré Sa promesse, a soutenu Son serviteur et a battu, seul, les coalisés. Aucune chose n'a existé avant Lui et, hormis Lui, aucune chose ne subsistera. Il n'y a point de divinité à part Allah. Nous n'adorons que Lui, et c'est à Lui que nous vouons exclusivement notre culte; quelque répulsion qu'en aient les mécréants.»

En ce jour-là, elle assista à l'effondrement définitif des bastions du polythéisme et de l'idolâtrie dans la péninsule arabe; elle vit les idoles s'effondrer sous la main du Messager d'Allah (ﷺ) qui répétait: *«La Vérité est venue et le Faux a disparu. Le Faux est destiné à disparaître».*

Ces scènes ne firent qu'accroître la foi d'Umm Sulaym et l'incitèrent à combattre davantage pour la cause d'Allah. Quelques jours après la conquête de la Mecque, les musulmans faillirent essuyer une défaite cuisante dans la bataille de Ḥunayn. Ce fut une grande épreuve pour les musulmans. Voyant qu'un bon nombre de combattants prenait la fuite dans un sauve-qui-peut total, le Messager d'Allah (ﷺ) se déplaça vers le flanc droit et s'écria: *«Ô gens, rejoignez-moi! Je suis le Messager d'Allah, Mohammed ibn 'Abd Allah!»*

Cependant, seul un groupe d'Emigrés, d'*Ansâr* et des membres de sa famille le soutint. Umm Sulaym et son mari Abû Ṭalḥa faisaient partie de ce groupe. Le Messager d'Allah la remarqua ce jour-là. Etant enceinte de 'Abd Allah ibn Abî Ṭalḥa, elle avait entouré son ventre de l'un de ses vêtements.

Elle était sur le chameau de son mari, et pour éviter qu'il ne la renverse, elle penchait la tête et s'accrochait fermement à l'anneau de poils fixé au nez de l'animal et servant de bride, afin de le maîtriser et l'empêcher de suivre les chameaux qui s'échappaient. Le Messager d'Allah (ﷺ) l'appelait: *«Ô Umm Salîm!»*, et elle répondait: oui! je te donnerais la vie de mon père et celle de ma mère, ô Messager d'Allah!

Dans son *Ṣaḥîḥ*, Muslim rapporte le récit suivant: le jour de la Bataille de Ḥunayn, Umm Sulaym prit un poignard avec elle. L'ayant remarquée, son mari Abû Ṭalḥa dit au Prophète (ﷺ) : ô Messager d'Allah, Umm Sulaym a un poignard sur elle! — *«Pourquoi ce poignard»*, lui demanda le Messager d'Allah (ﷺ). Elle répondit: je l'ai pris pour éventrer quiconque parmi les polythéistes s'approchera de moi!

A ce moment-là, le Messager d'Allah (ﷺ) se mit à rire. Ensuite, *[quand la bataille prit fin]* elle lui dit: ô Messager d'Allah! Tue les Epargnés (*Aṭ-ṭulaqâ*), car ils t'ont abandonné. Mais le Messager d'Allah (ﷺ) lui répondit: *«Ô Umm Sulaym, Allah nous a suffi [vis-à-vis d'eux], et de la meilleure façon.»*[1]

[1] *Sharḥ ṣaḥîḥ muslim*, vol. XII, pp. 187-188.

Umm Sulaym a fait preuve de constance et de détermination en compagnie du Messager d'Allah (ﷺ) dans les moments les plus difficiles et les plus pénibles. Ainsi, quand la bataille a atteint son paroxysme et que même les héros parmi les combattants ont été secoués, elle n'a pas supporté de les voir abandonner le Messager d'Allah et lui a demandé de les tuer pour ce qu'elle considérait comme acte de trahison. Il n'est donc pas c surprenant que le Messager d'Allah (ﷺ) lui annonce l'accès au Paradis. Bukhari et Muslim rapportent, d'après Jâbir ibn 'Abd Allah (qu'Allah l'agrée), que le Prophète (ﷺ) a dit: *«Je me suis vu entrer au Paradis, et là, j'ai rencontré ar-Rumayṣâ'*[1], la femme d'Abû Ṭalḥa...»[2]

Les Traditions indiquent aussi que le Messager d'Allah (ﷺ) avait l'habitude de rendre visite à Umm Sulaym et sa sœur Umm Ḥarâm. Et de même qu'il avait annoncé à Umm Sulaym qu'elle accédera au Paradis, il annonça aussi à Umm Ḥarâm qu'elle naviguera sur mer dans une expédition militaire en compagnie des combattants pour la cause d'Allah. Bukhari rapporte qu'Anas (qu'Allah l'agrée) a dit: *le Messager d'Allah (ﷺ) se rendit chez Bint Milḥân (Umm Ḥarâm) et s'y endormit. Puis il se réveilla et se mit à rire.*

- Pourquoi ris-tu, ô Messager d'Allah? lui demanda-t-elle.

- *«Ce sont, dit-il, des gens de ma nation qui navigueront sur la mer verte, pour la cause d'Allah, et qui sont semblables à des rois assis sur leurs trônes.»*

Elle lui dit: ô Messager d'Allah, invoque Allah pour qu'il fasse que je sois de leur nombre. — *«Ô Allah, dit-il alors, fais qu'elle soit de leur nombre!»*

Ensuite, il s'endormit de nouveau et se réveilla en riant. Elle lui posa la même question, et il lui donna la même réponse. Puis

---

[1] *Ar-rumayṣâ'* est le diminutif de *ramṣâ'* qui signifie: la chassieuse. Umm Salîm a été surnommée ainsi parce qu'elle avait la chassie aux yeux.

[2] Cf. *al-Baghawî, Sharḥ as-sunna*, vol. XIV, p. 86.

elle lui dit: invoque Allah pour qu'il fasse que je sois de leur nombre. Il lui répondit: *«Tu fais déjà partie des premiers, et non des seconds.»*

En effet, conformément au récit d'Anas, la prédiction du Messager d'Allah (ﷺ) se confirma, car «elle épousa 'Ubâda ibn aṣ-Ṣâmit et s'embarqua avec lui et l'épouse de Mu'âwiya ibn Abî Sufyân pour lutter pour la cause d'Allah. Puis, au retour, étant montée sur sa bête de somme, celle-ci la renversa; elle fut victime d'une fracture au cou et mourut sur-le-champ».[1] Son tombeau demeure jusqu'à nos jours un site de valeur racontant l'histoire d'une musulmane qui a combattu pour la cause d'Allah, et devant lequel les gens répètent: c'est le tombeau de la femme pieuse; qu'Allah lui accorde Sa miséricorde![2]

Umm Ayman, la nourrice du Messager d'Allah (ﷺ), fut elle aussi du nombre des croyantes qui apportèrent leur soutien à l'Islam et combattirent pour la cause d'Allah. Elle participa à la bataille d'Uḥud, de Khaybar, de Mu'ta et de Ḥunayn. Dans ces batailles, elle apportait de l'eau aux combattants, soignait les blessés d'entre eux et accomplissait encore d'autres tâches louables.[3]

Signalons aussi Kabsha bint Râfi' al-Anṣâriyya, la mère de Sa'd ibn Mu'âdh (qu'Allah les agrée). Après la bataille d'Uḥud, elle accourut vers le Messager d'Allah (ﷺ) qui était sur son cheval. Sa'd ibn Mu'âdh qui en tenait la bride lui dit: c'est ma mère, ô Messager d'Allah! — *«Qu'elle soit la bienvenue!»*, lui dit le Prophète. Il descendit alors de son cheval et l'attendit. Une fois devant lui, il lui présenta ses condoléances pour la perte de son fils 'Amr ibn Mu'âdh.

---

[1] *Fat'h Al-Bâri*, vol. VI, p. 76.
[2] Cf. *Ḥilyat al-awliyâ'*, vol. II, p. 62; *Ṣifat aṣ-ṣafwa*, vol. II, p. 70.
[3] Cf. al-Wâqidî, *al-Maghâzî*, vol. I, p. 278; al-Balâdhurî, *Ansâb al-ashrâf*, vol. I, p. 326; al-Bayhaqî, *Dalâ'il an-nubuwwa*, vol. III, p. 311.

Il lui annonça qu'elle sera au Paradis ainsi que les martyrs parmi les siens, puis il invoqua Allah en leur faveur.[1]

De ces croyantes engagées pour la cause de l'Islam, citons également al-Furay'a bint Mâlik et Umm Hishâm bint Ḥâritha ibn an-Nu'mân (qu'Allah les agrée). Ces deux femmes furent parmi celles qui, sous un arbre à al-Ḥudaybiya, prêtèrent au Messager d'Allah (ﷺ) le serment d'allégeance nommé «le serment de l'Agrément». Les polythéistes de Quraysh ayant empêché les croyants de se rendre à la Mecque, le Messager d'Allah (ﷺ) leur envoya alors 'Uthmân ibn 'Affân en émissaire, mais ce dernier s'attarda si longtemps à revenir que les musulmans crurent que les Qurayshites l'avaient assassiné.

C'est en ces moments de doute pour certains que ce serment a eu lieu. Ceux qui y participèrent bénéficièrent du don auquel tout croyant aspire: l'agrément d'Allah. A ce sujet, Allah révéla un verset qui sera éternellement récité, tant que les cieux et la terre existeront. Il dit:

> ﴿Allah a très certainement agréé les croyants quand ils t'ont prêté le serment d'allégeance sous l'arbre. Il a su ce qu'il y avait dans leurs cœurs et a fait descendre sur eux la quiétude, et il les a récompensés par une victoire proche.﴾ *[Coran, 48: 18]*

Umm al-Mundhir, Salmâ bint Qays, participa elle aussi au «serment de l'Agrément». Comme elle avait déjà participé au serment dit des femmes, on la surnomma alors «la femme aux deux serments». Elle fut également du nombre des musulmans qui accompagnèrent le Messager d'Allah (ﷺ) pour assiéger les Banû Quraydḥa et bénéficia ainsi de l'honneur de participer à la lutte pour la cause d'Allah.

---

[1] Cf. al-Wâqidî, *al-Maghâzî*, vol. II, pp. 301, 315-316; adh-Dhahabî, *Târîkh al-islâm,* vol. II, p. 201; Daḥlân, *as-Sîra al-ḥalabiyya*, vol. II, pp. 545-546.

Nous n'omettrons pas, enfin, de citer un autre nom, et non des moindres: Asmâ bint Yazîd ibn as-Sakan al-Anṣâriyya. Cette femme participa à la bataille du Fossé et à celle de Khaybar, et fut présente à al-Ḥudaybiya et au «serment de l'Agrément». Par ses efforts multiples, elle ne cessa de soutenir la cause de l'Islam et ses principes. De son engagement, le Messager d'Allah (ﷺ) fut satisfait jusqu'au jour où il rendit l'âme. Et même après la mort du Prophète, elle continua dans cette voie. L'an treize de l'Hégire, elle participa à la bataille d'al-Yarmûk qui eut lieu au Shâme (lointain nord de Médine) où elle encouragea les combattants à affronter l'ennemi et à résister, les approvisionna en eau et soigna les blessés d'entre eux. La bataille d'al-Yarmûk est l'une des plus célèbres dans l'Histoire de l'Islam, et à laquelle la femme musulmane participa de manière active et déterminante. Pendant cette bataille, les combattants musulmans furent secoués, au point que certains d'entre eux se mirent à reculer. Cependant, les femmes présentes continuèrent à combattre et incitèrent les réticents parmi les combattants à avancer pour affronter l'ennemi en jetant sur eux des pierres et des bouts de bois.

Ibn Kathîr souligne l'héroïsme et l'honorable contribution de la femme musulmane à cette bataille. Il écrit: «En ce jour, les femmes musulmanes combattirent et tuèrent un bon nombre de Byzantins. Elles frappaient les fuyards parmi les musulmans et leur disaient: où allez-vous? Comptez-vous nous abandonner à ces barbares! En raison de ces réprimandes, aucun des combattants ne pouvait que regagner le champ de bataille.»[1]

Cet excellent comportement de la part des musulmanes a eu un impact déterminant sur la résistance des combattants jusqu'à la victoire finale sur les Byzantins.

En ce jour pénible, Asmâ bint Yazîd manifesta une bravoure et un héroïsme qui firent défaut à un bon nombre de combattants. En

---

[1] Ibn Kathîr, *al-Bidaya wa n-nihâya*, vol. VII, p. 13. Voir aussi: aṭ-Ṭabarî, *Târîkh al-umam wa l-mulûk*, vol. II, p. 335 et sq.

s'engageant hardiment dans le combat, elle tua à elle seule plusieurs mécréants. Dans la notice qu'il lui consacre, Ibn Ḥajar n'omet pas de souligner sa vaillance. Il dit: «Umm Salama al-Anṣâriyya est Asmâ bint Yazîd ibn as-Sakan. Elle participa à la bataille d'al-Yarmûk où elle tua neuf Byzantins en se servant d'un des piliers de sa tante. Après cette bataille, elle vécut longtemps».[1]

Il semble que notre héroïne s'était installée au Shâme (lointain nord de Médine) avec d'autres Compagnons du Prophète, d'où sa participation à la bataille d'al-Yarmûk. Elle vécut dans cette province jusqu'au règne de Yazîd ibn Mu'âwiya. Elle mourut à Damas, où elle fut enterrée. Son tombeau à *al-Bâb aṣ-ṣaghîr* demeure jusqu'à nos jours un éminent témoignage de la participation de la femme musulmane à la lutte pour la cause d'Allah.[2]

Certes, les épisodes que nous avons cités représentent quelques unes des plus belles pages de l'Histoire de la femme musulmane; des pages qui reflètent sa foi, sa sincérité et sa profonde conscience de la mission de la femme dans la vie ainsi que de ses devoirs envers son Seigneur et sa religion. Ce ne sont pourtant que des échantillons recueillis d'un registre colossal qui a conservé l'Histoire de ces nobles vertus, ces sacrifices rarissimes, ces admirables comportements, ces volontés inébranlables, ces talents sans pareil et cette foi profonde. Il n'y a donc aucun doute que la musulmane contemporaine trouvera dans ces biographies de femmes méritoires des modèles purs et vivants qu'elle tâchera de suivre pour développer positivement sa personnalité.

---

[1] *Al-Iṣâba fî tamyîz aṣ-ṣaḥâba*, vol. IV, p. 229. Voir aussi: adh-Dhahabî, *Siyar a'lâm an-nubalâ'*, vol. II, 279. Dans *Majma' az-zawâ'id*, Ibn Ḥajar al-Haythamî affirme que cette information a été rapportée par aṭ-Ṭabarânî, et que ses transmetteurs sont dignes de confiance.

[2] Cf. adh-Dhahabî, *Siyar a'lâm an-nubalâ'*, vol. II, 279.

25. Elle est fière de sa personnalité et de sa religion

Il n'y a rien d'étonnant à ce que la femme musulmane soit fière de sa personnalité et de la place considérable qu'elle occupe grâce à l'Islam, cette religion qui lui a reconnu ses droits depuis longtemps, bien avant que les femmes appartenant aux autres nations ne réalisent leurs acquis actuels. Près de quinze siècles, l'Islam accordait à la femme ses pleins droits pour la première fois dans l'Histoire de l'humanité. Plusieurs siècles avant que le monde entier ne connaisse les organisations des droits de l'homme et leurs conventions, la femme musulmane jouissait déjà de tous ses droits. En cette période lointaine de l'Histoire, alors que les milieux chrétiens doutaient de la nature humaine de la femme et s'interrogeaient sur la nature de son âme, l'Islam annonça que les femmes étaient «semblables aux hommes.»[1] Le Coran proclama:

> ﴿Leur Seigneur les a alors exaucés *[disant]*: en vérité, Je ne laisse perdre l'œuvre d'aucun *[être]* agissant parmi vous, homme ou femme, les uns *[étant issus]* des autres.﴾ *[Coran, 3: 195]*

Tout comme il a reçu le serment d'allégeance de la part des hommes, le Messager d'Allah le reçut aussi de la part des femmes qui lui déclarèrent leur engagement absolu. Le serment d'allégeance de la part des femmes avait eu lieu séparément des hommes; ce qui confirme l'indépendance de la personnalité de la femme musulmane et son aptitude à assumer la responsabilité relative aux conséquences d'un serment de fidélité à Allah et à Son Messager. Cette pratique a eu lieu des siècles avant que le monde contemporain ne reconnaisse à la femme son droit d'exprimer son opinion et de prendre part au suffrage universel. Ceci ne fut pas l'unique droit que l'Islam octroya

---

[1] Selon un *ḥadîth* rapporté par Abû Dâwûd, at-Tirmidhî, ad-Dârimî et Aḥmed ibn Ḥanbal.

à la femme. Il en existe bien d'autres, notamment son indépendance financière, son exonération des dépenses familiales même lorsqu'elle est riche, son égalité avec l'homme au niveau de la dignité humaine, de l'éducation et des obligations légales d'ordre général, etc. Les droits que l'Islam a octroyés à la femme sont nombreux et multiples, et nous ne pouvons, par conséquent, les exposer dans leur totalité.

La considération ainsi que les droits et les prérogatives acquis par la femme musulmane ont atteint un stade qui suscita l'admiration des femmes occidentales. A ce sujet, il convient de citer les propos d'une femme américaine lors d'une conférence sur les droits de la femme en Islam, donnée aux Etats-Unis par le grand érudit syrien Bahjat al-Bayṭâr. Etonnée des droits et des attributions acquis par la femme musulmane depuis près de quinze siècles, cette Américaine se leva et interrogea le conférencier: «Ce que vous avancez sur la femme musulmane et ses droits est une réalité ou est-ce de la pure propagande? Parce que si c'est vraiment une réalité, emmenez-moi vivre chez vous pour un certain temps puis tuez-moi!» Nous nous contenterons de cette anecdote, car les propos indiquant l'admiration des femmes occidentales pour le statut de la femme musulmane sont multiples et bien connus.

Une fois informée de tout cela, la musulmane contemporaine ne peut qu'être fière de sa religion et que posséder une foi de plus en plus profonde en la grandeur, la perfection et l'universalité des Lois divines qui visent le bonheur de l'être humain, qu'il soit homme ou femme. Il suffit qu'elle sache que même au XXe siècle, aucun système n'a pu égaler ou concrétiser les réformes que l'Islam a réalisées presque d'un seul coup au profit de la condition de la femme.

Il suffit qu'elle sache que lorsque la révolution française annonça la déclaration des droits de l'homme vers la fin du XVIIIe siècle, elle l'intitula *Les droits de l'homme et du citoyen*, omettant ainsi la femme. En effet, le premier article de cette charte stipule ce qui suit: «Les hommes naissent et demeurent libres et égaux en droits. Les distinctions sociales ne peuvent être fondées que sur l'utilité commune». Ensuite, il y a eu plusieurs tentatives pour ajouter le mot *femme* à ce premier article, mais en vain. Un siècle plus tard, en réfutant les thèses des égalitaristes entre l'homme et la femme qui revendiquaient la participation de celle-ci au suffrage universel, l'éminent savant français, Gustave Le Bon déclara dans son ouvrage intitulé *Psychologie du socialisme* que la femme ne fut l'égale de l'homme que durant les périodes de décadence.

En Occident, le statut de la femme demeura l'otage de cet esprit, des siècles durant. Ce n'est qu'avec l'avènement de «la Société des Nations» (SDN), après la première guerre mondiale, puis de «l'Organisation des Nations Unies» (ONU), suite à la deuxième guerre mondiale que les militants des droits de la femme réussirent, au terme d'un long combat, à imposer des textes qui reconnaissent enfin l'égalité de droits entre la femme et l'homme. A chaque fois, ils se heurtaient à des obstacles dus à des coutumes et des conventions à caractère religieux. S'ajoute à cela l'absence en temps opportun de textes juridiques nationaux ou internationaux justes et équitables envers la femme, qui auraient pu leur servir de moyen légal leur permettant de surmonter ces obstacles et émanciper ainsi la femme des séquelles d'un lourd passé qui pesait sur elle.

Du côté de l'Islam, et depuis près de quinze siècles, les Textes du Coran et de la Sunna affirment explicitement l'égalité entre homme et femme en ce qui concerne la responsabilité et la sanction, la récompense et le châtiment, l'accomplissement du culte, la dignité humaine ainsi que la totalité des droits de l'Homme, sans distinction aucune. Tout en affirmant l'égalité de l'homme et de la femme au niveau des droits, l'Islam a aussi affirmé leur égalité concernant les devoirs qui incombent à tout être humain. Il les a déclarés tous deux Vicaires sur Terre et en le leur confiant de la peupler et d'y adorer Allah. Il a déterminé à chacun des deux sexes le rôle qui lui incombe pour établir une société humaine vertueuse, sensée et pure. Les rôles de chacun sont complémentaires et non contradictoires. L'homme et la femme doivent obligatoirement les assumer, chacun selon ses aptitudes et sa nature, pour développer de mieux en mieux la condition de l'individu, de la famille et de la société. C'est ainsi que l'entraide et la solidarité entre les deux se réalisent, sans interdiction aucune à l'un ou à l'autre d'accomplir une œuvre compatible avec sa vocation. Seuls l'intérêt commun et la responsabilité, basés sur la notion de «récompense» dans les deux mondes, doivent définir la fonction de l'homme et de la femme. Allah dit:

> ﴾Quiconque, mâle ou femelle, fait une bonne œuvre tout en étant croyant, Nous lui ferons mener une bonne vie. Et Nous les récompensons, certes, en fonction des meilleures de leurs actions.﴿ *[Coran, 16: 97]*

Le Prophète (ﷺ) souligne, dans un *Ḥadîth* que nous avons cité plus haut, que l'homme et la femme sont, chacun pour sa part, responsables et qu'ils sont tenus à assumer cette responsabilité.

Une musulmane consciente des préceptes de sa religion et du noble statut que l'Islam lui a octroyé près de quinze siècles doit savoir qu'avant l'avènement de l'Islam, les droits de la femme étaient lésés par toutes les anciennes législations, que ce soit dans la péninsule arabique, en Inde, à Byzance ou dans le monde médiéval chrétien. Partout dans le monde ancien, sa condition était des plus déplorables. Cet état de choses ne doit donc qu'accroître sa fierté de sa religion, de sa personnalité et du prestigieux statut qu'elle a atteint.

Le leader indien Jawâharlâl Nehru résume parfaitement le statut de la femme dans les législations antiques. Dans son livre *Discovery of India*, il écrit: «Quant au statut de la femme dans les Lois de Manu', il était sans doute déplorable. Selon cette législation, les femmes devaient demeurer dépendantes de leur pères, leur époux ou leurs fils. Car leurs coutumes stipulaient que l'héritage des hommes décédés devait être légué exclusivement aux mâles parmi les ayants-droit». Et Nehru de commenter cette triste réalité en disant: «Dans tous les cas, le statut de la femme dans l'Inde antique était bien meilleur que celui de ses semblables dans la Grèce antique, à Byzance ou dans les premiers temps de la chrétienté».

Le statut de la femme dans le droit romain était basé sur des lois qui ne lui reconnaissaient aucune capacité juridique. Ces lois consistaient à faire d'elle, même quand elle atteint l'âge adulte, une éternelle mineure qui dépend durant tout sa vie de la tutelle du père ou de l'époux. En raison de sa féminité, elle ne disposait d'aucune liberté. D'ailleurs, elle faisait partie du legs, et n'avait le droit à aucune part d'héritage. Dans cette législation, la femme était considérée comme un bien faisant partie des possessions de l'homme; d'où sa subordination à ce dernier et sa privation de toute liberté de prendre ses propres décisions. Les effets de ces lois ont survécu jusqu'à nos jours, et sont tangibles dans la plupart des pays contemporains, car une bonne partie des législations de ces pays est encore influencée par le droit romain.

La chrétienté, dans ses premiers temps, n'a pas échappé elle aussi à l'influence du droit romain; ce qui a engendré en son sein la déplorable condition de la femme mentionnée par Nehru. Certains religieux chrétiens sont même allés jusqu'à exprimer leurs doutes sur la qualité humaine de la femme et sur la nature de son âme. En effet, plusieurs séminaires furent organisés pour débattre de la nature de l'âme de la femme. La question était de savoir si elle disposait d'une âme semblable à celle de l'homme, ou plutôt semblable à celle propre aux animaux, tels les chiens, les serpents, etc.! Pis: l'un de ces séminaires organisés à Rome alla jusqu'à conclure que la femme était privée d'âme et que, par conséquent, elle ne sera pas ressuscitée dans l'Au-delà!

Quant au statut de la femme qui vivait dans la péninsule arabique avant l'avènement de l'Islam, il était aussi déplorable que le statut des autres femmes du monde entier. La majorité des tribus arabes traitait la femme avec dédain et dégoût. Elle était considérée comme une honte susceptible d'entacher leur réputation, et dont plusieurs parents tenaient à s'en débarrasser en l'enterrant vivante dès sa naissance.

Dans plusieurs versets du Coran, l'Islam condamne ce comportement méprisable et cette pratique déplorable vis-à-vis de la femme. Allah (exalté soit-Il) décrit la bassesse des sentiments de l'Arabe vis-à-vis de la femme durant l'époque antéislamique en ces termes:

> ﴾Et lorsqu'on annonce à l'un d'eux une fille, son visage s'assombrit et un courroux profond *[l'envahit]*. Il se cache des gens, à cause du malheur qu'on lui a annoncé. Doit-il la garder malgré la honte ou l'enfouira-t-il dans la terre? Combien est mauvais leur jugement!﴿
>
> *[Coran, 16: 58-59]*

Dans un autre passage, Allah décrit l'aspect épouvantable du crime qui consiste à enterrer vivante une innocente nouveau-née qui n'a commis aucune faute. Il dit:

> ﴾Lorsque l'on demandera à la fillette enterrée vivante pour quelle faute elle a été tuée.﴿ *[Coran, 81: 8-9]*

Telle fut la condition de la femme dans la société arabe antéislamique, dans la société romaine, dans la chrétienté et dans toutes les sociétés dites civilisées de cette époque: une condition pénible, déplorable et humiliante. Elle continue à l'être encore dans la plupart des pays dont les législations sont encore influencées par le droit romain, et les juristes n'infirmeront pas cette réalité.[1]

La musulmane doit donc prendre conscience de l'immense bienfait qu'Allah lui a accordé depuis l'avènement de l'Islam:

---

[1] Voir à ce sujet*: Ma'rûf ad-Dawâlîbî, al-Mar'atu fî al-islâm*, p. 23.

> ﴾Aujourd'hui, J'ai parachevé pour vous votre religion, et accompli sur vous Mon bienfait; J'agrée pour vous l'Islam comme religion.﴿ *[Coran, 5: 3]*

Mieux encore: elle doit se sentir pleine de bonheur, de satisfaction, de quiétude et de fierté, car l'Islam a accordé à la mère un statut bien supérieur à celui du père. On rapporte à ce propos qu'un homme vint voir le Prophète (ﷺ) et lui demanda: lequel parmi les gens mérite le plus ma bonne compagnie?

- *«Ta mère, lui répondit le Prophète.»*
- Et qui ensuite?
- *«Ta mère.»*
- Ensuite?
- *«Ta mère.»*
- Ensuite?
- *«Ton père, finit par dire le Prophète.»*[1]

De par la nature de sa formation physique, la femme est biologiquement disposée à porter le fœtus puis à allaiter le nourrisson et à veiller sur lui. Or tout cela représente une lourde et pénible tâche dont l'importance est soulignée par le Saint Coran. Allah dit:

> ﴾Nous avons recommandé à l'Homme ses parents; sa mère l'a porté *[subissant pour lui]* peine sur peine *[alors]* que son sevrage a lieu pendant les deux ans. Sois reconnaissant envers Moi ainsi qu'envers tes parents. Vers Moi est la destination.﴿ *[Coran, 31: 14]*

En contrepartie, l'homme doit prendre en charge sa famille et lui assurer subsistance et dépenses. Cependant, et en dépit des efforts qu'il effectue dans ce sens, l'homme restera en deçà du statut que

---

[1] *Ḥadîth* rapporté par Bukhari et Muslim. Cf. al-Baghawî, *Sharḥ as-sunna*, vol. XII, p. 4.

l'Islam a accordé à la mère. Ce statut est cautionné par le *Ḥadîth* précédent, dans lequel le Prophète (ﷺ) répondait à l'homme qui l'interrogeait sur la personne qui méritait le plus sa bonne compagnie.

De même que l'Islam a distingué la femme en lui attribuant un statut supérieur à celui de l'homme, grâce à sa maternité, il a honoré son statut en lui conservant son nom de famille après le mariage. Dans les sociétés occidentales, la femme perd son patronyme une fois mariée et devient ainsi assimilée à la famille de l'époux. On l'appellera Madame unetelle, et son nom disparaîtra des fiches d'état civil et de sa pièce d'identité. Contrairement à cette situation, la femme musulmane garde son nom de famille après le mariage et ne l'abandonne pas pour l'identité et le lignage de son conjoint. Grâce à cette mesure, l'Islam a préservé à la femme l'indépendance de sa personnalité après le mariage. Certes, il lui a, à travers plusieurs Textes, recommandé obéissance, estime et bienveillance envers son époux; mais sans pour autant la dénuer de sa propre personnalité ou vouloir la dissoudre dans celle du mari.

Pour mieux comprendre le statut prestigieux que l'Islam a octroyé à la femme, il faut savoir qu'en plus des droits multiples dont nous n'avons cité qu'une partie, il lui a confirmé son indépendance financière, en lui accordant le plein droit de disposer librement de ses biens, sans la charger des dépenses familiales. C'est là une mesure qui indique clairement que l'Islam aspire en premier lieu à rendre la femme indépendante, libre, respectable, éveillée et capable d'accomplir pleinement sa mission dans ce bas monde.

26. Sa loyauté est exclusivement vouée à Allah

Parmi les conséquences de la fierté qu'éprouve toute musulmane en raison de sa personnalité islamique: sa loyauté vouée exclusivement à Allah et à personne d'autre, fût-il son époux ou son père, qui sont pourtant les plus proches d'elle parmi les gens. Le paroxysme de cette loyauté se manifeste dans le parcours de la Mère des croyants, Umm Ḥabîba Ramla bint Abî Sufyân.

Umm Ḥabîba est la fille d'Abû Sufyân, cet homme qui était le chef des Mecquois et le commandant des polythéistes. Elle était mariée à 'Ubayd Allah ibn Jaḥsh al-Assadî, cousin maternel du Messager d'Allah (ﷺ) et frère de Zaynab la Mère des croyants. 'Ubayd Allah et Ramla se convertirent à l'Islam, alors qu'Abû Sufyân s'obstinait à suivre la voie de la mécréance. Ensuite, elle émigra vers l'Abyssinie en compagnie des premiers croyants, laissant ainsi son père en proie à la colère et la frustration de voir sa fille se convertir à la religion qu'il combattait et partir loin de son autorité.

Durant son exil, la vie ne fut pas facile pour cette femme qui endura l'émigration pour conserver sa religion. Son mari 'Ubayd Allah abjura l'Islam pour se convertir à la religion des Abyssiniens, le christianisme, et tenta même de la forcer à abandonner sa religion. Cet acte d'apostasie de la part de son époux l'affligea profondément. Cependant, elle refusa de suivre sa voie et, armée d'endurance, elle demeurait attachée à sa religion. Avant ce contretemps, elle avait eu une fille qu'elle avait nommée Ḥabîba. D'où son surnom *Umm Ḥabîba*. Après l'apostasie de son mari, elle s'enferma chez elle et s'isola des gens. Les soucis et la tristesse faillirent mettre fin à ses jours. Etrangère, vivant loin de son pays et n'ayant que sa fille pour lui tenir compagnie, Umm Ḥabîba devait endurer les malheurs et les afflictions qui s'étaient accordés à se succéder sur sa destinée. Son mari, le père de sa fille, s'était converti au christianisme, et son père demeurait polythéiste et déclarait une guerre sans merci au Prophète et à la religion auxquels elle croyait. Elle était envahie par la tristesse, le désarroi et l'inquiétude. Elle n'en fut sauvée que grâce à l'attention particulière qu'accordait le Messager d'Allah aux Emigrés parmi ses compagnons.

En effet, ayant pris connaissance de sa situation, le Prophète (ﷺ) envoya un émissaire au Négus d'Abyssinie lui demandant de le marier avec l'une des croyantes émigrées dans son pays. Ce qui fut fait, et Umm Ḥabîba, la fille d'Abû Sufyân, devint la Mère des croyants.

Des années s'écoulèrent, et la conquête de la Mecque fut plus que probable. Les Qurayshites, qui avaient rompu la trêve d'al-Ḥudaybiya, se rendirent compte qu'ils allaient s'exposer à un grand danger, car il savaient très bien que Mohammed (ﷺ) n'allait pas admettre cette injustice et n'allait pas rester indifférent à cette trahison traduite par la violation de la trêve. Après s'être consultés, ils décidèrent d'envoyer un émissaire à Médine pour renouveler et prolonger la trêve. Cet émissaire fut Abû Sufyân ibn Ḥarb, le père d'Umm Ḥabîba.

Arrivé à Médine, Abû Sufyân ressentit une crainte révérencielle d'aller à la rencontre du Prophète (ﷺ). Là, il se souvint que l'une de ses filles était l'épouse du Prophète. Il alla alors discrètement la voir pour lui demander de l'aider dans sa mission.

Quand Umm Ḥabîba le vit entrer chez elle, elle fut surprise. Elle ne l'avait pas vu depuis son émigration en Abyssinie. Elle fut totalement étonnée et perplexe; elle ne savait ni comment se comporter ni que dire. S'étant rendu compte de cette attitude due à sa subite apparition chez elle, il se permit de s'asseoir sur l'un des tapis de sa maison. Mais avant même qu'il le fasse, elle se précipita vers le tapis et l'enroula pour qu'il n'en fasse pas usage!

Il lui dit alors: ô ma fille, est-ce par égard à ma personne que tu as retiré le tapis, ou est-ce par égard au tapis même? Elle lui répondit: c'est plutôt parce qu'il appartient au Messager d'Allah (ﷺ); et comme tu es mécréant, je n'ai pas voulu que tu t'assoies dessus!

A travers cette réaction, Ramla bint Abî Sufyân confirme la sincérité de sa loyauté envers Allah. Elle n'a jamais manifesté la moindre peine pour s'être séparée d'un mari devenu sans valeur, puisqu'il a abandonné sa religion pour les biens de ce monde. Elle a supporté et a enduré les douleurs de l'exil, alors qu'elle avait tant besoin d'un époux pour lui tenir compagnie, la protéger et prendre soin d'elle et de son enfant. En compensation, Allah, le Bienfaiteur et le Tout-Donateur, lui a accordé un statut auquel toute femme de cette époque aspirait; Il a fait d'elle l'une des épouses du Messager d'Allah (ﷺ) et l'a élevée au rang des Mères des croyants.

C'est dans cette perspective qu'il faut comprendre son comportement vis-à-vis de son père. Malgré la visite surprise qu'il a effectuée chez elle après une si longue absence, elle n'a pas oublié la loyauté qu'elle devait à Allah et à son Messager (ﷺ). En retirant le tapis du Prophète à son père, elle lui signifiait par ce geste qu'il était mécréant et qu'il n'avait pas le droit de le souiller en s'asseyant dessus. C'est ainsi que doit agir toute musulmane fière de sa religion et de sa foi; devant la loyauté à l'égard d'Allah et à son Messager, son âme emplie de foi ne manifeste aucune concession aux liens du sang.

A travers les âges, la fierté de la femme croyante de son engagement dans la voie de la foi lui a fourni force, détermination et résistance devant toutes sortes de tentation et d'intimidation. C'est cet esprit-là qui la protège, en tous temps, de tomber dans la mécréance ou de céder devant l'oppression, quelles que soient sa puissance et sa tyrannie. C'est cet esprit-là aussi qui fait que la lumière de la foi ne s'éteigne jamais dans l'âme de toute croyante. Tel fut le cas de l'épouse de Pharaon. Cette femme s'attacha à sa foi, défiant ainsi son entourage plein de délices et de tentations, et ne se préoccupant guère des douloureux supplices que lui infligeait son mari. Elle ne cessait de répéter:

> ﴾Seigneur, construis-moi auprès de Toi une maison au Paradis, et sauve-moi de Pharaon et de son œuvre. Sauve-moi des gens injustes.﴿ *[Coran, 66: 11]*

Satisfaire Allah doit surpasser tout désir, et faire prévaloir Son Message doit être l'objectif visé en priorité, car sa Loi est celle qui guide le mieux l'être humain vers le bien. Une musulmane consciencieuse ne doit donc pas faire abstraction de ces vérités, puisque c'est grâce à elles qu'elle parvient à être de plus en plus fière de sa personnalité et attachée avec loyauté à sa religion qui n'a pas d'égale.

27. Elle commande le Bien et interdit le Mal

Lisons ce verset révélé près de quinze siècles:

﴾Les croyants et les croyantes sont alliés les uns des autres. Ils commandent le Bien, interdisent le Mal, accomplissent la Prière, s'acquittent de l'Aumône *[prescrite]* et obéissent à Allah et à Son Messager. Voilà ceux auxquels Allah fera miséricorde, car Allah est Tout-Puissant et Très-Sage.﴿ *[Coran, 9: 71]*

Quand une musulmane consciente des préceptes de sa religion récite ce verset, elle y découvrira nécessairement le sommet de l'organisation sociale et un niveau jamais atteint par la femme appartenant aux nations non musulmanes. A travers ce verset, l'Islam reconnaît à la femme son humanité, sa dignité, sa capacité juridique et son indépendance. L'Islam ne pratique aucune discrimination entre la femme et l'homme en ce qui concerne le droit de propriété, d'achat, de vente ou de conclure un mariage. Or ces droits ont été complètement ignorés par les autres nations qui, en outre, considéraient la femme comme assujettie à l'homme et dépendante de sa tutelle.

Le verset cité attribue à la femme le statut de protection mutuelle entre elle et l'homme, l'associe à lui dans l'obligation de commander le Bien et d'interdire le Mal, comme il lui confère, à égalité avec l'homme, la responsabilité de peupler la terre et d'y adorer Allah. Ainsi, en préservant la femme de la dépendance absolue vis-à-vis de l'homme et de sa tutelle qui lui donnait souvent le droit de décider de sa vie et de sa mort, l'Islam lui accorde le statut d'un être respectable et égal à l'homme. Puis, en lui confiant la mission de commander le Bien et interdire le Mal, il lui permet d'accéder à un statut de prestige; car c'est la première fois dans l'Histoire qu'une législation lui permet de commander, elle qui était toujours commandée. Ensuite, dans le dernier passage du verset, l'égalité des deux sexes par rapport à l'accomplissement des actes d'adoration et le mérite de la miséricorde d'Allah est clairement déclarée. Sur ce sujet, les Textes du Coran et de la Sunna sont d'ailleurs multiples et convergents.

Grâce à ce niveau élevé d'éducation qui contribua à modeler la personnalité de la femme musulmane, notre Histoire nous a fourni plein d'exemples d'éminentes femmes dont les propos, les actes ou les attitudes sont devenus éternels; des femmes qui, de par leur sentiment de responsabilité devant Allah (à Lui la puissance et la majesté), n'hésitaient pas à déclarer la vérité, sans se préoccuper d'une quelconque désapprobation.

Parmi les femmes qui illustrent la force de caractère de la femme musulmane, ainsi que sa maturité et sa liberté d'exprimer son opinion, nous citerons l'exemple d'une femme qui eut le courage de s'opposer au Calife de son temps, 'Umar ibn al-Khaṭṭâb. Un jour, 'Umar prononça un prêche où il interdit aux gens l'excès concernant les valeurs des dots de mariage et les appela à ne pas dépasser une somme bien déterminée. Une femme qui était présente se leva alors et lui dit: 'Umar, tu n'as pas le droit de le faire. — Mais pourquoi? lui demanda-t-il. Elle répondit: parce qu'Allah a dit:

> ﴾Si vous voulez substituer une épouse à une autre, et que vous ayez donné à l'une un quintal *[d'or]*, n'en prenez rien. Quoi! le reprendriez-vous par injustice et péché manifeste?﴿ *[Coran, 4: 20]*

Suite à quoi, 'Umar (qu'Allah l'agrée) dit avec étonnement: une femme a eu raison, alors qu'un homme a eu tort.[1]

Le Commandeur des croyants, 'Umar ibn al-Khaṭṭâb, a attentivement écouté cette femme, puis quand il s'est rendu compte de la véracité de ses propos, il l'a avoué et a même déclaré qu'il avait mal jugé de la question. Ainsi, la musulmane s'inscrit dans l'Histoire

---

[1] Cf. Ibn Ḥajar, *Fat'h ak-bârî*, chapitre consacré au mariage; 'Alî aṭ-Ṭanṭâwî, *Akhbâr 'umar*, p. 393.

comme étant parmi les premières personnes à avoir osé critiquer un chef d'Etat. Et quel chef d'Etat! Il s'agissait d'un Calife Bien Guidé. L'un des gouvernants les plus puissants et les plus redoutés en son temps. Celui qui vainquit les Perses et les Byzantins! Cette femme n'aurait jamais l'audace nécessaire pour le critiquer ou s'opposer à ses décisions, n'était sa compréhension profonde de sa religion qui lui accordait le droit d'exprimer son opinion, de commander le Bien et d'interdire le Mal.

28. Elle récite fréquemment le Coran

Pour que la femme musulmane puisse atteindre ce stade prééminent qui se caractérise par l'obéissance à Allah, la vertu, la piété et l'esprit consciencieux, il lui est nécessaire de réciter le Coran au quotidien. Elle doit chaque jour réciter un nombre déterminé de versets, qu'elle tâchera de comprendre profondément. Ainsi, en méditant régulièrement le Coran, elle s'imprègnera de son contenu; son âme sera emplie de lumière rayonnante, et son esprit sera guidé vers le droit chemin.

Pour qu'elle s'adonne assidûment à la récitation et à la méditation du Coran, autant que possible, il lui suffit de lire les *Ḥadîth*s suivants qui mettent en évidence le mérite de celui qui observe une telle pratique.

Le Messager d'Allah (ﷺ) a dit:

- *«Le croyant qui récite le Coran est comparable au cédrat; son odeur et sa saveur sont bons. Le croyant qui ne récite pas le Coran est comparable à la datte; elle n'a aucune odeur, mais sa saveur est bonne. L'hypocrite qui récite le Coran est comparable au basilic; il a une bonne odeur, mais sa saveur est amère. L'hypocrite qui ne récite pas le Coran est comparable à la coloquinte; elle n'a aucune odeur, et sa saveur est amère.»*

- *«Récitez* [fréquemment] *le Coran car, au Jour de la Résurrection, il se présentera en tant qu'intercesseur en faveur de ceux qui le récitaient.»*

- «Celui qui récite parfaitement le Coran sera parmi les nobles et purs Anges-Ambassadeurs (As-safara). Celui qui le récite difficilement sera doublement récompensé.»

Après la lecture attentive de ces *Ḥadîths*, il devient évident qu'une musulmane pieuse et consciencieuse n'hésitera pas à réciter assidûment le Coran, quelles que soient ses tâches ménagères ou ses obligations familiales. Elle s'adonnera pleinement à la lecture et à la méditation du Coran, car elle connaît la valeur de cette pratique et l'immense récompense qu'Allah a préparée à ceux et celles qui l'observent.

Avant de clore ce chapitre, rappelons que le comportement que la femme musulmane doit observer envers son Seigneur consiste à: avoir une foi profonde en Lui, se soumettre à ce qu'Il lui a prédestiné, s'adonner sincèrement à son adoration, en œuvrant à Lui vouer obéissance en ce qu'Il a ordonné et s'écarter de ce qu'Il a interdit, à vivre le sens profond de l'adoration qu'elle Lui doit, à s'activer constamment à soutenir Sa religion et faire prévaloir Son Message, à manifester la fierté de sa personnalité musulmane inspirée par la pureté et la force de foi, et à comprendre, enfin, de façon parfaite le but pour lequel l'être humain existe dans ce bas monde, but déterminé par le verset qui dit:

﴾Je n'ai créé les djinns et les humains que pour qu'ils M'adorent.﴿ *[Coran, 51: 56]*

CHAPITRE DEUX

SON COMPORTEMENT VIS-À-VIS D'ELLE-MÊME

L'Islam recommande aux musulmans de se distinguer par l'excellence de leurs habits, de leur attitude, de leur conduite et de leurs actes, afin d'être des exemples à suivre, dignes de transmettre aux gens son Message noble. D'après l'éminent compagnon Ibn al-Ḥanḍḥaliyya, le Prophète (ﷺ) a dit à quelques uns de ses Compagnons qui partaient en voyage pour rendre visite à leurs frères de foi:

«Vous allez rendre visite à vos frères; entretenez donc les selles de vos montures, et tâchez de bien vous habiller, de sorte que votre apparence parmi les gens soit aussi distinguée qu'un grain de beauté, car Allah n'aime pas l'indécence et n'aime pas qu'on l'adopte intentionnellement.»[1]

Dans ce *Ḥadîth*, Le Messager d'Allah range l'allure méprisable et la tenue ou les effets personnels négligés parmi les formes d'indécence que l'Islam réprouve et interdit.

La recommandation de prendre soin de son apparence est certes adressée à l'ensemble des musulmans. Cependant, la femme en est encore plus concernée, car cela se répercutera non seulement sur sa propre personne, mais aussi sur son foyer ainsi que le quotidien de son mari et de ses enfants. Elle ne doit donc pas se négliger, même quand elle est débordée par ses occupations ménagères ou ses responsabilités de mère de famille. Elle doit plutôt veiller à ce que sa tenue soit présentable et propre, sans excès ni exagération. Un tel comportement de sa part indique en effet son raffinement et la

[1] Cf. Abû Dâwûd, *as-Sunan*, vol. IV, p. 83.

conception exacte qu'elle a de son rôle dans la vie. Il indique aussi qu'elle a bien assimilé que chez une musulmane consciencieuse et équilibrée, l'apparence est indissociable de l'esprit, car la beauté, la propreté et la décence de l'apparence sont dignes d'une essence noble.

La musulmane habile et intelligente est celle qui réussit à entretenir de façon équilibrée son corps, son esprit et son âme. Elle répond aux besoins de chacune de ces parties, et évite toute attention exagérée pour l'une au détriment des deux autres. En adoptant cette conduite, elle ne fait que se conformer aux principes de l'Islam qui recommandent la pondération.

Cependant, la question qui se pose est de savoir comment parvenir à maintenir l'équilibre recommandé entre son corps, son esprit et son âme? Les paragraphes suivants seront consacrés à une réponse adéquate.

I.- SON CORPS

1. Elle est modérée dans son boire et son manger

La musulmane tient constamment à ce que son corps soit sain, solide et énergique, loin de l'obésité et du ramollissement des muscles. Pour atteindre cet objectif, elle s'abstient de manger avec avidité ou intempérance, et doit se contenter de consommer ce qui lui permet de conserver la santé, l'énergie et l'aptitude physique de son corps.

En suivant ce régime, elle applique les directives de l'Islam qui recommandent la modération en matière de nourriture et de boisson. Allah (exalté soit-Il) dit:

> ﴾*(...)* Et mangez et buvez, mais n'outrepassez pas *[les justes limites]*; car Il *[Allah]* n'aime pas ceux qui *[les]* outrepassent.﴿ *[Coran, 7: 31]*

Le Messager d'Allah (ﷺ) a dit: *«Le pire récipient que l'homme puisse remplir est son estomac. Si toutefois, il éprouve le besoin de le faire, qu'il consacre un tiers pour la nourriture, un tiers pour l'eau et un tiers pour sa respiration.»*[1]

On rapporte aussi à ce même sujet que 'Umar ibn al-Khaṭṭâb (qu'Allah l'agrée) a dit: «Gardez-vous de remplir le ventre en mangeant ou en buvant! Cela corrompt le corps, cause les maladies et entraîne la paresse quant à l'accomplissement de la Prière. Tâchez plutôt de manger et de boire avec modération; cela est bénéfique pour le corps et loin de l'excès. Certes, Allah n'aime pas trop l'obèse ventru, car l'homme ne sombre dans la perdition que lorsqu'il s'occupe de ses concupiscences au détriment de sa religion».[2]

Il est évident qu'une musulmane s'abstienne de consommer tout produit narcotique illicite. Mais pour mieux entretenir sa bonne santé, elle évite même l'accoutumance aux excitants. Elle évite aussi un bon nombre de mauvaises habitudes propres aux sociétés non musulmanes et qui ont, hélas, envahi notre société, et dont notamment les veillées insignifiantes que certains occupent par la distraction et le passe-temps. Elle s'endort tôt, pour se lever tôt et entreprendre ses activités quotidiennes. En s'astreignant à ce régime sain et naturel, elle se sentira toujours dotée d'énergie, de force et de vivacité. Elle accomplira ses obligations et ses tâches ménagères avec spontanéité et efficacité, car aucune mauvaise habitude n'aura exténué ses forces ou diminué son énergie. Elle sait que le Prophète (ﷺ) a indiqué qu'un croyant fort est meilleur et plus aimé par Allah qu'un croyant faible; d'où sa persévérance à suivre un mode de vie salubre.

---

[1] *Ḥadîth* rapporté par at-Tirmidhî (*al-Jâmi' aṣ-ṣaḥîḥ*, vol. IV, p. 18) et Aḥmed (*al-Musnad*, vol. IV, p. 132).

[2] Cf. al-Hindî, *Kanz al-'ummâl*, vol. XV, p. 433. Voir aussi sur ce sujet l'excellent article du docteur Mohammed Nâẓim Nassîmî dans *Ḥaḍârat al-islâm*, nº 5-6, de la 15ème année.

2. Elle pratique le sport

La femme musulmane avisée sait très bien que l'Islam recommande à tout musulman de préserver son énergie corporelle, sa forme physique et sa bonne santé. Par conséquent, elle ne doit pas se contenter d'appliquer le régime diététique que nous avons évoqué plus haut. Elle doit lui ajouter la pratique d'exercices physiques, appropriés à son corps, son âge, son poids et son milieu social, qu'elle observera assidûment et régulièrement. Ces entraînements sportifs permettront à son corps d'être raffiné, élégant et beau, comme ils contribueront à sa bonne santé et à son immunité contre malaise et maladies. Qu'elle soit jeune fille, mariée, mère de famille ou âgée, il lui est recommandé de pratiquer une activité sportive, car cela la dote de la force physique nécessaire lui permettant d'assumer ses responsabilités quotidiennes et d'accomplir sa mission dans la vie.

3. Elle est propre de corps et d'habits

La musulmane consciencieuse imprégnée des enseignements de sa religion manifeste une attention particulière à la propreté de son corps et de ses habits. Elle se baigne régulièrement à des intervalles rapprochés, conformément aux orientations du Prophète (ﷺ) qui incitent les croyants à se laver le corps et à se parfumer, notamment le vendredi. Parmi ses propos dans ce sens:

- *«Le jour du vendredi, même si vous n'êtes pas en état d'impureté légale, faites vos ablutions majeures. Tâchez de bien vous laver la tête, et employez quelque parfum.»*[1]

- *«Quand une personne, homme ou femme, viendra* [à la mosquée pour assister] *à la Prière du vendredi, qu'il fasse ses ablutions majeures* [avant de venir]*.»*[2]

---

[1] Cf. *Fat'h Al-Bâri*, vol. II, p. 370.

[2] *Ḥadîth* rapporté par al-Ḥâkim, Ibn Khuzayma et Abû 'Awâna, d'après 'Abd Allah ibn 'Umar. Cf. *Fat'h Al-Bâri*, vol. II, p. 356.

Certaines Traditions mettent tellement l'accent sur la nécessité de se laver le corps pour la Prière du vendredi que certains imâms[1] ont opté pour l'aspect obligatoire de l'ablution majeure ce jour-là. La Tradition qui conforte le plus leur avis est la suivante:

D'après Abû Hurayra (qu'Allah l'agrée), le Prophète (ﷺ) a dit: *«Il est du devoir de tout musulman de se laver le corps un jour sur sept;* [ce jour-là,] *il se lavera la tête et le corps».*[2]

La propreté est une qualité intrinsèque de l'être humain, et de la femme en particulier. Elle fait de la femme une personne équilibrée, intelligente et aimable. Elle ne la rapproche pas seulement de son époux, mais aussi de toutes ses connaissances parmi les femmes ainsi que ses proches parents.

L'Imâm Aḥmed ibn Ḥanbal, Abû Dâwûd et an-Nassâ'î rapportent que Jâbir ibn 'Abd Allah (qu'Allah l'agrée) a dit: s'étant déplacé pour nous rendre visite, le Messager d'Allah (ﷺ) constata qu'un homme portait des vêtements sales. Il nous dit alors: *«Celui-là n'a-t-il pas trouvé de quoi laver ses habits!»*[3]

Ce *Ḥadîth* indique que le Prophète réprouvait qu'un croyant apparaisse devant les gens avec des vêtements sales, du moment où il pouvait les nettoyer. Cette réprobation de sa part représente une incitation implicite au musulman de porter en permanence des habits propres, présentables et agréables.

Les orientations du Prophète (ﷺ) adressées à cet homme, et donc à tout homme, concernent, a fortiori, la femme; car c'est elle qui est censée être, en premier lieu, la plus propre, puisque c'est d'elle que doit émaner la joie, la gaieté et la quiétude au sein du foyer familial. Il est en effet évident que le souci d'être propre chez la femme se reflète

---

[1] C'est-à-dire des fondateurs d'Ecoles de jurisprudence.

[2] *Ḥadîth* rapporté par Bukhari et Muslim. Cf. al-Baghawî, *Sharḥ as-sunna*, vol. II, p. 166.

[3] *Ḥadîth* jugé authentique.

positivement sur son foyer, son époux et ses enfants. Grâce à ce sentiment et à ses implications pratiques, tout son entourage proche s'attachera à l'hygiène et s'évertuera à mettre de l'ordre dans ses affaires.

A ce sujet, il est à noter que des chercheurs appartenant à des époques et des horizons divers se sont intéressés au fait que les recommandations du Prophète incitant à la propreté datent près de quinze siècles, à une époque où l'Humanité ne connaissait ni les bains ni la nécessité de se baigner. Mieux, dix siècles après l'époque du Prophète, le monde non musulman n'avait pas encore réussi à connaître le niveau supérieur de propreté atteint par les musulmans.

Dans son ouvrage intitulé *De l'esclavage à la souveraineté*[1], la chercheuse universitaire turque, Sâmiḥa 'Ây Wirdi dit: «Nous n'avons pas besoin de remonter le temps jusqu'à l'époque des Croisades pour savoir ce que fut le degré de civilisation atteint par les Européens. Il nous suffit de revenir quelques centaines d'années seulement en arrière, à l'époque de l'empire Ottoman, pour comparer les deux civilisations, européenne et ottomane.

En 1624, à l'occasion d'une réception qu'il organisa, le prince de Brandebourg envoya aux princes et aux nobles de sa région une carte d'invitation dans laquelle il écrivit: nos invités sont priés de s'abstenir de mettre leurs avant-bras sur les assiettes, de jeter la nourriture derrière eux, de se lécher les doigts, de cracher dans les assiettes ou de se servir des bordures des nappes pour se moucher le nez.!

Ces expressions, ajoute l'auteur, indiquent clairement le manque de civisme, de culture et de bienséance chez les Européens de cette période. A cette même époque, mais dans une autre région de l'Europe, la situation n'était guère différente de celle que nous venons d'évoquer. Dans le palais du roi d'Angleterre, Jacques 1er,

[1] Ed. Damla, 1989, pp. 28 et suiv.

des odeurs répugnantes se dégageaient du roi même, de ses princes et princesses, à travers leurs luxueux costumes de velours et de dentelles françaises. Cela se passait en Europe, alors qu'à Istanbul, la capitale de l'empire ottoman, il est bien connu qu'on obligeait les ambassadeurs européens à prendre un bain avant d'être reçus par le sultan. En 1730, à l'époque d'Aḥmed III, alors que l'affaiblissement militaire et politique avait déjà touché l'empire ottoman, l'épouse de l'ambassadeur anglais à Istanbul, lady Montagu, nota dans ses correspondances le niveau de propreté atteint par les musulmans, leurs bonnes manières et leur haute moralité. Parmi les souvenirs qu'elle raconte dans ces correspondances, qui furent d'ailleurs publiées ultérieurement, l'anecdote suivante est révélatrice. Elle dit: la princesse Ḥafîdha m'a fait cadeau d'une serviette brodée à la main, tellement belle que je n'ai même pas osé en faire usage pour m'essuyer la bouche!

Dans le passé, ce qui troublait le plus les Européens c'était de constater que les musulmans se lavaient les mains avant de se mettre à table et après les repas. Pour avoir une idée claire sur la propreté chez les Européens, il suffit de citer le témoignage de la célèbre infirmière anglaise Florence Nightingale à propos des hôpitaux de son pays vers le milieu du XIXe siècle. Dans son rapport, elle mentionne que les hôpitaux étaient négligés au point de devenir des lieux de décharges publiques et de débauche morale. Elle témoigne aussi que les pavillons de ces hôpitaux étaient bondés de centaines de malades tellement abandonnés qu'ils étaient contraints de faire leurs besoins naturels sur leurs lits.»

En lisant ces passages, on se rend compte du grand décalage entre une civilisation universelle instituée par Allah, et d'autres civilisations instaurées par de simples mortels qui sont, par définition, limités sur tous les plans.

4. *Elle prend soin de sa bouche et de ses dents*

Une musulmane avisée prend toujours soin de sa bouche en faisant usage de tout ce qui la protège et lui évite ainsi de dégager des odeurs désagréables. Après chaque repas, elle nettoie ses dents avec une brosse et une pâte dentifrice. Au moins une fois par an, et même quand elle ne souffre pas de douleurs dentaires, elle se rend chez le dentiste pour examiner ses dents et lui prescrire ce qui contribue à leur hygiène, leur propreté et leur beauté. Si c'est nécessaire, elle doit consulter un médecin ORL pour conserver une haleine fraîche et agréable. Cette démarche lui convient le mieux, puisqu'elle contribuera à sa beauté et à son bien-être.

Un bon nombre de Traditions authentiques, rapportées par plusieurs Compagnons, indique que 'Â'isha (qu'Allah l'agrée) prêtait une attention particulière à ses dents et les entretenait régulièrement en utilisant le cure-dents.

Dans son *Sahîh,* Bukhari rapporte, d'après Mujâhid, que 'Urwa ibn az-Zubayr (qu'Allah l'agrée) a dit: «*(...)* Nous entendîmes le bruit que faisait 'Â'isha, la Mère des croyants, en se brossant les dents dans la chambre voisine...»[1]

Dans une autre version du même *Ḥadîth*, Muslim rapporte, d'après 'Aṭâ', que 'Urwa (qu'Allah l'agrée) a dit: «*(...)* Nous entendions le bruit qu'elle produisait en se brossant les dents avec un cure-dents».[2]

On rapporte aussi que 'Â'isha (qu'Allah l'agrée) a dit: *«De jour comme de nuit, jamais le Messager d'Allah (ﷺ) ne se réveillait de son sommeil sans se curer les dents avant de faire ses ablutions mineures».*[3]

---

[1] Passage d'un long *ḥadîth* rapporté par Bukhari. Cf. *Fat'h Al-Bâri*, vol. III, p. 599.

[2] Cf. *Sharḥ ṣaḥîḥ muslim*, vol. VIII, p. 236.

[3] *Ḥadîth* rapporté par Aḥmed (*al-Musnad*, vol. VI, p. 160) et Abû Dâwûd (*as-Sunan,* vol. I, p. 46). Il est jugé «apprécié» (*ḥassan*).

On rapporte aussi qu'on demanda à 'Â'isha ce que le Messager d'Allah (ﷺ) faisait en premier quand il entrait chez lui, et elle répondit: *«Il commençait par se brosser les dents.»*[1]

Le Messager d'Allah (ﷺ) était tellement attaché à l'hygiène et à la propreté de la bouche qu'il a déclaré: *«Si ce n'est* [le souci de ne pas] *imposer ce qui serait pénible à ma communauté, je lui aurai commandé de se curer les dents lors de chaque Prière».*[2]

Cependant, il est vraiment étonnant que certaines musulmanes négligent les recommandations relatives à ce domaine, alors que non seulement elles sont indispensables pour toute femme, mais elles sont aussi l'une des parties constituantes de l'essence même de l'Islam. En raison de sa féminité, qui implique beauté, raffinement et élégance, la propreté est plus qu'indispensable pour la femme. La propreté est au cœur même de l'Islam, parce que le Messager d'Allah (ﷺ) l'a vivement recommandée à maintes occasions. Les Traditions à ce sujet sont multiples et authentiques, notamment la Tradition suivante qui déconseille au croyant, avant de se rendre à la mosquée, de consommer tout aliment dont l'odeur est désagréable. Le Prophète (ﷺ) a dit: *«Que celui qui aura mangé de l'oignon, de l'ail ou du poireau ne s'approche pas de notre mosquée, car ce qui répugne les humains répugne également les Anges».*[3]

Dans ce *Ḥadîth*, le Messager d'Allah (ﷺ) interdit à toute personne ayant mangé certains légumes dont l'odeur est répugnante de s'approcher de la mosquée, pour éviter que son haleine ne nuise aux Anges comme aux humains. Ma foi, cette odeur est largement moins répugnante et moins nuisible que celle qui se dégage des chaussettes, des bouches infectes, des vêtements ou des corps sales de certains croyants insouciants qui négligent leur hygiène.

---

[1] Cf. *Sharḥ ṣaḥîḥ muslim*, vol. III, p. 143.

[2] Cf. *Fat'h Al-Bâri,* vol. II, p. 374.

[3] Cf. *Sharḥ ṣaḥîḥ muslim*, vol. V, p. 50.

5. *Elle prend soin de ses cheveux*

Le Messager d'Allah (ﷺ) recommande aux croyants d'entretenir leurs cheveux et de veiller à ce qu'ils demeurent beaux, conformément aux enseignements de l'Islam. D'après Abû Hurayra (qu'Allah l'agrée), le Prophète (ﷺ) a dit: *«Celui qui a une chevelure, qu'il en prenne soin.»*[1]

Conformément aux règles du savoir-vivre islamiques, prendre soin de ses cheveux signifie qu'on doit les nettoyer, les peigner, les parfumer et les coiffer de façon correcte.

Le Prophète réprouvait qu'un croyant néglige ses cheveux en les laissant ébouriffés, de sorte que son apparence devienne semblable à celle d'un monstre déchaîné. Dans l'un de ses *Ḥadîth*s, il compare même ce genre d'individus au diable. L'Imâm Mâlik rapporte que 'Aṭâ' ibn Yassâr a dit: *«Le Messager d'Allah* (ﷺ) *était dans la mosquée quand entra un homme dont la chevelure et la barbe étaient ébouriffées. Le Messager d'Allah (ﷺ) lui fit alors signe de la main, comme pour lui signifier qu'il devait arranger sa chevelure et sa barbe*. L'homme [sortit], s'exécuta puis revint *[à la mosquée]*. Et là, le Prophète (ﷺ) lui dit: *n'est-ce pas ainsi mieux que de venir les cheveux ébouriffés comme un diable!»*[2]

La comparaison que le Prophète a établie entre le diable et la personne aux cheveux mal arrangés indique clairement l'importance que l'Islam accorde à la belle apparence et sa condamnation de toute allure laide et indécente. En effet, le Messager d'Allah (ﷺ) attirait en permanence l'attention des croyants sur la nécessité d'avoir une apparence belle et décente. Il ne voyait pas un individu mal peigné ou portant des habits sales sans le rappeler à l'ordre et lui reprocher sa négligence. L'Imâm Aḥmed et an-Nassâ'î rapportent que Jâbir ibn 'Abd Allah (qu'Allah l'agrée) a dit: *«S'étant déplacé pour nous*

---

[1] *Ḥadîth* rapporté par Abû Dâwûd. Cf. *as-Sunan*, vol. IV, p. 107.

[2] Cf. *al-Muwaṭṭa'*, vol. II, p. 949.

rendre visite, le Messager d'Allah (ﷺ) remarqua un homme aux cheveux poussiéreux et ébouriffés. Il dit alors: celui-là n'a-t-il pas trouvé de quoi arranger ses cheveux!»[1]

Si tels étaient les enseignements du Prophète aux hommes concernant cette question, que dire alors des femmes! Comme nous l'avons précisé plus haut, ces enseignements concernent, a fortiori, la femme. Car c'est elle qui est censée être la source de beauté, de joie, de gaieté et de quiétude au sein du foyer familial. En outre, il n'échappe pas à une musulmane intelligente qu'une belle chevelure représente un atout esthétique qu'elle doit entretenir pour mieux plaire à son époux.

6. Elle a une belle apparence

Il n'y a rien d'étonnant à ce que la femme musulmane prenne soin de sa tenue et se montre élégante, sans exhibitionnisme toutefois ni excès. Bien au contraire, elle doit prêter attention à ce côté et ne pas le négliger. Ainsi, elle sera toujours agréable et sympathique aux yeux de son époux, des enfants, des proches parents *maḥram*s ainsi que de l'ensemble des musulmanes. Avant d'aller à la rencontre des gens, elle examine sa tenue, arrange son apparence et évite de paraître devant eux dans une tenue négligée ou délabrée. En adoptant ce comportement, elle ne fait que se conformer aux enseignements de l'Islam qui recommandent aux croyants d'avoir une belle apparence, dans le cadre de ce qui est licite.

Dans l'exégèse qu'il consacre au verset qui dit: ﴿Dis: qui a donc interdit la parure d'Allah, qu'Il a produite à Ses serviteurs, ainsi que les bonnes attributions?﴾ *[Coran, 7: 32]*, al-Qurṭubî rapporte le récit suivant: d'après Mak'ḥûl, 'Â'isha (qu'Allah l'agrée) a dit: *«Alors qu'un groupe de compagnons du Messager d'Allah (ﷺ) l'attendait devant la porte, et avant de sortir les voir, il se mit à arranger sa*

[1] Cf. Aḥmed ibn Ḥanbal, *al-Musnad*, vol. III, p. 357; an-Nassâ'î, *as-Sunan*, vol. VIII, p. 183. Ce *ḥadîth* est jugé authentique.

barbe et sa chevelure en se regardant dans l'eau d'une jatte qui se trouvait dans la maison.» Je lui ai demandé, poursuit 'Â'isha: ô Messager d'Allah, même vous, vous agissez de la sorte? Et lui, de répondre: *«Oui. Quand un homme sort pour recevoir ses frères, qu'il se prépare de façon convenable; car Allah est beau, et Il aime la beauté».*[1]

En appliquant ces recommandations, le musulman se conforme à la règle islamique du juste-milieu qui recommande la modération et n'admet ni l'excès ni la négligence. Cette règle est formulée dans le verset qui dit:

> ﴾Ceux qui, lorsqu'ils dépensent, ne sont ni prodigues ni avares, mais se tiennent au juste-milieu.﴿
>
> *[Coran, 26: 67]*

L'Islam recommande à ses adeptes, hommes et femmes, notamment ses prédicateurs, d'avoir des apparences enviables dans les sociétés qu'ils fréquentent, et d'éviter d'être des personnes misérables ou repoussantes. Opter pour une apparence misérable, au nom de l'ascèse et de la modestie, au point de s'attirer le mépris d'autrui, est une pratique qui n'a aucun rapport avec l'Islam. Le Messager d'Allah (ﷺ), qui est pourtant le maître en matière de modestie, s'habillait convenablement et soignait son apparence avant de rencontrer les membres de sa famille ou ses compagnons. Mieux: il considérait qu'un tel comportement traduisait sa gratitude envers Allah pour les bienfaits qu'Il lui a accordés. Il disait: *«Allah aime voir l'effet de Ses bienfaits sur Son serviteur.»*[2]

Dans ses *Ṭabaqât*[3], Ibn Sa'd rapporte que Jundub ibn Makîth (qu'Allah l'agrée) a dit: *«Quand une délégation venait rendre visite*

---

[1] Cf. al-Qurṭubî, *al-Jâmi' li-aḥkâm al-qur'ân*, vol. VII, p. 197, exégèse du verset 32 de la sourate n° 7.

[2] *Ḥadîth* rapporté par at-Tirmidhî (vol. IV, p. 206) et jugé «apprécié».

[3] Vol. IV, p. 346.

au Messager d'Allah (ﷺ) il mettait le plus beau de ses vêtements et ordonnait aux notables parmi ses compagnons de le faire. Ainsi, lors de la visite de la délégation représentant la tribu Kinda, j'ai constaté que le Messager d'Allah (ﷺ) était habillé d'une toge yéménite. Abû Bakr et 'Umar, portaient, eux aussi, portaient la même tenue».

'Abd Allah Ibn al-Mubârak, aṭ-Ṭabarânî, al-Ḥâkim et al-Bayhaqî rapportent que 'Umar ibn al-Khaṭṭâb (qu'Allah l'agrée) a dit: *«J'ai vu le Messager d'Allah demander qu'on lui apporte des habits neufs puis les mettre. Ensuite, une fois habillé, il a dit: Louange à Allah qui m'a accordé de quoi couvrir ma nudité et m'embellir dans ma vie».*[1]

Tant que l'acte de s'embellir ne dépasse pas les normes et n'atteint pas l'excès, il est toléré par l'Islam, voire recommandé. Allah dit:

> ﴾Ô Fils d'Adam, portez votre parure dans chaque lieu de Prière. Mangez et buvez, mais n'outrepassez pas [les justes limites]; car Il [Allah] n'aime pas ceux qui [les] outrepassent. Dis: qui a donc interdit la parure d'Allah, qu'Il à produite à Ses serviteurs, ainsi que les bonnes subsistances? Dis: elles sont destinées à ceux qui ont la foi, dans cette vie et exclusivement à eux au Jour de la Résurrection. Ainsi exposons-nous clairement les versets pour les gens qui savent.﴿ *[Coran, 7: 31-32]*

Dans son *Sahîh,* Muslim rapporte, d'après 'Abd Allah ibn Massoud (qu'Allah l'agrée), que le Messager d'Allah (ﷺ) a dit: *«Celui qui a l'arrogance au cœur, ne serait-ce que le poids d'un atome, n'accédera pas au Paradis».*

Un homme lui dit: certaines personnes aiment que leurs vêtements et leurs sandales soient beaux!, comme pour lui demander si cela faisait partie de l'orgueil. Le Prophète (ﷺ) lui répondit alors: *«Allah*

---

[1] Cf. al-Mundhirî, *at-Targhîb wa t-tarhîb,* vol. III, p. 93.

est beau et Il aime la beauté. L'orgueil est le déni des droits [d'autrui] et l'injustice envers les gens».[1]

Cette attitude a été parfaitement intériorisée et méticuleusement appliquée par les Compagnons ainsi que par ceux qui ont suivi leur voie.

L'Imâm Abû Ḥanîfa, à titre d'exemple, était connu pour le soin qu'il accordait à la propreté et la bonne senteur de ses habits. Il ne se contentait pas d'observer cette attitude, mais recommandait aussi à son entourage d'agir de même.

Un jour, il constata que l'un de ceux qui lui tenaient compagnie portait des vêtements délabrés. Il le prit alors en aparté et lui offrit mille dirhams. Mais l'homme refusa cette offre en disant: je suis aisé et comblé de bienfaits; je n'en ai pas besoin. Et là, Abû Ḥanîfa lui dit sur un ton de reproche: n'as-tu pas entendu le *Ḥadîth* qui dit: *«Allah aime voir l'effet de Ses bienfaits sur Son serviteur.»* Tu dois donc améliorer ton apparence en bien, ne serait-ce que pour ne pas chagriner ton ami.

Il est évident que les prédicateurs de l'Islam, hommes ou femmes, adoptent une apparence plus belle et plus élégante que celle des autres. Cela leur permet d'attirer les gens vers eux et leur faire parvenir ainsi leur message.

En outre, ils doivent observer ce comportement même quand ils ne se mêlent pas aux gens et optent pour la retraite, car il leur incombe de soigner leur apparence et d'être attentifs à la propreté de leurs corps, de leurs vêtements, de leurs cheveux et de leurs ongles. En respectant cette règle, ils répondent à l'appel de l'innéité (*al-fitra*) et ses exigences mentionnées par le Prophète (ﷺ) dans le *Ḥadîth* qui dit: *«Cinq pratiques sont conformes aux exigences de l'innéité (al-fitra)* [des humains]*: la circoncision, se raser le pubis, s'épiler les aisselles, se couper les ongles et se tailler la moustache».*[2]

---

[1] Cf. *Sharḥ saḥîḥ muslim*, vol. II, p. 89.

[2] *Ḥadîth* rapporté par Bukhari. Cf. *fat'h Al-Bâri*, vol. X, p. 334.

Prendre soin de ces outils de beauté conformes à l'innéité humaine est donc une attitude encouragée par l'Islam et par toute personne dotée d'un caractère et d'un goût raffinés.

7. Elle évite l'extravagance dans sa toilette

Le soin qu'une musulmane sincère accorde à son apparence ne doit pas la conduire à l'exhibition de ses atours devant des hommes autres que son époux ou ses *maḥrams*. Il ne doit pas également la mener vers l'excès, au point de l'éloigner du juste-milieu qui représente la pierre angulaire de toutes les Lois islamiques. En sa qualité de musulmane, sincère et consciencieuse, elle doit constamment opter pour la modération et la juste mesure dans tous ses comportements. Elle ne doit pas oublier que, tout en lui recommandant de s'habiller convenablement dans le cadre de ce qui est licite, l'Islam la met aussi en garde contre tout excès susceptible de la rendre esclave de sa beauté et de la pousser à en faire le souci principal de sa vie. Le Prophète (ﷺ) a dit: *«Malheureux est celui qui se fait serviteur du dinar, du dirham, du vêtement de velours et de l'habit de haute laine;* [celui qui,] *lorsqu'on lui offre* [un bien quelconque], *il est satisfait, sinon il est mécontent».*[1]

De nos jours, un bon nombre de femmes musulmanes est soumis à l'influence du commerce international qui gère les maisons de «haute couture». Certaines de ces femmes riches se permettent même le luxe d'acheter des costumes onéreux pour ne les porter qu'une seule fois. Ce comportement indique qu'elles ont effectivement sombré dans ce genre de servitude condamné par le Prophète. Elles se sont ainsi embourbées dans une misère lamentable, engendrée par la stupide servitude au luxe vestimentaire, qui outrepasse la juste limite et les détourne de l'objectif de leur existence dans ce bas monde.

Pire encore est le cas des musulmanes qui, à notre époque, se vantent et rivalisent par le nombre et la somptuosité de leurs

---

[1] *Ḥadîth* rapporté par Bukhari. Cf. *fat'h Al-Bâri*, vol. VI, p. 81.

luxueuses tenues de soirée dans les cérémonies de mariage. Elles transforment ainsi ces cérémonies en défilés de mode, où la concurrence atteint l'excès d'exubérance, d'arrogance et d'ostentation vaniteuse qui reflètent leur éloignement de la modération et du bon sens. Ce phénomène s'illustre de la façon la plus nette dans la coutume qui consiste à ce que la mariée exhibe devant les invitées tous les meilleurs costumes qu'elle possède. Ces costumes, une dizaine parfois, elle les met l'un après l'autre, et à chaque fois, elle se présente en s'en habillant, devant les personnes présentes et agit exactement comme les mannequins dans les pays occidentaux! Les femmes attachées à cette mauvaise coutume oublient souvent qu'il se peut qu'il y ait parmi les présentes dans la cérémonie des personnes dont les moyens ne leur permettent pas de se procurer ce genre de costumes, que cela pourrait les affliger et qu'il est même susceptible de nourrir en elles des sentiments de jalousie, voire de haine, vis-à-vis de la mariée et de sa famille ainsi que de celles qui leur ressemblent parmi les gens aisés. Or tout cela n'aurait pu se produire si la mariée s'était conformée à la modération, en se contentant de paraître dans un costume ou deux. De plus, ce phénomène est en contradiction totale avec l'esprit même de l'Islam qui s'appuie sur l'indulgence et la modération, et qui interdit l'outrance et la vanité.

De toute évidence, une musulmane consciente des enseignements de sa religion est loin de sombrer dans une telle voie, car ces enseignements mêmes l'en protègent et la guident vers la voie du juste-milieu.

II.- SON ESPRIT

1. Elle développe constamment ses connaissances

Une femme musulmane avisée cultive son esprit de la même manière avec laquelle elle prend soin de son corps, car les deux ont la même importance. Le poète antéislamique Zuhayr ibn Abî Salmâ a dit:

Le propos d'un homme est sa moitié; son esprit en est l'autre.
Le reste n'est qu'une forme [constituée] de chair et de sang.

Une maxime bien connue dit: «L'homme est défini selon ce qui paraît en lui de moindre importance: son esprit et sa langue.» C'est-à-dire que c'est la manière de penser et la logique de voir les choses qui définissent l'identité de l'être humain. D'où l'importance de la culture de l'esprit et son développement à travers l'acquisition du savoir concernant les divers domaines de la connaissance.

Tout comme l'homme, la femme est assujettie à l'Islam. Elle doit, par conséquent, acquérir le savoir dont les effets sont bénéfiques au niveau spirituel et temporel. Quand elle récite le verset qui dit: ﴿Dis: mon Seigneur, accrois ma science﴾ *[Coran, 20: 114]*, ou quand elle entend le *Ḥadîth* du Messager d'Allah (ﷺ) qui dit: *«La quête du savoir est une obligation qui incombe à tout musulman»*[1], elle doit savoir que ces enseignements sont adressés tout aussi bien à la femme qu'à l'homme. Car depuis l'apparition des sciences, en tant que tradition sociale chez les musulmans, les hommes et les femmes d'entre eux les acquéraient sur le même pied d'égalité. Cela concerne aussi bien les sciences dont l'acquisition incombe à tout croyant que les sciences incombant à la Communauté dans son ensemble.

Dans les premiers temps de l'Islam, la femme musulmane avait parfaitement assimilé l'importance du savoir. On rapporte à ce sujet que des femmes *Anṣârites* (Médinoises) dirent au Messager d'Allah (ﷺ) : consacre-nous un jour de ton choix pour nous enseigner, car les hommes ont l'avantage sur nous auprès de toi. Il leur dit: *«Je vous donne rendez-vous chez unetelle». Il alla alors les retrouver, leur fit un sermon, leur rappela* [certains principes de la religion] *et leur* [en] *enseigna* [d'autres].[2]

---

[1] *Ḥadîth* rapporté par an-Nassâ'î et jugé «apprécié». Cf. *as-Sunan*, vol. I, p. 81.

[2] Cf. *Fat'h Al-Bâri*, vol. I, p. 195.

Par ces temps lointains, la musulmane s'adonnait au savoir et tenait à connaître les règles relatives à sa religion sans gêne aucune, car elle chercherait à connaître la vérité, alors même qu'Allah n'éprouve pas de gêne devant la vérité. A ce sujet, la Tradition nous a conservé plusieurs textes qui reflètent la maturité de la femme musulmane, sa tempérance et son audace quand il s'agissait d'apprendre les questions relatives à sa religion. 'Â'isha rapporte qu'un jour, Asmâ bint Yazîd ibn as-Sakan al-Anṣârîyya interrogea le Prophète (ﷺ) au sujet des ablutions majeures relatives aux menstrues. Il lui dit: *«Que l'une d'entre vous prépare de l'eau et du lotus; qu'elle fasse ses ablutions mineures de façon parfaite; puis qu'elle verse de l'eau sur son corps. Ensuite, qu'elle prenne un bout de coton parfumé en s'en servant pour se purifier.»* Là, Asmâ lui demanda: comment doit-elle s'en servir pour se purifier? — *«Gloire à Allah!* répondit le Prophète, *tu t'en sers pour te purifier!»* Alors 'Â'isha (qu'Allah l'agrée) lui dit discrètement: tu dois essuyer minutieusement les traces de sang.[1]

A une autre occasion, elle l'interrogea sur les ablutions majeures. Il lui répondit: *«Elle prend l'eau nécessaire. Elle fait ses ablutions mineures de façon parfaite et appliquée, puis elle verse de l'eau sur ses cheveux en les frottant jusqu'aux racines. Ensuite, elle verse de l'eau sur son corps».* A ce propos, 'Â'isha (qu'Allah l'agrée) a dit: comme elles sont admirables les femmes des *Ansâr* (Médinois)! La pudeur ne les empêchait jamais de chercher à comprendre la religion![2]

On rapporte aussi qu'Umm Sulaym bint Milḥân, la mère de Anas ibn Mâlik, vint trouver le Prophète (ﷺ) et lui dit: ô Messager d'Allah, Allah n'éprouve aucune gêne devant la vérité. La femme doit-elle faire les ablutions majeures quand elle a fait un rêve érotique? - *«Oui,* lui répondit-il, *à condition qu'elle s'aperçoive* [que cela a provoqué

---

[1] Cf. *Fat'h Al-Bâri*, vol. I, p. 414; *Sharḥ saḥîḥ muslim*, vol. IV, pp. 15-16.

[2] Cf. *Fat'h Al-Bâri*, vol. I, p. 228; *Sharḥ saḥîḥ muslim*, vol. IV, p. 16.

l'émission] *d'un liquide.»* Umm Salama se couvrit alors le visage par pudeur et lui dit: ô Messager d'Allah! il arrive à la femme dans une rêverie de sécréter de la (glaire)? — *«Oui, 'malheureuse'* (taribate yaminouki)!, répliqua le Prophète. *Sinon, grâce à quoi son enfant lui ressemblerait-il?»*[1]

Dans une autre version rapportée par Muslim, il est dit qu'Umm Sulaym vint voir le Messager d'Allah (ﷺ) qui était alors accompagné de 'Â'isha (qu'Allah l'agrée). Et lorsque Umm Sulaym l'interrogea, 'Â'isha lui dit: ô Umm Sulaym, malheureuse! Tu as divulgué *[l'un des secrets]* des femmes! — *«C'est plutôt toi la malheureuse*, lui répliqua le Prophète (ﷺ). *Ô Umm Sulaym, qu'elle fasse ses ablutions majeures quand elle s'aperçoit de cela».*[2]

A l'époque du Prophète (ﷺ), la femme n'hésitait jamais à lui demander des éclaircissements relatifs aux règles de la religion. Elle le faisait elle-même, sans intermédiaire. Et quand elle doutait de la réponse jurisprudentielle d'une personne, ou la trouvait peu convaincante, elle s'évertuait avec méticulosité à comprendre la question jusqu'à ce qu'elle parvienne à la certitude. Tel est, d'ailleurs, le cas de toute femme intelligente et avisée. Le récit suivant confirme cette attitude chez les femmes des Compagnons:

Subay'a bint al-Ḥârith était l'épouse de Sa'd ibn Khawla, un homme appartenant à la tribu Banû 'Abd ad-Dâr et l'un de ceux qui participèrent à la bataille de Badr. Sa'd mourut pendant le Pèlerinage d'Adieu, la laissant enceinte. Peu après la mort de son mari, Subay'a accoucha. Et après la période de lochies *(écoulement utérin de quelques semaines après l'accouchement),* elle se fit belle pour attirer des prétendants à sa main. Un homme des Banû 'Abd ad-Dâr, Abû as-Sanâbil vint alors la trouver et lui dit: je constate que tu te fais belle pour attirer les prétendants! Espères-tu te marier? Par Allah, tu ne te marieras qu'après l'écoulement de quatre mois et dix *[jours].*

---

[1] Cf. *Fat'h Al-Bâri*, vol. I, p. 228.

[2] Cf. *Sharḥ saḥîḥ muslim*, vol. III, p. 220.

Après avoir entendu ces mots de sa part, raconte Subay'a, j'ai mis mes vêtements de sortie puis, le soir venu, je me suis rendue auprès du Messager d'Allah (ﷺ) que j'ai interrogé sur cette question. Il décida alors que j'étais mariable du jour où j'avais accouché, et m'autorisa à me marier si bon me semblait.[1]

La méticulosité qui a incité Subay'a à s'enquérir de la réponse exacte concernant son cas n'a pas été bénéfique uniquement pour elle, mais pour l'ensemble des musulmans, et ce jusqu'à la fin des temps. Grâce à sa démarche, la majorité des doctes, notamment les quatre Imams, ont adopté la règle qui stipule que le délai de viduité de la femme suite à la mort de son mari prend fin dès son accouchement et peut, par conséquent se remarier, même si l'accouchement intervient un instant après la mort de son ex-mari.[2]

L'Islam a prescrit la quête du savoir à la femme et à l'homme. Le Messager d'Allah (ﷺ) a dit: *«La quête du savoir est une obligation qui incombe à tout musulman.»* Ce *Ḥadîth* signifie que tout musulman, homme ou femme, ayant déclaré son adhésion à l'Islam en prononçant sa profession de foi doit faire un effort pour acquérir le savoir. Il n'est donc pas surprenant de constater que la femme musulmane s'intéresse au savoir et s'y adonne. En tous temps et en tous lieux, la musulmane imprégnée des enseignements de sa religion a constamment conscience de l'importance du savoir et de ses effets positifs sur sa propre personne, ainsi que sur ses enfants, sa famille et sa société; d'où sa volonté inébranlable de s'adonner à toute science utile au niveau spirituel ou temporel.

2. *Elle s'initie aux connaissances nécessaires*

Les premières sciences qu'une musulmane avisée doit acquérir sont celles relatives au Coran, à savoir: les règles de récitation (*at-tartîl*) et l'exégèse (*at-tafsîr*). Ensuite, elle doit s'initier aux sciences

---

[1] Cf. *Fat'h Al-Bâri*, vol. VII, p. 310; *Sharḥ saḥîḥ muslim*, vol. X, p. 110.

[2] Cf. an-Nawawî, *Sharḥ saḥîḥ muslim*, vol. X, p. 109.

du *Ḥadîth*, la Biographie du Prophète (*as-sîra*) ainsi que les biographies des femmes éminentes ayant vécu durant l'époque du Prophète et celle d'après. Elle doit aussi prendre connaissance de toutes les questions de *fiqh* qui la concernent, afin d'accomplir correctement ses obligations rituelles et relationnelles.

Après cette première étape, elle doit s'intéresser à tout ce qui se rapporte à sa spécialité primordiale dans la vie, à savoir: la bonne gestion de son ménage, et les égards qu'elle doit accorder à son époux, à sa famille et à ses enfants. La femme est, en effet, destinée en premier lieu à assurer à son ménage la tendresse maternelle, la joie, la quiétude et le bonheur. C'est elle aussi qui doit assumer la grande responsabilité d'éduquer les nouvelles générations et s'évertuer à en faire des personnes exceptionnelles par leur héroïsme ou leur génie. D'où les nombreuses citations qui font l'éloge de la femme et lui attribuent l'honneur de la réussite de son époux ou de ses enfants. Parmi ces citations: «Cherchez la femme»; «Derrière chaque grand homme, il y a une femme»; «Celle qui secoue le berceau avec sa main droite est capable de secouer le monde de sa main gauche», etc. Or la femme ne réussit à concrétiser tous ces objectifs sans un esprit cultivé et lucide, une personnalité solide, une âme pure et une conduite parfaite. D'où la nécessité pour la femme musulmane de s'instruire et de s'informer de tout ce qui est susceptible de l'orienter et de contribuer à consolider sa personnalité.

Par le même cheminement, il n'est pas raisonnable que l'enseignement et la culture de la femme soient exactement identiques à ceux acquis par l'homme. Chacun des deux sexes a, en effet, ses particularités, et nul ne peut assurer avec la même perfection les responsabilités relatives au domaine de l'autre, car chacun a sa vocation. Quand la musulmane s'oriente donc vers le choix d'une spécialité scientifique précise, elle doit agir conformément aux enseignements de sa religion qui déterminent sa formation intellectuelle, psychique et sociale, et opter pour ce qui permet de la qualifier à assumer sa responsabilité primordiale. Ainsi, elle devient une femme consciente et productive qui contribue à l'élaboration de sa famille, de sa société et de sa Communauté, et ne devient nullement une copie conforme de l'homme, avec lequel elle cherchait à rivaliser sur son terrain, comme c'est le cas dans plusieurs sociétés.

Toutefois, quelle que soit la spécialité de la femme, elle doit la maîtriser et l'accomplir de façon parfaite, car le Messager d'Allah (ﷺ) dit: *«Lorsque l'un d'entre vous entame une œuvre, Allah aime qu'il la fasse soigneusement»*.

3. Elle se distingue dans le domaine intellectuel

La femme musulmane a le droit d'acquérir toutes les sciences de son choix, du moment où cela contribue à l'enrichissement de son esprit et de sa personnalité, et n'affecte nullement sa féminité. Elle trouvera, d'ailleurs, dans l'Histoire de l'Islam des modèles rarissimes d'éminentes musulmanes qui s'adonnèrent au savoir et devinrent d'excellentes références dans différents domaines.

'Â'isha, la Mère des croyants (qu'Allah l'agrée) fut une autorité en matière de Tradition et de *fiqh* alors qu'elle n'avait pas dépassé l'âge de dix-neuf ans. L'Imâm az-Zuhrî a dit à son sujet: «Si l'on venait à comparer le savoir de 'Â'isha à celui des autres épouses du Prophète (ﷺ) ainsi qu'à celui de toutes les autres femmes, le savoir de 'Â'isha les dépasserait de loin.»[1]

Pour connaître l'importance des connaissances qu'elle détenait, il suffit de mentionner que même les plus éminents parmi les Compagnons la consultaient pour connaître son avis concernant la vulgate du Coran. Le bien-fondé de son avis et la précision de son raisonnement ne se limitaient pas aux sciences religieuses seulement, mais s'étendaient aussi aux domaines de la poésie, de la littérature, de

---

[1] Cf. Ibn 'Abd al-Barr, *al-Istî'âb fî ma'rifat al-aṣḥâb*, vol. IV, p. 1883; Ibn Ḥajar, *al-Iṣâba*, vol. VIII, p. 140.

l'Histoire, de la médecine et de l'ensemble des sciences connues en son temps. Hishâm ibn 'Urwa rapporte que son père, 'Urwa ibn az-Zubayr, qui était pourtant l'un des grands *faqîh*s de son temps, a dit: «Je n'ai jamais vu une personne aussi érudite en *fiqh*, en médecine ou en poésie que 'Â'isha».[1]

Dans son *Ṣaḥîḥ,* Muslim rapporte un récit qui reflète les connaissances linguistiques de 'Â'isha et son souci de respecter les règles de la langue arabe. Ibn 'Atîq, le neveu de 'Â'isha, dit: « J'ai discuté avec al-Qâssim[2] en présence de 'Â'isha (qu'Allah l'agrée). Al-Qâssim, dont la mère était non arabe, commettait souvent des fautes de langage. 'Â'isha lui dit alors: pourquoi ne parles-tu pas comme mon autre neveu? Puis, elle ajouta: ma foi, je sais d'où te viennent ces solécismes! Tu as reçu une éducation différente de celle de ton cousin; sa mère est arabe, alors que la tienne est une non-Arabe.»[3]

Les œuvres classiques consacrées à la littérature arabe citent une anecdote qui reflète le vaste savoir de 'Â'isha. On rapporte qu'un jour, 'Aïsha bint Ṭalḥa était présente dans la cour de Hishâm ibn 'Abd al-Malik, qui réunissait aussi les notables des Banû Umayya. Constatant qu'à chaque fois que l'assistance abordait un sujet relatif à l'Histoire des Arabes ou à leur poésie, elle y participait de façon abondante, et qu'elle connaissait même les noms des astres, Hishâm lui dit: «Certes, je ne saurai contester tes connaissances sur le premier sujet. Cependant, de qui tiens-tu les connaissances concernant les astres?» Elle répondit: «De ma tante maternelle 'Â'isha».[4]

'Â'isha était une femme passionnée du savoir. Elle n'entendait pas un propos à faire qu'elle ne comprenait pas sans demander son

---

[1] Cf. aṭ-Ṭabarî, *Târîkh al-umam wa l-mulûk*, les événements de l'an 58; *al-istî'âb*, vol. IV, p. 1885.

[2] Son cousin, al-Qâssim ibn Mohammed ibn Abî Bakr, neveu de 'Â'isha.

[3] Sharh ṣaḥîḥ muslim, vol. V, p. 46.

[4] Abû al-Faraj al-iṣfahânî, *al-Aghânî*, vol. X, p. 57.

explication pour mieux le saisir. Sa présence auprès du Messager (ﷺ) contribua amplement à développer ses connaissances et faire d'elle une source inépuisable de savoir. Bukhari rapporte qu'Abû Mulayka a dit: 'Â'isha, l'épouse du Prophète (ﷺ) n'entendait jamais une parole du Prophète qu'elle ne comprenait pas sans lui demander de la lui expliquer. Ainsi, quand le Prophète (ﷺ) dit: *«Celui qui aura des comptes à rendre sera châtié»*, 'Â'isha lui dit: Allah (exalté soit-Il) n'a-t-Il pas dit: ﴾La reddition de compte facile lui sera﴿? *[Coran, 24: 31]* Il lui répondit: *«Ceci se rapporte uniquement à la Comparution* (al-'arḍ); *mais celui dont la reddition de compte aura été* [rigoureusement] *discutée périra certainement.»*[1]

En plus de toutes ces connaissances, 'Â'isha (qu'Allah l'agrée) s'était distinguée aussi par son éloquence. Quand elle parlait, elle attachait les auditeurs à son discours et les fascinait par son talent d'oratrice. Al-Aḥnaf ibn Qays disait: «J'ai entendu les prêches d'Abû Bakr, de 'Uthmân, de 'Alî ainsi que des autres Califes qui leur ont succédé. Cependant, je n'ai jamais entendu de discours aussi éloquents et aussi beaux que ceux prononcés par 'Â'isha.» A ce même propos, Musâ ibn Ṭalḥa a dit: «Je n'ai jamais vu de personne aussi éloquente que 'Â'isha».[2]

Parmi les femmes qui furent des exemples exceptionnels en matière de savoir, citons la fille de Saîd ibn al-Mussayyab. Son père, qui fut l'un des savants les plus éminents en son temps, refusa de la marier au fils du Calife 'Abd al-Malik ibn Marwân et lui préféra l'un de ses élèves, 'Abd Allah ibn Wadâ'a. La nuit des noces, 'Abd Allah découvrit et la beauté et les vastes connaissances religieuses de la fille de son maître. Quand le lendemain il s'apprêta à sortir, sa femme lui demanda: où comptes-tu partir? — Je sors pour assister au cours de ton père et acquérir le savoir, lui répondit-il. Elle lui dit alors:

---

[1] Cf. *Fat'h Al-Bâri*, vol. I, p. 196.

[2] Cf. at-Tirmidhî, *al-Jâmi' aṣ-Ṣaḥîḥ*, vol. V, p. 364.

assieds-toi. Je vais t'enseigner le savoir de Saîd! Il passa ainsi un mois sans se présenter au cercle d'études de son beau-père, se contentant des connaissances que cette jeune épouse lui transmettait.

Citons aussi le cas de Fâṭima bint 'Alâ' ad-Dîn as-Samarqandî. De son père, l'auteur de *Tuḥfat al-fuqahâ*[1], elle apprit le *fiqh* et devint une autorité en ce domaine. On rapporte que 'Alâ' ad-Dîn al-Kâssânî, disciple d'al-'Alâ' as-Samarqandî et éminent savant en matière de dogme et de jurisprudence, avait rédigé un commentaire de *Tuḥfat al-fuqahâ'* qu'il avait intitulé *Badâ'i' aṣ-ṣanâ'i'*. Pour lui exprimer sa reconnaissance, son maître le maria à sa fille Fâṭima et accepta une copie de son commentaire comme dot Fâṭima fut pourtant sollicitée en mariage par un bon nombre de princes de son temps, mais son père refusa toutes les propositions en optant pour son élève. Les doctes de son temps dirent alors: «Pour avoir commenté sa *Tuḥfa*, il lui a donné sa fille en mariage». Avant ce acte, Fâtima délibérait avec son père pour décréter des avis jurisprudentiels; elle cosignait même ces *fatwâs* avec son père. Ensuite, après son mariage, elle consignait certaines *fatwâs* avec son père et avec son mari, l'auteur d'*al-Badâ'i'*. On rapporte même qu'elle rectifiait les erreurs commises par son époux![2]

Hormis 'Â'isha, la Mère des croyants, la fille de Saîd ibn al-Mussayyib et Fâṭima bint as-Samarqandî, il y avait un grand nombre de femmes instruites qui avaient pris part au savoir et s'étaient distinguées dans plusieurs sciences. A titre indicatif, Ibn Sa'd consacre tout un tome de son *Ṭabaqât* aux femmes, où il cite plus de sept cents femmes qui avaient transmis le *Ḥadîth* à des traditionnistes, dont un bon nombre d'éminents doctes de l'Islam. Ajoutons aussi qu'al-Ḥâfiḍḥ ibn 'Assâkir[3], qui fut connu pour sa

---

[1] Mort en 539 de l'Hégire.

[2] Cf. l'introduction de *Badâ'i' aṣ-ṣanâ'i*, vol. I, p. 12.

[3] Mort en 571 de l'Hégire.

sincérité et sa méticulosité dans la transmission du *Ḥadîth*, comptait parmi ses maîtres plus de quatre-vingts femmes.[1] Sachant que cet auteur ne s'était pas déplacé vers l'Occident musulman (l'Egypte, le Maghreb et l'Andalousie), où les femmes savantes se trouvaient en grand nombre, cela implique que le nombre de femmes cultivées en son temps dépassait largement le nombre qu'il a indiqué.

Parmi les indices de la participation de la femme aux différents domaines du savoir dans le passé, il y a cette phrase qu'on rencontre dans les ouvrages consacrés au *Ḥadîth:* «Unetelle, fille d'untel, l'éminente traditionniste digne de confiance, m'a rapporté que...»

Bukhari, à titre d'exemple, détient un bon nombre de *Ḥadîth*s cités dans son *Ṣaḥîḥ* de femmes traditionnistes dont: Sitt al-Wuzarâ Wazîra bint Mohammed at-Tanûkhiyya et Karîma bint Aḥmed al-Marwaziyya.[2]

Toujours dans le domaine de la transmission du *Ḥadîth*, et contrairement aux hommes, la femme s'est distinguée par sa sincérité et sa crédibilité dans la transmission des Traditions du Messager d'Allah (ﷺ). Adh-Dhahabî, dans son ouvrage *Mîzân al-i'tidâl*, consacré exclusivement à l'examen critique de la crédibilité des traditionnistes et dans lequel il recense plus de quatre milles personnes jugées non crédibles, il écrit ce témoignage en la faveur des femmes: «Je n'ai jamais connu de femme jugée non crédible ou dont un *Ḥadîth*, transmis par ses soins, a été abandonné».[3]

En lisant ces récits historiques qui honorent la femme, la musulmane contemporaine doit s'évertuer encore plus à acquérir le savoir et à l'apprendre passionnément. C'est, en effet, grâce au savoir que les femmes citées ont pris la place éminente qu'on sait dans

---

[1] Cf. as-Subkî, *Ṭabaqât ash-Shâfi'iyya,* vol. IV, p. 273.

[2] Toutes deux mentionnées par Ibn Ḥajar al-'Asqalânî dans son introduction de *Fat'ḥ Al-Bâri*, vol. I, p. 71.

[3] Mizân al-i'tidâl, vol. III, p. 395.

l'Histoire, et c'est grâce au savoir qu'elles ont développé leurs esprits et ont acquis la pertinence, la clairvoyance et la force de caractère.

4. *Elle s'écarte du charlatanisme*

Une musulmane qui se voue au savoir est loin de croire aux formes diverses de charlatanisme qui dominent l'esprit des femmes ignorantes ou analphabètes. Elle doit avoir la conviction profonde que recourir aux charlatans, aux devins ou aux mages est un péché majeur qui anéantit les bonnes œuvres du croyant et remet en cause son salut dans l'Au-delà.

Muslim rapporte, d'après l'une des épouses du Prophète (ﷺ) qu'il a dit: *«Celui qui consulte un devin pour lui demander [une prédiction au sujet d']une quelconque affaire, sa Prière ne sera pas acceptée durant quarante nuits».*[1]

Dans ses *Sunan*[2], Abû Dâwûd rapporte, d'après Abu Hurayra, que le Prophète (ﷺ) a dit: *«Celui qui consulte un devin et croit à ses propos aura renié ce qui a été révélé à Mohammed».*

5. *Elle se consacre à la lecture*

Les tâches ménagères et les responsabilités maternelles ne doivent pas empêcher la musulmane de lire, car c'est une pratique qui contribue à l'enrichissement de sa culture, à l'élargissement de ses connaissances et au développement de ses facultés intellectuelles.

Une musulmane, qui a su que la quête du savoir est une obligation qui incombe à tout musulman et à toute musulmane, ne saurait abandonner la lecture. En dépit de ses occupations, elle doit profiter de certains moments et les consacrer à la lecture d'un livre ou d'une revue dont le contenu est sain et utile. Afin d'élargir ses perspectives intellectuelles et développer ses acquisitions culturelles, il lui est

---

1 Cf. *Sharḥ saḥîḥ muslim*, vol. XIV, p. 227.

2 Vol. IV, p. 21. *Ḥadîth* jugé «apprécié».

préférable de diversifier ses lectures et de s'intéresser aux différents domaines du savoir.

III.- SON AME

Une musulmane avisée s'évertue constamment à purifier son âme par les pratiques cultuelles, l'évocation d'Allah et la récitation du Coran à des horaires réguliers et déterminés. Elle accorde le même soin à son âme, son corps et son esprit, car elle sait que l'être humain se compose de ces trois parties et qu'il doit, par conséquent, donner à chacune de ses composantes l'attention nécessaire. La réussite de l'être humain réside, justement, dans le maintien de l'équilibre entre corps, esprit et âme. Quand cet équilibre est observé de sorte qu'aucune des trois composantes n'accapare de l'attention de son individu au détriment des autres, la personnalité se développe dans l'équilibre, la maturité et l'épanouissement.

1. Elle s'adonne aux pratiques cultuelles et purifie son âme

Une musulmane avisée accorde à son âme le temps nécessaire pour la purifier par le culte. Dans ces moments, aussi que possible du vacarme et des soucis quotidiens, elle s'adonne aux actes d'adoration dans la sérénité et la quiétude, en étant profondément réceptive à toutes les inspirations spirituelles qui en émanent. Quand elle accomplit sa Prière, elle le fait en ayant l'esprit clair et calme, pour pouvoir assimiler le sens profond des versets coraniques et des évocations qu'elle prononce. Une fois la Prière terminée, elle s'isole un moment pour célébrer la gloire de son Seigneur, réciter des versets du Coran et les méditer. De temps à autre, elle doit faire un examen de conscience. Elle doit passer en revue sa conduite, ses actes et ses paroles, pour se repentir et rectifier son comportement quand elle réalise qu'elle a manqué à ses devoirs envers Allah. C'est seulement en agissant ainsi que les pratiques cultuelles donnent leurs fruits, à savoir: la purification de l'âme des souillures dues aux péchés, et l'élimination des stratagèmes auxquels Satan a incessamment recours à travers ses suggestions qui visent la perdition de l'Homme.

Il arrive certes à une musulmane pieuse et sincère de commettre des fautes ou de manquer à ses devoirs. Cependant, dès qu'elle s'en aperçoit, elle se détache de son erreur, implore le pardon d'Allah, désavoue son manquement vis-à-vis de Lui et se repentit. Allah dit:

> ﴾Ceux qui craignent *[Allah]*, lorsqu'une suggestion du démon les touche se rappellent *[Son châtiment]*: et les voilà devenus clairvoyants.﴿ *[Coran, 7: 201]*

A ce sujet, on rapporte que le Messager d'Allah (ﷺ) a dit à ses Compagnons: *«Renouvelez votre foi!»* - Ô Messager d'Allah, comment devrions-nous la renouveler? l'interrogea-t-on. Il leur répondit: *«Dites fréquemment: Lâ 'ilâha illâ Allah».*[1]

Ainsi, à travers les actes d'adoration, l'évocation d'Allah et l'examen de conscience, la musulmane parvient à purifier et consolider son âme. Elle doit constamment agir en ayant présente à l'esprit la crainte d'Allah. Elle ne fera alors que ce qu'Il agrée, et s'abstiendra de tout ce qui attire Son courroux. Grâce à cette attitude, elle sera dans le droit chemin et ne s'en écartera point.

2. *Elle fréquente des femmes vertueuses et assiste aux assemblées des croyants*

Afin d'atteindre ce haut degré de spiritualité, la musulmane doit choisir une amie pieuse, pure et vertueuse; une femme qui lui voue une amitié sincère, lui porte conseil et ne la trompe ni par l'acte ni par la parole. La compagnie des femmes pieuses a, en effet, un impact considérable sur la conduite de toute musulmane; elle contribue à la consolider dans le droit chemin, et l'aide à acquérir les bonnes manières et les mœurs nobles. Car, de façon générale, ceux qui se

---

[1] *Ḥadîth* rapporté par Aḥmed ibn Ḥanbal (*al-Musnad*, vol. II, p. 359) et dont la crédibilité des transmetteurs est jugée excellente.

rassemblent se ressemblent. A ce sujet, un poète arabe disait:

Ne t'enquiers pas sur la personne, mais sur son compagnon;
car toute personne suit l'exemple de celui qu'elle accompagne.

Un autre disait:

En fréquentant les gens nobles, tu seras considéré comme eux.
Tâche donc de ne te familiariser qu'avec cette catégorie.

D'où la nécessité de ne fréquenter que les meilleurs parmi les gens et d'éviter les mauvais. On reprendra ici le poète qui dit:

Quand tu vis parmi des gens, accompagne les meilleurs d'entre eux.
Et tâche d'éviter les mauvais, car ils t'emmèneront à la perdition.

La femme musulmane doit aussi assister aux assemblées dont le thème de discussion est l'Islam, où les participantes méditent la Toute-Puissance d'Allah et Ses bienfaits, et s'engagent à éviter les péchés et à accomplir les actes d'obéissance avec dévotion. Grâce à ce genre de réunions, les âmes se purifient, les cœurs s'emplissent de foi et les individus parviennent à la quiétude et se hissent à un degré sublime de spiritualité.

On rapporte qu'à chaque fois que 'Abd Allah ibn Rawâḥa rencontrait l'un des Compagnons du Messager d'Allah (ﷺ), il lui disait: «Viens accroître la foi en notre Seigneur pendant une heure!» Lorsqu'on rapporta cela au Prophète (ﷺ), il dit: *«Qu'Allah accorde Sa miséricorde à Ibn Rawâḥa, il aime les réunions dont les Anges se vantent le mérite».*[1]

Le Calife Bien Guidé, 'Umar ibn al-Khaṭṭâb (qu'Allah l'agrée), se libérait fréquemment de ses responsabilités de chef d'Etat et demandait à un ou à deux croyants de l'accompagner pour évoquer Allah. Il leur disait: «Allons accroître notre foi».[2]

---

[1] *Ḥadîth* rapporté par Aḥmed ibn Ḥanbal (*al-Musnad*, vol. II, p. 359) et jugé «apprécié».

[2] Cf. al-Kândahlawî, *Ḥayât aṣ-ṣaḥâba*, vol. III, p. 329.

'Umar fut pourtant un homme qui s'était voué à la piété et à la dévotion. Malgré cela, il sentait de temps en temps le besoin de purifier son âme; il lui accordait certains moments pour la rendre sereine et apaisée, loin des soucis de la vie et les occupations du quotidien.

Ce fut également le cas de Mu'âdh ibn Jabal (qu'Allah l'agrée). Quand il marchait avec ses compagnons, il leur disait: «Asseyons-nous un moment pour accroître notre foi».[1]

Tout musulman est chargé de fortifier son âme, la purifier, la hisser vers le haut et la protéger de retomber vers le bas. Allah dit:

> ﴾Par l'âme et Celui qui l'a harmonieusement façonnée, et lui a alors inspiré son immoralité de même que sa piété! A réussi, certes, celui qui la purifie. Et a perdu, certes, celui qui la corrompt.﴿ *[Coran, 91: 7-10]*

La femme musulmane est donc appelée à ne fréquenter que les femmes dont la compagnie contribue à la magnanimité de son âme, la piété de ses actes et la clairvoyance de son esprit. Allah dit:

> ﴾Fais preuve de patience *[en restant]* avec ceux qui invoquent leur Seigneur matin et soir, désirant Sa Face. Que tes yeux ne se détachent point d'eux, en cherchant *[le faux]* brillant de la vie de *[ce]* bas monde. Et n'obéis pas à celui dont Nous avons rendu le cœur inattentif à Notre Rappel, qui poursuit sa passion et dont le comportement est outrancier.﴿ *[Coran, 18: 28]*

---

[1] *Ibid.*

3. *Elle prononce assidûment les traditionnelles évocations*

Apprendre les formules d'invocation que le Prophète (ﷺ) avait l'habitude de prononcer à diverses occasions aide la musulmane à fortifier son âme et à rattacher son cœur à Allah (à Lui la puissance et la majesté). La Tradition nous a conservé de sublimes invocations que le Prophète (ﷺ) prononçait quand il entreprenait un bon nombre d'actes: lorsqu'il quittait sa demeure ou y retournait, avant et après ses repas, avant et après son sommeil, lorsqu'il mettait des habits neufs, pour faire ses adieux à celui qui part en voyage ou pour l'accueillir après son retour, etc. Il n'entamait presque aucun acte sans invoquer Allah, L'implorer de bénir sa démarche, de lui inspirer la rectitude, de le guider vers le bien et le protéger du mal, et lui éviter l'erreur. Cela est attesté par des Traditions authentiques figurant dans les recueils de *Ḥadîth*.[1] Le Prophète (ﷺ) avait l'habitude d'enseigner ces formules d'invocation et d'évocation à ses Compagnons et de les inciter à les prononcer aux moments appropriés.

Une musulmane consciencieuse et soucieuse de purifier son âme doit apprendre le plus grand nombre possible de ces formules, conformément à la Tradition du Prophète (ﷺ) et de ses Compagnons. Elle doit les prononcer, autant que possible, dans les circonstances où il est recommandé de le faire. Ainsi, son cœur sera plus attaché à Allah (à Lui la puissance et la majesté), son âme se purifiera et sa foi s'accroîtra.

A notre époque, la femme musulmane a plus que jamais besoin de cette énergie spirituelle qui lui permet de purifier son âme et s'écarter des tentations et des fléaux qui ont rabaissé les femmes

---

[1] Nous conseillons à toute croyante de consulter régulièrement ces deux ouvrages dont les auteurs ont compilé de manière exhaustive les évocations et les invocations traditionnelles relatives à diverses occasions; il s'agit d'*al-Adhkâr* d'an-Nawawî et *al-Ma'thûrât* de Ḥassan al-Bannâ.

dans les sociétés égarées du droit chemin. Le Prophète (ﷺ) a d'ailleurs prévenu de ce phénomène en disant: *«J'ai vu l'Enfer, et j'ai constaté que la majorité de ses habitants sont des femmes».*[1] Une musulmane qui a bien saisi les enseignements de sa religion doit donc suivre le droit chemin et multiplier les bonnes œuvres, pour éviter cet horrible destin vers lequel les diables de toutes sortes s'acharnent à l'attirer.

[1] Cf. *Sharḥ saḥîḥ muslim*, vol. XVII, p. 53.

CHAPITRE TROIS

SON COMPORTEMENT VIS-À-VIS DE SES PÈRE ET MÈRE

1. Elle est dévouée à ses parents

La bienveillance envers père et mère est l'une des caractéristiques fondamentales de la femme musulmane. Dans plusieurs Textes explicites du Coran et de la Tradition du Prophète (ﷺ), l'Islam incite le croyant à manifester sa bienveillance envers ses père et mère. La musulmane qui prend connaissance de ces Textes ne saurait que s'empresser de les appliquer, quelles que soient les circonstances ou les conditions de ses rapports avec ses parents.

2. Elle observe ses devoirs envers eux

De sa lecture du Coran, la musulmane prend conscience du statut prestigieux qu'Allah a accordé aux parents. Le haut rang qu'ils occupent en Islam n'est connu en aucune autre religion, car c'est un rang qui vient immédiatement après la foi en Allah et l'adoration qu'on doit Lui vouer. Les versets coraniques qui vont dans ce sens et qui confirment que l'agrément de ses père et mère a une importance que seul l'agrément d'Allah dépasse sont multiples. Allah dit:

> ﴾Adorez Allah et ne Lui donnez aucun associé. Agissez avec bonté envers *[vos]* père et mère.﴿ *[Coran, 4: 36]*

La musulmane qui a bien saisi les enseignements de sa religion doit donc manifester envers ses père et mère une bienveillance qui dépasse celle de toute autre femme. Même quand elle se marie et fonde un foyer indépendant, où elle aura ses propres enfants et ses préoccupations personnelles, elle doit encore continuer à les traiter de façon convenable et bienveillante tout au long de sa vie. En observant cette conduite, elle applique les orientations du Saint Coran qui recommandent au croyant de demeurer bienveillant envers ses père et mère jusqu'à la fin de ses jours, notamment lorsqu'ils vivent leurs vieux jours et que la fébrilité inhérente à cet âge les rend plus attentifs à son assistance, ne serait-ce que par un sourire tendre ou par des mots gentils à leur égard. Allah dit:

> ﴾Ton Seigneur a décrété: n'adorez que Lui, et agissez avec bonté envers *[vos]* père et mère: si l'un d'eux ou tous deux doivent atteindre la vieillesse à tes côtés, alors ne leur dis *[même]* pas: «Fi»! Et ne les rudoie point, mais adresse-leur des paroles généreuses. Abaisse pour eux l'aile de l'humilité, en *[esprit de]* miséricorde, et dis: ô mon Seigneur! Fais-leur, à tous les deux, miséricorde comme ils m'ont élevé tout petit.﴿ *[Coran, 17: 23-24]*

En entendant ces versets qui illuminent le cœur du croyant et lui indiquent la bonne voie, la musulmane pieuse intensifie les gestes de bienveillance envers ses père et mère et se met à leur service avec dévouement pour atteindre leur agrément, et ce, en dépit de ses responsabilités familiales et ses occupations quotidiennes. Allah dit:

> ﴾Adorez Allah et ne Lui donnez aucun associé. Agissez avec bonté envers vos père et mère.﴿ *[Coran, 4: 36]*

> ﴾Et Nous avons enjoint à l'Homme d'agir avec bonté envers ses père et mère.﴿ *[Coran, 29: 8]*

> ﴾Nous avons recommandé à l'Homme ses parents; sa mère l'a porté subissant pour lui peine sur peine.﴿
> *[Coran, 31: 14]*

Celui qui examine attentivement les Textes concernant la relation que le croyant doit avoir avec ses père et mère découvrira que les Traditions concordent avec les versets coraniques; ils confirment tous l'obligation de la bienveillance et mettent en garde contre toute désobéissance ou conduite irrespectueuse à leur égard.

On rapporte que 'Abd Allah ibn Massoud (qu'Allah l'agrée) a dit: je demandai au Messager d'Allah (ﷺ): laquelle, parmi les œuvres, est la plus méritoire?

- *«La Prière en son temps»*, me répondit-il.
- Ensuite, laquelle? Ajoutai-je.
- *«La bienveillance envers ses père et mère.»*
- Et quoi encore après cela? repris-je.
- *«La lutte pour la cause d'Allah»*, répliqua-t-il.[1]

Dans ce *Ḥadîth*, Le Messager d'Allah (ﷺ), qui est l'éducateur par excellence, accorde à la bienveillance envers les parents un statut de haut rang, puisqu'il la range entre la Prière, le pilier fondamental de la religion, et la lutte pour la cause d'Allah, qui est le plus haut sommet de l'Islam.

On rapporte aussi qu'en vue d'acquérir la récompense d'Allah (exalté soit-Il), un homme se présenta chez le Messager d'Allah (ﷺ) pour lui prêter serment d'allégeance pour l'Emigration et la lutte pour la cause d'Allah.

Cependant, le Prophète n'accepta pas immédiatement son serment. Il lui demanda d'abord: *«Est-ce que l'un de tes parents est encore vivant?»* - Oui, répondit l'homme, tous deux sont vivants! Le Messager d'Allah l'interrogea de nouveau: *«Désires-tu la rétribution d'Allah (exalté soit-Il)?»* — Oui, répondit l'homme! — *«Alors retourne vers tes parents et tâche de leur tenir bonne compagnie, lui dit le Prophète.»*[2]

---

[1] *Ḥadîth* rapporté par Bukhari et Muslim. Cf. *Sharḥ as-sunna*, vol. II, p. 171.

[2] *Ḥadîth* rapporté par Bukhari et Muslim. Cf. *Riyâḍ aṣ-ṣâliḥîn*, p. 191.

Dans une autre version, rapportée par Bukhari et Muslim, il est dit: un homme vint trouver le Messager d'Allah (ﷺ) pour lui demander la permission de participer à la lutte pour la cause d'Allah. Le Prophète lui demanda alors: *«Tes parents sont-ils encore vivants?»* - Oui, répondit l'homme. Il lui dit: *«Eh bien! c'est à eux que tu dois consacrer tes efforts».*[1]

En pleins préparatifs de son armée pour une expédition militaire, le Messager d'Allah, dont le cœur débordait d'humanisme et de tendresse, s'est rappelé que ce volontaire pouvait avoir des parents en situation fragile et qu'ils auraient, par conséquent, besoin de l'assistance de leur fils. Il l'a donc dissuadé de participer à l'expédition et lui a gentiment demandé gentiment de prendre soin de ses père et mère, alors qu'il avait énormément besoin d'un combattant *[en plus]* pour renforcer les rangs des croyants. Cela confirme encore l'intérêt que le Prophète (ﷺ) accordait à la bienveillance envers les père et mère, et la nécessité de les assister et les prendre en charge, conformément à la doctrine universelle du juste-milieu qu'Allah a instituée pour le bien-être de l'Humanité.

Quand Sa'd ibn Abî Waqqâṣ déclara sa conversion à l'Islam, sa mère s'y opposa et lui dit pour l'en dissuader: ou tu te rétractes de ta conversion à l'Islam ou je m'abstiens de manger jusqu'à ce que mort s'ensuive s'il le faut. Alors tu seras blâmé par les Arabes, car ils diront de toi: l'assassin de sa mère! Cependant, Sa'd lui dit: «Par Allah, sache que même si tu étais dotée de cent âmes, et que j'aurai assisté à leur extinction l'une après l'autre, cela ne me pousserait nullement à me rétracter de l'Islam.»

Suite à cela, sa mère entama une grève de la faim qui dura deux jours mais au troisième, elle ne put la supporter et l'interrompit, en mangeant. A cette occasion, Allah (exalté soit-Il) révéla ce verset qui

---

[1] Cf. *Riyâḍ aṣ-ṣâliḥîn*, p. 191.

blâme Sa'd pour la sévérité de la réponse qu'il avait adressée à sa mère:

> ﴿Et si tous deux te contraignent à M'associer ce dont tu n'as aucune connaissance, alors ne leur obéis pas; mais tiens-leur compagnie ici-bas de façon convenable.﴾
>
> *[Coran, 31: 15]*

L'histoire de Jurayj le dévot, relatée par le Prophète, illustre de manière persuasive l'importance de la bienveillance qu'on doit envers ses père et mère:

«Un jour, la mère de Jurayj l'appela pendant qu'il accomplissait sa Prière. Il se dit: ô Allah! ma mère ou ma Prière, [que dois-je choisir]*? Il opta finalement pour la prière. Sa mère l'appela une deuxième fois puis une troisième, en vain; alors elle implora Allah de ne pas le faire mourir avant qu'il ne voie des visages de prostituées. Quelque temps après, une prostituée ayant commis l'adultère avec un berger tomba enceinte et craignit le scandale si son affaire venait à être dévoilée. Le berger lui dit alors: si jamais on venait à t'interroger au sujet de l'identité du père du nouveau-né, réponds que c'est Jurayj le dévot. Ce qui fut fait. Scandalisés, les gens démolirent la tourelle de Jurayj, et le gouverneur ordonna qu'on le conduise à la place publique pour le punir. Sur son chemin, Jurayj se rappela l'imprécation de sa mère et sourit. Arrivé à la place publique, et avant qu'on ne lui inflige le châtiment, il demanda qu'on lui accorde quelques moments pour prier. Puis, une fois sa Prière achevée, il demanda qu'on lui amène l'enfant adultérin. Il s'approcha alors de lui et lui chuchota à l'oreille: qui est ton père? Et, à la surprise de tout le monde, l'enfant répondit: mon père est untel, le berger. Les gens présents s'exclamèrent en célébrant l'Unicité et la Grandeur d'Allah puis dirent à Jurayj: nous allons te bâtir une tourelle en argent et en or. Mais lui, il leur répondit: non! Rebâtissez-la comme elle fut, en argile.»*

Dans ce *Ḥadîth* rapporté par Bukhari, le Prophète (ﷺ) dit: *«Si Jurayj avait été savant [en matière de religion], il aurait su que répondre à l'appel de sa mère était plus convenable que de poursuivre l'accomplissement du culte qu'il vouait à son Seigneur.»*[1] En se basant sur ce *Ḥadîth*, les doctes de l'Islam ont conclu que le croyant doit impérativement interrompre sa Prière surérogatoire quand l'un de ses parents l'interpelle.

Les musulmans et les musulmanes des premiers temps de l'Islam ont assimilé l'importance de la bienveillance envers leurs pères et leurs mères au point de l'observer même après la mort de ces derniers. Les *Ḥadîth*s et les récits qui attestent de cette réalité sont multiples.

Nous nous contenterons donc de citer le cas suivant: on rapporte qu'une femme de la tribu Juhayna vint voir le Prophète (ﷺ) et lui dit: ma mère a fait le vœu d'accomplir le pèlerinage. Cependant, elle mourut avant d'avoir pu l'accomplir. Puis-je l'accomplir pour elle? — *«Oui*, répondit le Prophète, *accomplis le Pèlerinage pour elle.»* Puis il ajouta: *«Si ta mère avait laissé une dette quelconque, l'aurais-tu payée? Acquittez les dettes envers Allah, car Il a plus de droit à être acquitté* [que quiconque]».[2]

Dans une version rapportée par Muslim, il est rapporté que la femme dit: ma mère avait l'obligation de jeûner un mois; puis-je jeûner à sa place? — *«Oui*, répondit le Prophète, *jeûne pour elle.»* Elle ajouta: et elle n'a jamais accompli le pèlerinage; puis-je l'accomplir pour elle? — *«Oui, répondit le Prophète, accomplis le Pèlerinage pour elle.»*[3]

---

[1] Cf. *Fat'h Al-Bâri*, vol. III, p. 78; vol. V, p. 136.

[2] *Idem.*, vol. IV, p. 64.

[3] Sharḥ ṣaḥîḥ muslim, vol. VIII, p. 25.

3. Elle est reconnaissante envers eux, même s'ils sont mécréants

Les orientations du Prophète de l'Islam atteignent le sommet de l'humanisme, quand on apprend qu'il a recommandé au croyant d'être bienveillant envers ses père et mère même s'ils ne sont pas musulmans. On rapporte que Asmâ' bint Abî Bakr aṣ-Ṣiddîq (qu'Allah les agrée) a dit: ma mère, qui était polythéiste, était venue me voir à l'époque du Messager d'Allah (ﷺ). Je demandai alors au Messager d'Allah (ﷺ): ma mère est venue me voir désirant ma bienfaisance; puis-je lui être charitable? — *«Oui, me répondit-il, sois charitable envers ta mère.»*[1]

Une musulmane qui a assimilé le sens profond des versets coraniques et des Traditions du Prophète relatifs à ce sujet, ne saurait être que constamment bienveillante envers ses père et mère, plus que vis-à-vis de qui que ce soit, et leur tenir une excellente compagnie. C'est ce comportement même qui fut adopté par les Compagnons du Prophète ainsi que par ceux qui ont suivi leur voie.

On rapporte à ce sujet qu'un homme dit à Saîd ibn al-Musayyab (qu'Allah l'agrée): j'ai compris tout le contenu du verset qui recommande la bienveillance envers les père et mère, excepté le passage qui dit: ﴾*(...)* Mais adresse-leur des paroles généreuses.﴿ *[Coran, 31: 15]* Ibn al-Musayyab lui répondit: «Cela signifie que tu dois t'adresser à eux de la même manière avec laquelle un esclave s'adresse à son maître.»

On rapporte aussi que, par respect envers sa mère, Ibn Sîrîn (qu'Allah l'agrée) avait l'habitude de s'adresser à elle d'une voix tellement basse qu'on dirait qu'elle émanait d'un malade.

---

[1] *Ḥadîth* rapporté par Bukhari et Muslim. Cf. *Sharḥ as-sunna*, vol. XIII, p. 13.

4. Elle n'est pas ingrate envers eux

De même que la musulmane est tenue à s'évertuer à manifester sa bienveillance envers ses père et mère, elle doit aussi se garder de tout comportement traduisant son ingratitude à leur égard. Une musulmane avisée est censée savoir qu'un tel acte est considéré comme un grand péché, et que le sort réservé à ceux qui le commettent est sombre et périlleux.

Les Textes authentiques tracent, en effet, un tableau sombre illustrant le destin de tout ingrat envers ses parents; un tableau qui devrait secouer les cœurs les plus impitoyables et les consciences les plus insoucieuses. Ils confirment que, de même que la bienveillance envers les père et mère est liée à la foi en Allah, l'ingratitude à leur égard est liée au polythéisme. Ce genre d'ingratitude est donc un crime abominable et le pire des péchés majeurs; ce qui devrait inciter toute musulmane sincère à s'en abstenir, par crainte des conséquences néfastes qu'il engendre.

D'après Abû Bakrata Nufay' ibn al-Ḥârith, le Messager d'Allah (ﷺ) a dit: *«Voulez-vous que je vous dise quels sont les pires péchés majeurs?»* Il répéta trois fois ces paroles. Nous répondîmes alors: certes Oui, ô Messager d'Allah! Il dit alors: *«Associer une autre divinité à Allah, et désobéir à ses père et mère».*[1]

5. Elle accorde la priorité à sa mère

Les enseignements de l'Islam, dans leur globalité, recommandent au croyant de manifester, à part égale, sa bienveillance envers son père et sa mère, et ne pas la rendre exclusive à l'un au détriment de l'autre. Cependant, certains Textes réservent à la mère un statut prioritaire dans ce domaine, et lui accordent plus d'importance.

---

[1] *Ḥadîth* rapporté par Bukhari et Muslim. Cf. *Sharḥ as-sunna*, vol. XIII, p. 15.

Donc, nous avons d'une part, des Textes qui confirment la nécessité d'être bienveillant envers père et mère, sans distinction aucune. Tel est, par exemple, le cas du *Ḥadîth* que nous avons cité précédemment, où le Messager d'Allah (ﷺ) demande à celui qui était venu dans l'intention de lui prêter serment d'allégeance pour la lutte pour la cause d'Allah: *«Est-ce que l'un de tes parents est encore vivant?»*

D'autre part, nous avons des Textes qui mettent l'accent sur la priorité de la mère et son statut privilégié concernant la bienveillance qui lui est due de la part de ses enfants. C'est le cas du *Ḥadîth* où le Prophète ordonne à Asmâ' bint Abî Bakr d'être charitable envers sa mère. C'est aussi le cas de cet autre célèbre *Ḥadîth* qui nous informe qu'un homme vint voir le Prophète (ﷺ) et lui demanda: lequel parmi les gens mérite le plus ma bonne compagnie?

- *«Ta mère»,* lui répondit le Prophète.

- Et qui ensuite?

- *«Ta mère.»*

- Ensuite?

- *«Ta mère.»*

- Ensuite?

- *«Ton père»*, finit par dire le Prophète.[1]

Dans ce *Ḥadîth*, le Messager d'Allah (ﷺ) confirme la priorité de la bienveillance envers la mère sur celle due au père. Cette règle fut confirmée aussi par les Compagnons, qui ne cessaient de la rappeler à l'ensemble des musulmans. 'Abd Allah ibn 'Abbâs (qu'Allah l'agrée), le savant le plus éminent de la communauté en tous temps, considérait la bienveillance envers la mère comme l'œuvre qui rapproche le plus d'Allah.

---

[1] *Ḥadîth* rapporté par Bukhari et Muslim. Cf. al-Baghawî, *Sharḥ as-sunna*, vol. XII, p. 4.

On rapporte à ce sujet qu'un homme vint le voir et lui dit: j'ai demandé la main d'une femme, mais elle a refusé de me prendre comme époux. Ensuite, un autre homme s'est présenté à elle, et elle a manifesté son désir de se marier avec lui. Alors, par excès de jalousie, je l'ai tuée; que dois-je donc faire pour me repentir? - Ta mère est encore vivante? Lui demanda Ibn 'Abbâs. - Non, répondit l'homme. Ibn 'Abbâs lui dit alors: repens-toi envers Allah (à Lui la puissance et la majesté), et tâche de te rapprocher de Lui autant que possible. 'Aṭâ' ibn Yassâr, le transmetteur de ce *Ḥadîth*, ajoute: je suis alors allé voir Ibn 'Abbâs et je lui ai dit: pourquoi l'as-tu interrogé si sa mère était encore vivante? Il m'a répondu: c'est parce que je ne connais d'œuvre qui rapproche le plus d'Allah que la bienveillance envers la mère.[1]

C'est, d'ailleurs, pour cette raison, et pour être en cohésion avec la *sunna* du Prophète, que l'Imâm Bukhari, dans son ouvrage *al-Adab al-mufrad*, avait classé le chapitre consacré à la bienveillance envers la mère avant celui qui traite de la bienveillance envers le père.

Rappelons aussi que le Coran souligne cet ordre de priorité dans un verset qui souligne le très haut rang de la mère, en évoquant dans un style tendre les souffrances qu'elle endure durant les périodes de grossesse et d'allaitement, afin d'inciter le croyant à manifester une générosité et une tendresse inconditionnées envers elle. Allah dit:

> ﴾Nous avons recommandé à l'Homme ses parents; sa mère l'a porté subissant pour lui peine sur peine, *[alors]* que son sevrage a lieu pendant les deux ans. Sois reconnaissant envers Moi ainsi qu'envers tes parents. Vers Moi est la destination.﴿ *[Coran, 31: 14]*

Voilà un principe d'éducation et une orientation pleine d'humanisme et de compassion sans égal: ﴾Sois reconnaissant envers

---

[1] *Ḥadîth* rapporté par Bukhari dans *al-Adab al-mufrad*, vol. I, p. 45.

Moi ainsi qu'envers tes père et mère.﴾ *[Coran, 17: 23]* Ainsi, la gratitude envers les père et mère vient immédiatement après la gratitude due à Allah (à Lui la puissance et la majesté). Quand on sait que manifester sa gratitude à Allah occupe le sommet des œuvres pies, on se rend compte du statut éminent que l'Islam accorde aux parents.

On rapporte à ce sujet qu'un jour, Ibn 'Umar vit un homme yéménite porter sa mère et faire le *tawâf* rituel autour de la Ka'ba en répétant: je suis son chameau docile; je l'ai portée plus qu'elle m'a porté! Ensuite, il dit à Ibn 'Umar: ô Ibn 'Umar, penses-tu que je l'ai récompensée? — Non, lui répondit-il, *[cela n'égale]* même pas l'un de ses soupirs *[en te mettant au monde]*![1]

On rapporte aussi que chaque fois que 'Umar ibn al-Khaṭṭâb (qu'Allah l'agrée) rencontrait les troupes de renfort yéménites, il leur demandait: y a-t-il un certain Uways ibn 'Âmir parmi vous? Cela dura jusqu'au jour où il rencontra Uways. Il lui dit alors: est-ce toi Uways ibn 'Âmir?

- Oui, répondit l'homme.

- Tu es de la tribu Murâd, et tu habites Qaran?

- Oui!

- Tu souffrais de la lèpre puis tu y as réchappé, excepté un endroit de ton corps similaire à une pièce de dirham?

- Oui!

- Ta mère est encore vivante?

- Oui, répondit Uways.

Et là, 'Umar lui dit: j'ai entendu le Messager d'Allah (ﷺ) dire: *«Un certain Uways ibn 'Âmir vous rendra visite parmi les troupes de renfort yéménites. Il est de la tribu de Murâd, de la localité Qaran. Il aura été atteint par la lèpre, à laquelle il aura réchappé, excepté un*

---

[1] *Idem.*, vol. I, p. 62.

endroit de son corps similaire à une pièce de dirham. Ce sera quelqu'un de bienveillant envers sa mère qui sera encore en vie. S'il jure par Allah [dans son invocation], *Allah le désengage de son serment* [en l'exauçant].»

Si tu peux donc m'implorer le pardon d'Allah, fais-le pour moi! Uways implora alors le pardon d'Allah en sa faveur. Ensuite, 'Umar lui dit: où comptes-tu partir? — En direction d'al-Kûfa, répondit Uways. — Désires-tu que je te recommande par écrit auprès de son gouverneur? lui dit 'Umar. — Non, répondit Uways, je préfère faire partie des gens inconnus.[1]

Grâce à sa bienveillance envers sa mère, Uways

Al-Karani atteignit un rang si élevé auprès d'Allah que le messager d'Allah recommanda ses Compagnons de lui demander de prier pour eux! Tous ces faits démontrent l'évidence indéniable du rang auquel l'Islam a hissé la mère, un rang qui précède même celui du père.

La vie peut sourire à une fille qui se trouverait alors dans un foyer conjugal où le confort ne manquerait pas. Il est fort possible, dans ce cas-là, qu'elle soit entièrement occupée par son mari et ses enfants, qu'elle néglige ses parents ou du moins omette de demander de leurs nouvelles. Cependant, la femme musulmane consciente et mûre ne peut se laisser distraire et tomber dans une erreur pareille. Elle est au-dessus d'une telle négligence, car elle est bien instruite des commandements du Saint Coran et de la Sunna relatifs à la reconnaissance envers les parents. Elle s'empresse toujours à leur rendre visite et à avoir de leurs nouvelles. Elle manifeste sa gratitude dans la mesure du possible et à chaque fois que son temps et ses conditions de vie le permettent. à ses père et mère. Cependant, cela est loin d'être le cas d'une musulmane avisée, car elle se rappelle constamment les recommandations des versets coraniques et des

---

[1] Cf. *Sharḥ ṣaḥîḥ muslim*, vol. XVI, p. 95.

Ḥadîths à ce sujet. Ainsi, elle s'évertue, autant que possible, à les servir avec bienveillance et à prendre soin d'eux.

6. *Elle leur manifeste convenablement sa bienveillance*

Une musulmane imprégnée des enseignements et des valeurs nobles de l'Islam est constamment bienveillante envers ses père et mère. Elle choisit les meilleurs moyens, les plus appropriés et les plus raffinés pour leur exprimer sa reconnaissance. Conformément aux commandements coraniques, elle leur parle avec politesse, prend soin d'eux, leur manifeste son respect, son humilité et sa compassion. Même dans les conditions et les situations les plus contraignantes, elle ne doit aucunement leur adresser une parole qui traduit son mécontentement ou son agacement à leur encontre. Elle doit constamment se rappeler et se conformer aux versets qui disent:

> ﴿Ton Seigneur a décrété: n'adorez que Lui, et agissez avec bonté envers *[vos]* père et mère: si l'un d'eux ou tous deux doivent atteindre la vieillesse à tes côtés, alors ne leur dis *[même]* pas: «Fi!» Et ne les rudoie point, mais adresse-leur des paroles généreuses. Abaisse pour eux l'aile de l'humilité, en *[esprit de]* miséricorde, et dis: ô mon Seigneur! Fais-leur, à tous les deux, miséricorde comme ils m'ont élevé tout petit.﴾ *[Coran, 17: 23-24]*

Il arrive que le père et la mère ou l'un d'eux s'écarte du droit chemin pour une raison quelconque. Dans ce cas, le devoir d'une musulmane bienveillante envers eux est de s'armer de patience pour leur rappeler la bonne voie, d'une manière courtoise, convenable et tendre. Leur conduite ne doit aucunement la pousser à se montrer sévère à leur encontre, à leur manquer de respect ou à ne pas les traiter très convenablement. Elle doit plutôt essayer de les convaincre de façon raisonnable et sage, en ayant recours à tous les moyens susceptibles de faire parvenir son message à leurs cœurs, ne serait-ce que par un sourire affectueux ou par des mots gentils.

La musulmane doit savoir qu'il est de son devoir d'adopter cette attitude envers ses père et mère, même quand ils adhèrent au polythéisme, qui est pourtant le péché majeur par définition. Allah dit:

> ﴾Nous avons recommandé à l'Homme ses parents; sa mère l'a porté subissant pour lui peine sur peine, *[alors]* que son sevrage a lieu pendant les deux ans. Sois reconnaissant envers Moi ainsi qu'envers tes parents. Vers Moi est la destination. Et si tous deux te contraignent à M'associer ce dont tu n'as aucune connaissance, alors ne leur obéis pas; mais tiens-leur compagnie ici-bas de façon convenable. Suis le chemin de celui qui revient repentant vers Moi. Vers Moi, ensuite, est votre retour, et alors Je vous informerai de ce que vous faisiez.﴿ *[Coran, 31: 14-15]*

Certes, la bienveillance envers père et mère est un devoir de grande importance en Islam, puisqu'il est inhérent au rapport humain le plus étroit, le rapport de l'Homme à ses parents. Cependant, et malgré le caractère sublime de ce rapport, il ne doit aucunement primer la foi. Si donc les parents d'un croyant ou d'une croyante font pression sur eux pour les pousser à la mécréance, ils ne leur doivent aucune obéissance; car aucune obéissance à l'être humain n'est autorisée quand elle engendre la désobéissance au Créateur, et le lien fondé sur la foi doit prévaloir sur tout autre lien. Néanmoins, et en dépit de toutes les circonstances, le croyant demeure toujours appelé à traiter ses parents de manière bienveillante et convenable.

Quelles que soient les circonstances, la musulmane doit, autant que possible, prendre soin de ses père et mère. En vue de la satisfaction d'Allah (à Lui la puissance et la majesté), elle doit faire tout son possible pour les rendre heureux, en demandant de leurs nouvelles, en leur rendant visite, en leur rendant des services susceptibles de les réjouir, en leur offrant des cadeaux ou en leur manifestant son amour à travers des mots gentils ou un sourire affectueux. Même après leur mort, elle doit maintenir cette bienveillance à leur égard, en invoquant Allah en leur faveur, en destinant des aumônes à leurs âmes et en acquittant les dettes qu'ils auraient envers Allah ou envers les gens.

La bienveillance envers les parents est une conduite inhérente à tout musulman. Durant la vie de ses père et mère, tout croyant doit observer cette noble conduite, en dépit des difficultés et des responsabilités de la vie quotidienne. Que cette valeur perdure encore dans les pays musulmans, cela indique, louanges à Allah, l'existence réelle de la compassion entre ses membres. Cela confirme aussi la loyauté des croyants envers les générations qui se sont sacrifiées pour eux dans le passé, et qui s'attendent maintenant à leur reconnaissance, leur assistance, leur tendresse et leur amour.

Cette conduite représente une immunité pour le croyant contre l'indifférence et l'ingratitude envers autrui; elle est surtout la clef qui lui ouvrira les portes du Paradis.

CHAPITRE QUATRE

SON COMPORTEMENT VIS-À-VIS DE SON MARI

1. Le mariage selon les principes de l'Islam

Selon les principes de l'Islam, le mariage est un contrat béni qui permet à l'homme et à la femme de cohabiter, se livrer l'un à l'autre et entamer un long parcours de vie commune. Cette vie commune se distingue par l'amour, l'harmonie, l'entraide et la compréhension mutuelle. En fondant leur foyer sur les bases du mariage, les deux conjoints sont censés se procurer mutuellement sérénité, quiétude et joie de vivre. Le Saint Coran décrit cette relation sublime dans des termes d'une beauté et d'une pureté qui incitent le couple à l'affection, la compassion et la confiance mutuelle pour parvenir au bonheur. Allah dit:

> ﴿Parmi Ses signes: Il a créé de vous, pour vous, des épouses, afin qu'auprès d'elles vous trouviez l'apaisement, et Il a, entre vous et elles, établi affection et bonté. Il y a en cela des preuves pour des gens qui réfléchissent.﴾ *[Coran, 30: 21]*

Le mariage est une union solide qu'Allah instaure entre les âmes des deux époux. Grâce à cette union, ils cohabitent dans une atmosphère saine d'amour, d'entente et d'entraide qui leur permet de fonder une famille dont les membres seront élevés selon les principes et les valeurs de l'Islam. Ainsi, le mariage contribue à l'élaboration de la cellule fondamentale de la société musulmane, dont le rôle principal est l'éducation d'une génération active, utile et vertueuse. Dans cette fondation, la femme représente le pilier principal et la pierre angulaire.

La femme vertueuse est, par ailleurs, la meilleure source de joie dans la vie de l'homme. Le Messager d'Allah (ﷺ) a dit: *«La vie présente est jouissance; la meilleure* [source de] *jouissance dans cette vie est l'épouse vertueuse».*[1] Elle représente ainsi l'un des bienfaits les plus généreux qu'Allah ait accordés à l'homme, car c'est à elle qu'il revient rechercher la quiétude et le plaisir pour se délasser et oublier les soucis de la vie quotidienne.

Mais comment la femme parvient-elle donc à réussir dans sa vie de couple et devenir une source de jouissance, chérie et honorée par son époux? C'est ce que nous développerons dans les pages suivantes de ce chapitre.

2. *La musulmane fait le bon choix de son futur mari*

L'Islam a honoré la femme en lui octroyant le droit de choisir elle-même son futur mari, et en interdisant même à ses père et mère de la contraindre à épouser un homme qu'elle refuse. C'est un droit qui revient exclusivement à la femme; elle doit le préserver et ne jamais céder si jamais son père, sous une pulsion subjective, venait à la contraindre à un mariage qu'elle récuse. Cependant, et tout en étant consciente de ce droit, une musulmane avisée prend toujours en considération l'avis de ses parents quand quelqu'un se présente à elle, car ils sont censés être soucieux plus que toute personne de son intérêt, et avoir une expérience dans la vie qui ne peut que lui être bénéfique.

Sur ce point sensible qui concerne de près la femme musulmane, les Textes qui consolident son droit sont multiples.

L'Imâm Bukhari rapporte qu'Al-Khansâ' bint Khidâm a dit: mon père m'ayant mariée à son neveu contre mon gré, j'allai me plaindre auprès du Messager d'Allah (ﷺ). Il me dit: *«Accepte la décision de ton père.»* Je répliquai: je n'approuve nullement la décision de mon

---

[1] Cf. *Sharḥ ṣaḥîḥ muslim*, vol. X, p. 56.

père. — «*Pars*, me dit-il, *le mariage qu'il a conclu est nul; marie-toi avec une personne de ton choix.*» Je lui dis alors: maintenant, j'accepte la décision de mon père. Seulement, j'ai voulu que les femmes sachent que leurs pères n'ont aucune autorité sur elles *[s'agissant de leur mariage].*[1]

A travers ce *Ḥadîth*, on apprend que le Messager d'Allah (ﷺ) a commencé par orienter la femme qui était venue le voir à respecter la volonté de son père; démarche logique, vu le souci quasi instinctif des parents pour le bonheur de leurs filles. Ensuite, quand il s'est rendu compte qu'elle était opposée à un mariage décidé par son père, il lui a donné le droit de faire son propre choix, la délivrant ainsi de l'arbitraire d'un père qui voulait lui imposer un mariage qu'elle n'appréciait pas.

Conformément aux objectifs du mariage qu'il a institués, à savoir notamment l'instauration d'un foyer basé sur l'entente et la parité entre conjoints, l'Islam ne tolère pas que la femme soit contrainte à vivre en compagnie d'un homme qu'elle n'aime pas. Cependant, il arrive que même des mariages bien négociés s'exposent à l'effondrement. Dans ce cas, quand la femme se sent mal à l'aise avec son époux, qu'elle ne peut lui vouer sincèrement amour et fidélité, et qu'elle craint, par conséquent, qu'elle commette un péché en lui désobéissant, il est de son droit de demander le divorce. C'est un droit approuvé par le Messager d'Allah (ﷺ), et ce, dans le *Ḥadîth* suivant: un jour, l'épouse de Thâbit ibn Qays, Jamîla, la sœur de 'Abd Allah ibn Ubayy, vint voir le Prophète (ﷺ) et lui dit: ô Messager d'Allah! Je ne reproche à Thâbit ibn Qays ni son comportement ni sa conduite religieuse, mais je crains *[en restant avec lui]* de commettre *[ce qui mène à]* la mécréance alors que je suis musulmane. — «[En cas de divorce,] *lui restitueras-tu son jardin?*» lui demanda le Prophète (ﷺ). — Oui, répondit-elle. Alors, le

---

[1] Cf. *Fat'h Al-Bâri*, vol. IX, p. 194; Ibn Mâjah, *as-Sunan*, vol. I, p. 602; *al-Mabsûṭ*, vol. V, p. 2.

Messager d'Allah (ﷺ) envoya un messager à Thâbit lui dire: *«Reprends ton jardin et répudie-la».*[1] Dans une autre version de Bukhari, d'après Ibn 'Abbâs, Jamîla dit: je ne reproche à Thâbit ni son comportement ni sa conduite religieuse, mais je ne le supporte pas.

Bukhari rapporte aussi un autre récit qui confirme à quel point l'Islam protège l'Humanité de la femme, préserve sa dignité et respecte son droit de choisir l'homme avec qui elle désire mener une vie commune. Il s'agit de l'histoire d'une esclave abyssinienne nommée Barîra dont le maître, 'Utba ibn Abî Lahab, lui imposa le mariage avec un autre esclave qu'elle n'aimait pas. Mais, pour son bonheur, 'Â'isha, la Mère des croyants, eut pitié pour elle et l'acheta puis l'affranchit pour lui permettre de demander le divorce. Lisons donc le texte intégral de l'épilogue de ce récit, qui reflète la tendresse et la bonté sans limites du Messager d'Allah (ﷺ).

'Abd Allah ibn 'Abbâs (qu'Allah l'agrée) a dit: c'est comme je vois encore l'époux de Barîra, un esclave, nommé Mughîth, la suivant partout, tout en pleurs et les larmes lui coulant sur sa barbe. Le Prophète (ﷺ) dit à al-'Abbâs: *«Ô 'Abbâs, n'es-tu pas étonné de l'affection qu'a Mughîth pour Barîra et de l'aversion que Barîra éprouve pour Mughîth?»* Puis il s'adressa à Barîra: *«Tu devrais revenir sur ta décision le concernant!»* - Ô Messager d'Allah, répondit-elle, est-ce un ordre? — *«Non*, dit-il, *j'intercède seulement.»* - Alors non, reprit Barîra, je n'ai nullement besoin de lui.[2]

Quelle émouvante scène sentimentale! Un époux qui aime profondément sa femme, au point de courir derrière elle en la suppliant de continuer à vivre ensemble, et elle qui ne veut plus de lui et le refuse de façon catégorique. Emu, le Prophète (ﷺ) essaye

---

[1] Cf. *Fat'h Al-Bâri*, vol. IX, p. 395.

[2] *Idem.*, vol. IX, p. 408.

d'influencer sur la décision de la femme en lui disant: *«Tu devrais revenir sur ta décision le concernant!»* Alors elle lui demande s'il s'agissait d'un ordre, car, comme tout croyant, elle lui doit obéissance en tant que Prophète. Mais le Prophète lui dit qu'il le lui demandait en tant qu'intercesseur: *«J'intercède seulement»*, pour dire que personne n'a le droit de l'obliger à vivre en compagnie d'un époux qu'elle n'a jamais aimé. Les pères arbitraires et impitoyables envers leurs filles devraient lire et relire ce *Ḥadîth* pour retrouver le bon sens.

Pour choisir son futur mari, la femme musulmane doit prendre en considération des critères justes et sages. Elle ne doit pas se contenter des éléments qui attirent généralement les femmes, telles que la beauté de l'apparence, l'élégance, la haute fonction, la richesse, etc. Elle devrait plutôt s'enquérir sur le degré de religiosité de celui qui demande sa main et sa moralité, car ce sont ces deux éléments qui représentent les piliers fondamentaux d'un ménage heureux.

L'Islam nous indique que dès qu'un prétendant au mariage dispose de ces deux qualités, on doit l'accepter, sinon le désordre et la corruption règneront dans la société. Le Prophète (ﷺ) a dit: *«Quand celui dont vous approuvez la religion et la conduite se présente à vous* [pour demander la main de l'une de vos parentes], *mariez-le; car si vous ne le faites pas, un désordre et une corruption immenses apparaîtront sur terre».*[1]

De même que le jeune musulman ne doit pas se laisser séduire par une belle femme au caractère mauvais, la jeune musulmane ne doit pas non plus éprouver d'attirance vers l'homme élégant s'il est libertin et frivole. Son admiration doit être vouée à un jeune croyant, sérieux et doué de bon sens; un homme ayant une âme pure et une conduite correcte. Une pure croyante ne convient qu'à un pur

---

[1] *Ḥadîth* jugé «apprécié», rapporté par at-Tirmidhî (vol. II, p. 274) et Ibn Mâjah (vol. I, p. 633).

croyant, et une vilaine égarée ne convient qu'à un vilain égaré comme elle. Allah dit:

> ﴾Les vilaines femmes aux vilains hommes et les vilains hommes aux vilaines femmes. De même, les femmes honnêtes pour les hommes honnêtes et les hommes honnêtes pour les femmes honnêtes.﴿ *[Coran, 24: 26]*

Cela ne signifie nullement que la musulmane doit refuser tout prétendant beau et élégant, ou qu'elle est condamnée à n'accepter que les hommes laids ou disgracieux. Comme nous l'avons précisé précédemment, elle a le droit absolu d'accepter l'homme de son choix; un homme qui suscite en elle admiration et estime; un homme qu'elle suppose combler ses vœux, que ce soit sur le plan moral, comportemental ou physique. Autrement dit: elle doit avoir une vision équilibrée dans son choix, et n'accorder de primauté ni au physique ni au comportement. Néanmoins, une musulmane avisée doit se méfier de tout leurre d'apparence qui l'empêcherait de connaître la vraie personnalité de celui qui la demande en mariage.

La nécessité pour la musulmane de faire le bon choix de son futur mari est essentielle, puisqu'elle sait que c'est lui qui va la prendre en charge après le mariage, et que cette responsabilité lui incombe de par un texte explicite du Coran. Allah dit:

> ﴾Les hommes assument les femmes, en raison des avantages qu'Allah a accordés aux uns sur les autres, et à cause des dépenses qu'ils font de leurs biens.﴿
> *[Coran, 4: 34]*

Elle tâche donc de n'accepter qu'un homme digne de l'assumer; un homme qui sera à ses côtés pour accomplir leur mission principale, qui consiste à fonder une famille musulmane, dans un climat d'affection et d'harmonie, et à éduquer des enfants purs d'âme et sains d'esprit. Une union de cette nature ne saurait être entachée d'incompatibilité d'humeurs ou de mésentente d'ordre religieux, puisque tel n'est pas le sort des croyants et des croyants qui choisissent cette voie commune pour accomplir l'importante mission qui leur incombe: appliquer et transmettre le Message de l'Islam. Allah dit:

> ﴾Les musulmans et les musulmanes, croyants et croyantes, obéissants et obéissantes, loyaux et loyales, endurants et endurantes, déférents et déférentes *[envers Allah],* donneurs et donneuses d'aumône, jeûneurs et jeûneuses, gardiens de leur chasteté et gardiennes, évocateurs très souvent d'Allah et évocatrices: Allah a préparé pour eux un pardon et une énorme récompense.﴿
>
> *[Coran, 33: 35]*

Pour pouvoir continuer à suivre la voie qui mène vers cet objectif, il est indispensable de bien choisir son conjoint, consolider les liens conjugaux et fonder une famille sur des bases saines.

Cette conduite n'est pas abstraite ou impossible à réaliser. Notre histoire nous propose plus d'un exemple dans ce domaine, et nous nous contenterons de n'en citer qu'un seul: celui de Umm Sulaym bint Milḥân. Cette femme fut la concrétisation même de la force de caractère, de la noblesse d'âme et de la clairvoyance dans le choix du mari. Cette *Anṣârite,* l'une des premières à se convertir à l'Islâm, l'épouse de Mâlik ibn an-Naḍr, le père de celui qui deviendra l'un des éminents Compagnons du Prophète: Anas ibn Mâlik (qu'Allah l'agrée). Après sa conversion, son mari manifesta son mécontentement de sa démarche en la quittant alors qu'elle était toute jeune; cependant, sans que cela la pousse à se rétracter. Même plus tard, quand elle apprit la mort de son mari, elle fit preuve d'endurance et décida de s'occuper de son fils Anas, qui avait dix ans, en le confiant au service du Messager d'Allah (ﷺ).

Quelque temps après, elle fut sollicitée en mariage par un jeune Médinois, connu pour sa robustesse, sa richesse et son esprit chevaleresque. Ce jeune homme, dont le nom est Abû Ṭalḥa, était l'objet d'admiration et de convoitise de la part de toutes les filles de Médine. Conscient de cet avantage, il crut qu'Umm Sulaym allait sauter de joie à l'entendre lui demander sa main. Mais la réponse d'Umm Sulaym fut plus que surprenante. Elle lui dit: «Ô Abû Ṭalḥa! Sais-tu que l'idole que tu adores a été sculptée par un menuisier abyssinien appartenant à telle tribu, et que sa substance est formée à partir d'un simple arbre qui pousse sur terre?» — Oui, répondit-il.

Elle lui dit alors: «Ne ressens-tu donc aucune humiliation en te prosternant devant un simple bout de bois d'arbre sculpté par un abyssinien?» Et là, Abû Ṭalḥa tenta de contourner le sujet en faisant allusion à la dot de fortune qu'il allait lui offrir et à la vie confortable qu'elle allait partager avec lui. Mais Umm Sulaym demeura ferme sur sa position et lui dit en toute franchise: «Par Allah, ô Abû Ṭalḥa, une demande venue d'un homme de ton rang ne saurait être rejetée. Cependant, tu es mécréant alors que je suis musulmane, or ma religion m'interdit de me marier avec toi. Si toutefois tu te convertis à l'Islam, je considérerai ta conversion comme dot, et je ne te réclamerai rien d'autre».[1]

Le lendemain, il revint la voir et lui promit une dot et des dons encore plus abondants. Mais Umm Sulaym persista sur sa position, et cette persistance, de par l'intelligence et la sagesse qu'elle reflétait, ne fit qu'accroître son admiration pour elle. Elle lui dit: «Ô Abû Ṭalḥa! Sais-tu que l'idole que vous adorez a été sculptée par un menuisier qui est l'esclave de telle famille? Sais-tu que si vous mettiez du feu dessus elle brûlerait?»

En entendant ces mots, Abû Ṭalḥa subit comme un choc qui secoua le plus profond de ses sentiments et se demanda: est-ce possible qu'un dieu puisse brûler? La réponse ne tarda pas à venir, et ce fut Abû Ṭalḥa même qui la formula, en déclarant: J'atteste qu'il

---

[1] Tradition jugée authentique, rapportée par an-Nasâ'î. Cf. *as-Sunan*, vol. VI, p. 114.

n'y a point de divinité à part Allah, et que Mohammed est Son Messager! Alors Umm Sulaym, débordant de joie, dit à son fils Anas: «Lève-toi, ô Anas, pour conclure mon mariage avec Abû Ṭalḥa!» Ainsi, Anas fit venir des témoins, et le mariage eut lieu.

Abû Ṭalḥa fut tellement heureux qu'il décida d'offrir toute sa fortune à Umm Sulaym. Mais la réaction d'Umm Sulaym fut digne d'une croyante sincère et noble. Elle lui dit: «Si j'ai accepté de me marier avec toi, ô Abû Ṭalḥa, c'est bien pour m'accorder l'agrément d'Allah; je n'accepterai donc aucune autre dot».

Umm Sulaym savait qu'en convertissant Abû Ṭalḥa à l'Islam, elle n'allait pas seulement obtenir l'avantage d'un époux digne et noble, mais aussi l'énorme rétribution promise à ceux et à celles qui contribuent à la conversion d'un non-musulman, car elle a entendu le Messager d'Allah (ﷺ) dire: *«Qu'Allah fait de toi le guide d'un homme dans le droit chemin, cela vaut mieux pour toi que la possession de chamelles rousses».*[1]

C'est de ce genre de femmes exemplaires que la musulmane doit s'inspirer, suivre leur voie et apprendre d'elles la pureté de la foi, la force de caractère et l'habileté lui permettant le bon choix de l'homme de sa vie.

3. Elle est dévouée et prévenante envers lui

Une musulmane avisée manifeste constamment son obéissance à son mari, à condition que cela ne l'entraîne pas à commettre un péché. Elle est bienveillante à son égard, et s'évertue à le satisfaire et le rendre heureux. Même quand il est pauvre ou dans la gêne, elle ne doit pas s'en plaindre ou en faire un prétexte pour se dispenser de ses responsabilités ménagères. Elle doit se rappeler que de nombreuses femmes de mérite dans l'Histoire musulmane étaient mariées à des hommes nécessiteux, et qu'en dépit de leurs conditions difficiles,

---

[1] *Ḥadîth* rapporté par Bukhari. Cf. *Fat'h Al-Bâri*, vol. VII, p. 476.

elles furent remarquables par leur patience et leur dévouement à leurs époux.

Dans ce registre, Fâṭima az-Zahrâ', fille du Prophète (ﷺ) et épouse de 'Alî ibn Abî Ṭâlib, est un modèle sans égal. On rapporte qu'elle se plaignait de la douleur que lui causait le maniement de la meule. Un jour, son époux, 'Alî ibn Abî Ṭalib, lui dit: «On vient d'amener à ton père des captives; va donc lui demander l'une d'entre elles pour te servir.»

Elle se rendit alors chez le Prophète, mais la pudeur l'empêcha de lui faire part de son désir. Suite à cela, 'Alî alla le voir et lui demanda une servante pour Fâtima qu'il aimait tant. Mais le Messager d'Allah (ﷺ), qui les chérissait plus que personne, refusa de leur accorder cette faveur au détriment des pauvres parmi les musulmans.

Ensuite, il se rendit chez sa fille et son époux en leur disant: *«Voudriez-vous que je vous indique ce qui vous sera plus bénéfique de ce que vous m'avez demandé? Chaque fois que vous vous apprêterez à dormir, exaltez trente-trois fois la gloire d'Allah, célébrez trente-trois fois Ses louanges et proclamez trente-quatre fois Sa grandeur. Cela vous sera plus bénéfique qu'une servante.»*

On rapporte que 'Alî (qu'Allah l'agrée) a dit: «Par Allah, depuis que le Prophète m'a enseigné ces mots, je n'ai jamais omis de les prononcer.» — Même la veille de la bataille de Ṣiffîn? Lui demanda l'un de ses compagnons. — «Même la veille de Ṣiffîn, lui répondit-il.»[1]

Voici aussi un autre exemple du dévouement de la femme musulmane à son époux, celui d'Asmâ' bint Abî Bakr. Son histoire est rapportée par Bukhari et Muslim, et narrée par Asmâ' même.

Elle dit: Az-Zubayr m'épousa alors qu'il ne possédait ni biens ni esclaves; il ne possédait rien d'autre que son cheval et son chameau de pompage et d'arrosage. Je donnais la provende à son cheval que

---

[1] Cf. *Fat'h Al-Bâri*, vol. VII, p. 71; *Sharḥ ṣaḥîḥ muslim*, vol. XVII, p. 45.

j'entretenais et lui procurais l'approvisionnement nécessaire, je broyais les noyaux de dattes *[qui servaient de nourriture]* à son chameau de pompage et d'arrosage, je lui donnais à manger, je m'en servais pour puiser de l'eau et je raccommodais son sceau. Je pétrissais également de la farine, mais je n'étais pas habile à préparer le pain. C'était des voisines *Ansârites* (Médinoises), des femmes sincères, qui préparaient mon pain. Je transportais sur ma tête les noyaux de dattes qui provenaient d'une terre que le Messager d'Allah (ﷺ) avait concédée à az-Zubayr, et cette terre se situait à quelques encablures *[de notre demeure]*.

Un jour, alors que je portais mon fardeau de noyaux sur la tête, je rencontrai le Messager d'Allah accompagné d'un groupe d'*Ansâr* (Médinois). Il m'appela, puis fit s'agenouiller son chameau pour me prendre en croupe. Mais, dit Asmâ' en s'adressant à az-Zubayr, connaissant ta jalousie, j'éprouvai de la gêne *[à le faire]*. Et là, poursuit Asmâ', az-Zubayr me dit: par Allah, te voir chargée de noyaux m'est plus pénible que de te voir en croupe avec lui. Après cela, ajoute Asmâ', *[cette situation dura]* jusqu'au jour où Abû Bakr *[Es-siddiq]* m'envoya une servante qui me débarrassa des soins à donner au cheval, et il me sembla alors qu'elle m'avait affranchie.[1]

C'est ainsi qu'une musulmane sincère doit se comporter envers son mari. Elle doit se dévouer à son mari et assumer les responsabilités relatives à leur foyer, car elle sait qu'il a un droit considérable sur elle. Ce droit est confirmé par le Messager d'Allah (ﷺ) dans plusieurs *Ḥadîth*s dont:

Le Prophète (ﷺ) a dit: *«Il ne sied pas à un être humain de se prosterner à un être humain; sinon j'aurais ordonné à la femme de se prosterner devant son époux, vu l'importance des droits qu'il a sur elle.»*[2]

---

[1] Cf. *Fat'h Al-Bâri*, vol. IX, p. 319.

[2] *Ḥadîth* rapporté par Aḥmed ibn Ḥanbal et al-Bazzâr. Ses transmetteurs figurent dans les listes admises dans les recueils de *ḥadîths* authentiques de Bukhari et Muslim. Cf. al-Haythamî, *Majma' az-zawâ'id*, vol. IX, p. 4.

Il a également dit: *«Si j'avais eu à ordonner à quelqu'un de se prosterner devant un autre, j'aurais ordonné à la femme de se prosterner devant son époux.»*[1]

On rapporte aussi que 'Â'isha demanda au Messager d'Allah (ﷺ): qui d'entre les gens a plus de droits sur la femme?

- *«Son époux»,* répondit-il.

- Et qui d'entre les gens a plus de droits sur l'homme? l'interrogea-t-elle de nouveau.

- *«Sa mère, lui dit-il.»*[2]

On rapporte aussi qu'une femme vint voir le Messager d'Allah (ﷺ) pour une affaire quelconque. Puis, une fois son affaire conclue, il lui demanda: *«As-tu un époux?»*

- Oui, répondit-elle.

- *«Comment te comportes-tu envers lui?»* reprit-il.

- Je ne ménage aucun effort pour m'acquitter de ses droits, sauf si cela dépasse ma capacité, répondit la femme.

Il lui dit alors: *«Sois attentive à ton comportement envers lui, car il sera ou ton Paradis ou ton Enfer».*[3]

Devant ces Textes sans appel, une musulmane sincère oserait-elle exprimer le moindre mécontentement s'agissant des responsabilités qu'elle doit assumer envers son époux et son foyer? Assurément, non! Cette lourde charge, certes fatigante et parfois rebutante, elle

---

[1] *Ḥadîth* jugé «apprécié atteignant le degré d'authentique», rapporté par at-Tirmidhî, vol. II, p. 314.

[2] *Ḥadîth* jugé «apprécié», rapporté par al-Bazzâr. Cf. *Majma' az-zawâ'id*, vol. IV, p. 308.

[3] *Ḥadîth* dont la chaîne de transmetteurs est jugée «excellente», rapporté par Aḥmed ibn Ḥanbal et an-Nasâ'î. Al-Ḥâkim l'a également dans son *Mustadrak* et l'a jugé authentique. Cf. al-Mundhirî, *at-Targhîb wa t-tarhîb*, vol. III, p. 52.

doit l'assumer pleinement et de gré, car elle vise la rétribution d'Allah (à Lui la puissance et la majesté).

Les Compagnons (qu'Allah les agrée), ainsi que ceux qui ont suivi leur voie, ont parfaitement assimilé cette règle morale islamique enseignée par le Messager d'Allah (ﷺ) et l'ont ensuite transmise à leurs contemporains. Ainsi, chaque fois que l'une des leurs était sur le point de se marier, ils lui recommandaient de bien servir son époux et d'être attentive aux droits qu'il a sur elle. Grâce à cette pratique, la musulmane des époques ultérieures a démontré par son dévouement spontané à son mari qu'elle avait parfaitement intégré la notion nécessitant l'acquittement des droits de son mari sur elle. Cette attitude est illustrée par Ibn al-Jawzî dans son ouvrage *Aḥkâm an-Nisâ'*[1], où il dit:

On rapporte que Shu'ayb ibn Ḥarb, un dévot du IIe siècle de l'Hégire, connu pour sa piété et son zèle en matière de culte, se décida à se marier avec une femme. Il se présenta alors devant elle et lui dit en toute modestie: ...seulement, voilà: je suis un homme de mauvais caractère! Mais cette femme qui était intelligente et courtoise lui répondit: pire encore est celle qui te pousse à devenir de caractère mauvais. Il se rendit alors compte qu'il était en face d'une femme mûre et intelligente, et lui dit immédiatement: tu es donc l'objet de ma quête; tu seras mon épouse!

Grâce à son intelligence et sa clairvoyance, cette femme a saisi le sens profond du dévouement au mari. Quand l'homme s'est présenté pour lui demander sa main, elle lui a confirmé que la réussite d'un couple dépend principalement de la femme. Quand celle-ci comprend la mentalité de son conjoint, ses habitudes, ce qu'il aime et ce qu'il déteste, elle peut aisément le séduire et acquérir son amour et son estime de sorte qu'aucune divergence ou discorde ne puisse perturber leur vie de couple. Quand, par contre, elle ignore ou néglige

---

[1] P. 331.

le devoir du dévouement au mari, elle ne sera pas digne d'être une bonne épouse. Pire encore, son ignorance et son manquement à ses devoirs vis-à-vis de lui pourraient même le pousser à adopter une mauvaise attitude; d'où la réponse pleine de sagesse de cette femme: pire encore est celle qui te pousse à devenir de mauvais caractère.

Par son intelligence et son bon comportement qui apaise son mari et l'attire vers elle, la musulmane avisée aide ainsi son mari à ennoblir son caractère et à se comporter convenablement avec elle. En adoptant cette conduite, elle ne répond pas à une nécessité conjoncturelle ou à une coutume sociale qui ferait sa fierté, mais elle le fait tout en étant convaincue qu'il s'agit là d'une obligation religieuse dont le bon accomplissement assure la rétribution, et dont la négligence attire le questionnement de la part d'Allah (exalté soit-Il).

Le dévouement de la musulmane à son époux consiste principalement à acquitter les droits légaux qu'il a sur elle; elle doit partager son plaisir charnel, lui tenir bonne compagnie, échanger les discussions avec lui, lui préparer de quoi se nourrir et se vêtir, l'accompagner dans ses visites, ainsi que tous les autres droits en rapport avec leur vie quotidienne commune. Et plus elle répond à ses attentes, plus leur vie de couple devient heureuse et proche de l'esprit de l'Islam et ses enseignements.

La musulmane consciente des principes de sa religion ne doit pas oublier que l'obéissance qu'elle doit à son mari est l'une des voies qui permettent l'accès au Paradis:

Le Messager d'Allah (ﷺ) a dit: *«Si une femme accomplit les cinq Prières* [obligatoires], *jeûne le mois* [de Ramadhan], *obéit à son époux, préserve son organe génital* [du péché], *on lui dira,* [dans l'autre monde]: *entre au Paradis par la porte de ton choix».*[1]

---

[1] *Ḥadîth* dont les transmetteurs sont jugés «dignes de confiance», rapporté par Aḥmed ibn Ḥanbal et aṭ-Ṭabarânî. Cf. *Majma' az-zawâ'id*, vol. IV, p. 306.

D'après Umm Salama (qu'Allah l'agrée), Le Messager d'Allah (ﷺ) a dit: *«Toute femme, qui meurt en laissant un époux satisfait de son comportement, entrera au Paradis».*[1]

Dans un autre *Ḥadîth*, le Prophète (ﷺ) décrit la femme dévouée à son époux par des termes transparents qui lui annoncent le bonheur dans ce bas monde et dans l'autre. On rapporte qu'un jour, il (ﷺ) dit à ses Compagnons: *«Voudriez-vous que je vous annonce laquelle de vos épouses sera au Paradis?»* - Certes oui, ô Messager d'Allah, lui dit-on. Il dit: *«C'est l'affectueuse, la procréatrice, celle qui, quand elle est en colère, maltraitée ou quand son mari est en colère contre elle, lui dit: voici ma main dans la tienne; je ne retrouverai le sommeil que quand tu seras satisfait».*[2]

La femme musulmane avisée doit savoir que de même que l'Islam lui a promis d'énormes récompenses quand elle se dévoue à son mari et en a ainsi fait un acte qui lui permet d'accéder au Paradis, il l'a aussi mise en garde contre toute négligence ou rébellion vis-à-vis de lui, en affirmant qu'il s'agit d'un péché susceptible de lui attirer le mécontentement et la malédiction des Anges.

Bukhari et Muslim rapportent, d'après Abû Hurayra, que le Prophète (ﷺ) a dit: *«Lorsqu'un mari invite son épouse à partager le lit conjugal et qu'elle s'y refuse, les Anges la maudiront jusqu'au matin, s'il passe la nuit mécontent d'elle».*[3]

D'après Abû Hurayra aussi, Muslim rapporte que le Prophète (ﷺ) a dit: *«Par Celui qui détient mon âme en Sa Main, aucun mari n'invite son épouse à partager le lit conjugal et qu'elle refuse sans*

---

[1] *Ḥadîth* rapporté par Ibn Mâjah (*as-Sunan*, vol. I, p. 595) et al-Ḥâkim qui le juge authentique (*al-Mustadrak*, vol. IV, p. 173)

[2] *Ḥadîth* dont les transmetteurs sont cités comme sources sûres dans les recueils de Traditions authentiques de Bukhari et Muslim; rapporté par aṭ-Ṭabarânî. Cf. *Majma' az-zawâ'id*, vol. IV, p. 312.

[3] Cf. *Fat'h Al-Bâri*, vol. VII, p. 71; *Sharḥ ṣaḥîḥ muslim*, vol. XVII, p. 45.

que ceux qui sont au ciel la maudissent à moins que son époux ne soit satisfait d'elle».[1]

La malédiction ne se limite pas aux épouses désobéissantes à leur mari, mais s'étend également à celles d'entre elles qui atermoient, qui ne cessent de reporter la satisfaction de leur époux. Le Prophète (ﷺ) a dit: *«Qu'Allah maudisse celles qui atermoient; celles qui, lorsque leurs époux les invitent à partager le lit conjugal, répondent: ce sera pour plus tard - jusqu'à ce que le sommeil s'empare d'eux».*[2]

Satisfaire le plaisir charnel dans un cadre sain et légal est l'un des objectifs pour lesquels l'Islam a institué le mariage. Il est, par conséquent, du devoir de la femme de satisfaire la volonté de son mari de partager ce plaisir et ne pas se dérober en avançant des prétextes futiles ou non fondés. Plusieurs *Ḥadîth*s confirment cette obligation en toutes circonstances et précisent que la femme ne peut s'en dispenser qu'en cas de force majeure.

Le Messager d'Allah (ﷺ) a dit: *«Quand un homme appelle son épouse pour satisfaire son besoin* [charnel], *qu'elle acquiesce même si elle se trouve sur le dos d'une monture».*[3]

Il a également dit: *«Quand un homme appelle son épouse pour satisfaire son besoin* [charnel], *qu'elle réponde même si elle est en train de préparer du pain».*[4]

La femme doit accorder une importance primordiale à la satisfaction du plaisir charnel de son époux, afin de le protéger contre toute séduction extraconjugale et conserver la fidélité qu'il lui doit

---

[1] Cf. *Sharḥ ṣaḥîḥ muslim*, vol. X, p. 7.

[2] *Ḥadîth* jugé authentique, rapporté par aṭ-Ṭabarânî dans *al-Mu'jam al-kabîr* et *al-Mu'jam aṣ-ṣaghîr*. Cf. *Majma' az-zawâ'id*, vol. IV, p. 296.

[3] *Ḥadîth* dont les transmetteurs sont cités comme sources sûres dans les recueils de Traditions authentiques de Bukhari et Muslim; rapporté par al-Bazzâr. Cf. *Majma' az-zawâ'id*, vol. IV, p. 312.

[4] *Ḥadîth* jugé «apprécié atteignant le degré d'authentique», rapporté par at-Tirmidhî, vol. II, p. 314.

sur ce plan. L'objectif des principes de l'Islam concernant le mariage est notamment d'assurer à l'homme, comme à la femme, une vie pure et équilibrée, loin de toute tentation malsaine et de tout penchant pour le péché. Or seul le rapport charnel naturel et légal permet d'évacuer les pulsions naturelles de l'être humain. D'où la nécessité pour les deux conjoints d'être attentifs à leurs désirs mutuels. L'orientation que nous donne le Prophète (ﷺ) dans le *Ḥadîth* suivant va dans ce sens:

Muslim rapporte, d'après Jâbir ibn 'Abd Allah (qu'Allah l'agrée), que le Messager d'Allah (ﷺ) a dit: *«Lorsque l'un d'entre vous éprouve de l'attirance pour une femme au point que son cœur devient épris d'elle, qu'il aille immédiatement à son épouse et qu'il satisfasse son désir charnel avec elle, car ceci écarte de lui ce qu'il avait éprouvé* [pour l'autre femme].»[1]

Le sort réservé à la femme qui provoque le mécontentement de son époux n'est pas de moindre importance. Il engendre un risque qui devrait secouer le cœur de toute musulmane pieuse et l'inciter à être vigilante sur ce plan. D'après Jâbir ibn 'Abd Allah (qu'Allah l'agrée), le Messager d'Allah (ﷺ) a dit: *«Il y a trois personnes dont aucune Prière n'est acceptée et dont aucune bonne action ne monte au ciel: l'esclave fugitif, jusqu'à ce qu'il revienne à ses maîtres et mette sa main dans les leurs; la femme dont l'époux est mécontent d'elle, jusqu'à ce qu'il soit satisfait; et la personne ivre, jusqu'à ce qu'elle reprenne ses esprits».*[2]

Le mécontentement visé dans ce *Ḥadîth* est uniquement celui suscité par un manquement de l'épouse à l'un de ses devoirs envers son époux. Dans l'autre cas de figure, quand l'époux manifeste son mécontentement à tort, la femme n'aura pas à se sentir coupable, car seul un mécontentement justifié la concerne. En outre, si, dans ce cas-

---

[1] Cf. *Sharḥ ṣaḥîḥ muslim*, vol. IX, p. 178.

[2] *Ḥadîth* rapporté par Ibn Ḥibbân dans son *Ṣaḥîḥ*, vol. XII, p. 178.

là, elle fait montre de patiente et d'indulgente, Allah l'en récompensera. Toutefois, il est à rappeler que l'épouse doit manifester sa bienveillance et son obéissance à son époux tant que ses demandes ne mènent pas au péché, car aucune obéissance n'est permise quand elle engendre la désobéissance à Allah.

On rapporte à ce sujet que le Messager d'Allah (ﷺ) a dit: *«Il n'est pas permis à une femme qui croit en Allah d'autoriser une personne à entrer chez elle ou de quitter sa demeure contrairement à la volonté de son époux. Elle ne doit obéir à aucune personne au détriment de son mari. Elle ne doit ni déserter le lit conjugal ni* [aller jusqu'à] *battre* [son époux]. *Si, toutefois, il la traite de façon inéquitable, qu'elle essaye de le satisfaire. Ainsi, s'il accepte ses approches, elle aura alors bien agi, car Allah acceptera ses excuses et appuiera ses arguments, et aucun péché ne lui sera imputé; sinon, elle se serait pleinement acquittée de son devoir auprès d'Allah».*[1]

Le dévouement de la femme à son époux consiste aussi à ne pas jeûner *[en dehors du mois de Ramadhan],* à ne pas permettre à quelqu'un d'accéder à sa maison et à ne pas dépenser son argent à lui sans son consentement. Si toutefois elle dépense l'argent de son époux sans son autorisation, elle n'aura que la moitié de la rétribution due à cet acte. Le Messager d'Allah (ﷺ) a dit: *«Il n'est pas permis à la femme dont le mari est 'présent' de jeûner, à moins qu'il ne l'y autorise. Elle ne doit autoriser quelqu'un à entrer dans la demeure de son mari que lorsque celui-ci lui permet de le faire. Si elle dépense une partie des biens de son mari sans qu'il le lui suggère, il aura la moitié de la récompense* [procurée par cet acte]».[2]

Dans une version de Muslim, il est dit: *«Que la femme ne jeûne en présence de son époux que lorsqu'il l'y autorise. Qu'elle ne permette*

---

[1] *Ḥadîth* jugé authentique, rapporté par al-Ḥâkim. Cf. *al-Mustadrak*, vol. II, p. 190.

[2] Cf. *Fat'h Al-Bâri*, vol. IX, p. 295.

à quelqu'un d'entrer dans sa demeure qu'avec le consentement [de son mari]. *Si elle dépense des biens acquis par son mari sans qu'il le lui suggère, il aura la moitié de la récompense* [procurée par cet acte]».[1]

Concernant l'usage, sans sa permission, de l'argent de l'époux en son absence, l'essentiel est de savoir que sa femme n'en a pas le droit si elle sait qu'il s'y opposerait s'il était présent. Même si elle en fait l'aumône, son œuvre sera considérée comme un péché et non une bonne action qui mérite la récompense d'Allah.

L'entente et l'harmonie ne se réalisent au sein du couple qu'à travers l'observance de ces règles. Grâce à cela, aucun des deux conjoints ne subira d'iniquité ni de désagrément susceptibles de troubler la vie conjugale, car l'Islam la veut basée sur l'amour, la compassion, la bienveillance et la cohésion.

Au cas où l'époux s'avèrerait qu'il ne s'acquitterait des dépenses qui lui incombent vis-à-vis de sa femme et de ses enfants qu'avec une parcimonie extrême, sa femme a le droit de se passer de sa permission pour dépenser son argent à chaque fois qu'elle ou ses enfants en ont besoin. On rapporte que Hind bint 'Utba, l'épouse d'Abû Sufyân, vint voir le Messager d'Allah (ﷺ) et lui dit: ô Messager d'Allah! Abû Sufyân est un homme avare; hormis ce que je prends à son insu, il ne me donne pas de quoi nous suffire à moi et à mes enfants. Le Prophète lui dit: *«Prends de quoi suffire, selon le bon usage, à toi et à tes enfants»*.[2] Ce *Ḥadîth* nous enseigne que tout en autorisant la femme à faire des dépenses à l'insu d'un époux avare, le Prophète la responsabilise en lui indiquant qu'elle doit le faire dans le cadre du bon usage.

---

1 Cf. *Sharḥ ṣaḥîḥ muslim*, vol. VII, p. 115.

2 *Ḥadîth* rapporté par Bukhari et Muslim. Cf. al-Baghawî, *Sharḥ as-sunna an-nabawiyya*, vol. IX, p. 327.

Une musulmane avisée doit savoir que l'Islam lui a confié la responsabilité de son foyer et de ses enfants. Elle doit se rappeler le *Ḥadîth* qui dénombre les responsabilités de plusieurs catégories de gens dans la société musulmane, et qu'elle a eu le grand mérite d'être citée parmi eux. Bukhari et Muslim rapportent que le Prophète (ﷺ) a dit: *«Chacun d'entre vous est dépositaire; chacun d'entre vous donc est responsable de ce qui lui a été confié. L'Imâm* [premier dirigeant] *est dépositaire; il est responsable des* [sujets] *confiés* [à sa gouvernance]. *L'homme est dépositaire de sa famille; il en est responsable. La femme est dépositaire du foyer de son époux; elle en est responsable. Le servant est dépositaire des biens de son maître; il en est responsable. Ainsi, chacun d'entre vous est dépositaire; chacun d'entre vous donc est responsable de ce qui lui a été confié».*[1]

Une musulmane sincère se caractérise par sa tendresse envers ses enfants et sa prévenance vis-à-vis de son époux. Ce sont là deux qualités dont toute femme devrait tâcher d'acquérir en tous temps et lieu, car le Prophète (ﷺ) leur a consacré son éloge en rendant hommage aux femmes de Quraysh.

Il (ﷺ) a dit: *«Parmi les femmes qui montent les chameaux, les meilleures sont les femmes de Quraysh. Elles sont les plus tendres pour les enfants en bas âge et celles qui gèrent le mieux les biens de leur mari».*[2]

Ces paroles du Prophète représentent, certes, un témoignage d'honneur en faveur des femmes Qurayshites, tout en interpellant toute musulmane à suivre leur exemple, car la tendresse envers les enfants et la prévenance vis-à-vis de l'époux sont deux qualités de valeur qui contribuent à la réussite du mariage ainsi qu'à l'épanouissement de la société.

---

[1] *Ibid.*

[2] Cf. *Sharḥ ṣaḥîḥ muslim*, vol. XVI, p. 81.

Etre attentive à son époux, s'intéresser à tout ce qui le concerne, prendre soin de loin, lui tenir compagnie, partager ses goûts et lui manifester les sentiments les plus tendres en vue de le rendre heureux constituent une conduite qui devrait susciter la fierté de toute épouse. Sur ce plan, toute musulmane devrait suivre la conduite de 'Â'isha, la Mère des croyants, en tant que modèle idéal. Quand le Messager d'Allah (ﷺ) entreprit son Pèlerinage, elle lui tint compagnie pour prendre soin de lui. Elle se montra même attentive à sa toilette et à son parfum en s'en occupant. Cela est confirmé par plusieurs Traditions rapportées par Bukhari et Muslim:

'Â'isha (qu'Allah l'agrée) a dit: *«J'ai parfumé le Messager d'Allah (ﷺ) de mes deux mains avant son entrée en état de consécration (al-ihrâm), et quand il en est sorti, avant de faire le* tawâf (...) *autour de la Ka'ba».*[1]

Bukhari et Muslim rapportent aussi qu'elle a étendu ses mains puis elle a dit: *«J'ai parfumé le Messager d'Allah (ﷺ) de mes deux mains que voici avant son entrée en état de consécration et quand il en est sorti, avant de faire le* tawâf (...) *autour de la Ka'ba».*[2]

'Urwa ibn az-Zubayr a dit: ayant interrogé 'Â'icha (qu'Allah l'agrée): quel parfum le Messager d'Allah (ﷺ) mettait-il avant d'entrer en état de consécration? Elle m'a répondu: «Le meilleur de tous les parfums».[3]

Dans une autre version de Muslim, elle dit: *«J'ai parfumé le Messager d'Allah (ﷺ) du meilleur parfum qui fût à ma disposition avant son entrée en état de consécration, et quand il en est sorti, avant le déferlement».*[4]

---

[1] Cf. *Sharḥ ṣaḥîḥ muslim*, vol. VIII, p. 99.
[2] Cf. *Fat'h Al-Bâri*, vol. III, p. 585.
[3] Cf. *Sharḥ ṣaḥîḥ muslim*, vol. VIII, p. 100.
[4] *Ibid.*

Quand le Messager d'Allah (ﷺ) observait la retraite spirituelle dans la mosquée, durant la dernière décade de Ramadhan, 'Â'isha lui lavait et peignait les cheveux. Bukhari et Muslim rapportent qu'elle a dit: «*Quand le Prophète (ﷺ) était en retraite spirituelle* [dans la mosquée], *il me tendait sa tête* [dans ma chambre] *et je lui coiffais ses cheveux.* [Durant cette période de retraite,] *il ne rentrait à la maison que pour les besoins naturels de l'être humain*».[1]

Elle a également dit: «*Je lavais la tête du Messager d'Allah (ﷺ) alors que j'étais en période de menstrues*».[2]

'Â'isha appelait sans cesse ses contemporaines à être prévenantes envers leurs époux. L'importance qu'elle accordait à ce devoir était telle qu'elle l'exprima en des termes qui pourraient choquer certaines femmes d'aujourd'hui. Elle dit: «Ô femmes! Si vous saviez les droits que vos époux ont sur vous, l'une d'entre vous n'hésiterait pas à essuyer de sa joue la poussière des pieds de son mari».[3]

De toute évidence, en faisant appel à cette métaphore, 'Â'isha voulait mettre l'accent sur l'importance du droit de l'homme sur son épouse et atténuer l'orgueil déplacé de certaines femmes qui s'estiment supérieures à leur mari, attitude qui mène généralement à l'effondrement de la vie conjugale ou à en faire un enfer insupportable.

La prévenance à l'égard de l'époux est une valeur enracinée dans la société musulmane. C'est une règle de conduite qui fut largement observée dans la période antéislamique, approuvée par l'Islam avant d'être transmise d'une génération musulmane à l'autre. La littérature

---

[1] *Idem.*, vol. III, p. 208.

[2] Cf. *Fat'h Al-Bâri*, vol. I, p. 403.

[3] *Ḥadîth* dont les transmetteurs sont bien connus et jugés dignes de confiance; rapporté par Ibn Ḥibbân dans son *ṣaḥîḥ* et al-Bazâr. Cf. Ibn al-Jawzî, *Aḥkâm an-nisâ'*, p. 311.

classique arabe nous a conservé des textes éloquents et précieux sur ce sujet. Dans ces textes, dont nous allons citer quelques exemples, il est surtout question de conseils adressés aux filles d'être attentives et prévenantes vis-à-vis de leur futur mari.

'Abd al-Malik ibn 'Umayr al-Qurashî, l'un des érudits du IIe siècle de l'Hégire, note qu'Umâma bint al-Ḥârith fut une femme connue pour sa sagesse et son éloquence durant l'époque antéislamique. Il rapporte que lorsque son époux, 'Awf ibn Muḥallim, l'un des notables de son époque, décida de marier sa fille Umm Iyâs, et avant que celle-ci ne quitte le domicile paternel pour rejoindre son époux, sa mère, bint al-Hârith, entra dans sa chambre et lui dit:

«Ô ma fille! Si on devait se passait des conseils d'autrui parce qu'on est bien éduqué ou parce qu'on est d'origine noble, je t'en épargnerais. Or les conseils demeurent un rappel pour le négligent et un appui pour le prudent.

Ô ma fille! Si la richesse des pères faisait la richesse de leurs filles, tu serais devenue la plus riche parmi les gens. Cependant, les femmes sont vouées aux hommes (maris), comme ces derniers sont voués à elles.

Ô ma fille! Tu vas quitter la maison où tu as vu le jour et où tu as grandi, pour rejoindre une maison que tu n'as jamais connue et un compagnon auquel tu ne t'es pas encore habituée. En te prenant pour épouse, il est devenu ton maître. Tâche donc de le bien servir; il deviendra ton serviteur.

Ô ma fille! Je te conseille dix qualités. Tâche donc de les observer, car elles te seront d'une grande utilité et contribueront à ta bonne réputation:

La première et *la deuxième* consistent à être satisfaite de ta vie en sa compagnie et obéissante à ce qu'il suggère; la satisfaction apaise le cœur, l'obéissance plaît au Seigneur.

La troisième et *la quatrième* consistent à combler son odorat et son regard. Tâche à ce qu'il ne voit en toi aucune laideur, et à ce qu'il ne sente de toi que l'odeur la plus parfumée. Sache que parmi les accessoires de beauté, le khôl en est le meilleur; et qu'en l'absence de parfums, l'eau est le parfum le plus agréable.

La cinquième et *la sixième* consistent à lui servir ponctuellement ses repas, et à lui assurer le calme durant son sommeil. Prolonger sa faim l'exaspère, et perturber son sommeil l'irrite.

La septième et *la huitième* consistent à prendre soin de ses enfants et ses domestiques, et bien préserver ses biens. Préserver ses biens traduit la bonne gestion; prendre soin des enfants et des domestiques confirme la parfaite gouvernance.

La neuvième et *la dixième* consistent, enfin, à ne divulguer aucun de ses secrets, et à ne désobéir à aucun des ses ordres. En divulguant ses secrets, tu risques de le trahir. En lui désobéissant, tu provoques sa colère.

Garde-toi, ô fille, de ne pas manifester ta joie quand il est triste ou ta mélancolie quand il est joyeux; car dans le premier cas, tu lui manques de respect; dans le second, tu le contraries.

Tâche de lui manifester ton estime; il aura plus de respect à ton égard. *[Sache que]* plus tu t'adapteras à lui, plus votre compagnie se prolongera.

Sache, enfin, ô fille, que tu n'obtiendras ce que tu désires qu'en accordant la primauté à la satisfaction de ses penchants sur les tiens propres, en ce que tu aimes comme en ce que tu détestes.

Qu'Allah te guide pour le bon choix et te protège!»[1]

La fille d'Umâma fut ensuite mariée et, grâce à ces précieux conseils, elle gagna beaucoup d'estime auprès de son mari. Plus tard, elle eut des enfants qui furent des princes et des rois dignes d'hériter de leur père.

---

[1] Aḥmed Zakî Ṣafwat, *Jamharat khuṭab al-'arab*, vol. I, p. 145.

Il est clair que cette somme de conseils englobe tous les points essentiels et utiles portant sur la conduite que l'épouse doit observer dans sa vie de couple. Elle représente ainsi un code de conduite indispensable pour toute femme s'apprêtant à entrer en union conjugale.

Une musulmane pieuse et consciencieuse ne doit pas se laisser aveugler par ses biens, sa richesse et l'autonomie financière dont elle jouit. Sa richesse, si colossale soit-elle, ne doit pas la détourner des droits de son époux. En sa qualité de femme riche, elle doit exprimer sa gratitude à Allah (à Lui la puissance et la majesté) en multipliant les actes d'aumône. Si son mari se trouve dans le besoin, elle doit lui accorder la priorité dans ses dons, car elle bénéficiera ainsi d'une double rétribution. On rapporte à ce sujet que Zaynab at-Thaqafiyya, l'épouse de 'Abd Allah ibn Massoud (qu'Allah l'agrée), a dit:

[Un jour,] le Messager d'Allah (ﷺ) [nous] dit: *«Faites l'aumône, ô femmes, fût-ce de vos propres bijoux.»* Je revins alors à 'Abd Allah ibn Massoud et lui dis: tu es un homme peu fortuné, et le Messager d'Allah (ﷺ) vient de nous ordonner de faire l'aumône. Va donc lui demander si je serai rétribuée pour vous avoir accordé l'aumône, sinon je l'accorderais à d'autres. — Demandes-lui toi-même, répliqua 'Abd Allah. Alors, ajoute Zaynab, je me rendis chez le Messager d'Allah (ﷺ) et, au seuil de sa porte, je rencontrai une femme des *Anṣâr* (Médinois) qui venait pour le même objet que moi. Vu le grand respect que nous avions pour le Messager d'Allah (ﷺ), nous attendîmes devant sa porte. Comme Bilâl (qu'Allah l'agrée) sortait de chez lui, nous lui dîmes: va voir le Messager d'Allah (ﷺ) et informe-le qu'il y a deux femmes devant la porte, qui lui demandent si l'aumône qu'elles font à leurs époux et aux orphelins qu'elles ont en charge sera rétribuée, mais tâche de ne pas nous citer nommément. Bilâl entra chez le Messager d'Allah (ﷺ) et lui communiqua la question.

- *«Qui sont ces deux femmes?»* lui demanda le Messager d'Allah (ﷺ).

- Une femme des *Anṣâr* et Zaynab, répondit Bilâl.

- *«Laquelle parmi les Zaynab?»*, reprit le Prophète.

- La femme de 'Abd Allah ibn Massoud, répondit Bilâl. Le Messager d'Allah (ﷺ) lui dit: «[Dis-leur qu']*elles auront deux récompenses: l'une pour* [avoir entretenu] *des liens de parenté et l'autre pour* [avoir fait] *l'aumône»*.[1]

Dans une autre version rapportée par Bukhari, il est dit: *«Ton mari et tes enfants ont plus de droit que toute autre personne à l'aumône que tu fais»*.[2]

Une musulmane consciencieuse doit manifester sa gratitude en cas de bonheur, et son endurance en cas de malheur. Elle ne doit en aucun cas oublier l'avertissement que le Messager d'Allah (ﷺ) a adressé à l'ensemble des femmes en les informant que si elles ne se rachètent pas par les bonnes œuvres, elles formeront la majorité parmi les gens de l'Enfer. Elle doit donc implorer constamment Allah de la préserver de ce sort. Bukhari rapporte, d'après 'Abd Allah ibn 'Abbâs (qu'Allah l'agrée), que le Prophète (ﷺ) a dit: *«Ô femmes, faites l'aumône, car j'ai vu que vous étiez en majorité en Enfer»*. - Pour quelle raison? lui demandèrent-elles. Il répondit: *«Vous proférez abusivement les malédictions, et vous êtes ingrates envers vos époux»*.[3]

Dans une autre version de Bukhari, le Prophète (ﷺ) dit: *«Elles sont ingrates envers leurs époux et n'avouent pas les bienfaits que ces derniers leur accordent. Si tu combles l'une d'entre elles de bienfaits durant toute ta vie, puis elle constate le moindre*

---

[1] *Ḥadîth* rapporté par Bukhari et Muslim. Cf. *Fat'h Al-Bâri*, vol. III, p. 328; *Sharḥ ṣaḥîḥ muslim*, vol. VII, p. 86.

[2] Cf. *Fat'h Al-Bâri*, vol. III, p. 325.

[3] Cf. *Fat'h Al-Bâri*, vol. III, p. 325; *Sharḥ ṣaḥîḥ muslim*, vol. II, p. 65.

comportement [déplaisant] *de ta part, elle te dira: je n'ai jamais reçu la moindre bienfaisance de ta part!»*[1]

Aḥmed ibn Ḥanbal cite une autre version du même *Ḥadîth* où il est rapporté qu'un homme dit: ô Messager d'Allah, ne sont-elles pas nos mères, nos sœurs et nos épouses? — *«Si,* répondit le Prophète, *mais elles ne manifestent pas de gratitude quand on leur donne, et ne font pas preuve d'endurance quand elles sont éprouvées».*[2]

En méditant ces *Ḥadîths*, une musulmane avisée doit se garder d'être ingrate envers son époux, de proférer abusivement des malédictions, de nier la bienfaisance qu'elle reçoit, d'omettre la reconnaissance à Allah en cas de bonheur et de perdre sa patience devant le malheur. Elle doit aussi s'empresser de faire l'aumône recommandée par le Prophète (ﷺ) à l'ensemble des femmes, afin de les sauver du terrible destin réservé à celles qui commettent les péchés cités et oublient Allah et le Jour du Jugement Dernier. Elle doit s'appliquer à donner l'exemple aux autres, par l'estime qu'elle porte à son époux et par l'éloge de ses qualités méritoires, car tel est le cas de toute femme 'loyale' et reconnaissante.

L'Histoire musulmane nous offre plus d'un exemple illustrant la loyauté et la reconnaissance des femmes croyantes vis-à-vis de leur époux. Tel fut le cas, entre autres, d'Asmâ' bint 'Umays, l'une des éminentes femmes de l'Islam, et l'une de celles qui furent les premières à émigrer vers Médine pour la cause d'Allah. Elle fut l'épouse de Ja'far ibn Abî Ṭâlib, puis d'Abû Bakr aṣ-Ṣiddîq, puis de 'Alî ibn Abî Ṭâlib (qu'Allah les agrée).

Un jour, chacun de ses deux enfants, Mohammed ibn Ja'far et Mohammed ibn Abî Bakr, vanta sa gloire en avançant que son père

---

[1] Cf. *Fat'h Al-Bâri*, vol. I, p. 83.

[2] *Ḥadîth* rapporté par Aḥmed et dont les transmetteurs sont cités comme sources sûres dans le recueil de Traditions authentiques de Bukhari. Cf. *al-Musnad,* vol. III, p. 428.

avait plus de mérite que celui de l'autre. 'Alî ibn Abî Ṭâlib demanda alors à leur mère Asmâ' de mettre fin à cette polémique. Elle leur dit alors: je n'ai jamais vu un jeune arabe meilleur que Ja'far, ni un adulte dépassant Abû Bakr en mérite. Et c'est là que 'Alî lui dit: si tu avais répondu autrement je t'aurais haïe; pourtant, tu ne m'a laissé aucune part de mérite! Elle lui répondit: trois hommes dont tu fais partie, même à un degré moindre de mérite, sont certes méritants.[1]

Quelle réponse judicieuse! Elle reflète la sagesse, l'intelligence et la courtoisie. Elle a accordé à chacun de ses époux défunts sa part d'estime, puis elle a rangé 'Alî parmi eux en déclarant qu'ils étaient tous des hommes de mérite. Cette réponse n'est pas fortuite; elle relève de la loyauté qu'avait Asmâ' envers chacun de ses époux successifs.

4. Elle est bienveillante et déférente envers ses beaux-parents

Le dévouement de la musulmane pour son mari consiste aussi à avoir un comportement généreux et respectueux vis-à-vis de sa belle-mère. Comme nous l'avons vu dans un *Ḥadîth* précédent, la mère est la personne qui a le plus de droits sur son fils. Une musulmane imprégnée des principes de sa religion doit donc aider son époux à exprimer son respect et sa bienveillance envers sa belle-mère en agissant de même. Elle aura ainsi bien agi envers sa propre personne et envers son mari, car elle l'aura aidé dans l'accomplissement des bonnes œuvres et l'acquisition de la piété, conformément aux recommandations du Saint Coran. Ainsi, la femme devient plus proche de son époux et plus appréciée de sa part, car tout homme noble se félicite de voir sa femme en relation de respect et d'affection avec ses parents, et ne supporte pas la voir en discorde ou en rupture avec eux.

---

[1] Cf. Ibn Sa'd, *aṭ-Ṭabaqât al-kubrâ*, vol. VII, pp. 208-209.

La bienveillance, l'affection, l'estime et le maintien des liens sont les aspects qu'il approuve le plus dans cette relation; la discorde, la rupture, la méchanceté, la haine et l'esprit de ruse sont les pires aspects qu'il puisse supporter. Or une famille musulmane, dont les esprits et les âmes sont imprégnés des principes de l'Islam, est loin de vivre le seconde cas de figure, car il est propre à ceux qui n'ont pas connu la vraie religion ou s'en sont écartés.

Cependant, il arrive qu'une musulmane subisse l'épreuve d'avoir une belle-mère ou des beaux-parents de mauvais caractère. Dans ce cas, elle doit les traiter de façon correcte, intelligente et courtoise, afin de maintenir un équilibre relationnel entre mari et beaux-parents, et surtout pour éviter les conséquences néfastes sur sa vie de couple que causerait une réaction négative de sa part à leur encontre.

La musulmane ne doit pas croire qu'elle est la seule à être appelée à être bienveillante et prévenante, que rien de cela n'incombe à son époux et qu'il est, par conséquent, libre de la maltraiter ou manquer à ses devoirs conjugaux. L'Islam, cette sublime religion, a judicieusement organisé les relations conjugales; chacun des deux partenaires a des devoirs vis-à-vis de l'autre comme il a des droits sur lui.

Les devoirs de la femme vis-à-vis de son époux ont leur pendant chez lui: ce sont ses droits. Ce sont des droits qui préservent sa dignité et sa personnalité de toute négligence, humiliation ou injustice de la part de l'époux. L'acquittement de ces droits est une obligation qui incombe à l'époux; il doit l'observer et l'appliquer de la manière la plus parfaite. Il doit assumer parfaitement son rôle de tuteur. Or, il ne peut occuper pleinement ce statut sans avoir prouvé sa capacité à gérer son foyer, en manifestant les qualités que les femmes admirent tant: les qualités d'un véritable homme. Il doit se montrer fort de caractère sans être pour autant agressif, gentil mais sans faiblesse, généreux mais loin de tout excès, noble, tolérant, indulgent, respectueux et bon gestionnaire des affaires du couple. Il doit aussi sensibiliser sa femme à se partager les responsabilités relatives à la gestion du ménage et l'éducation des enfants, pour s'entraider à fonder la famille modèle conforme aux aspirations de l'Islam.

5. *Elle lui exprime son affection et tient à le satisfaire*

Une musulmane pieuse et avisée manifeste constamment son affection à son époux et se montre attentive à son bonheur, de sorte qu'elle lui épargne tout élément susceptible de perturber leur vie paisible. Elle ne lui adresse que des paroles agréables, et s'abstient de tout propos susceptible de le vexer ou de l'affliger. Elle doit s'empresser de lui annoncer les bonnes nouvelles, pour être la source de sa joie. En cas de mauvaises nouvelles, elle doit reporter leur annonce jusqu'au moment approprié afin d'atténuer leur effet sur lui. Si elle ne trouve aucun moyen pour éviter d'être l'annonciatrice de ce genre de nouvelles, elle doit le préparer au choc en adoptant des méthodes susceptibles de ne pas le brusquer. Une telle démarche n'est pas accessible à toutes les femmes; elle exige sagesse et intelligence, et rares sont celles qui la maîtrisent et l'appliquent dans la réalité.

Umm Sulaym bint Milḥân, l'épouse d'Abû Ṭalḥa, appartient à cette catégorie minoritaire de femmes. Après la mort de son enfant, durant l'absence du père, cette femme eut une attitude tellement rare qu'on l'aurait rangée parmi les contes légendaires, si ce n'était Muslim qui en avait rapporté le récit. Ecoutons donc son fils Anas ibn Mâlik nous raconter cette merveilleuse histoire dans le détail:

L'un des fils d'Abû Ṭalḥa et d'Umm Sulaym mourut. Celle-ci dit à ses proches: n'annoncez pas à Abû Ṭalḥa la mort de son fils; c'est moi qui m'en chargerai. A son retour, elle lui servit le repas du soir. Une fois l'époux rassasié et désaltéré, elle se fit belle plus que jamais, ce qui emmena Abû Ṭalḥa à un rapport charnel avec elle. Puis quand elle constata qu'il était satisfait, elle lui dit: imagine, ô Abû Ṭalḥa, que des gens prêtent une chose à leurs voisins puis la leur réclament, ces derniers ont-ils le droit de la leur refuser?

- Non, répondit Abû Ṭalḥa.

- Escompte donc *[la récompense d'Allah pour la perte de]* ton fils, lui dit Umm Sulaym.

Et là, Abû Ṭalḥa se mit en colère et lui dit: tu as attendu jusqu'à ce que je sois en état d'impureté pour m'annoncer *[la mort de]* mon fils! Le lendemain, il alla trouver le Messager d'Allah (ﷺ) et lui raconta ce qui s'était passé. — *«Ô Allah, dit alors le Prophète (ﷺ), bénis pour eux deux cette nuit-là!»* Et Umm Sulaym, fut enceinte à partir de la veille.

Un jour, continue Anas, elle accompagnait le Messager d'Allah (ﷺ) dans l'un de ses voyages. *Il était dans les habitudes du Messager d'Allah (ﷺ), lorsqu'il retournait d'un voyage, de ne pas entrer à Médine de nuit.*

Comme ils s'approchaient de la ville sainte, les douleurs de l'enfantement surprirent Umm Sulaym. Abû Ṭalḥa s'arrêta donc *[pour tenir compagnie à sa femme],* alors que le Messager d'Allah (ﷺ), [fidèle à son habitude], continua son chemin vers Médine [pour arriver avant le crépuscule]. A ce moment-là, Abû Ṭalḥa implora Allah en ces termes: ô Seigneur! Tu sais bien que quand je pars en voyage avec Ton Messager, je préfère retourner en sa compagnie. Cependant, j'ai été empêché par l'évènement que Tu connais.

Suite à cette invocation, raconte Abû Ṭalḥa, Umm Sulaym me dit: ô Abû Ṭalḥa, je n'éprouve plus les douleurs que je ressentais; reprends ton chemin! Ce que nous fîmes. Puis lorsque nous arrivâmes à Médine, les douleurs s'en emparent de nouveau et elle accoucha d'un garçon.

Ma mère, reprend Anas, me dit alors: ô Anas, qu'aucune femme ne l'allaite jusqu'à ce que tu l'aies apporté demain matin au Messager d'Allah (ﷺ). Le lendemain matin, J'apportai l'enfant au

Messager d'Allah (ﷺ) qui tenait à la main un fer à marquer les chameaux.

Quand il m'aperçut, il me dit: *«Il paraît qu'Umm Sulaym a accouché!»* - Oui, répondis-je. Il posa alors le fer à marquer de côté. Je pris le nouveau-né et le mit dans le giron du Prophète qui demanda qu'on lui apporte les meilleures dattes de Médine. Il en mit une dans sa bouche et la mâcha jusqu'à ce qu'elle devînt molle, puis il la mit dans la bouche du nouveau-né. Celui-ci s'étant mis à se passer la langue sur les lèvres, le Messager d'Allah dit: *«Regardez à quel point les Anṣâr (Médinois) aiment les dattes!»* Ensuite, il lui passa la main sur le visage et lui donna le nom de 'Abd Allah.[1]

Quelle foi profonde! Quelle endurance! Quel mérite! Quelle éminente femme! Comment a-t-elle pu étouffer sa douleur, elle qui venait de perdre la chair de sa chair? Comment a-t-elle pu se contrôler en s'offrant à son époux en plein deuil, pour le préparer à une nouvelle qu'elle savait douloureuse? Il s'agit, certes, d'une foi profonde et sincère en Allah, car seule une femme aspirant à Son agrément agit de la sorte.

Umm Sulaym fut vraiment une femme exceptionnelle. Pour son endurance et sa prévenance envers son époux, et grâce à l'invocation du Messager d'Allah (ﷺ) en sa faveur, Allah la gratifia d'un autre enfant. Mais avant la naissance de celui-ci, et pendant qu'elle était encore enceinte, elle décida d'accompagner son mari Abû Ṭalḥa dans une expédition militaire pour la cause d'Allah. Elle était pourtant en phase avancée de grossesse, mais elle ne voulait en aucun cas se priver de l'honneur de participer au Jihâd en compagnie du Messager d'Allah (ﷺ). Son mari qui se souciait de sa santé tenta de l'en dissuader, en invoquant les risques d'un tel déplacement, la chaleur intense et le chemin incommode, mais elle fut plus que déterminée. Il demanda alors au Messager d'Allah (ﷺ) de l'autoriser à

---

[1] Cf. *Sharḥ ṣaḥîḥ muslim*, vol. XVI, p. 11.

l'accompagner dans cette expédition. Connaissant son endurance et sa passion pour le Jihâd, le Prophète l'y autorisa.

Ensuite, elle assista à la conquête de la Mecque et participa, peu de temps après, à la bataille de Ḥunayn. Lors de cette bataille qui fut une véritable épreuve pour les croyants, Umm Sulaym était encore enceinte. Cependant, elle fut parmi les rares croyants qui ont soutenu le Prophète (ﷺ) et qui ont résisté contre l'ennemi jusqu'à la victoire finale.

De retour à Médine, elle sentit les douleurs de l'accouchement de plus en plus intenses. Elle demanda alors à son époux de s'arrêter un moment pour lui tenir compagnie. Mais son époux, qui aimait tant être au côté du Prophète (ﷺ) lors de ses retours à Médine, implora sincèrement Allah d'exaucer son vœu, et Allah l'exauça. Les douleurs d'Umm Sulaym disparurent, et elle rejoignit en compagnie de son mari l'armée musulmane avant son retour à Médine. Une fois arrivée, elle fut de nouveau tourmentée par les douleurs, mais pour donner lieu, cette fois-ci, à la naissance d'un nouveau-né. Elle décida alors que ce soit le Prophète (ﷺ) qui lui assure la première nutrition, et lui choisit un prénom. Ainsi, l'invocation du Prophète (ﷺ) de bénir l'enfant d'Umm Sulaym et d'Abû Ṭalḥa se réalisa, car dans la descendance de cet enfant béni que le Prophète a nommé 'Abd Allah, il y aura dix savants de grand mérite.

Il n'est donc pas étonnant que le Prophète (ﷺ) ait annoncé à cette femme sincère et profondément croyante d'aller au Paradis, car il a dit: *«En accédant au Paradis, j'entendis un craquement de pas. - Qui est-ce? demandai-je* [aux Anges]. *C'est al-Ghumayṣâ' bint Milḥân, la mère d'Anas ibn Mâlik, me répondirent-ils».*[1]

L'épouse idéale est aussi celle qui, avec intelligence, manifeste son affection envers son époux, notamment quand il est irrité ou en

---

[1] *Ibid.*

désaccord avec elle. On rapporte à ce sujet que le Prophète (ﷺ) décida de manifester son mécontentement vis-à-vis de ses épouses en disant: *«Je ne me rendrai plus chez mes épouses pendant un mois.»*

Au bout de vingt-neuf nuits, il se rendit chez 'Â'isha, et c'est par elle qu'il commença. Elle lui dit: tu as juré de ne pas te rendre chez nous pendant un mois, or ce matin, il ne s'était écoulé que vingt-neuf nuits - je les ai bien comptées. Le Prophète répliqua: *«Ce mois ne compte que vingt-neuf jours»*. En effet, ajoute 'Â'isha, ce mois-là ne comptait que vingt-neuf jours.[1]

En disant: «Ce matin il ne s'est écoulé que vingt-neuf nuits - je les ai bien comptées», 'Â'isha exprimait de façon allusive l'attachement et l'amour qu'elle avait pour le Prophète en tant qu'époux. Pour le lui manifester l'amour intense qu'elle avait pour lui, elle lui a fait part de son attente et de son impatience au point de compter les jours, voire les heures, qui les séparaient de leurs retrouvailles.

Afin d'assurer l'harmonie et d'éviter l'ennui et la routine dans la vie conjugale, la musulmane avisée doit connaître les habitudes, les penchants et les désirs de son époux et les prendre en considération. Tel est, d'ailleurs, le comportement de toute femme consciencieuse et douée de bon sens.

On rapporte que Shurayḥ, le célèbre juge et *faqîh*, épousa une femme appartenant à la tribu Banû Ḥandḥala. La nuit de noces, après avoir accompli en sa compagnie une Prière de deux *rak'a* pour invoquer Allah de bénir leur union, elle lui dit: je suis une femme étrangère; je n'ai aucune connaissance sur ton caractère. Précise-moi donc ce que tu aimes pour que je l'observe, et ce que tu détestes pour que je l'évite. *(...)* Elle demeura vingt ans en ma compagnie, raconte Shurayḥ. Durant cette période, je ne lui ai rien reproché - à une exception près où c'était moi qui avais tort.

---

[1] Passage d'un long *ḥadîth* rapporté par Bukhari et Muslim. Cf. *Fat'h Al-Bâri*, vol. V, p. 116*; Sharḥ ṣaḥîḥ muslim*, vol. VII, p. 195.

Tel est l'exemple d'une musulmane prévenante et affectueuse vis-à-vis de son époux, conformément à l'Islam. Elle prend soin de son foyer et de son mari, et s'évertue à préserver leur vie conjugale.

Dès qu'un élément de discorde vient à s'immiscer entre elle et son époux, elle s'empresse de l'écarter en recourant sagement à l'entente et en manifestant sincèrement son affection. Dans des cas pareils, elle ne doit nullement se laisser influencer par les suggestions de mauvais esprit ou de la partie sombre de sa personnalité qui l'incite au mal. Elle ne doit pas céder devant ces tentations et s'empresser de demander le divorce, car les liens du mariage sont d'une importance telle qu'on ne saurait les rompre pour un simple différend passager ou pour une mésentente accidentelle.

Une musulmane avisée doit aussi savoir que le Messager d'Allah (ﷺ) a annoncé que toute femme frivole qui demande le divorce à son mari sans raison valable sera privée du Paradis. Il a dit: *«Toute femme qui demande le divorce à son époux sans raison valable sera privée de l'odeur* [même] *du Paradis».*[1]

6. Elle ne divulgue pas les secrets de son époux

Une musulmane vertueuse et réservée ne divulgue pas les secrets de son mari et ne dévoile en aucun cas ce qui se rapporte à leur vie intime. Elle est censée s'élever bien au-dessus de ce niveau de vilenie propre aux personnes irresponsables et futiles. De par son statut, elle ne doit pas s'abaisser jusqu'à participer à des discussions méprisables, où des femmes perdent leur temps et leur réputation, en faisant de leurs secrets les plus intimes des sujets de conversation. A propos de ce genre de gens, le Messager d'Allah (ﷺ) a dit: *«Au Jour de la Résurrection, ceux qui auront le pire rang auprès d'Allah*

---

[1] *Ḥadîth* jugé «apprécié atteignant le degré d'authentique», rapporté par at-Tirmidhî (vol. II, p. 314) et Ibn Ḥibbân (vol. IX, p. 490).

seront l'époux et l'épouse qui, après s'être livrés l'un à l'autre, divulguent leurs relations intimes».[1]

Evoquer la vie intime de son époux à autrui est la pire forme de divulgation de secrets; seuls des personnes viles osent le faire. Ce comportement est strictement interdit par l'Islam. Il existe des secrets appartenant certes à la vie privée du couple, mais dont le dévoilement est répréhensible sans être pour autant catégoriquement illicite. Néanmoins, les conjoints sont tenus à préserver tout secret entre eux, car cela représente une qualité de grande valeur qui ne peut être que bénéfique pour l'union conjugale.

La tentation de divulguer les secrets d'autrui est un défaut quasi intrinsèque de la nature humaine. Seul le Prophète (ﷺ) en a été préservé. La Tradition nous informe que même certaines épouses du Prophète cédèrent à cette tentation, provoquant ainsi son mécontentement. Elle précise qu'une fois, le Prophète (ﷺ) fit part à son épouse Ḥafsa de propos privés, supposant qu'elle allait les garder pour elle. Mais ce secret fut divulgué, et 'Â'isha le fit circuler, ce qui engendra des conspirations et des stratagèmes de la part de certaines épouses du Prophète. D'où son mécontentement et sa décision de rompre tout contact avec elles durant un mois.[2] A cette occasion, Allah (exalté soit-Il) révéla les versets suivants:

> ﴾Lorsque le Prophète confia un secret à certaines de ses épouses et qu'elle le divulgua, Allah l'en informa; celui-ci en fit connaître une partie et passa sur une autre. Puis, quand il l'eut informée *[de son indiscrétion]*, elle dit: qui t'en a informé? Il dit: c'est l'Omniscient, le Parfaitement Connaisseur qui m'en a avisé.﴿ *[Coran, 66: 3]*

Le verset suivant confronte les deux femmes à leur erreur et les

---

[1] *Ḥadîth* rapporté par Muslim. Cf. *Sharḥ ṣaḥîḥ muslim*, vol. VIII, p. 10.

[2] Cet incident est rapporté par Bukhari, Muslim et d'autres traditionnistes. Cf. *Fat'h Al-Bâri*, vol. V, p. 116; *Sharḥ ṣaḥîḥ muslim*, vol. VII, p. 195.

appelle au repentir pour se racheter et se rapprocher d'Allah après s'en être écartées de par leur acte. Puis il leur précise qu'au cas contraire, elles devraient savoir que le Prophète a pour alliés Allah, l'ange Gabriel, les plus vertueux parmi les croyants ainsi que les Anges. Il dit:

> ﴾Si toutes deux vous vous repentez à Allah, c'est que vos cœurs ont fléchi. Mais si vous vous soutenez l'une l'autre contre le Prophète, alors ses alliés seront Allah, Gabriel et *[les gens les plus]* vertueux parmi les croyants, et les Anges sont de surcroît *[son]* soutien.﴿
>
> *[Coran, 66: 4]*

Ensuite, vient le dernier verset révélé à cette occasion, et qui met toutes les épouses du Prophète (ﷺ) en garde contre l'éventualité d'un divorce si jamais elles persistaient à commettre la même erreur:

> ﴾S'il vous répudie, il se peut que son Seigneur lui donne en échange des épouses meilleures que vous, musulmanes, croyantes, obéissantes, repentantes, adoratrices, jeûneuses, déjà mariées ou vierges.﴿
>
> *[Coran, 66: 5]*

Cet incident constitue un enseignement de grande importance adressé à toute musulmane. Il attire son attention sur la nécessité de taire les secrets de son époux, et les effets positifs d'une telle conduite qui contribue à la stabilité des individus et des familles.

Notons cependant que cela n'indique nullement qu'il y avait des agissements à cacher dans la vie du Prophète (ﷺ) ou qu'il tenait à les dissimuler à l'ensemble des croyants. Bien au contraire, en sa qualité de Prophète modèle, sa vie, aussi bien publique que privée, fut est demeure un livre ouvert que tout croyant peut et doit consulter.

Des épisodes de sa vie sont exposés dans le Coran, d'autres, plus importants encore, sont relatés dans la *Sunna* qui ne passe sous silence aucun détail, y compris ce qui pourrait être considéré comme faussement impudique ou relevant de la faiblesse humaine, et que les gens tiennent d'habitude à garder en secret. Tout ce qui se rapporte à la vie quotidienne du Prophète est exposé dans les Textes, afin que les croyants l'imitent en se conformant à sa conduite et sachent distinguer le vrai du faux et la rectitude de l'égarement. C'est donc un grand bienfait qu'Allah a accordé aux musulmans en faisant que la majeure partie de la Biographie de leur Prophète leur soit conservée.

Conscients que la vie du Messager d'Allah (ﷺ) était exclusivement consacrée à transmettre le Message d'Allah et qu'elle représente la concrétisation vivante des enseignements de l'Islam, ses Compagnons ont transmis aux générations futures tous les détails concernant sa personne, ses épouses et sa famille. Grâce à eux, nous connaissons jusqu'à nos jours les moindres détails de la vie du Prophète (ﷺ), car ils ont enregistré tous ses comportements de la vie quotidienne et nous les ont transmis. Qu'Allah les en récompense. Pour le bien de l'Humanité, Allah a voulu que ces informations, ajoutées à celles contenues dans le Coran, soient enregistrées et conservées jusqu'à la fin des temps.

7. Elle le soutient et lui porte conseil

L'entraide entre l'homme et la femme pour peupler la terre et administrer ensemble tout ce qui leur permet d'y vivre pleinement est une loi inéluctable établie par Allah. L'homme ne peut pas se passer des efforts de la femme, et vice-versa. En cohésion avec cette loi universelle, l'Islam a recommandé aux conjoints de s'entraider et de coopérer dans tous les domaines, pour mieux gérer leur vie commune. En effet, l'Islam incite l'époux à aider son épouse autant que faire se peut. Même le Messager d'Allah (ﷺ), qui est l'exemple à suivre par la totalité des musulmans, aidait, selon 'Â'isha (qu'Allah l'agrée)[1], ses épouses dans les tâches ménagères jusqu'au moment où

---

[1] Cf. *Fat'h Al-Bâri*, vol. II, p. 162.

il devait sortir pour accomplir la Prière en commun. Et de même que l'homme musulman contribuait aux tâches ménagères pour aider sa femme, celle-ci contribuait aussi, par ses actes, ses paroles ou ses opinions, aux tâches qui lui incombent.

Cette entraide s'est illustrée de façon claire le long de l'Histoire musulmane. En la consultant, on apprend que la femme participait aux combats côte à côte avec l'homme. Elle donnait à boire aux assoiffés, soignait les blessés et encourageait les combattants à résister sur les champs de bataille. Certaines croyantes participèrent même aux combats avec bravoure, et firent alors preuve de résistance quand des hommes supposés héros prirent la fuite. Ces engagements sincères de la part de la femme eurent lieu à l'époque même du Messager d'Allah (ﷺ), et firent l'objet de son approbation et de son éloge, comme nous l'avons mentionné plus haut.

La participation de la femme musulmane à la vie publique pour soutenir l'homme ne se limitait pas aux expéditions militaires. Durant les périodes de paix, elle lui apportait aussi son soutien sous forme d'avis judicieux, d'encouragement en cas de peine, et d'appui dans les situations difficiles.

L'Histoire nous informe qu'un bon nombre de personnalités musulmanes illustres consultaient leurs femmes et se fiaient à leurs avis. Le Messager d'Allah (ﷺ) recourait, sur certaines affaires, à l'avis de Khadîja, Umm Salama et 'Â'isha. Ce fut également le comportement de 'Abd Allah ibn az-Zubayr avec sa mère Asmâ', d'al-Walîd ibn 'Abd al-Malik avec son épouse Umm al-Banîn, d'ar-Rashîd avec sa femme Zubayda, et d'autres encore, car les exemples ne manquent pas à ce sujet.

Une musulmane avisée doit prendre conscience de l'importance qui lui est attribuée dans sa vie de couple. Elle doit assumer ses devoirs d'épouse envers son époux en lui manifestant tout ce qui comble ses désirs et ses sentiments, pour contribuer à renouveler son énergie et lui permettre ainsi d'accomplir sa mission dans la vie. Elle ne doit, par conséquent, épargner aucun effort pour le conseiller, le soutenir, l'encourager et le consoler.

La première femme à s'être convertie à l'Islam, Khadîja bint Khuwaylid, la Mère des croyants (qu'Allah l'agrée) est un exemple idéal que devrait suivre toute musulmane soucieuse d'influer positivement sur la vie de son époux. Le récit que nous allons faire illustre à quel point elle a soutenu le Prophète (ﷺ) lorsque, pour la première fois, il reçut la Révélation. Bukhari et Muslim rapportent que 'Â'isha (qu'Allah l'agrée) a dit:

A son début, la Révélation au Messager d'Allah (ﷺ) prit la forme de songes pendant son sommeil qui se confirmaient dans la réalité; chacun de ces songes se réalisait de façon semblable à la clarté de l'aurore. Plus tard, il a été attiré par la retraite. Il se retirait alors dans la caverne de Ḥirâ', où il se livrait à l'adoration *[d'Allah], [loin de toute idole divinisée],* pendant de nombreuses nuits avant de retourner chez son épouse pour s'approvisionner.

Ensuite, il *[partait en retraite puis]* revenait de nouveau à Khadîja pour s'approvisionner en vue d'une autre retraite. Cela durera jusqu'à ce que la Vérité lui vint subitement alors qu'il était dans cette caverne de Ḥirâ'. L'Ange [de la Révélation] vint à lui et lui dit: «Lis»! — *«Je ne sais pas lire»,* répondit-il.

«L'Ange me saisit aussitôt», raconta le Prophète, *«me serra contre lui au point de me faire perdre toute force, puis me lâcha en me disant: 'Lis'! - Je ne sais pas lire, répondis-je encore. Il me saisit une seconde fois et me serra de nouveau contre lui au point de me faire perdre toute force, puis me relâcha et me répéta: 'Lis'! - Je ne sais pas lire, répliquai-je. Il me saisit pour la troisième fois et me serra aussi contre lui au point de me faire perdre toute force, puis me relâcha en disant: 'Lis', au Nom de ton Seigneur Qui a créé, qui a créé l'Homme d'une adhérence. Lis! Ton Seigneur est le Très Noble, Qui a enseigné par la Plume (le calame), a enseigné à l'homme ce qu'il ne savait pas.»*

Suite à cela, le Messager d'Allah (ﷺ) retourna chez lui, le cœur palpitant. Il entra chez Khadîja bint Khuwaylid et dit: *«Enveloppez-moi! Enveloppez-moi!»* On l'enveloppa alors jusqu'à ce que sa frayeur fût dissipée. Il dit ensuite à Khadîja: *«Ô Khadîja, qu'est-ce qui m'arrive?»* Il lui raconta ce qui lui était arrivé, puis il ajouta: *«J'ai eu peur pour ma propre personne!»* Khadîja, lui dit: non! Tu dois plutôt t'en réjouir! Par Allah, jamais Allah ne te plongera dans l'ignominie, car tu maintiens les liens de parenté, tu es sincère dans tes propos, tu te charges des démunis, tu donnes aux nécessiteux, tu accordes l'hospitalité à l'hôte et tu aides à surmonter les malheurs.

Ensuite, elle l'emmena chez Waraqa ibn Nawfal ibn Assad ibn 'Abd al-'Uzzâ.

Cet homme, qui était le cousin paternel de Khadîja, avait embrassé le christianisme dans la période préislamique. Il savait écrire en arabe et il écrivait l'Evangile en arabe de manière sublime qu'Allah voulait.

A cette époque, âgé, il avait déjà perdu la vue. Khadîja lui dit: ô mon cousin, écoute le fils de ton frère. — Ô fils de mon frère, dit Waraqa, qu'as-tu vu? Le Messager d'Allah (ﷺ) *relata alors ce qu'il avait vu*, et Waraqa lui dit: il s'agit du Confident qui a été envoyé autrefois à Moïse. Hélas! Si seulement j'étais jeune! Que je ne voudrais être encore vivant au moment où ton peuple te chassera! — *«Vont-ils me chasser?»*, l'interrogea le Messager d'Allah (ﷺ). — Oui, répondit Waraqa. Jamais un homme n'a apporté ce que tu apportes sans qu'il soit persécuté! Si je vis jusqu'à ce jour-là, je te soutiendrai de toutes mes forces.[1]

Ce texte atteste de façon claire à quel point Khadîja (qu'Allah l'agrée) était une épouse parfaite. Il témoigne aussi de la justesse de son avis, sa perspicacité, son courage, son savoir et sa clairvoyance. Connaissant le noble caractère du Prophète (ﷺ), la pureté de son âme

---

[1] Cf. *Fat'h Al-Bâri,* vol. I, p. 23; *Sharḥ ṣaḥîḥ muslim,* vol. II, p. 197.

et de sa conduite, elle était convaincue qu'Allah n'allait pas le plonger dans l'ignominie et qu'il ne subira aucun mal. De par son esprit pénétrant, elle a su que la nouvelle période par laquelle passait le Messager d'Allah (ﷺ) signifiait qu'Allah le préparait à une Mission d'importance majeure. Alors elle l'a rassuré, sur un ton débordant de douceur et d'affection: «C'est une nouvelle qui devrait te réjouir. Fais donc montre d'assurance! Par Celui qui détient l'âme de Khadîja entre Ses Mains, j'espère que tu seras le Prophète de cette nation».[1] Ensuite, et comme pour confirmer son pressentiment, elle l'emmena voir son cousin à elle, Waraqa ibn Nawfal, qui lui expliqua le sens de ce qu'il avait vécu dans la caverne.

Khadîja, la première Mère des croyants (qu'Allah l'agrée) fut le premier assistant du Prophète (ﷺ) dans sa mission. Elle eut le grand honneur d'être la première croyante, d'avoir soutenu son époux, le Messager d'Allah (ﷺ), et de s'être pleinement engagée pour sa cause. C'est elle qui l'aidait et l'encourageait à supporter toutes les formes de persécutions dont il était l'objet les premiers temps de sa mission. C'est elle aussi qui partageait ses efforts et ses peines.

Dans son ouvrage consacré à la Biographie du Prophète, Ibn Hishâm dit:

Khadîja fut la première personne à renforcer la foi du Prophète en ce qui lui fut révélé et à le soutenir dans sa mission. Elle fut la première à croire en Allah et en Son Messager. Cela contribua à l'atténuation des peines du Prophète (ﷺ), car à chaque fois qu'il retournait chez lui affligé par les propos mettant en cause sa sincérité en tant que Prophète, Khadîja le consolait en lui affirmant qu'elle croyait en lui, l'encourageait à faire preuve d'endurance et le consolidait en minimisant les propos malveillants des gens. Qu'Allah lui accorde Sa miséricorde![2]

---

[1] Ibn Hishâm, *as-Sîra*, vol. I, p. 245.

[2] *Idem.*, vol. I, p. 257.

Elle est vraiment une femme véridique, et elle est digne de porter ce titre. Il n'est donc pas surprenant qu'elle ait obtenu agrément et considération de la part d'Allah et qu'Il lui ait annoncé une demeure propre à elle au Paradis. Bukhari et Muslim rapportent qu'Abû Hurayra (qu'Allah l'agrée) a dit: l'Archange Gabriel vint trouver le Prophète (ﷺ) et lui dit: *«Ô Messager d'Allah, voici Khadîja qui se dirige vers toi pour t'apporter un pot dans lequel il y a un condiment* - ou *un aliment* ou *de de la boisson. Quand elle arrivera, transmets-lui le salut de Son Seigneur ainsi que le mien, et annonce-lui qu'elle aura dans le Paradis une maison de perles creuses où* [elle n'entendra] *aucun vacarme et* [ne ressentira] *aucune fatigue.»*[1]

Une musulmane avisée use de ses capacités mentales et s'ingénie pour faire des propositions et donner des conseils à son époux dans les situations où il en a le plus besoin. C'est là aussi une forme d'entraide et de prévenance. Cela fut illustré par Umm Salama, la Mère des croyants (qu'Allah l'agrée), quand elle proposa un avis qui fut plein de sagesse et d'un grand secours aux musulmans lors de la trêve d'al-Ḥudaybiya.

L'an six de l'Hégire, Umm Salama fut en compagnie du Messager d'Allah (ﷺ) dans son voyage à la Mecque pour accomplir le Petit Pèlerinage (*'umra*). Avant d'arriver à la Mecque, les mécréants de Quraysh empêchèrent le Prophète et les nombreux croyants qui étaient avec lui d'accéder à la Demeure sacrée. Suite à ce contretemps, un traité fut conclu entre croyants et mécréants. Ce traité stipulait une trêve de dix ans. Durant cette trêve, on devait assurer la sécurité des gens appartenant aux deux camps et cesser toute attaque de part et d'autre.

Le traité stipulait également que quiconque se convertissait à l'Islam et rejoignait Mohammed à Médine sans l'autorisation de son

---

[1] *Ḥadîth* rapporté par Bukhari et Muslim. Cf. al-Baghawî, *Sharḥ as-sunna an-nabawiyya*, vol. XIV, p. 155.

tuteur, devait être refoulé, et que, par contre, les Qurayshites avaient le droit d'accueillir ceux qui se rétracteraient parmi les musulmans. Il stipulait aussi, entre autres, que les musulmans n'avaient pas le droit d'accomplir le Petit Pèlerinage *('umra)* l'année en cours, mais l'année d'après, etc.

De par sa clairvoyance et l'orientation qu'Allah lui accordait, le Messager d'Allah (ﷺ) savait que ce pacte, dont le texte semblait léser les musulmans, constituait un bienfait immense et une victoire éclatante au profit de l'Islam et ses adeptes. Cependant, à la lecture du traité, les Compagnons furent profondément choqués. Ils estimèrent qu'il était injuste à leur égard et qu'il les lésait dans leurs droits, alors qu'ils avaient le dessus plus fort que leurs adversaires. Ces sentiments de remontrance furent exprimés par 'Umar ibn al-Khaṭṭâb de manière signifiante. On rapporte qu'à cette occasion, il alla à la rencontre d'Abû Bakr aṣ-Ṣiddîq et lui dit:

- N'est-il pas le Messager d'Allah?

- Sans aucun doute, répondit Abû Bakr.

- N'est-ce pas nous les musulmans?

- Certes oui.

- N'est-ce pas eux les polythéistes?

- Mais si.

- Pourquoi donc accepter que l'humiliation atteigne notre religion?

Et là, Abû Bakr le mit en garde *[contre ces propos]* en disant: «Ô 'Umar, conforme-toi à ses ordres; j'atteste qu'il est le Messager d'Allah». — «Moi aussi j'atteste qu'il est le Messager d'Allah», répliqua 'Umar.

'Umar alla ensuite voir le Messager d'Allah (ﷺ) et réitéra devant lui les mêmes questions qu'il avait posées à Abû Bakr. Mais quand il dit: «Pourquoi donc accepter que l'humiliation atteigne notre religion?», le Messager d'Allah (ﷺ) lui répondit: *«Je suis le serviteur d'Allah et Son Messager; je ne désobéirai à aucun de Ses ordres, et Il ne me délaissera pas».*[1]

A ce moment-là, 'Umar ibn al-Khaṭṭâb réalisa qu'il s'était trompé en s'empressant de manifester son opposition au traité conclu. Plus tard, il dira: «A cause de ma prise de position et des propos que j'ai prononcés *[à cette occasion],* et pour me racheter, je n'ai cessé, depuis, de multiplier les Prières surérogatoires, de jeûner et d'affranchir des esclaves, au point de considérer que cela aura été pour mon bien».[2]

Pour revenir à Umm Salama, soulignons qu'après la conclusion de ce traité, le Messager d'Allah (ﷺ) ordonna à ses Compagnons de faire le sacrifice rituel et de se raser la tête. Il le leur répéta à trois reprises, mais personne d'entre eux ne s'exécuta. C'est ici que vient à point nommé la contribution d'Umm Salama.

Quand le Prophète (ﷺ) se retira auprès d'elle, il lui relata la réaction de ses Compagnons à son ordre. Alors, dans un esprit brillant d'intelligence et de perspicacité, elle lui dit: «Ô Messager d'Allah, sors et ne leur adresse la parole qu'après avoir accompli le sacrifice rituel et t'être rasé la tête».

Le Prophète (ﷺ) approuva le conseil d'Umm Salama et l'appliqua. Quand les Compagnons constatèrent que le Prophète entreprit lui-même ce qui leur avait ordonné de faire, ils s'empressèrent d'agir de même. Leurs remords et leur embarras furent tellement accablants et perturbateurs que certains d'entre eux faillirent causer la mort des autres en leur rasant la tête.[3]

---

[1] Cf. Ibn Hishâm, *as-Sîra,* vol. III, p. 331; *Fat'h Al-Bâri,* vol. VI, p. 281; *Sharḥ ṣaḥîḥ muslim,* vol. XII, p. 141.

[2] Cf. Ibn Hishâm, *as-Sîra,* vol. III, p. 331

[3] Cf. Ibn al-Qayyim, *Zâd al-Ma'âd,* vol. III, p. 295; aṭ-Ṭabarî, *Târîkh al-umam wa l-mulûk,* vol. II, p. 124.

Plus tard, les musulmans se rendirent compte que le Prophète (ﷺ) avait une vision clairvoyante et judicieuse en concluant le traité en question. Il s'agissait effectivement d'une victoire éclatante, car depuis, le nombre de convertis à l'Islam ne cessa d'augmenter jusqu'à dépasser le nombre de ceux qui s'étaient convertis avant la conclusion du traité. Dans son *Ṣaḥîḥ*, Muslim rapporte qu'Allah (exalté soit-Il) a révélé le verset qui dit: ﴿En vérité, Nous t'avons accordé une victoire éclatante﴾ *[Coran, 48: 1]* à l'occasion du traité d'al-Ḥudaybiya. Celui-ci représentait une victoire éclatante. Il rapporte qu'après la révélation de ce verset, le Messager d'Allah (ﷺ) convoqua 'Umar et le lui lit. 'Umar dit alors: «Ô Messager d'Allah, *[le traité]* est une victoire?» — *«Oui»*, lui répondit le Prophète. Là, 'Umar se rassura et renonça alors de bon gré à sa contestation.[1]

8. *Elle l'encourage à faire l'aumône*

Le soutien de la musulmane avisée envers son époux consiste aussi à l'encourager à faire l'aumône pour la cause d'Allah. Elle doit l'encourager dans ce sens et le dissuader de gaspiller son argent dans la luxure, ou pour se vanter d'être riche, et ce, contrairement à un bon nombre de femmes futiles et égarées du droit chemin.

Une musulmane pieuse et consciencieuse s'attache toujours à voir son mari dans la voie du Bien, de la piété et de la réussite. Par conséquent, elle l'encourage à accomplir les œuvres de piété et à les multiplier; car elle a la profonde conviction que cela contribue à lui faire honneur dans ce bas monde, et lui garantit une immense rétribution dans l'Au-delà.

Le beau récit suivant illustre l'encouragement que la femme, du temps du Prophète, adressait à son époux pour l'inciter à faire l'aumône pour la cause d'Allah:

---

[1] Cf. *Sharḥ ṣaḥîḥ muslim*, vol. XII, p. 141.

Un jour, Abû ad-Daḥdâḥ annonça à son épouse qu'il venait, en vue d'acquérir un dattier au Paradis, de faire aumône du jardin dans lequel elle habitait en compagnie de ses enfants. Elle lui répondit *[spontanément]:* quelle cession bénéfique! Quelle cession bénéfique! A ce propos, le Messager d'Allah (ﷺ) dit: *«Que d'immenses dattiers seront accordés à Abû ad-Daḥdâḥ au Paradis»* - il répéta à plusieurs reprises ces mots.[1]

9. Elle l'aide à adorer Allah

Parmi les attitudes méritoires de la musulmane avisée: encourager son époux à accomplir les divers actes d'obéissance à Allah, notamment la Prière nocturne. En agissant de la sorte, elle lui rend un service plus que bénéfique, puisqu'elle lui rappelle ses devoirs à chaque fois qu'il les néglige, et contribue, par conséquent, à s'accorder en sa compagnie la miséricorde d'Allah.

Dans l'un de ses *Ḥadîths*, le Messager d'Allah (ﷺ) souligne, dans un style merveilleusement imagé, le mérite des conjoints qui s'entraident à accomplir les actes de piété. D'après Abû Ḥurayra (qu'Allah l'agrée), le Prophète (ﷺ) a dit: *«Qu'Allah accorde Sa miséricorde à un homme qui, s'étant levé de nuit pour accomplir la Prière nocturne, réveille son épouse pour prier; et si elle refuse de le faire, il lui asperge le visage d'eau. Qu'Allah accorde Sa miséricorde à une femme qui, s'étant levée de nuit pour accomplir la Prière nocturne, réveille son époux pour prier; et s'il refuse de le faire, elle lui asperge le visage d'eau».*[2]

---

[1] *Ḥadîth* dont les transmetteurs sont cités comme sources sûres dans les recueils de Traditions authentiques de Bukhari et Muslim; rapporté par Aḥmed et aṭ-Ṭabarânî. Cf. *Majma' az-zawâ'id*, vol. IX, p. 324.

[2] *Ḥadîth* rapporté par Abû Dâwûd (Vol. II, p. 45) qui le juge authentique selon les critères établis par Muslim.

10. Elle assure sa satisfaction

La musulmane avisée n'oublie jamais que la satisfaction de son époux et le sentiment de plénitude qu'il est censé éprouver en sa compagnie relève d'elle, et que c'est une obligation dont l'importance vient immédiatement après l'adoration qu'elle doit à Allah. Elle est appelée à le rendre heureux et satisfait de sa vie en sa compagnie. Pour y parvenir, elle doit user de son intelligence pour découvrir les moyens qui lui permettent d'atteindre le cœur de son époux. Ainsi, elle s'assurera aisément une vie conjugale heureuse et satisfaisante.

Elle doit savoir qu'aux yeux de l'homme, elle représente la meilleure source de jouissance. Cette réalité est confirmée par le *Ḥadîth* où, d'après 'Abd Allah ibn 'Amr ibn al-'Âṣ, le Messager d'Allah (ﷺ) dit: *«La vie présente est jouissance; la meilleure* [source de] *jouissance dans cette vie est l'épouse vertueuse».*[1]

Elle doit donc découvrir les voix d'accès qui lui permettent de parvenir au cœur de son époux pour le satisfaire pleinement, car dans le cas contraire, elle sera considérée comme mauvaise épouse et source de malheur. A ce sujet, le Messager d'Allah (ﷺ) a dit: *«Trois* [éléments] *contribuent au bonheur de l'homme, et trois autres contribuent à son malheur. Ceux qui contribuent à son bonheur sont: une épouse vertueuse, une habitation convenable et une bonne monture. Ceux qui contribuent à son malheur sont: une mauvaise épouse, une mauvaise habitation et une mauvaise monture.»*[2]

A partir de ce *Ḥadîth*, nous comprenons pourquoi la prévenance de la femme envers son époux et sa réussite à obtenir son amour est une conduite enseignée par la religion. En se comportant de la sorte, la femme préserve son homme de toute tentation extraconjugale et consolide les fondements de sa famille. Elle assure ainsi son bonheur à elle, celui de son époux et celui de leurs enfants.

---

[1] *Ḥadîth* Cf. *Sharḥ ṣaḥîḥ muslim*, vol. X, 56.

[2] Rapporté par Aḥmed ibn Ḥanbal, *al-Musnad*, vol. I, p. 168.

De par sa nature, toute femme aime conquérir le cœur de l'homme; elle y voit un moyen pour satisfaire sa féminité et son instinct de séduction. La femme musulmane n'échappe pas à cette règle. Cependant, celle-ci dépasse la femme ordinaire en considérant que tout ce qu'elle fait pour séduire ou satisfaire son époux vise l'agrément d'Allah, car elle est appelée par la religion à le faire. D'où son souci permanent de s'approcher encore plus de son époux pour le conquérir, que ce soit par une beauté soignée, une parole agréable ou une compagnie aimable.

11. Elle se fait belle pour lui plaire

Elle use ainsi de tous ses talents en utilisant les divers accessoires de beauté, pour se faire belle, élégante et séduisante. Grâce à cela, elle réussit à le réjouir et à le combler de bonheur. Même les vertueuses parmi les femmes des premiers temps de l'Islam observait ce comportement vis-à-vis de leur époux. Elles se faisaient belles pour accueillir leur conjoint, en mettant le plus beau de leurs vêtements et les plus jolis de leurs bijoux, aussi bien chez elles qu'en voyage.

On rapporte à ce sujet que Bakrata bint 'Uqba se rendit chez 'Â'isha (qu'Allah l'agrée) pour l'interroger sur le caractère licite de l'usage du henné. 'Â'isha lui répondit: «Il n'y a aucun mal à cela: c'est une plante aromatique mélangée avec de l'eau pure». Elle l'interrogea ensuite sur l'épilation des poils. Et 'Â'isha de répondre: «En étant mariée, si tu peux enlever tes propres yeux pour les rendre plus beaux qu'auparavant, fais-le».[1]

Que les épouses qui négligent leur beauté écoutent les orientations de 'Â'isha, la Mère des croyants! Qu'elles sachent qu'elles sont tenues, en premier lieu, à se faire belles pour leur mari, et non pour

---

[1] Cf. Ibn al-Jawzî, *Aḥkâm an-nissâ'*, p. 343.

recevoir leurs amies ou leurs copines! Qu'elles sachent aussi que négliger ce côté est un péché, car il représente un manquement à leurs devoirs conjugaux, et qu'il est susceptible de mener leur époux à s'égarer en cherchant la beauté ailleurs!

L'épouse dont le mari ne voit d'elle que des cheveux ébouriffés, un visage terni ou une tenue misérable est certes une épouse ingrate, sotte et dépourvue d'intelligence. Fait paradoxal, il arrive que ces mêmes femmes prennent un soin excessif de leur tenue et leur apparence quand elles reçoivent des invités ou participent à des réceptions.

Loin de cette négligence et de ce manquement, la musulmane imprégnée des principes de sa religion observe une attitude diamétralement à l'opposé. Elle sait qu'elle doit être prévenante envers son époux, et que la prévenance qui lui est due ne saurait cohabiter avec le manquement à ses droits dans un cœur plein d'affection.

L'Islam recommande à la femme de prendre soin de sa beauté pour plaire à son époux. Dans cette perspective, il lui interdit même d'observer le deuil plus de trois jours quand le défunt est autre que son mari.

Selon les principes de l'Islam, seul le décès de ce dernier exige de sa conjointe l'observance du deuil durant quatre mois et dix jours. Bukhari rapporte que Zaynab bint Umm Salama a dit: j'ai rendu visite à Zaynab bint Jaḥsh après le décès de son frère. Elle a alors demandé qu'on lui apporte du parfum puis elle s'en est servie. Ensuite, elle a dit: je n'ai nullement envie de me parfumer. Cependant, j'ai entendu le Messager d'Allah (ﷺ) dire du haut de son minbar: *«Il n'est pas permis à une femme croyant en Allah et au Jour Dernier de faire le deuil plus de trois nuits, à moins qu'il ne s'agisse de son mari, alors* [le deuil est de] *quatre mois et dix jours».*[1]

---

[1] Cf. *Fat'h Al-Bâri,* vol. IX, p. 484.

12. Elle l'accueille avec joie et lui manifeste sa reconnaissance

La gaieté, le charme et la bonne compagnie sont aussi des éléments qui font la beauté de la femme. Elle doit les réserver à son époux pour l'en combler et le rendre heureux. A son retour du travail l'esprit et le corps épuisés elle le reçoit radieuse, souriante et apaisante avec des propos doux. En sa compagnie, elle évite de penser à ses soucis pour lui faire oublier ses soucis à lui. Elle fait tout son possible pour retrouver son charme et sa joie pour lui attirer du bonheur.

Quand il prend une initiative pour la satisfaire ou il lui offre un cadeau, elle doit lui exprimer sa gratitude. En tant que musulmane 'loyale' et équitable, elle doit être loin de l'ingratitude envers les gens, tous, car c'est une attitude réprouvée qui reflète une certaine bassesse dans le comportement humain. La gratitude est donc une attitude qu'elle devrait observer, a priori, envers son époux, l'être le plus proche d'elle et le plus fidèle compagnon dans sa vie. D'autant plus que l'Islam recommande aux croyants d'exprimer leur gratitude aux gens de façon générale, et enjoint à la croyante de l'exprimer en particulier à son époux.

Le Messager d'Allah (ﷺ) a dit: *«N'exprimera pas sa gratitude à Allah quiconque ne l'aura pas exprimée aux humains»*.[1] Il a dit aussi: *«Allah ne regarde pas la femme qui n'exprime pas sa gratitude à son époux alors qu'elle ne peut pas se passer de lui»*.[2]

13. Elle partage ses peines et ses joies

Une femme attentive à son époux partage ses peines comme ses joies, lui manifeste sa compassion en cas de malheur comme elle

---

[1] *Ḥadîth* rapporté par Bukhari dans *al-Adab al-mufrad*, vol. I, p. 310.

[2] *Ḥadîth* rapporté par al-Ḥâkim (*al-Mustadrak*, vol. II, p. 190) qui le juge authentique.

éprouve de la joie en cas de bonheur. Elle est à ses côtés pour le meilleur et pour le pire.

Elle partage aussi certains de ses loisirs quotidiens, tels que la lecture, le sport, l'écoute de sermons utiles, etc. Elle ne doit pas lui donner le sentiment d'être isolé quand il s'adonne aux plaisirs de la vie; ils doivent en être complices et se les partager avec joie et en toute sincérité. A maintes reprises, le Messager d'Allah (ﷺ) organisait des courses à pied avec 'Â'isha pour lui faire plaisir. Cela indique que l'Islam incite les deux époux à partager les joies et les plaisirs de la vie, car ce partage contribue à approfondir l'affection entre eux et à consolider leurs liens.

Autant la femme partage les joies de son époux, autant elle doit partager ses peines. En cas de malheur ou de soucis, elle doit le consoler par des propos appropriés, par un conseil judicieux et bénéfique ou par une expression de compassion sincère et réconfortante.

14. Elle est chaste de regard

En dehors de son époux, une musulmane pieuse se garde de contempler les hommes étrangers. Conformément au passage coranique qui dit: ﴾Dis aux croyantes de baisser leurs regards﴿ *[Coran, 24: 31]*, elle ne porte pas de regards insistants sur d'autres hommes que ses *maḥram*s. En respectant cette règle de conduite, elle devient une femme «au regard chaste», qualité que les hommes apprécient le plus chez une femme. Cette qualité reflète, en effet, la pureté, la réserve et la loyauté. En outre, elle est l'une des qualités principales des femmes du Paradis, dont le Saint Coran fait l'éloge en ces termes:

> ﴾Ils y trouveront *[des houris]* aux regards chastes, qu'avant eux aucun homme ou djinn n'aura déflorées.﴿
>
> *[Coran, 55: 56]*

15. Elle s'abstient de lui décrire d'autres femmes

L'une des qualités qui distinguent la musulmane avisée est son abstention de décrire à son époux le physique de femmes plus ou moins amies ou ses connaissances, car cela est formellement interdit en Islam. Le Messager d'Allah (ﷺ) a dit: *«La femme ne doit pas regarder l'intimité d'une autre femme pour la décrire ensuite à son mari comme s'il la voyait».*[1]

Par cette mesure, l'Islam vise la stabilité des âmes et des esprits, loin des fantasmes et des mauvaises suggestions. Le but est de permettre à l'homme de mener une vie paisible et équilibrée, loin de toute comparaison futile et inutile entre son épouse et la femme décrite, car cela est susceptible de le perturber, voire le tenter et l'égarer du droit chemin.

16. Elle lui assure tranquillité, repos et quiétude

Une musulmane consciencieuse ne se contente pas d'afficher sa beauté devant son époux ou participer à ses loisirs quotidiens, elle s'évertue aussi à lui assurer tout ce qui procure la tranquillité et la quiétude dans leur foyer commun. Elle tient à ce qu'il ne constate chez lui que ce qui le réjouit: une maison propre, des meubles bien rangés, des touches élégantes reflétant son goût raffiné, des enfants propres et bien éduqués, une table bien servie, etc. Elle doit user de son intelligence, son raffinement et son savoir-faire pour atteindre cet objectif, car cela traduit la prévenance que l'Islam a tant recommandée à la femme vis-à-vis de son époux.

Une musulmane consciencieuse doit se rappeler que le Coran décrit le mariage comme étant l'un des signes d'Allah, et que l'objectif principal de cette institution est la quiétude, la compassion et l'affection entre époux. Allah (exalté soit-Il) dit:

---

[1] *Ḥadîth* rapporté par Bukhari. Cf. *Fat'h Al-Bâri*, vol. XI, p. 338.

> ﴾Parmi Ses signes: Il a créé de vous, pour vous, des épouses, afin qu'auprès d'elles vous trouviez l'apaisement, et Il a, entre vous et elles, établi affection et compassion.﴿ *[Coran, 30: 21]*

Du mariage, Allah a fait l'union la plus solide entre deux âmes, pour leur permettre de jouir de la quiétude, la sérénité, la stabilité et le plaisir licite. Dans cette union, la femme est source de sécurité et d'apaisement pour l'homme. Grâce à la symbiose des deux conjoints, le foyer conjugal s'emplit d'affection sincère, de compassion et de tendresse.

Une musulmane avisée est la mieux placée pour comprendre ces objectifs et les traduire en une réalité joyeuse et pleine de bonheur.

17. Elle est indulgente envers lui

La musulmane est tolérante et indulgente. Elle ferme les yeux sur les erreurs de son mari et ne les lui rappelle pas; elle n'est pas rancunière. Elle essaye plutôt de les corriger de façon sage qui ne risque pas de le choquer. La tolérance, le pardon et l'indulgence sont des qualités que l'homme apprécie le plus chez la femme. En les observant, elle réussit à le rendre plus réceptif et plus affectueux envers elle. Par contre, la rancune, le rappel incessant de ses erreurs et leur simple énumération sont des attitudes qui risquent de le rendre hostile et réservé à son égard.

Une musulmane qui respecte les principes de sa religion applique le verset qui dit:

> ﴾Qu'ils pardonnent et tolèrent. N'aimez-vous pas qu'Allah vous pardonne?﴿ *[Coran, 24: 22]*

De ce fait, elle est la seule à pouvoir combler le cœur de son époux de bonheur et, par conséquent, la seule à mériter son plein amour.

18. Elle est dotée de sagesse et de caractère

La force de caractère, la maturité d'esprit et le sérieux sont des traits de caractères qui distinguent la musulmane qui se conforme aux principes de sa religion. Ce sont là des qualités qu'elle doit acquérir avant même son mariage, puisqu'ils relèvent de sa bonne compréhension de la religion et de sa mission dans la vie.

Avant de choisir son futur époux, la personnalité de la femme doit être solide et indépendante. Elle ne doit pas céder devant la volonté de ses parents quand l'iniquité les pousse à la marier contre son gré. Et si un homme riche ou de famille noble se présente pour demander sa main, elle ne fléchit pas devant sa fortune ou sa notoriété, elle tâche plutôt de le soumettre aux critères du mari musulman conformément aux principes de l'Islam.

Après le mariage, elle doit certes se dévouer à son mari et se comporter avec lui de manière convenable et aimable, mais sans toutefois perdre sa personnalité ou s'effacer devant lui. La personnalité solide et indépendante d'une épouse musulmane doit surtout se manifester quand il s'agit d'une position à prendre pour la cause de sa religion.

Cette attitude nous l'avons constatée dans l'histoire d'Umm Sulaym bint Milḥân qui se convertit à l'Islam en compagnie de son fils Anas et persévéra dans cette voie, en dépit de l'opposition à sa décision de la part de son époux, Mâlik ibn an-Naḍr, qui était mécréant.

Nous l'avons aussi constatée dans la conduite de Umm Ḥabîba bint Abî Sufyân vis-à-vis de son époux 'Ubayd Allah ibn Juḥaysh après son apostasie et sa conversion au christianisme; dans la décision ferme de Barîra de quitter son époux qu'elle n'aimait plus, dans la demande faite par l'épouse de Thâbit ibn Qays ibn Shammâs au Prophète (ﷺ) pour lui accorder le divorce car, à son tour, elle n'aimait plus son mari. Dans tous ces cas, les prises de position des femmes citées étaient principalement dictées par leur souci de préserver leur foi et l'aspiration à l'agrément d'Allah (à Lui la puissance et la majesté).

Chacune d'entre elles s'évertuait à vivre une vie conjugale dans un cadre sain et légal; elles redoutaient le péché si elles continuaient à vivre avec des époux qui ne partageaient pas leur foi, ou à manquer à leurs devoirs envers des conjoints qu'elles n'aimaient pas. Sans la force de caractère et la dignité qu'elles avaient acquises de par leur foi, elles se seraient soumises à leurs époux et se seraient ainsi vouées à la perdition ou à la détresse. C'est sûrement ainsi que toute musulmane sincère doit se comporter, en tout temps et en tout lieu.

Notons, cependant, qu'une personnalité solide et indépendante ne devrait aucunement écarter la croyante de sa qualité principale qui est le dévouement à son époux. Sa force de personnalité devrait être plutôt sage et pondérée, aussi bien en actes qu'en propos. Elle devrait contribuer à l'écarter, en cas de colère, de toute réaction légère ou sotte. Dans des situations pareilles, dont aucun couple n'est exempt, elle doit se contrôler et éviter le moindre propos susceptible de blesser les sentiments de son conjoint.

Tel est, en effet, le comportement de toute musulmane sage et dotée d'une personnalité équilibrée. Dans ce registre, 'Â'isha, la mère des croyants (qu'Allah l'agrée), est un modèle sans pareil. Le *Ḥadîth* suivant confirme que sa force de caractère ne l'a jamais poussée à manquer de respect à son époux, le Prophète (ﷺ). On rapporte qu'un jour, le Messager d'Allah (ﷺ) lui dit: *«Je reconnais exactement les moments où tu es satisfaite de moi et les moments où tu es irritée contre moi»*. Elle lui demanda: et comment reconnais-tu cela? — *«Quand tu es satisfaite de moi, répondit-il, tu dis: 'Non, j'en jure par le Seigneur de Mohammed', mais quand tu es irritée, tu dis: 'Non, j'en jure par le Seigneur d'Abraham.'»* - C'est vrai, lui dit-elle; par Allah, ô Messager d'Allah, je ne renonce qu'à ton nom![1]

---

[1] *Ḥadîth* rapporté par Muslim. Cf. *Sharḥ ṣaḥîḥ muslim*, vol. XV, p. 203.

Quelle parfaite politesse! Quelle affection sincère! Et quelle courtoisie!

La solidité de la personnalité de 'Â'isha s'est surtout distinguée lors de l'épreuve qu'elle avait subie suite à la calomnie entachant sa réputation et son honneur. L'incident en question fut aussi une épreuve pour le Messager d'Allah (ﷺ) et pour l'ensemble de la communauté. Allah voulut mettre en évidence la haute moralité de certains et la bassesse de certains autres, pour affermir la foi des gens sincères et accentuer la perdition des personnes injustes.

L'histoire de cette calomnie et les réactions qu'elle a suscitées illustrent la force de caractère de 'Â'isha, sa foi profonde en Allah et sa confiance certaine que Lui seul l'innocentera.

Le récit clair et soigné que nous fait Ibn Qayyim al-Jawziyya de cette épreuve reflète parfaitement la sincérité de 'Â'isha et sa confiance en l'équité et la justice d'Allah. Il dit:

«L'épreuve atteignit son paroxysme avec la suspension de la révélation pendant tout un mois. Allah n'y révéla rien au Prophète durant cette période, afin que le but voulu soit réalisé de la façon la plus parfaite. L'objectif était, entre autres, de consolider la foi, la constance, la sincérité et l'esprit équitable chez les vrais croyants. L'épreuve en soi visait à enseigner aux croyants d'avoir en permanence une bonne opinion envers Allah, Son Messager et sa famille, ainsi que l'ensemble des gens véridiques. D'autre part, elle tendait à dévoiler au Prophète ainsi qu'aux croyants sincères l'hypocrisie de ceux qui allaient participer à la calomnie.

Cette épreuve, *insista Ibn Qayyim al-Jawziyya,* visait aussi la consolidation de la foi chez 'Â'isha et ses parents, une foi absolue et sincère qui se traduit par la confiance en Allah, l'indigence à Son assistance, l'humilité à Son égard, l'espérance en Lui et le pouvoir de se passer de toute assistance de la part des créatures. Cet objectif se réalisa et fut traduit, après l'épreuve, par la réponse de 'Â'isha à ses parents quand, ayant après la nouvelle de l'acquittement, ils lui demandèrent de se lever pour accueillir le Prophète (ﷺ). Elle dit: par Allah, je ne me lèverai point en son honneur. Je ne dois mes louanges qu'à Allah, car c'est Lui qui a révélé mon innocence!»

Lors de cette épreuve, l'objectif de la suspension de la Révélation était d'habituer les croyants à s'y remettre en tant que référence indiscutable. En effet, tout au long du mois durant lequel l'histoire de la calomnie s'était développée, et après l'avoir longuement débattue, les croyants avaient hâte de connaître le jugement d'Allah dans cette affaire et l'attendaient ainsi impatiemment. L'ensemble des croyants sincères, dont le Prophète (ﷺ), Abû Bakr aṣ-Ṣiddîq et leurs familles respectives, éprouvaient le besoin d'entendre la Révélation sur cette question. Et quand les passages coraniques relatifs à cette histoire furent révélés, ils arrivèrent à point nommé pour les assimiler et s'y conformer, et les croyants manifestèrent une joie et une satisfaction sans limites. Or, si Allah avait tranché dès le début de l'épreuve en révélant des versets indiquant la réalité de la calomnie et l'innocence de 'Â'isha, les croyants n'auraient pas saisi le côté moral de cet épisode.

A travers cette épreuve, *poursuit Ibn Qayyim al-Jawziyya,* la volonté d'Allah était de mettre en évidence le haut rang que le Prophète (ﷺ) et sa famille occupent auprès de Lui. En révélant les versets qui innocentent 'Â'isha, mettent en évidence l'honneur du Prophète (ﷺ) et blâment ceux qui ont propagé la calomnie, Allah prend Lui-même la défense du Prophète et de sa famille.

Le Messager d'Allah (ﷺ) était la cible principale de cette calomnie, *ajouta Ibn Ibn Qayyim al-Jawziyya. C'est pour le discréditer qu'on s'est attaqué à son épouse. Il était donc inapproprié qu'il prenne lui-même sa défense, car son jugement risquait d'être jugé partial par les hypocrites. En sa qualité de Prophète et de chef de la communauté, il s'est interdit toute intervention sur cette affaire. Il était pourtant quasi certain de l'innocence de son épouse et ne lui reprochait vraiment rien de mal. C'est d'ailleurs la raison pour laquelle il a fait allusion à l'innocence de 'Â'isha en témoignant de la bonne conduite de Ṣafwân, l'homme mensongèrement supposé avoir commis l'adultère avec elle et ce, en disant: «Qui justifiera devant moi un homme qui, m'a-t-on informé, a porté préjudice à mon épouse? Par Allah! je ne sais que du bien, s'agissant de ma femme, et l'on évoque un homme dont je ne sais que du bien et qui n'entrait chez moi qu'en ma présence».* Le Prophète avait donc des indices qui prouvaient l'innocence de 'Â'isha, mais il fit preuve de patience, d'endurance et de confiance en Allah. Grâce à cette attitude, Allah le récompensa en le défendant, lui manifestant ainsi sa place privilégiée auprès de Lui.

Quand les versets déclarant l'innocence de 'Â'isha furent révélés, ses parents lui demandèrent de se lever pour accueillir le Prophète (ﷺ), et sa réponse fut: par Allah, je ne me lèverai point en son honneur. Je ne dois mes louanges qu'à Allah!

En méditant cette réponse, on découvre son large savoir, sa profonde foi et sa force de caractère. En consacrant sa gratitude exclusivement à Allah pour l'avoir, Lui seul, innocentée, elle a prouvé qu'elle croyait profondément au principe de l'unicité d'Allah. Voilà pourquoi elle a dit: je ne me lèverai point en son honneur. Je ne dois mes louanges qu'à Allah, car c'est Lui qui a révélé mon innocence! Réponse un peu dure, certes, mais qui laisse entrevoir qu'elle voulait se faire prévaloir auprès de son illustre époux. Elle savait l'affection intense que le Prophète (ﷺ) avait pour elle, mais elle voulait profiter de cette occasion propice pour occuper une place encore plus vaste dans son cœur. Sa réponse reflète aussi la patience et la maîtrise de soi. Durant un mois de séparation, elle n'attendait que ce moment de réconciliation avec son bien-aimé; mais quand celui-ci vient à elle, désireux de la voir, elle s'efforça de ne pas s'empresser pour l'accueillir ou lui manifester sa joie. Cette attitude illustre sa force de caractère qui lui a permis de se montrer réservée devant une personne qu'elle aimait pourtant intensément, *conclut Ibn Qayyim al-Jawziyya.*[1]

C'est là un exemple qui illustre l'état d'esprit que toute musulmane doit acquérir: la soumission absolue n'est due qu'à Allah, et uniquement à Lui. Tant que la musulmane est sûre d'être dans le vrai et que son comportement est conforme aux principes de l'Islam, elle ne doit pas céder ou s'effacer devant son époux, quels que soient l'affection et l'amour qu'elle lui voue. Elle lui doit certes dévouement et prévenance, mais pas au détriment de sa personnalité et son identité.

Une telle attitude n'implique nullement l'orgueil ou la vanité. Le comportement de 'Â'isha (qu'Allah l'agrée) ne signifie pas qu'elle avait un sentiment de supériorité à l'égard de son époux, un orgueil déplacé ou qu'elle refusait de le satisfaire; loin d'en faut. Comme nous l'avons précisé précédemment, le dévouement, la prévenance et l'affection de la femme envers son époux est une conduite recommandée par notre religion. Cependant, la femme est appelée aussi à préserver sa dignité et à affirmer sa personnalité, du moment où elle se conforme à l'Islam et applique ses enseignements. Autant le dévouement à son époux préserve sa vie de couple, autant la sagesse, la dignité et la constance préservent sa personnalité. Elle ne doit pas sacrifier l'un de ces deux côtés au profit de l'autre.

Les droits et l'honneur que l'Islam a octroyés à la femme suscitent l'envie et la jalousie de la femme occidentale. Dans une interview accordée au quotidien Koweïtien *al-Waṭan*[2] par Nawâl as-Sa'dâwî, la «féministe» par excellence, le journaliste lui pose la question suivante: «Considérez-vous que la femme européenne est un modèle que la femme arabe devrait suivre?» Sa réponse était la suivante: «Non, absolument pas. La femme européenne a certes progressé dans

---

[1] Zâd al-ma'd, vol. III, pp. 261-264.

[2] Edition du 15.8.1989.

certains domaines, mais elle a aussi régressé dans d'autres. La législation relative au mariage en Europe lèse énormément la femme. C'est d'ailleurs pour cette raison que les mouvements revendiquant l'émancipation de la femme ont vu le jour en Europe et aux Etats-Unis. C'est aussi à cause de cela que ces mouvements ont pris de l'ampleur et ont pris, parfois, des positions agressives. Notre religion islamique, *poursuit as-Sa'dâwî,* a accordé à la femme des droits qui dépassent de loin ce que les autres religions lui ont accordé, notamment en ce qui concerne sa dignité. Cependant, il arrive à l'homme de recourir à certains aspects de la religion et les utiliser pour constituer une société patriarcale, basée sur le sexisme et la prédominance de l'homme sur la femme.»

Il en ressort donc que le sexisme et l'esprit patriarcal, auxquels as-Sa'adâwî fait allusion, n'appartiennent pas aux principes de l'Islam, mais sont dus à l'ignorance et l'égarement de ceux qui les adoptent.

19. Elle est la plus accomplie des épouses

Les qualités intellectuelles, mentales, psychiques, morales et esthétiques que nous avons citées précédemment sont des atouts qui permettent à la musulmane de devenir une femme qui réussit, voire la femme vertueuse aux yeux de l'homme. Une femme bénie dont il tirera profit.

Une femme qui a bien assimilé les principes de l'Islam et s'est appliquée à accomplir ses devoirs envers son époux est certes une source de réjouissance. Quand elle accueille son mari, elle l'accueille avec le sourire, le visage radieux et le propos cordial. Avec une beauté soignée, une tenue élégante, des propos intimes, des allusions intelligentes et des plaisanteries amusantes, elle l'emplit de joie et le comble de bonheur.

Elle est donc dévouée et prévenante vis-à-vis de lui. Elle tient à le satisfaire, ne divulgue pas ses secrets et n'intervient pas maladroitement dans ce qu'il entreprend. Elle partage ses peines et ses joies, lui apporte son soutien dans les situations difficiles et lui propose des conseils utiles. De par son apparence et ses sentiments, elle lui procure bonheur et gaîté. Elle l'encourage à l'observance des divers actes d'adoration en lui proposant de les accomplir ensemble. Elle est bienveillante envers ses parents, chaste de regard et s'exhausse loin des propos futiles ou mauvais. Elle assure à son époux et à ses enfants la tranquillité, la stabilité, le repos et la quiétude. Elle est forte de caractère mais sans brutalité, raffinée mais sans faiblesse. Elle impose son respect, pardonne sans rancune et tolère les erreurs des autres.

Grâce à ces qualités, la musulmane est vraiment la plus accomplie des épouses. Elle représente pour tout homme un bienfait accordé par Allah et une source de jouissance sans pareil. Elle concrétise parfaitement le *Ḥadîth* du Messager d'Allah (ﷺ) qui dit: *«La vie présente est jouissance; la meilleure* [source de] *jouissance dans cette vie est l'épouse vertueuse».*[1]

[1] Cf. *Sharḥ ṣaḥîḥ muslim*, vol. X, 56.

CHAPITRE CINQ

SON COMPORTEMENT VIS-À-VIS DE SES ENFANTS

Il est incontestable que, pour tout être humain, les enfants représentent une source de bonheur et de joie. Leur présence est bénédiction, espoir et paix. Aux yeux du père, ils représentent un support nécessaire, un prolongement perpétuel et une force réconfortante; aux yeux de la mère, un espoir de vivre, une consolation, une garantie pour l'avenir et une joie. Tout cela dépend, cependant, d'une éducation bonne et saine, susceptible de préparer la progéniture pour affronter la vie et devenir des éléments efficaces dont le comportement profite à leurs père et mère, à leur société et à l'ensemble de l'Humanité. Les croyants deviennent ainsi l'illustration du verset coranique qui dit:

﴾Les biens et les enfants sont l'ornement de la vie de ce monde.﴿ *[Coran, 18: 46]*

Si, par contre, leur mère néglige leur éducation et le développement sain de leur personnalité, ils deviennent une source de malheur qui menace leurs propres parents, leur société et l'Humanité tout entière.

1. Elle est consciente de ses responsabilités envers eux

La femme musulmane est consciente qu'elle assume une responsabilité déterminante dans l'éducation de ses enfants et le développement de leur personnalité. Sur ce plan, sa responsabilité en tant que mère est plus importante que celle de l'homme. Les enfants sont, en effet, plus proches d'elle, en raison de sa présence prolongée auprès d'eux. Elle connaît, par conséquent, et dans le détail, le sens de tous leurs comportements, notamment durant leur enfance et leur adolescence, périodes d'importance majeure dans leur évolution mentale, psychique et comportementale. D'où la nécessité pour toute musulmane d'être parfaitement consciente de sa responsabilité dans l'éducation de ses enfants.

Cette responsabilité est soulignée par le Saint Coran et la Tradition du Prophète (ﷺ): Allah (exalté soit-Il) dit:

> ﴿Ô croyants! Préservez vos personnes et vos familles d'un Feu dont le combustible *[sera]* les gens et les pierres.﴾ *[Coran, 66: 6]*

Le Messager d'Allah (ﷺ) a dit: *«Chacun d'entre vous est dépositaire; chacun d'entre vous donc est responsable de ce qui lui a été confié. L'Imâm* [premier dirigeant] *est dépositaire; il est responsable des* [sujets] *confiés* [à sa gouvernance]. *L'homme est dépositaire de sa famille; il en est responsable. La femme est dépositaire du foyer de son époux; elle en est responsable. Le serviteur est dépositaire des biens de son maître; il en est responsable. Ainsi, chacun d'entre vous est dépositaire; chacun d'entre vous donc est responsable de ce qui lui a été confié».*[1]

Selon ce *Ḥadîth*, tout être humain a une responsabilité à assumer dans cette vie; personne n'est dispensé. Pour leur part, les parents, notamment la mère, ont la responsabilité d'éduquer leurs enfants conformément aux principes de l'Islam et aux valeurs nobles représentant l'objectif même de la Mission du Prophète. Le Messager d'Allah (ﷺ) a dit: *«Je n'ai été envoyé que pour parfaire la bonne morale».*[2]

Le devoir des parents d'éduquer leurs enfants est une responsabilité religieuse d'importance majeure. Les Textes sont

---

[1] *Ḥadîth* rapporté par Bukhari et Muslim. Cf. al-Baghawî, *Sharḥ as-sunna*, vol. X, p. 61.

[2] *Ḥadîth* rapporté par Bukhari dans *al-Adab al-mufrad*, vol. I, p.371.

clairs là-dessus, et les doctes musulmans le confirment en donnant des exemples précis. Ainsi, selon ces derniers, les parents qui prennent connaissance du *Ḥadîth* qui dit: «*A l'âge de sept ans, ordonnez à vos enfants l'accomplissement de la Prière. A l'âge de dix ans, frappez-les s'ils la négligent* (...)»[1], doivent l'appliquer de manière stricte, sinon leur manquement sera considéré comme un péché au sujet pour lequel des comptes leur seront demandés par Allah.

Le foyer familial constitue une micro-société où les esprits, les mentalités et les penchants des enfants se façonnent et évoluent dès leur jeune âge. A cette période sensible et favorable, les enfants sont disposés à recevoir favorablement les orientations de leurs parents. D'où le rôle déterminant de ces derniers dans l'éducation de leurs enfants, et l'orientation qu'ils doivent leur assurer pour les guider vers la droiture et les bonnes œuvres.

A travers les âges, la femme musulmane a toujours été consciente de ses responsabilités envers ses enfants. Elle a réussi à éduquer les générations qui contribuaient à la gloire de l'Islam, en les influençant et en enracinant dans leurs âmes les valeurs nobles. L'Histoire confirme, en effet, que les hommes nobles et distingués étaient, en grande part, élevés par des femmes remarquables par leur sagesse et leur intelligence. Nous dirons même que la quasi-totalité des grandes figures qui ont marqué notre Histoire est tributaire de la grandeur d'esprit de leurs mères.

Ainsi, az-Zubayr ibn al-'Awwâm doit sa gloire à sa mère, Ṣafiyya bint 'Abd al-Muṭṭalib, qui a enraciné en lui le meilleur de ses qualités. 'Abd Allah, al-Mundir et 'Urwa, fils d'az-Zubayr ne réussirent à devenir des hommes de mérite que grâce à la bonne éducation de leur mère, Asmâ' bint Abî Bakr aṣ-Ṣiddîq. Fâṭima bint Assad fut à

---

[1] Extrait d'un *ḥadîth* jugé «apprécié», rapporté par Aḥmed (vol. II, p. 187) et Abû Dâwûd (vol. I, p. 193).

l'origine de la sagesse, le mérite et le noble caractère de son fils, 'Alî ibn Abî Ṭâlib (qu'Allah l'agrée). 'Abd Allah ibn Ja'far, cet homme qui fut privé de son père à un jeune âge, devint l'un des plus généreux et des plus nobles de sa génération, et ce, grâce à la bonne éducation qu'il avait reçue de sa mère, Asmâ' bint 'Umays. Mu'âwiya ibn Abî Sufyân doit sa force de caractère et sa perspicacité à sa mère Hind bint 'Utba.

Déjà quand il n'était qu'un enfant, il manifesta des signes de noblesse et d'intelligence. Et quand on dit à sa mère: «S'il vit, il deviendra le maître de son peuple», elle répondit: «S'il ne parvient pas à le devenir, je préfère le perdre».

Contrairement à ceux-là, d'autres figures bien connues de notre Histoire furent des exemples d'éducation ratée. Yazîd ibn Mu'âwiya, n'avait ni la sagesse ni l'indulgence ni même la bonne gouvernance de son père, et pour cause: sa mère fut une bédouine simple d'esprit que Mu'âwiya avait épousée pour sa beauté et la notoriété de sa tribu. Ce fut également le cas de 'Ubayd Allah ibn Ziyâd, qui fut sot, idiot et dépourvu d'éloquence. Son père, Ziyâd ibn Abî Sufyân, était pourtant une sommité en matière d'intelligence et d'éloquence; mais sa mère Murjâna, une femme perse, ne possédait pas les qualités nécessaires pour faire de 'Ubayd Allah un grand homme.

De la dynastie Umayyade, deux hommes se distinguèrent par leurs qualités qui marquèrent l'Histoire musulmane: 'Abd al-Malik ibn Marwân et 'Umar ibn 'Abd al-'Azîz; chacun d'eux devait sa réussite à sa mère. Le premier était connu pour sa puissance, sa fermeté et sa sagesse, qualités bien connues chez sa mère, 'Â'isha bint al-Mughîra ibn Abî l-'Âṣ ibn Umayya. Le second était connu pour sa droiture et sa piété, qualités héritées de sa mère, Umm 'Âṣṣim bint 'Âṣṣim ibn 'Umar ibn al-Khaṭṭâb. Sa mère, rappelons-le, est aussi la fille de la femme que 'Umar ibn al-Khaṭṭâb avait choisi comme épouse pour son fils 'Âssim, en raison de sa sincérité et sa piété scrupuleuse manifestées par son refus de rajouter de l'eau au lait pour le vendre ensuite. Ce fut la démarche que sa mère lui avait un jour ordonnée de suivre.

Du côté de l'Andalousie, l'éducation de la mère fut, elle aussi, à l'origine de la gloire de certaines figures éminentes. 'Abd Ar-Raḥmân fut le refondateur en Occident musulman d'une grande dynastie, connue pour sa puissance redoutée par les royaumes européens et pour son rayonnement scientifique et philosophique qui contribua à l'expansion universelle de la civilisation islamique. Quand on apprend que cet éminent souverain fut privé de son père dès son jeune âge, on se rend compte que son esprit ambitieux était principalement dû à une mère de grande valeur.

Quant à l'époque abbasside, deux mères méritent d'être citées, pour avoir réussi à enraciner en leurs fils l'esprit de réussite conjointement à l'élévation des sentiments: la mère de Ja'far ibn Yaḥyâ al-Barmakî, et celle de l'Imâm ash-Shâfi'î. Le premier fut le vizir du calife Hârûn ar-Rashîd; le second fut le fondateur d'une Ecole de droit musulman.

Des mères de ce genre furent nombreuses dans notre Histoire. De par leur sagesse et leur éveil d'esprit, elles enracinèrent en leurs enfants les valeurs nobles qui firent d'eux les hommes qui contribuèrent à la gloire de la nation musulmane.

2. *Elle adopte les meilleures méthodes pour les éduquer*

Une musulmane intelligente et avisée connaît la mentalité de chacun de ses enfants et prend en considération la diversité de leurs tempéraments et leurs penchants. Grâce à cela, et en employant intelligemment les méthodes appropriées, elle parvient à enraciner en eux les qualités les plus nobles.

De par sa nature, la mère est la personne la plus proche de ses enfants. L'amour qu'ils lui vouent fait d'elle leur confidente. C'est vis-à-vis d'elle qu'ils sont plus ouverts; ils lui livrent le fond de leurs pensées et lui confient leurs secrets les plus intimes. En raison de ce statut privilégié, elle doit s'adonner à l'œuvre de former leur personnalité et raffiner leur caractère. Pour mener à bien cette mission, elle doit prendre en considération l'âge réel et mental de chacun d'entre eux et diversifier, par conséquent, ses méthodes d'approche et d'éducation. Par le jeu, l'humour, la gentillesse ou l'affection, c'est selon, les cas, elle les rend sensibles au dévouement, à l'amour et à la tendresse qu'elle a pour eux. Ainsi, l'affection qu'ils lui vouent accroîtra et contribuera à les rendre réceptifs à ses orientations et obéissants de gré à ses ordres. Il y a, en effet, une grande différence entre l'obéissance sincère, émanant du cœur et basée sur l'amour, la confiance et le respect, et la pseudo-obéissance, dictée par l'oppression, la contrainte et la résignation imposée. Dans le premier cas, elle est permanente, solide et fructueuse. Dans le second, elle est fragile, inefficace et éphémère; elle disparaît d'ailleurs avec la disparition de la contrainte et de l'oppression qui l'ont imposée.

3. Elle leur manifeste son amour et sa tendresse

Pour une musulmane avisée, il est évident que les enfants ont besoin d'affection, d'amour et de tendresse. Ce sont là des éléments essentiels qui leur permettent d'évoluer de façon saine et équilibrée, les comblant de confiance, d'espoir et d'ambition, loin de tout complexe ou crise psychologique. A chaque fois que l'occasion se présente, elle doit les sensibiliser à l'amour, l'affection et la tendresse qu'elle leur voue. Elle doit leur manifester généreusement ces sentiments qui leur procurent bonheur, joie de vivre, sérénité et confiance en soi.

Une musulmane pieuse se caractérise par sa tendresse vis-à-vis de ses enfants. La cordialité est, en effet, l'une des valeurs morales fondamentales de l'Islam.

Le Messager d'Allah (ﷺ) l'a recommandée par ses propos et par son attitude, puisque ce fut l'une de ses qualités principales, notamment envers ses enfants. On rapporte à ce sujet que Anas ibn Mâlik (qu'Allah l'agrée) a dit: *«Je n'ai jamais vu de personne aussi tendre avec ses enfants que le Messager d'Allah (ﷺ). Son fils Ibrâhîm était confié à une nourrice* [dont la demeure était] *sur les collines de Médine. Il allait* [le voir], *et nous en notre compagnie; il entrait, le prenait* [dans ses bras], *l'embrassait avant de revenir».*[1]

La tendresse du Messager d'Allah (ﷺ) ne se limitait pas à ses propres enfants: elle s'étendait à l'ensemble des enfants. Anas ibn Mâlik nous apprend qu'à chaque fois que le Prophète (ﷺ) passait près d'un groupe d'enfants, il leur souriait et les saluait.[2]

L'un de ses propos relatifs à ce sujet représente une règle pédagogique que tout musulman devrait prendre en considération. Il dit: *«N'est pas des nôtres celui qui ne manifeste pas sa tendresse envers nos enfants et n'affiche pas son respect à l'égard de nos aînés».*[3]

Abû Hurayra a dit: *le Prophète (ﷺ) ayant embrassé al-Ḥassan ibn 'Alî* en présence d'al-Aqra' ibn Ḥâbis; ce dernier dit: j'ai dix enfants, et je n'ai jamais embrassé l'un d'entre eux! Le Messager d'Allah (ﷺ) lui dit alors: *«On ne fera pas miséricorde à celui qui n'est pas miséricordieux».*[4]

Dans ses efforts pour élever les âmes de ses Compagnons, le Messager d'Allah (ﷺ), en sa qualité d'éducateur, suscitait en eux les sentiments qui distinguent fondamentalement l'être humain, à savoir

---

[1] *Ḥadîth* rapporté par Muslim. Cf. *Sharḥ saḥîḥ muslim*, vol. XV, p. 75.

[2] *Ḥadîth* rapporté par Bukhari et Muslim. Cf. al-Baghawî, *Sharḥ as-sunna*, vol. XII, p. 264.

[3] *Ḥadîth* jugé authentique, rapporté par Aḥmed (vol. II, p. 185) et al-Ḥâkim (vol. I, p. 62).

[4] *Ḥadîth* rapporté par Bukhari et Muslim. Cf. al-Baghawî, *Sharḥ as-sunna*, vol. XIII, p. 34.

la miséricorde, l'affection et la tendresse. On rapporte à ce propos qu'un bédouin vint le voir et lui dit: embrassez-vous vos enfants? Car nous, nous ne les embrassons point. Le Messager d'Allah lui répondit: *«Je ne peux rien pour ton compte, si Allah a privé ton cœur de tendresse».*[1]

'Â'isha rapporte: *«A chaque fois que Fâṭima se rendait chez le Prophète (ﷺ), il se levait, lui souhaita la bienvenue et lui cédait sa place. Et chaque fois qu'il se rendait chez elle, elle se levait, lui prenait la main, lui souhaita la bienvenue, l'embrassait et lui cédait sa place. Lors de la dernière maladie qui précéda la mort du Prophète, elle se rendait chez lui; il lui souhaita la bienvenue et l'embrassa (...)».*[2]

Le Messager d'Allah (ﷺ) affirme que la femme qui a le plus de mérite est celle qui manifeste son affection pour ses enfants et s'occupe de leur éducation avec abnégation. En faisant l'éloge de femmes de Quraysh, il a dit: *«Parmi les femmes qui montent les chameaux, les meilleures sont les femmes de Quraysh. Elles sont les plus tendres pour les enfants en bas âge et celles qui gèrent au mieux les biens de leurs maris».*

Ayant pris connaissance de ces sublimes orientations du Prophète (ﷺ), la femme musulmane ne saurait se comporter de manière sévère ou hostile vis-à-vis de ses enfants, quelle que soit la dureté de son cœur. Les enseignements du Prophète (ﷺ) touchent nécessairement le cœur de toute mère digne de ce titre et l'incitent à manifester encore plus de tendresse et d'affection envers ses enfants, au point de le considérer comme étant une partie d'elle-même, à l'instar du poète Ḥiṭṭân ibn Mu'allâ qui dit:

---

[1] *Ḥadîth* rapporté par Bukhari. Cf. *Fat'h Al-Bâri,* vol. X, p. 426.

[2] Cf. *Fat'h Al-Bâri*, vol. VIII, p. 135; Abu Dâwûd, *as-Sunan*, vol. IV, p. 480.

Nos enfants sont la chair de ma chair
qui marche sur terre.
Si le vent venait à souffler sur l'un d'eux,
mes yeux bouderaient le sommeil.[1]

Pour leurs enfants, les parents sont censés être une source abondante d'amour, de tendresse, de sollicitude, d'abnégation et de protection. Ce flot affectif que la mère musulmane ressent envers ses enfants devrait susciter son bonheur, car la femme occidentale, en raison des soucis purement matérialistes de sa vie quotidienne, a perdu de tels sentiments. Après une visite qu'elle avait effectuée aux Etats-Unis d'Amérique, Madame Salmâ al-Ḥaffâr, activiste féministe syrienne, fait le constat de la faillite de la femme occidentale sur ce plan. Elle dit:

«Il est vraiment regrettable que la femme ait perdu l'atout le plus noble et le plus cher dont elle *(...)* a été dotée: sa féminité et, en l'occurrence, son bonheur. Le rythme continu et infernal du travail quotidien l'a privée de goûter aux délices de ce petit paradis sur terre qu'est le foyer familial, et qui est le refuge naturel aussi bien de la femme que de l'homme. Or ce paradis ne peut exister si la femme n'assume pas son rôle de mère. C'est au sein du foyer familial que réside le bonheur des individus et de la société, car il représente une source de l'inspiration, de bien-être et de créativité».[2]

4. Elle est équitable envers eux

Une musulmane sage et consciencieuse est impartiale vis-à-vis de ses enfants. Elle ne favorise aucun d'entre eux aux dépends des autres, car elle sait que cette pratique est réprouvée par l'Islam. Elle sait aussi que ce comportement engendre des effets néfastes sur

---

1 Cf. Abû Tammâm, *Dîwân al-ḥamâsa*, vol. I, p. 167.

2 Extraits de son article publié dans le quotidien syrien *al-Ayyâm*, édition du 3.9.1962.

l'enfant défavorisé, dont la jalousie, la haine et toute sorte de complexes psychiques. A l'opposé de cette situation anormale, les parents qui se conforment aux commandements de l'Islam les incitant à se comporter de manière équitable avec leurs enfants font de ces derniers des personnes équilibrées. Dans une atmosphère d'équité entre lui et ses frères et sœurs, l'enfant connaît une évolution saine, exempte du complexe d'infériorité et des sentiments haineux. Ainsi, sa personnalité débordera d'optimisme, de satisfaction, d'affection, de tolérance et d'altruisme.

D'après Bukhari et Muslim, an-Nu'mân ibn Bashîr (qu'Allah l'agrée) a dit: mon père me conduisit auprès du Messager d'Allah (ﷺ) et dit: j'ai offert à mon fils que voici un esclave que je possédais. — *«En as-tu également donné à chacun de tes enfants?»* lui demanda le Prophète. — Non, répondit-il. Le Messager d'Allah (ﷺ) lui dit alors: *«Reprends donc ton esclave».*

Dans une autre version, il est dit: «*(...)* Le Messager d'Allah (ﷺ) l'interrogea: "*Ô Bishr, as-tu agi de la même manière vis-à-vis de tous tes enfants?*" — Non, répondit-il. Le Prophète lui dit alors: "*Craignez Allah; soyez équitables à l'égard de vos enfants*". Suite à cela, mon père récupéra *[l'esclave]* qu'il m'avait offert en aumône.»

Dans une troisième version, il est dit: «*(...)* Le Messager d'Allah (ﷺ) l'interrogea: "Bishr, as-tu d'autres enfants que celui-là?"— Oui, répondit-il. — "*As-tu fait la même donation à chacun d'entre eux?*" l'interrogea le Prophète de nouveau. Non, répondit Bashîr. Le Prophète lui dit alors: "*Ne me prends donc pas à témoin, car je ne témoigne pas d'un acte inéquitable*". Ensuite il lui dit: "*Serais-tu content de les voir te manifester leur bienveillance à parts égales?*" - Certes oui, répondit l'homme. — "*Ne sois donc pas* [inéquitable dans ta bienfaisance à leur égard]".»[1]

---

[1] *Ḥadîth* rapporté par Bukhari et Muslim. Cf. al-Baghawî, *Sharḥ as-sunna*, vol. VIII, p. 296.

La musulmane avisée doit donc être équitable vis-à-vis de ses enfants. Elle ne doit favoriser aucun d'entre eux, que ce soit au niveau des dépenses, des donations ou du traitement. Grâce à cette attitude, tous ses enfants l'aimeront, invoqueront Allah en sa faveur et lui manifesteront leur respect et leur bienveillance.

5. *Elle ne fait aucune discrimination entre les filles et les garçons*

Dans son affection et sa sollicitude envers ses enfants, une musulmane sincère ne fait aucune discrimination entre garçons et filles, comme le font certaines femmes encore influencées par la mentalité antéislamique. Elle est tendre, équitable et attentive vis-à-vis de tous ses enfants, sans discrimination aucune entre garçons et filles, car elle sait qu'ils sont tous un don attribué par Allah, et qu'on ne saurait refuser ou changer Ses bienfaits. Allah dit:

> ﴾Il fait don de filles à qui Il veut, et don de garçons à qui Il veut, ou bien Il donne à la fois garçons et filles; et Il rend stérile qui Il veut. Il est certes Omniscient et Omnipotent.﴿ *[Coran, 42: 49-50]*

Une musulmane avisée qui a une connaissance parfaite des enseignements de sa religion est censée être consciente de l'immense récompense qu'Allah a réservée à celle qui élève des filles et les éduque de façon parfaite. Cela est, en effet, confirmé par plusieurs *Ḥadîths:*

Bukhari et Muslim rapportent que 'Â'isha (qu'Allah l'agrée) a dit: *[une fois,]* une femme accompagnée de ses deux filles se présenta à moi et demanda l'aumône. Je n'avais rien *[à lui donner],* hormis une seule datte que je la lui donnai. Elle la prit, la partagea entre ses deux filles, et n'en mangea point. Ensuite, elle se leva et sortit avec elles. Puis, lorsque le Prophète (ﷺ) entra, je l'en informai. Il dit alors:

«Quiconque aura été éprouvé ainsi par [la charge de] *ses filles et les traite avec bienfaisance, elles le protègeront de l'Enfer».*[1]

Dans une autre version, rapportée par Muslim, 'Â'isha dit: *[une fois,]* une femme pauvre, portant ses deux filles, se présenta à moi. Je lui donnai alors trois dattes. Elle en donna une à chacune de ses filles, puis approcha la troisième de sa bouche pour la manger. Mais, *[remarquant que]* ses deux filles avaient apprécié le goût des dattes, elle partagea la troisième entre elles. Son geste me plût, et je le racontai au Messager d'Allah (ﷺ). Il me dit: *«Grâce à son acte, Allah lui a accordé le droit au Paradis»* ou *«(...) l'a délivrée de l'Enfer».*[2]

D'après Abû Hurayra (qu'Allah l'agrée), le Prophète (ﷺ) a dit: *«Quiconque aura eu trois filles et fait montre de patience devant leur besoin, leur malheur comme leur bonheur, Allah lui accordera l'accès au Paradis pour leur avoir manifesté sa tendresse».* Un homme lui dit alors: et celui qui a deux filles, ô Messager d'Allah? — «[C'est pareil pour celui] *qui en a deux»,* répondit le Prophète. Ensuite un autre lui dit: et celui qui n'a qu'une fille, ô Messager d'Allah? Il lui répondit: «[Il en est de même pour celui] *qui n'en a qu'une».*[3]

D'après 'Abd Allah ibn 'Abbâs (qu'Allah l'agrée), le Messager d'Allah (ﷺ) a dit: *«Celui qui, ayant une fille, ne l'enterre pas vivante, ne l'humilie pas et ne favorise pas ses enfants mâles à elle, Allah (à Lui la puissance et la majesté) lui accordera l'accès au Paradis grâce à elle».*[4]

---

[1] *Idem*. Vol. VI, p. 187.

[2] Cf. *Sharḥ saḥîḥ muslim*, vol. XVI, p. 197.

[3] *Ḥadîth* jugé authentique, rapporté par Aḥmed (vol. II, p. 335) et al-Ḥâkim (vol. IV, p. 176).

[4] *Ḥadîth* jugé authentique, rapporté par al-Ḥâkim (vol. IV, p. 177).

La tendresse recommandée par le Messager d'Allah (ﷺ) vis-à-vis des filles s'étend aussi aux sœurs. Dans *al-Adab al-mufrad*[1], Bukhari rapporte, d'après Abû Saîd al-Khudrî, que le Messager d'Allah (ﷺ) a dit: *«Il n'est d'homme qui, ayant trois filles ou trois sœurs, les traite avec bienfaisance sans qu'il accède au Paradis».*

Dans une version d'aṭ-Ṭabarânî, il est dit: *«Celui qui, de ma communauté, a trois filles ou trois sœurs et les prend en charge jusqu'à leur maturité; il sera avec moi au Paradis comme cela: et le Prophète de joindre l'index au majeur».*[2]

Après avoir pris connaissance de ces précieuses orientations du Prophète (ﷺ), une mère intelligente et avisée ne saurait se plaindre de l'éducation de ses filles ou les défavoriser au profit des garçons. Elle sait, en effet, l'immense récompense promise à celui qui traite convenablement ses filles: l'accès à un Paradis aussi étendu que les cieux et la terre, en compagnie du Prophète (ﷺ).

Au sein d'une famille appartenant à la société musulmane, la femme est aimée, protégée et respectée. Elle y trouve constamment l'affection chaleureuse de ses parents, notamment sa mère, et de ses frères ou ses tuteurs, même après son départ nuptial pour rejoindre son mari. L'Islam garantit aux femmes dignité et suffisance, et les protège contre l'humiliation, le besoin, l'impudicité et la délinquance. Tel n'est pas le cas des sociétés égarées où la femme quitte le foyer familial dès l'âge de dix-huit ans, l'âge où elle a le plus besoin de la présence affective et effective de ses parents, afin d'affronter une réalité dure et entourée de dangers. En effet, la différence est profonde entre une Loi qu'Allah a révélée pour le bien-être de l'Humanité, et des lois humaines déficientes qui ne font

---

[1] Vol. I, p. 162.

[2] *Ḥadîth* rapporté par aṭ-Ṭabarânî dans *al-Mu'jam al-awsaṭ* selon deux voies de transmission dont l'une est jugée authentique. Cf. *Majma' az-zawâ'id*, vol. VIII, p. 157.

qu'accentuer le malheur de l'être humain. Il n'est donc pas surprenant de constater qu'en Occident, à cause d'une législation purement matérialiste, le nombre des jeunes délinquants et des «mères célibataires» ne fait que s'accroître avec le temps.

6. *Elle n'adresse aucune imprécation à leur encontre*

Conformément aux recommandations du Messager d'Allah (ﷺ), une musulmane vraiment avisée n'adresse jamais d'imprécation à l'encontre de ses enfants. Dans un long *Ḥadîth* rapporté par Muslim, d'après Jâbir ibn 'Abd Allah (qu'Allah l'agrée), le Prophète (ﷺ) dit: *«N'adressez d'imprécations ni à vos personnes, ni à vos enfants, ni à vos biens, car il se peut que vos imprécations coïncident avec une heure où Allah exauce toute demande».*

Adresser des imprécations à l'encontre de ses propres enfants n'est ni une bonne habitude ni une qualité noble. Il arrive à une mère de s'emporter dans un instant de colère et agir de manière inconcevable. Mais dès que sa colère se dissipe, elle arrive à raison garder ses esprits et regrette son comportement. Cependant, cela ne doit en aucun cas l'amener jusqu'à perdre son sang-froid et adresser des imprécations à l'encontre de ses enfants, car une musulmane respectueuse des enseignements de sa religion ne se comporte jamais comme les femmes frivoles et écervelées.

7. *Elle est attentive à tout ce qui affecte leur éducation*

Une musulmane éveillée s'intéresse constamment à tout ce qui concerne ses enfants. Sans que ces derniers s'en rendent compte, elle doit surveiller leurs comportements, leurs activités, leurs loisirs, leurs lectures, leurs amitiés et les endroits qu'ils fréquentent durant leur temps libre. Elle doit faire attention à toute dérive de leur part, les menant à un comportement contraire à la morale musulmane, tels les mauvaises fréquentations, les mauvaises lectures, le tabagisme, les jeux illicites ou déconseillés, etc. Elle est tenue aussi à avoir un œil attentif sur tout ce qui est susceptible de les habituer à «tuer le temps», gaspiller leurs énergies ou occuper leur temps par des futilités. Dès qu'elle remarque une attitude déviationniste de leur part, elle doit y remédier de manière stricte, certes, mais intelligente, sage, douce, patiente et convaincante. De par sa proximité et les longs moments qu'elle passe en compagnie de ses enfants qui font d'elle leur confidente, la mère est mieux placée que le père pour accomplir cette mission. D'où la grande vigilance que la mère assume vis-à-vis de ses enfants, pour leur accorder une éducation saine, convenable et conforme aux valeurs de l'Islam.

Un *Ḥadîth* authentique rapporté par Bukhari nous apprend que tout nouveau-né vient à la vie en étant conforme à l'innéité *(al-fitra)*, et que ce sont ses parents qui en font un juif, un chrétien ou un mazdéen. Les parents ont donc un rôle déterminant dans la formation de l'esprit et de la personnalité de leur progéniture. Ils doivent, en l'occurrence, prendre en considération tous les éléments qui leur permettent d'accomplir cette mission, et ce, depuis la naissance de leurs enfants jusqu'à leur maturité.

Dans cette perspective, les lectures de leurs enfants doivent être du genre qui contribue à l'éveil de leurs esprits, le raffinement de leurs caractères et le façonnement de leurs personnalités conformément aux valeurs sublimes, et non du genre qui perturbe leur pensée, corrompt leur innocente nature ou anéantit la bonté qu'ils ont de naissance.

Leurs loisirs doivent contribuer à développer et consolider en eux la bonté, l'amour de la vérité et le bon goût, et non la méchanceté, la futilité et la médiocrité.

Leurs amis doivent appartenir à ceux qui guident vers le droit chemin, la bienfaisance, la noblesse du caractère et la réussite, et non à ceux qui incitent à la bassesse, l'égarement et l'ingratitude vis-à-vis des parents. Car, dans les cas où les parents ne s'occupent pas suffisamment de leurs enfants, les mauvaises fréquentations de ces derniers mènent souvent vers le vice et la malfaisance. Il n'y a de plus sage à ce sujet que ces deux vers du Poète 'Oudaï ibn Zayd. Il dit:

Quand tu vis parmi des gens, accompagne les meilleurs d'entre eux.
Et tâche d'eviter les mauvais, car ils te mèneront à la perdition.
Ne t'enquiers pas sur la personne, mais sur celle qu'elle accompagne.
Car tout être humain suit l'exemple de son compagnon.

Ainsi, pour mieux éduquer ses enfants, la mère doit superviser les livres et les revues qu'ils lisent, leurs amitiés, leurs loisirs, leur comportement à l'école, la qualité de leurs enseignants, la nature des clubs qu'ils fréquentent, les émissions qu'ils suivent à travers les médias ainsi que tout ce qui est de nature à influencer leur personnalité, leurs esprits, leurs âmes ou leur foi. En cas de nécessité, elle doit intervenir pour mieux assurer leur éducation, soit en les encourageant quand ils sont sur la bonne voie, soit en les dissuadant quand ils sont tentés par la dérive. Dans sa démarche, elle doit choisir des méthodes appropriées et efficaces, susceptibles de leur garantir le succès de l'éducation loin de tout obstacle et de toute lacune. Quand l'intervention du père s'avère nécessaire, elle ne doit pas hésiter à l'impliquer pour atteindre l'objectif éducatif.

Rappelons que le succès des familles dans l'éducation de leurs enfants revient souvent à la mère, car quand celle-ci assume son rôle judicieusement, elle fait de ses enfants des personnes bénéfiques pour leurs parents, pour leur société et pour l'Humanité tout entière. A l'opposé, l'échec des familles dans l'éducation de leurs enfants revient aussi à la mère, car quand celle-ci se dérobe à ses responsabilités envers eux et les néglige, elle en fait des personnes maléfiques qui feront souffrir leurs parents, leur société et l'ensemble de l'Humanité. Or, si les parents, notamment la mère, avaient assumé pleinement leurs responsabilités, leurs enfants n'auraient pas chuté jusqu'à ce stade de mal absolu.

8. Elle enracine en eux les nobles valeurs morales

Une musulmane consciencieuse s'évertue à enraciner en ses enfants les valeurs nobles telles que l'amour d'autrui, le maintien des liens de parenté, la compassion envers les déshérités, le respect des aînées, la tendresse envers les cadets, apprécier le bien, la sincérité dans les propos comme dans les actes, honorer ses promesses, l'équité, ainsi que toute valeur noble et louable.

Une musulmane avisée accède au tréfonds des âmes de ses enfants pour y enraciner les belles valeurs et les bonnes manières. A ce dessein, elle emploie subtilement les moyens les plus appropriés, tels que le bon exemple, la complicité, la bienveillance, la tendresse, la douceur, la sollicitude, la modestie, la tolérance, l'amour, l'affection, l'attention, l'encouragement, la bonté, l'équité et le conseil. Elle doit les orienter gentiment, loin de toute violence. Elle doit discuter leurs erreurs et les responsabiliser, sans pour autant les ennuyer; ni fermer l'œil sur certaines de leurs bévues, mais sans manquer à son devoir d'éducatrice. Ainsi, les enfants connaissent une évolution équilibrée et réfléchie. Grâce à cette forme d'éducation, ils seront dotés d'esprits mûrs et épanouis, et deviendront vertueux, fidèles, bienveillants, généreux et capables de participer positivement dans tous les domaines de la vie. En fin de compte, l'honneur de toute réussite reviendra en premier lieu à la mère, car c'est elle le premier maître qui, de tous temps, a façonné les génies parmi les fondateurs de civilisations. Elle est, pour reprendre le poète arabe Ḥâfiḍḥ Ibrâhîm, l'école de base dans l'éducation des peuples. Notre poète dit:

La mère est [semblable à] une école.
En lui accordant une éducation convenable, tu auras éduqué tout un peuple de bonne souche.
La mère est la préceptrice des maîtres dont les exploits
Ne cessent d'occuper les esprits de tout le monde.

CHAPITRE SIX

SON COMPORTEMENT VIS-À-VIS DE SES BELLES-FILLES ET SES BEAUX-FILS

I.- SES BELLES FILLES

1. Son comportement vis-à-vis de sa belle-fille

Une musulmane qui a parfaitement compris les préceptes de l'Islam et s'est sincèrement conformée à ses nobles valeurs morales réserve à sa belle-fille le même comportement qu'elle a avec sa propre fille. Le destin ayant décidé que cette fille soit l'épouse de son fils, elle doit alors l'intégrer au sein de la famille et la considérer comme l'un de ses membres. Il en est de même pour la jeune musulmane qui, éduquée conformément aux principes et aux valeurs de l'Islam, et une fois séparée de son foyer familial pour rejoindre celui de son époux, réserve à sa belle-mère le même comportement qu'elle observe vis-à-vis de sa propre mère.

2. Elle fait le bon choix de sa future belle-fille

Chacune de ces deux femmes doit faire le bon choix de l'autre et s'enquérir sur la religion, la moralité, l'éducation et la réputation de ceux avec qui elle va s'allier par le mariage.

Avant de faire demander la main de sa future belle-fille, une musulmane judicieuse cherche, certes, une femme qui convient à son fils, mais elle tient constamment en considération qu'elle va intégrer au sein de sa famille un nouveau membre. Ce nouveau membre aura un statut quasi semblable à celui de ses propres filles; elle devra bénéficier des mêmes droits accordés à ses filles, que ce soit au niveau de la dignité, de l'estime ou de l'affection, et devra aussi accomplir les mêmes devoirs qui leur incombent dans le cadre du foyer familial. D'où l'importance du bon choix, et de ne pas se leurrer par la beauté, l'apparence ou le charme de ses futures belles-filles. Elle doit plutôt s'enquérir de leur religiosité, leur morale et leur personnalité, conformément au *Ḥadîth* du Messager d'Allah (ﷺ) qui dit: *«On épouse une femme pour l'une de ces quatre* [qualités]: *sa richesse, sa noblesse, sa beauté ou sa religiosité. Choisis donc celle qui se caractérise par sa religiosité; malheur à toi* [si tu ne le fais pas!]»[1]

3. Elle s'adapte à la présence de sa belle-fille dans le foyer conjugal

C'est à partir de cette conception mûre et sage concernant la présence de la belle-fille au sein du foyer familial et de son statut parmi les membres de sa nouvelle famille que découle le comportement de sa belle-mère à son égard. Ainsi, son comportement sera équitable envers sa belle-fille sur tous les plans, que ce soit au niveau des propos, des actes ou des réactions.

Une musulmane pieuse et imprégnée des valeurs de l'Islam ne va pas jusqu'à imaginer que sa belle-fille s'est appropriée de son propre fils. Elle ne se laisse pas emporter par certains préjugés, selon lesquels la mère élève son fils avec abnégation des années durant, puis quand il atteint l'âge mûr et devient capable de lui témoigner de sa gratitude, la belle-fille intervient pour l'attirer vers le bonheur de la vie conjugale et lui faire oublier sa mère et tous les sacrifices qu'elle a faits pour lui. Une telle idée diabolique ne doit même pas effleurer l'esprit d'une musulmane pieuse, car elle sait que le mariage est une loi instaurée par Allah, et que cela ne saurait éloigner d'elle un fils

---

[1] *Ḥadîth* rapporté par Bukhari et Muslim. Cf. al-Baghawî, *Sharḥ as-sunna*, vol. IX, p. 8.

qu'elle aura éduqué conformément à l'Islam. Elle sait aussi que sa belle-fille qu'elle a choisie parmi les croyantes de bonne moralité, ne saurait admettre que son époux oublie sa mère à lui, puisqu'un tel comportement traduit son ingratitude et représente un péché interdit par l'Islam.

Si la belle-mère se sent envahie par la jalousie envers sa belle-fille, elle doit se rappeler sa religion et sa piété. Dès lors, elle se délivrera de ce mauvais sentiment et recouvrira sa sagesse de comportement. Telle est la réaction que toute personne pieuse parmi les croyants et les croyantes adopte quand une suggestion diabolique vient la perturber. Elle se rappelle le châtiment d'Allah, et la voilà capable de voir l'évidente vérité. Allah (exalté soit-Il) dit:

> ﴿Ceux qui observent la piété, lorsqu'une suggestion du diable les touche se rappellent *[le châtiment d'Allah]*: et les voilà devenus clairvoyants.﴾ *[Coran, 7: 201]*

A la lumière de ces règles de conduite organisant la relation entre la belle-mère, la belle-fille et son époux, l'équilibre s'établit au sein de la famille et la vie prend un cours naturel et serein. Dans cette atmosphère, les passions, les caprices et les fourvoiements n'auront pas lieu d'être, car les relations y seront basées sur la religion, la raison et la sagesse.

4. *Elle conseille, mais sans s'ingérer dans la vie privée*

Dès le mariage de son fils, la musulmane pieuse et judicieuse tient en considération que sa belle-fille a le droit de vivre pleinement sa vie conjugale. Du moment où le couple agit dans le cadre de ce qui est permis par l'Islam, personne n'a le droit de s'intégrer dans leur vie intime, à moins que ce ne soit pour les conseiller sincèrement, conformément au *Ḥadîth* du Prophète (ﷺ) qui dit: *«La religion, c'est le conseil (...).»*[1]

---

[1] Cf. *Sharḥ ṣaḥîḥ muslim*, vol. II, p. 37.

Le critère principal que la musulmane doit prendre en considération dans sa relation avec sa belle-fille est sa relation avec sa propre fille. De même qu'elle aspire à ce que sa fille puisse vivre pleinement sa vie conjugale, dans l'indépendance et le bonheur, épargnée de toute ingérence dans ses affaires privées, elle doit aussi faire montre, sans y déroger, de la même volonté vis-à-vis de sa belle-fille.

5. *Elle est bienveillante envers elle*

Une belle-mère musulmane et judicieuse manifeste sa bienveillance et sa générosité envers sa belle-fille. Elle la traite convenablement, lui manifeste affection et estime et écoute attentivement ses propositions. Elle accueille favorablement et avec encoura-gements ce qui est juste parmi ses propositions, et récuse subtilement, en le rectifiant, ce qui est faux. Dans sa relation avec sa belle-fille, elle doit se conformer à l'équité et la haute bienfaisance *(al-iḥsène)* d'une part, et se référer, d'autre part, à la conduite qu'elle observe vis-à-vis de sa propre fille. Son critère doit être le verset qui dit:

﴾Ô croyants! Craignez Allah et parlez avec droiture.﴿

[Coran, 33: 70]

Quand elle remarque que son fils est heureux auprès de sa femme, elle doit leur exprimer son bonheur, car cela contribue à approfondir l'affection qu'ils ont pour elle. Elle doit aussi faire participer sa belle-fille aux fêtes, aux réunions et aux sorties familiales, exactement comme elle le fait avec l'une de ses filles. Ainsi, elle lui fait comprendre qu'elle est l'une des leurs, et que depuis qu'elle est devenue l'épouse de son fils, elle est devenue membre à part entière de sa famille.

En affirmant son amour à sa belle-fille, la belle-mère reçoit son amour en retour. Tel n'est pas le cas dans les sociétés égarées, où la haine, l'inimitié et la ruse dominent les relations entre la femme et sa belle-fille. Cette hostilité s'est tellement instaurée dans ces sociétés qu'elle a fait l'objet de proverbes, de plaisanteries et de chansons, comme si c'était une coutume qu'on ne saurait violer ou s'en débarrasser. Or ce phénomène n'aurait pu exister si, conformément à l'Islam, la belle-mère et la belle-fille s'étaient limitées à reconnaître mutuellement les droits de l'une envers l'autre. D'où, la quasi-inexistence de cette hostilité, supposée traditionnelle dans les milieux musulmans attachés aux règles et aux valeurs de leur religion.

6. *Elle est équitable envers sa belle-fille*

Il arrive qu'une femme soit éprouvée par une belle-fille de mauvais caractère, une belle-fille méchante qui la maltraite et lui manque de respect. Dans ce cas, elle doit user de sa sagesse acquise pour éviter, par les meilleurs moyens, le mal qui pouvait émaner d'elle, conformément au verset qui dit:

> ﴿La bonne action et la mauvaise ne sont pas pareilles. Repousse *[le mal]* par ce qui est meilleur; et voilà que celui avec qui tu avais une animosité devient tel un ami chaleureux. Mais *[ce privilège]* n'est attribué qu'à ceux qui endurent et il n'est attribué qu'au destinataire d'une grâce immense.﴾ *[Coran, 41: 34-35]*

Concernant le cas qui nous intéresse, repousser le mal par les meilleurs moyens consiste à ce que la mère s'abstienne, autant que possible, de divulguer à son fils les méfaits de son épouse. Elle doit la conseiller en tête-à-tête, tout en lui manifestant qu'elle tient à ce que l'affection et les bonnes œuvres règnent dans le foyer familial qui les réunit. Elle doit continuer à procéder de la sorte, jusqu'à ce que sa belle-fille se débarrasse de ses défauts ou, du moins, les réduise. Ainsi, celle-ci aura le sentiment sincère que sa belle-mère est une amie intime et non une ennemie jurée qui ne cherche qu'à lui nuire.

En cas de litige entre son fils et sa belle-fille, la musulmane pieuse et sage se conforme à l'équité. Sa piété et son scrupule la préservent de prendre le parti de son fils au détriment de la vérité. Elle ne manifeste aucune connivence avec lui à propos d'une injustice commise de sa part à l'encontre de son épouse, et ce, conformément, aux ordres d'Allah (exalté soit-Il) qui dit:

> ﴿Et quand vous parlez, soyez équitables, même s'il s'agit d'un proche parent﴾ *[Coran, 6: 152]* et: ﴿Certes, Allah vous commande de rendre les dépôts à leurs ayants droit, et quand vous jugez entre des gens, de juger avec équité.﴾ *[Coran, 4: 58]*

Une musulmane consciencieuse et avisée qui médite ces versets ne saurait commettre le péché de l'iniquité; elle n'admet que l'impartialité dans ses jugements, fût-il au détriment de son fils qu'elle chérit tant.

II.- SES BEAUX-FILS

1.- Son comportement vis-à-vis de son beau-fils

Le comportement de la femme musulmane vis-à-vis de ses beaux-fils ne diffère pas de celui qu'elle doit avoir vis-à-vis de ses belles-filles. Autant qu'elle doit considérer sa belle-fille comme l'une de ses filles, elle doit considérer son beau-fils comme l'un de ses propres fils. Autant elle aspire à ce que son fils soit l'un des meilleurs parmi les gens, autant elle doit avoir la même aspiration concernant son beau-fils.

2. Elle fait le bon choix de son futur beau-fils

Elle doit, par conséquent, contribuer au choix du futur époux de sa fille et ne lui admettre qu'un homme connu pour sa piété, sa moralité et sa bonne réputation, conformément au *Ḥadîth* qui dit: *«Quand celui dont vous approuvez la religion et la conduite se présente à vous* [pour demander la main de l'une de vos parentes], *mariez-le;*

car si vous ne le faites pas, un désordre et une corruption immenses apparaîtront sur terre».[1]

Elle ne doit pas se laisser leurrer par l'élégance, le rang prestigieux ou la richesse colossale de celui qui se présente pour lui demander la main de sa fille. Elle doit être consciente qu'en mariant cet homme-là à sa fille, il aura le même statut que ses fils et que l'honneur, la vie et le bonheur de sa fille lui seront confiés. Or seul un homme qui respecte la religion et les valeurs morales est digne d'assumer une telle responsabilité.

3. Elle est bienveillante envers lui

En choisissant son beau-fils selon les critères indiqués, la femme n'aura aucune difficulté à entretenir avec lui des relations normales et naturelles. Elle lui manifestera sa bienveillance et son estime, et le sensibilisera à chaque fois que l'occasion se présente au fait qu'elle le considère comme un membre de sa famille, qu'elle lui souhaite le bonheur avec sa fille et qu'elle compte sur lui pour réaliser les vœux de son épouse. Elle lui donnera le sentiment d'être sa seconde mère, qu'elle n'hésitera point à lui porter conseil et qu'elle n'épargnera aucun effort pour lui assurer le bonheur ainsi qu'à sa femme et ses enfants.

4. Elle assiste sa fille pour qu'elle soit une bonne épouse

Une musulmane consciencieuse et judicieuse conseille en permanence sa fille, en lui fournissant toutes les informations nécessaires pour réussir dans sa vie conjugale. Elle attire son attention sur tout ce qui est susceptible de faire le bonheur de son époux, et l'encourage à accomplir ses devoirs d'épouse et de mère de

---

[1] *Ḥadîth* jugé «apprécié», rapporté par at-Tirmidhî (vol. II, p. 274) et Ibn Mâjah (vol. I, p. 633).

la manière la plus parfaite. Quand elle constate un manquement ou une négligence de sa part, elle s'empresse de l'orienter et l'aider pour sortir de cette situation. Ainsi, elle évite à sa fille tout faux-pas qui risquerait de la discréditer aux yeux de son époux. De temps à autre, elle n'omet pas de faire l'éloge de son beau-fils devant sa fille, contribuant ainsi à la rendre plus attachée à lui et plus satisfaite de son comportement. En observant ces règles, la mère devient le meilleur assistant pour sa fille; elle contribue ainsi à la continuité et au bonheur de sa vie conjugale.

5. *Elle est équitable et ne prend pas le parti de sa fille*

En cas de litige entre son beau-fils et sa fille, ou quand celle-ci manque à ses devoirs envers son époux ou son foyer, la belle-mère musulmane ne prend pas aveuglément le parti de sa fille. Elle juge la situation avec équité, conformément aux versets cités plus haut: ﴾Et quand vous parlez, soyez équitables, même s'il s'agit d'un proche parent.﴿ *[Coran, 6: 152]* et: ﴾Certes, Allah vous commande de rendre les dépôts à leurs ayants droit, et quand vous jugez entre des gens, de juger avec équité.﴿ *[Coran, 4: 58]*

Quand elle constate que sa fille abuse des biens de son époux, les gaspille ou les dépense sans compter, et qu'elle n'applique pas ses conseils maritaux, elle doit alors l'affronter et lui préciser qu'elle a dépassé les limites légales concernant cette question. Elle doit lui rappeler qu'en agissant de la sorte, elle s'écarte des qualités des vrais croyants qu'Allah décrit en disant:

> ﴾Ceux qui, lorsqu'ils dépensent, ne sont ni prodigues ni avares, mais se tiennent au juste-milieu.﴿
>
> *[Coran, 25: 67]*

Quand elle remarque chez sa fille un comportement dominateur qui risque de porter atteinte à la dignité de son époux et à son autorité en tant qu'homme chargé de l'assumer, elle doit le lui faire remarquer en toute franchise et lui rappeler le verset qui dit:

> ﴾Les hommes assument les femmes, en raison des avantages qu'Allah a accordés aux uns sur les autres, et à cause des dépenses qu'ils font de leurs biens.﴿
>
> *[Coran, 4: 34]*

Elle doit lui rappeler que l'autorité confiée à l'homme revient à deux raisons principales: le mérite et le devoir de la prendre en charge, car Allah dit:

> ﴾Les hommes ont toutefois une prééminence sur elles.﴿
>
> *[Coran, 4: 228]*

Dans ses jugements, une belle-mère judicieuse et imprégnée des enseignements de l'Islam ne fait aucune distinction entre son fils et son beau-fils. Autant elle désire que son fils concrétise l'autorité qu'il doit assumer vis-à-vis de sa femme et qu'il gère sa vie conjugale avec fermeté et sagesse, autant elle désire aussi que son beau-fils agisse de la sorte. Elle doit avoir cette attitude, même si son beau-fils se comportait avec sa fille de manière plus ou moins sévère, car telle devrait être l'attitude de toute femme croyante et équitable.

Il en est de même pour ce qui concerne la gestion des biens de l'époux. Autant la belle-mère musulmane n'admet pas que sa belle-fille gaspille les biens de son fils, autant elle ne doit pas non plus admettre que sa fille gaspille les biens de son époux et dépasse la juste mesure. Tel est le principe de l'équité, conformément au verset coranique qui dit:

> ﴾Et quand vous parlez, soyez équitables même s'il s'agit d'un proche parent.﴿ *[Coran, 6: 152]*

6. Elle affronte les difficultés avec sagesse et délicatesse

Il arrive que le beau-fils soit d'une mentalité particulière qui ne rassure ni son épouse ni sa belle-mère. Il se peut aussi qu'il soit d'un tempérament incompatible avec les leurs. Ce cas de figure suscite certes l'antipathie et mène souvent à la discorde. Cependant, la musulmane imprégnée des principes de sa religion doit faire preuve de patience à l'égard d'un tel beau-fils. En employant sa sagesse et sa subtilité, elle parvient aussi à changer graduellement sa mentalité, car cela exige de la patience, de la persévérance et de l'habilité.

Tant que les défauts de son beau-fils n'affecteront pas sa moralité ou sa religiosité et ne risqueront pas de dissoudre sa vie conjugale, elle ne devra pas les amplifier devant sa fille. Elle doit plutôt s'efforcer de les minimiser, autant que possible, tout en tâchant de les traiter avec des méthodes sages et appropriées.

Une belle-mère croyante et imprégnée des principes de l'Islam ne peut être qu'une source de bénédiction pour sa fille et son beau-fils, et un soutien qui consolide leur union conjugale. De par sa piété et son équité, elle confirme qu'elle est vraiment une seconde mère pour son beau-fils, et non une ennemie, comme certains ignorants rétrogrades se plaisent à le répéter. Ce préjugé a pris, en effet, la dimension d'une réalité indiscutable, au point de faire l'objet de blagues et d'anecdotes. Cependant, il faut savoir que cette coutume ne s'est enracinée dans nos sociétés qu'à cause de l'application erronée de la religion et de l'abandon de ses valeurs morales.

En vérité, quand la femme s'attache à sa foi et applique les préceptes de sa religion, elle se comporte de manière vertueuse, courtoise et judicieuse vis-à-vis de son beau-fils et sa belle-fille. Grâce à ce comportement, elle s'octroie leur admiration et leur affection, et contribue ainsi au bonheur de deux familles alliées par le mariage.

Grâce à sa sagesse, sa piété, son équité, sa courtoisie et son bon comportement vis-à-vis de son beau-fils et sa belle-fille, elle apporte un bonheur supplémentaire à leurs foyers et contribue à leur sérénité et leur bien-être. Cela ne se réalise que quand la belle-mère est croyante et sage: qualités si précieuses et si utiles pour toutes les familles qui se lient par le mariage.

CHAPITRE SEPT

SON COMPORTEMENT VIS-À-VIS DE SES PROCHES PARENTS

1. *L'importance de la parenté en Islam*

Les proches parents sont ceux et celles qui ont un lien de filiation commun, qu'ils fassent partie ou non des héritiers légaux. Une musulmane imprégnée des principes de sa religion ne doit pas oublier que cette catégorie de personnes qui représentent sa grande famille a des droits sur elle, qu'elle doit maintenir des liens avec elles et leur manifester sa bienveillance.

L'Islam recommande le maintien des liens de parenté et condamne tout rejet ou rupture les concernant. De ce fait, il accorde aux liens de parenté un statut auguste que l'Humanité ne saura trouver ni dans les autres religions, ni dans ses législations diverses, ni dans ses différents systèmes sociaux, ni même dans sa pensée philosophique.

L'intérêt particulier que l'Islam accorde à cette question s'illustre de façon claire et merveilleuse dans le *Ḥadîth* suivant, où le Prophète (ﷺ) relate un dialogue chargé de significations entre Allah et la Parenté quand Il eut fini de créer les créatures. Bukhari et Muslim rapportent, d'après Abû Hurayra, que le Messager d'Allah (ﷺ) a dit: *«Quand Allah (exalté soit-Il) eut créé les créatures, la Parenté (ar-rahim) se leva et Lui dit: 'c'est là la circonstance favorable pour celui qui se réfugie auprès de Toi contre la rupture!' Il lui dit: 'Oui. Ne consens-tu pas que J'établisse un lien avec celui qui en établit un avec toi, et que je rompe avec celui qui rompt avec toi?' - Certes oui, répondit-elle. - 'Eh bien, lui dit Allah, tu auras tout cela'.»* Ensuite, le

Messager d'Allah dit: *«Et récitez, si vous le voulez,* [les versets suivants]:

> ﴾Si vous vous détournez, ne risquez-vous pas de semer la corruption sur terre et de rompre vos liens de parenté? Ce sont ceux-là qu'Allah a maudits, a rendus sourds et a rendu leurs yeux aveugles﴿.[1] *[Coran, 47: 22-23]*

L'importance du maintien des liens de parenté est confirmée également par une multitude de versets coraniques. Ces versets recommandent la bienveillance envers les proches parents, incitent le croyant à consolider ses liens avec eux et le mettent en garde contre toute rupture dans ce registre.

Allah (exalté soit-Il) dit:

> ﴾Craignez Allah au Nom de Qui vous vous implorez les uns les autres, et *[craignez de rompre]* les liens de parenté.﴿ *[Coran, 4: 1]*

Dans ce verset, Allah recommande conjointement la crainte qu'on Lui doit et le maintien des liens de parenté. Cela confirme l'importance de cette pratique et incite à l'observer en permanence. Cette importance est aussi confirmée dans un autre passage du Coran, où la recommandation du maintien des liens de parenté est immédiatement évoquée après la recommandation de la foi en Allah et la bienveillance envers père et mère. Ainsi, dans la sourate *al-isrâ'*, après le verset qui dit:

> ﴾Ton Seigneur a décrété: n'adorez que Lui, et agissez avec bonté envers *[vos]* père et mère﴿ *[Coran, 17: 23]*, Allah (exalté soit-Il) dit: ﴾Accorde au proche parent ce qui lui est dû ainsi qu'au pauvre et au voyageur *[en détresse]*. Et évite tout gaspillage.﴿ *[Coran, 17: 26]*

---

[1] Cf. al-Baghawî, *Sharh as-sunna*, vol. XIII, p. 20.

Dans un autre passage du Coran, Allah dit:

> ﴾Adorez Allah et ne Lui attribuez aucun associé. Agissez avec bonté envers *[vos]* père et mère, les proches, les orphelins, les pauvres, le voisin proche ou lointain, le compagnon par voisinage et le voyageur *[en détresse]...*﴿
>
> *[Coran, 4: 36]*

Ce verset définit la hiérarchie des relations humaines selon un ordre de priorités déterminé. Il cite les catégories de gens vis-à-vis desquels le croyant doit manifester sa bienfaisance, selon un ordre d'importance décroissant qui met en évidence la priorité des uns sur les autres. Cela commence par le père et la mère. Ensuite, les proches, les orphelins, les pauvres, les voisins et les voyageurs en détresse.

En conformité avec la nature humaine et le système social islamique, le croyant doit destiner sa bienfaisance à ses proches parents, pour élargir ensuite son champ et y inclure tous les nécessiteux parmi les êtres humains. Il commence par les membres de sa famille. Ensuite viennent successivement ses proches parents, puis ses voisins, puis l'ensemble de l'Humanité. Cette bienfaisance qui se manifeste en s'élargissant selon un ordre précis de priorités assure, en effet, la solidarité entre les humains et leur procure bien-être et bonheur.

Le maintien des liens de parenté n'est pas seulement un acte recommandé par l'Islam, mais il est l'un de ses principes fondamentaux. Depuis les débuts de sa mission, le Messager d'Allah (ﷺ) évoquait cette valeur morale comme étant l'un des aspects principaux qui distinguent la nouvelle religion. Cela est attesté par le passage d'un long *Ḥadîth* qui relate l'entretien que Héraclius avait accordé à Abû Sufyân, et où ce dernier, interrogé sur ce que le Prophète leur ordonnait, dit: *«Il nous dit de n'adorer qu'Allah, de ne lui attribuer aucun associé et d'abandonner les croyances de nos ancêtres. Il nous recommande la Prière, la sincérité, la décence et le maintien des liens* [de parenté]».[1]

Ainsi, ce témoignage de la part d'Abû Sufyân confirme que le maintien des liens de parenté occupe une place principale parmi les grands principes de l'Islam, tout comme l'unicité d'Allah, l'accomplissement de la Prière, la sincérité et la décence.

Dans un autre long *Ḥadîth,* qui expose les règles et les valeurs principales de l'Islam, 'Amr ibn 'Anbassa dit: au début de la mission du Prophète (ﷺ), je me suis rendu chez lui à la Mecque et je lui ai dit:

- Qui es-tu ?

- «*Un Prophète*», m'a-t-il répondu.

- Qu'entends-tu par Prophète? Ai-je repris.

- «[Cela signifie qu']*Allah m'a envoyé.*»

- Pour quelle mission t'a-t-Il envoyé? Rétorquai-je.

Il m'a alors dit: «*Il m'a envoyé pour prôner le maintien des liens de parenté, démolir les idoles, proclamer l'unicité d'Allah et ne Lui attribuer aucun associé (...)*».[2]

Dans ce bref exposé consacré aux valeurs et aux principes fondamentaux de l'Islam, le Prophète (ﷺ) cite en premier lieu le maintien des liens de parenté. Cela confirme encore l'importance que cette pratique occupe au sein d'une religion dont la révélation même a été destinée aux humains à titre de miséricorde.

Les Textes sont multiples, qui incitent au maintien des liens de parenté et qui mettent en garde ceux qui les rompent contre les conséquences néfastes qui en découlent. Ils précisent que l'observance de cette valeur morale mène au Paradis, accroît la bénédiction accordée aux biens, prolonge la vie et garantit l'affection des proches parents:

---

[1] *Ḥadîth* rapporté par Bukhari et Muslim. Cf. an-Nawawî, *Riyâḍ aṣ-ṣâliḥîn*, p. 51.

[2] *Ḥadîth* rapporté par Muslim. Cf. *Sharḥ ṣaḥîḥ muslim*, vol. VI, p. 115.

- D'après Abû Ayyûb al-Anṣârî, un homme dit *[un jour]* au Prophète (ﷺ): ô Messager d'Allah, indique-moi une œuvre me permettant l'accès au Paradis. Le Prophète lui répondit: *«Adore Allah et ne Lui attribue aucun associé; accomplis la Prière; acquitte-toi de l'Aumône prescrite; et maintiens tes liens de parenté»*.[1]

- D'après Anas ibn Mâlik (qu'Allah l'agrée), le Messager d'Allah (ﷺ) a dit: *«Celui qui désire que sa richesse soit étendue et que son terme* [de vie] *soit différé, qu'il maintienne ses liens de parenté»*.[2]

- On rapporte que 'Abd Allah ibn 'Umar disait: celui qui craint son Seigneur et maintient les liens de parenté, son terme *[de vie]* sera différé, sa richesse augmentée et ses parents lui témoigneront de leur affection.[3]

Une musulmane avisée doit savoir qu'à l'instar de tous les devoirs islamiques, le devoir de maintenir les liens de parenté incombe à la femme comme à l'homme. Elle doit donc l'appliquer avec sincérité et enthousiasme, et ne pas le négliger en raison de ses responsabilités et tâches quotidiennes, aussi multiples soient-elles. De par sa conscience religieuse, elle sait que le maintien des liens de parenté mène à la bénédiction de sa vie et de ses biens, à la miséricorde d'Allah dans les deux mondes et à l'amour et la reconnaissance de la part des gens. Elle sait aussi que la rupture de ces liens est un acte funeste qui lui attire l'abomination d'Allah, l'inimitié des gens et l'éloignement du Paradis.

Il lui suffit à ce sujet de méditer le *Ḥadîth* du Messager d'Allah (ﷺ) qui dit: *«Celui qui rompt les liens de parenté n'accédera point au Paradis»*.[4]

---

[1] *Ḥadîth* rapporté par Bukhari et Muslim. Cf. an-Nawawî, *Riyâḍ aṣ-ṣâliḥîn*, p. 195.

[2] *Ḥadîth* rapporté par Bukhari et Muslim. Cf. *Sharh as-sunna*, vol. XIII, p. 19.

[3] *Ḥadîth* rapporté par Bukhari dans *al-Adab al-mufrad*, vol. I, p. 140.

[4] *Ḥadîth* rapporté par Bukhari et Muslim. Cf. *Sharh as-sunna*, vol. XIII, p. 26.

Il lui suffit également de savoir que, dans un autre *Ḥadîth*, le Prophète (ﷺ) affirme que la miséricorde d'Allah, non seulement n'atteint pas celui qui rompt ses liens de parenté, mais aussi les personnes parmi lesquelles il se trouve. Il dit: *«La miséricorde ne saurait être accordée à des gens parmi lesquels se trouve une personne ayant rompu ses liens de parenté».*[1]

C'est, d'ailleurs, pour cette raison que l'éminent Compagnon Abû Hurayra (qu'Allah l'agrée) s'abstenait d'invoquer Allah dans un groupe de gens comprenant un homme en rupture avec ses proches parents. On rapporte que lors de l'une des séances qu'il accordait aux croyants la veille du vendredi, il dit: «J'invite vivement toute personne en rupture avec ses proches parents à quitter notre réunion». Il répéta ces mots à trois reprises. Suite à cela, un homme qui avait rompu avec sa tante paternelle depuis deux ans se rendit chez elle et lui rapporta les propos d'Abû Hurayra. Elle lui dit: vas-y le revoir et demande-lui la raison de ces propos. Le jeune homme s'exécuta, et Abû Hurayra lui répondit: j'ai entendu le Prophète (ﷺ) dire: *«Le soir de chaque jeudi, la veille du vendredi, on expose à Allah (exalté soit-Il) les œuvres des humains; et là, Il n'admet aucune œuvre accomplie par celui qui a rompu les liens de parenté».*[2]

Ces Textes devraient émouvoir profondément toute femme imprégnée des principes de l'Islam et motivée par la volonté d'accomplir les bonnes œuvres. Ils affirment, en effet, le grand désastre qui atteint celui et celle qui négligent les droits dus aux proches parents. Allah les prive ainsi de Sa miséricorde, ne tient pas compte de leurs œuvres et n'exauce pas leurs invocations. Il est donc impératif à toute musulmane de se garder de rompre ses liens de parenté, car c'est un péché qu'une croyante obéissante à Allah ne saurait commettre.

---

[1] *Ḥadîth* rapporté par Bukhari dans *al-Adab al-mufrad*, vol. I, p. 144.

[2] *Idem.*, vol. I, p. 142.

Elle doit éviter tout manquement avec une grande vigilance, notamment quand elle apprend le *Ḥadîth* du Prophète (ﷺ) qui le présente comme l'un des péchés qui engendrent, à l'encontre de celui qui les commet, l'anticipation du châtiment d'Allah dans ce bas monde. Le Messager d'Allah (ﷺ) a dit: *«les péchés les plus susceptibles d'anticiper le châtiment d'Allah dans ce bas monde contre celui qui les commet en plus de ce qui l'attend dans l'Au-delà, sont l'injustice et la rupture des liens de parenté».*[1]

Ainsi, la rupture des liens de parenté est quasi similaire à l'injustice, voire à l'une de ses formes les plus abominables, car elle consiste à rompre injustement des liens qu'Allah a voulus unis par l'amour et l'affection.

Dans un autre *Ḥadîth*, le Messager d'Allah (ﷺ) souligne, dans un style imagé, l'importance du maintien des liens de parenté. Il (ﷺ) dit: «[le mot] raḥim (la parenté) *dérive du* [mot] Ar-Raḥmân (le Tout-Miséricordieux). *Elle dit: 'Seigneur, on m'a lésée! Seigneur, on m'a rompue! Seigneur, on m'a...'*. Alors Allah lui répond: 'Ne consens-tu pas à ce que je rompe avec celui qui rompt avec toi, et que J'établisse un lien avec celui qui en établit un avec toi?'»[2]

Dans un autre *Ḥadîth*, le Messager d'Allah (ﷺ) souligne le statut honorable du maintien des liens de parenté, en rapportant qu'Allah (exalté soit-Il) a dit *[hors Coran]: «Je suis le Tout-Miséricordieux* (Ar-Raḥmân). *J'ai créé la parenté* (ar-raḥim) *et j'ai dérivé son nom du Mien. Quiconque établit un lien avec elle, J'en établis un avec lui; quiconque rompt avec elle, Je romps avec lui».*[3]

L'ensemble de ces Textes, ainsi que bien d'autres, confirment que celui qui maintient les liens de parenté bénéficie de la miséricorde, du

---

[1] *Ḥadîth* jugé authentique, rapporté par Aḥmed (Vol. V, p. 38) et Ibn Mâjah (vol. II, p. 37).

[2] *Ḥadîth* rapporté par Bukhari dans *al-Adab al-mufrad*, vol. I, p. 146.

[3] *Idem.*, vol. I, p. 132.

bonheur et de la reconnaissance des gens, et que celui qui les rompt s'expose au malheur, au mépris et à être privé de la miséricorde et de l'agrément d'Allah. Qu'Allah fasse que nous appartenions à la partie de la première catégorie, et nous préserve d'agir comme la seconde.

2. *La musulmane se conforme aux principes de l'Islam concernant le maintien des liens de parenté*

Conformément aux enseignements de l'Islam, une musulmane consciencieuse tient à maintenir les liens de parenté et ne les néglige sans aucun prétexte. Elle doit s'organiser de manière à ce qu'elle puisse consacrer à chacun de ses parents le temps nécessaire, en commençant par les plus proches. Ainsi, elle accorde la priorité à sa mère, puis à son père, ensuite à ceux qui viennent après, conformément à l'ordre que nous avons signalé au début de ce chapitre.

A ce sujet, on rapporte qu'un homme vint voir le Prophète (ﷺ) et lui demanda: lequel parmi les gens mérite le plus ma bonne compagnie? Le Prophète lui répondit: *«Ta mère; puis ta mère; puis encore ta mère. Ensuite, ton père, puis tes parents les plus proches».*[1]

La bienfaisance envers les proches parents est l'acte qui consolide le plus les liens avec eux. En appliquant cet acte de solidarité au bénéfice de ses proches, la femme musulmane bénéficie d'une double récompense: celle due à l'aumône et celle due au maintien des liens de parenté. On rapporte à ce sujet que Zaynab ath-Thaqafiyya, l'épouse de 'Abd Allah ibn Massoud (qu'Allah l'agrée), a dit:

[Un jour,] le Messager d'Allah (ﷺ) *[nous]* dit: *«Faites l'aumône, ô femmes, fût-ce de vos propres bijoux.»* Je revins alors à 'Abd Allah ibn Massoud et lui dis: tu es un homme peu fortuné, et le Messager

---

[1] *Ḥadîth* rapporté par Bukhari et Muslim. Cf. an-Nawawî, *Riyâḍ aṣ-ṣâliḥîn*, p. 189.

d'Allah (ﷺ) vient de nous ordonner de faire l'aumône. Va donc lui demander si je serai rétribuée en t'accordant l'aumône légale, sinon je l'accorderais à d'autres. — Demande-lui toi-même, répliqua 'Abd Allah.

Alors, ajoute Zaynab, je me rendis chez le Messager d'Allah (ﷺ) et, à la porte, je rencontrai une femme des *Anṣâr* (Médinois) qui venait pour la même raison que moi. Vu le grand respect que nous avions pour le Messager d'Allah (ﷺ), nous attendîmes devant sa porte. Comme Bilâl (qu'Allah l'agrée) sortait de chez lui, nous lui dîmes: va voir le Messager d'Allah (ﷺ) et informe-le qu'il y a deux femmes devant la porte qui lui demandent si l'aumône qu'elles font à leurs époux et aux orphelins qu'elles ont en charge sera rétribuée, mais tâche de ne pas nous nommer. Bilâl entra chez le Messager d'Allah (ﷺ) et lui fera parvenir notre question.

- *«Qui sont ces deux femmes?»* Lui demanda le Messager d'Allah (ﷺ).

- Une femme des *Anṣâr* et Zaynab, répondit Bilâl.

- *«Laquelle parmi les Zaynab?»* Reprit le Prophète.

- La femme de 'Abd Allah ibn Massoud, répondit Bilâl. Le Messager d'Allah (ﷺ) lui dit: «[Dis leur qu']*elles auront deux récompenses: l'une pour* [avoir entretenu] *les liens de parenté, l'autre pour* [avoir fait] *l'aumône légale.*»[1]

On rapporte aussi que le Messager d'Allah (ﷺ) a dit: *«L'aumône légale faite à un pauvre* [mérite la rétribution due à] *une aumône, mais celle faite à un proche* [mérite] *deux rétributions: l'une en tant qu'aumône et l'autre en tant que maintien des liens de parenté»*.

Dans son *Saḥîḥ,* Bukhari rapporte que Maymûna bint al-Ḥarith, la Mère des croyants (qu'Allah l'agrée), avait informé Kurayb, l'affranchi de 'Abd Allah ibn 'Abbâs, qu'elle avait affranchi une

---

1 *Ḥadîth* rapporté par Bukhari et Muslim. Cf. *Sharh as-sunna*, vol. VI, p. 187.

jeune esclave sans en demander la permission au Prophète (ﷺ). Le jour où c'était son tour de recevoir pour sa nuitée le Prophète, son époux, elle lui dit: t'es-tu rendu compte, ô Messager d'Allah, que j'ai affranchi ma jeune esclave? — *«Tu l'as vraiment fait?»* Lui demanda le Prophète. — Oui, répondit-elle. Il lui dit alors: *«Si tu l'avais donnée à tes oncles maternels, cela t'aurait amplifié la récompense».*[1]

A chaque fois que l'occasion se présente, le Messager d'Allah (ﷺ) rappelait avec insistance le mérite de la bienfaisance envers les proches. On rapporte à ce sujet que lorsque le verset qui dit: ﴿Vous n'atteindrez la [vraie] piété, que si vous dépensez *[en aumône]* de ce que vous chérissez.﴾ *[Coran, 3: 92]*, fut révélé, Abû Ṭalḥa se leva et dit au Messager d'Allah (ﷺ): ô Messager d'Allah! Allah dit: ﴿Vous n'atteindrez la *[vraie]* piété, que si vous dépensez [en aumône] de ce que vous chérissez.﴾ Or, ce que je chéris le plus est *[mon verger de palmeraie qui se trouve à]* Bayruḥâ'. J'en fais donc aumône pour l'amour d'Allah, espérant qu'elle sera considérée comme bonne œuvre, dont la rétribution me sera réservée auprès de Lui. Fais donc de ce verger, ô Messager d'Allah, ce qui Allah t'indiquera.

Le Messager d'Allah (ﷺ) lui dit alors: *«Excellent! C'est un bien bénéfique; c'est un bien bénéfique.* [Sache que] *j'ai bien entendu ce que j'ai entendu, mais j'estime que tu dois donner ce verger à tes proches».* — C'est ce que je vais faire, ô Messager d'Allah, répliqua Abû Ṭalḥa. Ensuite, il répartit le verger entre ses proches et ses cousins.[2]

Le maintien des liens de parenté a une telle importance en Islam que le Messager d'Allah (ﷺ) ne le limite pas aux générations contemporaines; il l'élargit jusqu'à inclure les aïeux qui remontent à plusieurs générations et plusieurs siècles. Muslim rapporte qu'il a dit

---

[1] *Idem.*, vol. VI, p. 195.

[2] *Idem.*, vol. VI, p. 189.

à ses Compagnons: *«Vous allez conquérir l'Egypte, un pays où le carat est la monnaie courante. Lors de votre conquête, soyez bienveillants envers ses habitants, car ils ont avec nous un lien d'alliance et de parenté».*

Selon les commentateurs de ce *Ḥadîth*, le lien de parenté entre Arabes et Egyptiens remonte à Hâjar, la mère du Prophète Ismaël; le lien d'alliance revient au fait que le Messager d'Allah (ﷺ) avait aussi comme épouse Mâriya la copte, mère de son fils Ibrâhîm.

Quelle loyauté! Quelle bienveillance! Et enfin quel humanisme! C'est pourquoi, après la lecture de ces recommandations du Prophète (ﷺ), la vraie croyante s'empresse de consolider ses liens de parenté, en manifestant à ses proches parents une affection sincère, une bienfaisance incessante et une bienveillance permanente.

3. Elle maintient les liens de parenté avec ses proches même quand ils ne sont pas musulmans

En méditant les enseignements de sa religion, la musulmane constatera que ses principes tolérants et humanistes vont jusqu'à recommander le maintien des liens de parenté avec les proches qui ne sont pas convertis à l'Islam. On rapporte que 'Abd Allah ibn 'Amr ibn al-'Âṣ (qu'Allah l'agrée) a dit: j'ai entendu le Prophète (ﷺ) déclarer publiquement: *«Certes, les gens de la famille d'Abû untel ne sont pas mes alliés, car Allah seul est mon Allié ainsi que les gens vertueux parmi les croyants. Cependant, ils ont avec moi des liens de parenté auxquels j'accorde la fraîcheur nécessaire».*[1]

Quand le verset qui dit: ﴿Et avertis les gens qui te sont les plus proches.﴾ *[Coran, 26: 214]* fut révélé, le Messager d'Allah (ﷺ) convoqua les Qurayshites. Une fois réunis, il adressa son discours à leur ensemble comme à ses plus proches parents.

---

[1] *Ḥadîth* rapporté par Bukhari et Muslim. Cf. *Sharh as-sunna*, vol. XIII, p. 29.

Il dit (ﷺ): *«Ô Banû Ka'b ibn Lu'ayy, délivrez vos âmes de l'Enfer! Ô Banû Murra ibn Ka'b, délivrez vos âmes de l'Enfer! Ô Banû 'Abd Shams, délivrez vos âmes de l'Enfer! Ô Banû 'Abd Manâf, délivrez vos âmes de l'Enfer! Ô Banû Hâshim, délivrez vos âmes de l'Enfer! Ô Banû 'Abd al-Muṭṭalib, délivrez vos âmes de l'Enfer! Ô Fâṭima, délivre ton âme de l'Enfer! Car je ne possède rien pour vous auprès d'Allah; seule une parenté vous lie à moi, et je lui accorderai la fraîcheur nécessaire».*[1]

Les musulmans et les musulmanes des premiers temps de l'Islam ont bien assimilé ses enseignements et les ont observés avec application; ils manifestaient leur bienveillance à tous leurs proches parents, y compris les non-musulmans parmi eux.

A ce propos, Ibn 'Abd al-Barr et Ibn Ḥajar, dans leurs ouvrages respectifs *al-Istî'âb*[2] et *al-Iṣṣâba*[3], rapportent qu'une servante de Ṣafiyya, la Mère des croyants, vint voir 'Umar ibn al-Khaṭṭâb (qu'Allah l'agrée) et lui dit: ô Commandeur des croyants, Ṣafiyya aime le sabbat et maintient des liens avec les juifs! 'Umar demanda alors après Ṣafiyya et l'interrogea sur les propos de la servante. Elle lui répondit: «Quant au sabbat, je ne l'aime plus depuis qu'Allah me l'a remplacé par le Vendredi. Quant aux juifs, j'ai avec eux des liens de parenté, et je les maintiens!» Ensuite, elle se retourna regarder sa servante et lui demanda de lui expliquer les raisons qui l'ont poussée à proférer une telle calomnie. La servante lui répondit: c'est le diable! Alors Ṣafiyya lui dit: «Tu peux partir! Tu es libre!»

On rapporte aussi, à ce même propos, que 'Umar ibn al-Khaṭṭâb (qu'Allah l'agrée) n'éprouva aucune gêne à offrir un habit, que le Messager d'Allah (ﷺ) lui avait envoyé, à son frère utérin qui était mécréant.[4]

---

[1] *Ḥadîth* rapporté par Muslim. Cf. *Sharḥ ṣaḥîḥ muslim*, vol. III, p. 79.

[2] Vol. IV, p. 1872.

[3] Vol. VIII, p. 127.

[4] Cf. *Fat'h Al-Bâri*, vol. X, p. 414.

Ces Textes, et bien d'autres, confirment que la compassion humaniste ne saurait quitter le cœur du vrai croyant; il en réserve une part aux proches parents, même s'ils n'adhèrent pas à l'Islam. Le Messager d'Allah (ﷺ) emploie un style métaphorique sublime pour persuader les croyants de maintenir les liens de parenté. En disant: *«Seule une parenté vous lie à moi, et je lui accorderai la fraîcheur nécessaire»*, il compare la parenté à une terre qui ne devient humide et ne produit des plantes que lorsqu'on l'irrigue, sinon elle devient aride et stérile. Il en est de même pour la parenté: elle continue à exister et s'épanouit quand on maintient ses liens, sinon elle se dessèche et ne produit que haine et inimitié.

Le vrai musulman est donc celui qui aime les gens et bénéficie, en retour, de leur amour, car il concrétise par son comportement le caractère noble et la haute moralité. Tout comme il a recommandé la bienveillance envers père et mère même s'ils sont mécréants, l'Islam recommande aussi au croyant d'être bienveillant envers ses proches parents, y compris les non-musulmans. Cela reflète, en effet, la dimension humaniste et tolérante de cette religion dont le Livre-Guide dit:

> ﴾Et Nous ne t'avons envoyé qu'en miséricorde pour l'Univers.﴿ *[Coran, 21: 107]*

4. *Elle applique le maintien des liens de parenté dans son sens le plus large*

Maintenir les liens de parenté se traduit par plusieurs méthodes et prend des formes diverses. Tantôt la femme musulmane le concrétise par l'aumône qu'elle fait aux nécessiteux parmi ses proches; tantôt par une visite courtoise qu'elle effectue pour consolider ces liens. Parfois par une rencontre chaleureuse, des mots agréables ou un simple sourire affectueux. Souvent par une œuvre à leur égard qui véhicule la bienveillance et la compassion qu'elle ressent pour eux, etc. En somme, toute attitude et tout acte susceptibles de consolider les sentiments d'affection et de solidarité envers les proches parents sont souhaitables, y compris les actes qui nous paraissent anodins ou sans importance. On rapporte à ce sujet que le Messager d'Allah (ﷺ) a dit: *«Maintenez la fraîcheur de vos liens parentaux, fût-ce par une* [simple] *salutation»*.[1]

5. Elle s'attache à ses proches parents même s'ils rompent avec elle

Une vraie musulmane n'agit pas par réciprocité vis-à-vis de ses proches qui rompent les liens de parenté avec elle. Elle doit plutôt maintenir ses liens même s'ils s'obstinaient à les rompre, car il s'agit là d'une obligation religieuse dont la finalité est la satisfaction et la rétribution d'Allah. En agissant de la sorte, elle ne s'attend ni à une compensation de la part de ses proches parents, ni même à une réciprocité de leur part. Ainsi, de par son comportement, elle concrétise les nobles valeurs morales auxquelles l'Islam incite tout musulman et toute musulmane.

L'observance de cette attitude dans ces circonstances est, certes, difficile et exige des efforts que seuls les vrais croyants parviennent à endurer. Cependant, toute musulmane sincère doit s'évertuer à atteindre ce haut rang qui fait d'elle une femme bienveillante envers les proches parents, même s'ils se montrent ingrats ou hostiles. Le Messager d'Allah (ﷺ) a dit: *«Ne maintient pas vraiment les liens de parenté celui qui le fait à titre de réciprocité. Seul celui qui renoue avec ses proches lorsqu'ils rompent les liens de parenté les maintient vraiment»*.[2]

---

[1] *Ḥadîth* rapporté par al-Bazzâr, d'après 'Abd Allah ibn 'Abbâs. Cf. al-Haythamî, *Kashf al-astâr*, vol. II, p. 373. As-Sakhâwî (*al-Maqâṣṣid al-ḥassana*, p. 146) juge que les voies selon lesquelles ce *ḥadîth* a été transmis se consolident et en font un *ḥadîth* fiable.

[2] *Ḥadîth* rapporté par Bukhari. Cf. *Fat'h Al-Bâri*, vol. X, p. 423.

Tel est le noble comportement que tous les musulmans et toutes les musulmanes doivent observer dans leurs relations avec leurs proches parents.

En affirmant que le maintien des liens de parenté ne consiste pas à agir à titre de réciprocité mais, surtout, à continuer à le faire quand les proches manifestent leur négligence ou leur hostilité, le Prophète (ﷺ) tend à consolider, dans l'âme du croyant, l'esprit d'indulgence, de patience et de tolérance.

Dans un autre *Ḥadîth*, le Messager d'Allah (ﷺ) décrit le sort atroce des gens odieux qui renient leurs liens de parenté et vont jusqu'à les rompre. On rapporte qu'un homme vint voir le Messager d'Allah (ﷺ) et lui dit: ô Messager d'Allah, j'ai des proches avec qui je maintiens les liens de parenté alors qu'ils les rompent; j'agis en bien envers eux alors qu'ils me font du mal; je suis indulgent à leur égard, mais ils m'offensent. Le Prophète lui répondit: *«Si tu agis vraiment comme tu* [le] *dis, c'est comme si tu leur faisais avaler les cendres brûlantes. Allah t'accordera Son soutien contre eux, tant que tu continueras à agir de la sorte».*[1]

Telle est l'importance de la parenté en Islam: la maintenir est un acte dont la rétribution est sans limites. Ceux qui la renient ou la négligent encourent malheur et réprimande, alors que ceux qui maintiennent ses liens et supportent l'hostilité de leurs proches méritent bonheur et récompense. Rompre la parenté est un péché dont le châtiment est d'une douleur intense, puisque le Prophète (ﷺ) l'a comparé à des cendres brûlantes qu'on avale. Elle est importante à un point tel qu'Allah (à Lui la puissance et la majesté) accorde son soutien à celui qui s'y attache et le dote d'endurance afin de pouvoir persévérer à manifester ce noble comportement.

Avant de conclure ce chapitre, rappelons qu'une vraie musulmane maintient les liens de parenté en toutes circonstances. Même si ses

---

[1] *Ḥadîth* rapporté par Muslim. Cf. *Sharḥ ṣaḥîḥ muslim*, vol. XVI, p. 115.

proches rompent avec elle, elle reste attachée à eux dans l'unique intention de plaire à Allah. Elle n'accorde aucune importance à leurs sottises ou aux offenses qu'ils lui infligent sporadiquement. Elle ignore ces bassesses qui n'occupent que les esprits étroits, car elle sait que le fait d'agir réciproquement annule les bonnes œuvres et affecte les bons rapports qu'elle doit entretenir avec eux. Si elle adopte cette attitude envers ses proches parents, c'est parce qu'elle agit en conformité avec le *Ḥadîth* du Messager d'Allah (ﷺ) qui dit: *«La parenté est accrochée au Trône. Elle dit: quiconque établit un lien avec moi, Allah en établit un avec lui; quiconque rompt avec moi, Allah rompt avec lui».*[1]

---

[1] *Ḥadîth* rapporté par Bukhari et Muslim. Cf. an-Nawawî, *Riyâḍ aṣ-ṣâliḥîn*, p. 191.

CHAPITRE HUIT

SON COMPORTEMENT VIS-À-VIS DE SES VOISINS

1. Elle se conforme aux principes islamiques recommandant le bon voisinage

La bienfaisance et la bienveillance envers les voisins constituent un comportement qui caractérise la femme musulmane. Toute musulmane consciente des enseignements de sa religion et attachée à ses principes sait, en effet, que l'Islam a vivement recommandé d'entretenir de bonnes relations avec le voisin et lui a accordé un noble statut, quasi inexistant dans les autres religions et doctrines. L'ordre au croyant d'être bienveillant envers les voisins est formulé de façon vive et explicite dans le Coran. Allah (exalté soit-Il) dit:

> ﴾Adorez Allah et ne Lui attribuez aucun associé. Agissez avec bonté envers *[vos]* père et mère, les proches, les orphelins, les pauvres, le voisin proche ou lointain, le compagnon par voisinage et le voyageur *[en détresse]...*﴿
>
> *[Coran, 4: 36]*

Le «voisin proche» est celui avec qui on a des liens de parenté ou de religion; le «voisin lointain» est celui qui n'est ni un coreligionnaire ni un proche parent; le «compagnon par voisinage» est le camarade. Ainsi, le musulman doit s'acquitter des droits de voisinage envers toute personne demeurant près de lui, même si elle n'est liée à lui ni par parenté ni par religion commune. Cet honneur accordé au voisin, quel qu'il soit, illustre parfaitement la tolérance recommandée par l'Islam.

Nombreux sont les *Ḥadîths* qui mettent l'accent sur cette sublime valeur humaine qui est le bon voisinage; ils la recommandent envers tout voisin, en dépit de sa religion ou du lien de parenté qui nous unirait. Le Messager d'Allah (ﷺ) a dit: «[l'Archange] *Gabriel n'a cessé de me recommander le voisin, à tel point que j'ai cru qu'il allait en faire l'un des héritiers».*[1]

Ce *Ḥadîth* nous révèle que l'Archange Gabriel (Jibrîl) voulait enraciner en l'âme du Prophète (ﷺ) l'importance que l'Islam accorde au voisin, en réitérant les recommandations le concernant, si bien que le Prophète avait cru que le voisin allait avoir le statut de parent ayant droit à une part de l'héritage. Le Messager d'Allah (ﷺ) avait, en effet, compris le sens profond de cette insistance de la part de Gabriel et, depuis, il ne cessa de recommander le bon voisinage lorsque les croyants se réunissaient pour notamment écouter ses sermons.

Dans le discours qu'il prononça à l'occasion de son dernier Pèlerinage, le Pèlerinage d'Adieu, ce discours qui renferme les points essentiels qu'il tenait à communiquer aux musulmans, le Prophète (ﷺ) n'oublia pas de mentionner les devoirs dus au voisin. Il insista tellement sur ce point que l'éminent Compagnon Abû Umâma (qu'Allah l'agrée) eut à son tour le sentiment qu'il allait lui accorder une part de l'héritage. On rapporte qu'Abû Umâma a dit: j'ai entendu le *[sermon du]* Messager d'Allah (ﷺ) lorsqu'il était sur sa chamelle *al-jad'â'*. Il n'a cessé de répéter: *«Je vous recommande le voisin.»* Je me suis alors dit qu'il allait en faire un héritier.[2]

Pour encourager ses Compagnons à accomplir une bonne œuvre, le Messager d'Allah (ﷺ) avait l'habitude de commencer par dire: *«Que celui qui croit* [vraiment] *en Allah et au Jour Dernier accomplisse telle ou telle œuvre...»* Il répétait en effet

---

[1] *Ḥadîth* rapporté par Bukhari et Muslim. Cf. *Sharh as-sunna*, vol. XIII, p. 71.

[2] *Ḥadîth* dont la voie de transmission est jugée «excellente», rapporté par aṭ-Ṭabarânî. Cf. *Majma' az-zawâ'id*, vol. VIII, p. 165.

cette formule incitatrice quand il recommandait une œuvre noble ou convenable.

Sur notre sujet précisément, le Prophète (ﷺ) dit: *«Que celui qui croit* [vraiment] *en Allah et au Jour Dernier agisse avec bonté à l'égard de son voisin; que celui qui croit* [vraiment] *en Allah et au Jour Dernier agisse avec générosité envers son hôte; que celui qui croit* [vraiment] *en Allah et au Jour Dernier ne dise que du bien ou qu'il se taise».*[1]

Dans la version de Bukhari, il est dit: *«Que celui qui croit [vraiment] en Allah et au Jour Dernier ne fasse aucun mal à son voisin* (...)».[2] La bonté à l'égard du voisin est donc l'un des signes de la foi sincère et l'un de ses fruits. D'où son importance.

2. *Elle aime pour ses voisins ce qu'elle aime pour elle-même*

Une musulmane sincèrement engagée dans la voie d'Allah est compatissante, tolérante, courtoise et affectueuse envers ses voisins. Elle est sensible, sans l'admettre, à tout ce qui est susceptible de leur nuire ou entacher leur réputation. Elle s'y oppose comme si c'était elle qui en était concernée. Elle partage leurs joies et leurs peines. Elle aime les voir bénéficier de ce qu'elle aime pour elle-même, conformément au *Ḥadîth* du Messager d'Allah (ﷺ) qui dit: *«Aucun d'entre vous n'aura* [vraiment] *la foi que lorsqu'il aimera pour son frère ce qu'il aime pour sa propre personne».*[3]

Dans une autre version de Muslim, d'après Anas ibn Mâlik, le Prophète (ﷺ) dit: *«Par Celui qui détient mon âme en Sa Main,*

---

[1] *Ḥadîth* rapporté par Bukhari et Muslim. Cf. an-Nawawî, *Riyâḍ aṣ-ṣâliḥîn*, p. 185.

[2] Cf. *Fat'h Al-Bâri*, vol. X, p. 445.

[3] *Ḥadîth* rapporté par Bukhari et Muslim. Cf. *Sharh as-sunna*, vol. XIII, p. 60.

aucun homme n'aura la foi que lorsqu'il aimera pour son voisin - ou *son frère,* a-t-il dit - *ce qu'il aime pour sa propre personne».*[1]

Une musulmane consciencieuse prend soin des nécessiteux parmi ses voisins. De temps à autre, elle leur fait des dons ou leur offre des cadeaux. Quand elle prépare un plat dont l'odeur est susceptible de leur parvenir, elle leur offre une part de son repas, car elle est consciente de leur indigence et de leur désir de manger ce qu'ils ont dû sentir.

En agissant ainsi, elle confirme son application de l'entraide sociale prônée par Le Messager d'Allah (ﷺ), lorsqu'il a dit à Abû Dharr: *«Ô Abû Dharr, quand tu prépares un bouillon, mets-y beaucoup d'eau, et y associe tes voisins».*[2]

Dans une autre version, le Prophète (ﷺ) dit: *«Quand tu prépares un bouillon, mets-y beaucoup d'eau. Ensuite, tâche de trouver une famille parmi tes voisins et accorde-leur une part convenable».*[3]

Une musulmane aux sentiments raffinés par les principes de l'Islam ne supporte pas voir ses voisins vivre dans le besoin et la privation sans leur venir en aide, notamment si elle est gratifiée d'une richesse lui permettant le partage avec les autres.

Ce sentiment de compassion ainsi que la bienfaisance qui le concrétise sont les conséquences de son engagement à observer les droits du voisin, car le Messager d'Allah (ﷺ) a dit: *«Ne croit pas [vraiment] en moi celui qui passe la nuit rassasié tout en sachant que son voisin d'à côté a faim».*[4] Il a également dit: *«Le* [vrai] *croyant n'est pas celui qui mange à satiété alors que son voisin a faim».*[5]

---

[1] Cf. *Sharḥ ṣaḥîḥ muslim*, vol. II, p. 17.

[2] *Idem.*, vol. VI, p. 177.

[3] *Ibid.*

[4] *Ḥadîth* dont la voie de transmission est jugée «appréciée», rapporté par aṭ-Ṭabarânî et al-Bazzâr. Cf. *Majma' az-zawâ'id*, vol. VIII, p. 167.

[5] *Ḥadîth* dont les transmetteurs sont jugés «dignes de confiances», rapporté par aṭ-Ṭabarânî et Abû Ya'lâ al-Mawṣilî. Cf. *Majma' az-zawâ'id*, vol. VIII, p. 167.

3. Elle est bienfaisante envers ses voisins dans la mesure du possible

Une musulmane, qui a parfaitement compris les enseignements de sa religion, n'hésite jamais quand il s'agit d'une bienfaisance qu'elle doit accorder à sa voisine. Elle lui offre ce qu'elle pense être susceptible de subvenir à ses besoins, quelle que soit sa quantité ou sa valeur. Elle ne doit pas minimiser son offre et l'annuler en pensant qu'elle est insignifiante, par orgueil ou par timidité. L'indisponibilité d'un don convenable ne doit pas faire obstacle à une offre censée être insignifiante mais qui serait d'un grand secours à la voisine. Chaque fois qu'elle a l'occasion de faire part de ce qu'elle possède à sa voisine, elle doit s'empresser de le faire sans le retarder pour des considérations relevant de la vanité ou d'une mauvaise appréciation des règles du bon voisinage.

L'occasion du partage avec le voisin est, en effet, une occasion bénéfique dont le croyant doit profiter pour acquérir la rétribution d'Allah. On ne doit donc ni l'annuler ni la reporter. Le Messager d'Allah (ﷺ) a dit: *«Ô femmes musulmanes, que l'une* [d'entre vous] *ne dédaigne pas* [ce qu'elle offre à] *sa voisine, fût-ce le sabot d'un mouton».*[1]

Le sabot d'un mouton paraît, certes, un don sans valeur qu'on hésite à offrir, mais il vaut mieux que rien. C'est-à-dire qu'on ne doit pas hésiter à être charitable envers le voisin nécessiteux, même quand l'objet de solidarité est insuffisant ou sans grande valeur, car l'essentiel est la solidarité et l'entraide. Allah (exalté soit-Il) dit:

> ﴾Quiconque fait un bien, fût-ce du poids d'un atome, le verra.﴿ *[Coran, 99: 7]*

Son Messager (ﷺ) a dit: *«Préservez-vous de l'Enfer, ne serait-ce*

---

[1] *Ḥadîth* rapporté par Bukhari et Muslim. Cf. *Sharh as-sunna*, vol. VI, p. 141.

qu'avec la moitié d'une datte [que vous offrirez en aumône]. *Si vous n'en possédez pas, alors avec une bonne parole».*[1]

Notons cependant que le *Ḥadîth* cité avant celui-ci peut signifier aussi l'interdiction de dédaigner ce qu'on reçoit comme don. Dans ce cas, le sens en serait: que la musulmane ne dédaigne pas ce que sa voisine lui offre, même si c'est le sabot d'un mouton. Mieux: elle doit la remercier pour le don qu'elle lui a offert, car exprimer sa gratitude envers son voisin ne fait qu'approfondir l'amitié et consolider l'esprit d'entraide. Cela s'ajoute au fait que la gratitude exprimée à autrui est une valeur morale recommandée par l'Islam. Le Prophète (ﷺ) dit à ce sujet: *«Ne sera pas reconnaissant envers Allah, quiconque n'aura pas remercié les gens».*[2]

L'objectif principal de l'Islam concernant cette question est de répandre l'entraide, la compassion et l'affection entre les voisins. Offrir un cadeau à son voisin constitue, entre autres, l'un des moyens qui permettent d'atteindre cet objectif. D'où l'interdiction du Messager d'Allah (ﷺ) à toute femme de dédaigner le cadeau qu'elle offre à sa voisine ou qu'elle reçoit d'elle. La femme étant très sensible à ce genre de situations, elle est en effet susceptible de le prendre pour une offense. En interdisant ce genre de réactions, le Prophète (ﷺ) attire, en effet, l'attention de toute croyante au noble sens humaniste véhiculé par le don. Le geste d'offrir en soi doit être apprécié plus que la valeur réelle du cadeau lui-même, car, selon les principes de l'Islam, dans tout acte, seule l'intention doit être prise en considération.

4. *Elle est bienfaisante envers ses voisins même s'ils ne sont pas musulmans*

L'Islam, religion de tolérance, ordonne au croyant d'être

---

[1] *Idem.*, vol. VI, p. 140.

[2] *Ḥadîth* rapporté par Bukhari dans *al-Adab al-mufrad*, vol. I, p. 310.

bienfaisant à tous les humains qui ne lui déclarent aucune hostilité et s'abstiennent de l'agresser. Allah dit:

> ﴾Allah ne vous défend pas d'être bienfaisants et équitables envers ceux qui ne vous ont pas combattus pour la religion et ne vous ont pas chassés de vos demeures; car Allah aime les gens équitables.﴿
>
> *[Coran, 60: 8]*

Conformément à ce principe, la femme musulmane ne limite pas sa bienfaisance aux musulmans ou aux proches parmi ses voisins, mais élargit le cercle de ce comportement charitable pour y inclure les non-musulmans. On rapporte à ce sujet que l'éminent Compagnon 'Abd Allah ibn 'Amr ibn al-'Âṣ (qu'Allah l'agrée) avait égorgé un mouton avant de demander à son domestique: as-tu donné [une part] à notre voisin juif? As-tu donné [une part] à notre voisin juif? Car j'ai entendu le Messager d'Allah (ﷺ) dire: «[L'Archange] *Gabriel n'a cessé de me recommander le voisin, à tel point que j'ai cru qu'il allait en faire l'un des héritiers».*[1]

Ce *Ḥadîth* confirme donc clairement la bonté et la bienveillance que l'Islam accorde à ses protégés parmi les adeptes des autres religions. L'Histoire témoigne, en effet, que les Gens du Livre, juifs et chrétiens, vivaient en paix avec les musulmans. En terre d'Islam, ils n'ont jamais senti d'inquiétude concernant leurs croyances, leurs biens ou leur honneur. Ils ont plutôt toujours bénéficié du bon voisinage des musulmans et de leur bienveillance. Les églises qui ont subsisté à travers les temps et qui ont été protégées par les musulmans confirment que la coexistence dans le cadre du respect mutuel est une valeur propre à L'Islam. Cette valeur commence par le bon voisinage et s'étend jusqu'à tolérer la liberté de confession.

---

[1] Cf. al-Baghawî, *Sharh as-sunna*, vol. XIII, p. 71.

5. *Dans sa bienfaisance, elle accorde la priorité au voisin le plus proche*

Une musulmane consciencieuse se rappelle constamment le système précis que l'Islam a établi concernant la bienfaisance envers les voisins, en les classant selon leur proximité. Ainsi, le voisin dont la demeure est le plus proche a des droits prioritaires par rapport à celui dont la demeure se situe plus loin. Cette règle prend en considération les susceptibilités qui d'habitude existent entre les voisins de palier et tend à les dépasser en consolidant les sentiments de concorde et d'amitié. On rapporte à ce sujet que 'Â'isha (qu'Allah l'agrée) a demandé au Prophète (ﷺ): ô Messager d'Allah, j'ai deux voisines; à qui d'entre elles dois-je faire mes dons? — *«A celle dont la porte est la plus proche de la tienne»*, lui a-t-il répondu.[1]

Cependant, cet ordre de priorité concernant la bienfaisance envers les voisins ne signifie nullement que la musulmane doit se détourner des voisins lointains et ne leur accorder aucune attention. Elle doit savoir que cette classification prend en considération l'ordre de priorité, et qu'elle n'élimine nullement les droits dus à l'ensemble des voisins. La seule différence entre le voisin lointain et le voisin de palier est qu'avec ce dernier on a plus de contact et plus de familiarité, ce qui lui accorde plus de droits que les autres. La musulmane doit donc accorder plus d'attention et de bienveillance à sa voisine de proximité, sans pour autant négliger les droits de voisinage dus aux autres voisins.

6. *La musulmane sincère est la meilleure voisine*

La bonté envers les voisins est un comportement inhérent à toute musulmane éduquée selon les valeurs nobles de l'Islam. Il n'y a donc rien d'étonnant à ce que la musulmane sincère soit considérée comme

---

[1] *Ḥadîth* rapporté par Bukhari dans *al-Adab al-mufrad*, vol. I, p. 198.

la meilleure voisine au sein de la société. En se comportant de la sorte, elle ne fait que répondre au critère principal du bon voisin que le Prophète (ﷺ) a déterminé en disant: *«Pour Allah, le meilleur compagnon est [celui qui a] le meilleur* [comportement] *vis-à-vis de son compagnon, et le meilleur voisin est* [celui qui a] *le meilleur* [comportement] *vis-à-vis de son voisin».*[1]

Selon les enseignements du Prophète (ﷺ) le bon voisin est l'un des éléments principaux qui garantissent au musulman le bonheur, la sécurité, la tranquillité et la paix. Il dit: *«Parmi* [ce qui fait] *le bonheur du musulman,* [il y a] *le bon voisin, la demeure spacieuse et la monture confortable».*[2]

Les personnes vertueuses parmi nos prédécesseurs accordaient une considération particulière au bon voisinage. Ils appréciaient la valeur du bon voisin au point de voir en lui l'une des bénédictions inestimables dans ce bas monde. On rapporte à ce propos qu'un voisin de Saîd ibn al-'Âṣ s'étant trouvé dans la nécessité de vendre sa maison négocia son prix avec un acheteur. Ce dernier lui ayant proposé cent mille dirhams, le voisin de Saîd lui dit: ça, c'est le prix de la maison. Combien me donneras-tu, cependant, pour avoir Saîd comme voisin? Quand on informa Saîd des propos de son voisin, il lui envoya le prix proposé et lui demanda de ne pas quitter sa maison.

Ce récit édifiant confirme les développements contenus dans les paragraphes précédents de ce chapitre, qui définissent le comportement que la musulmane doit adopter envers ses voisines. Dans les paragraphes qui suivent, nous développerons les questions relatives aux mauvais voisins et le comportement recommandé à leur égard.

---

[1] *Hadîth* jugé authentique, rapporté par at-Tirmidhî (vol. III, p. 224).

[2] *Ḥadîth* jugé authentique, rapporté par at-Ḥâkim (vol. IV, p. 166).

7. La mauvaise voisine est privée de la vraie foi

Les Traditions authentiques décrivent l'existence sombre et le sort malheureux de la mauvaise voisine. En contemplant ces Textes, une musulmane pieuse et raffinée redoute et, en s'évertuant à l'éviter, la terrifiante destinée de celles qui maltraitent leurs voisins, tout en éprouvant des sentiments de mépris et de répugnance vis-à-vis de leur comportement.

Ces Traditions nous apprennent, en effet, que la mauvaise voisine est privée du bienfait le plus important dans la vie de l'être humain: la foi sincère.

Le Prophète (ﷺ) affirme en termes clairs qui n'admettent aucune interprétation restrictive que celui qui fait du mal à son voisin est privé de la foi; il le répéta même à trois reprises. Il dit: *«Par Allah, il ne croit pas; par Allah, il ne croit pas; par Allah, il ne croit pas».* - Qui donc? Lui demanda-t-on. Il répondit: *«Celui dont le voisin craint les méfaits».*[1]

Dans une autre version de Muslim, le Prophète (ﷺ) dit: *«N'accédera pas au Paradis celui dont le voisin craint les méfaits».*[2]

Nuire à son voisin n'est donc pas un acte anodin ou pardonnable; c'est un grand péché, puisqu'il prive celui qui le commet de la foi authentique dans ce monde, et du Paradis dans l'autre. Ces jugements irrévocables devraient inciter toute musulmane sincère à faire tout son possible pour éviter le sort abominable du mauvais voisin. Elle sait maintenant que nuire à ses voisines, se quereller avec elles ou opter pour une logique d'hostilité et de ruse vis-à-vis d'elles n'est pas un péché véniel, mais un péché majeur qui détruit sa foi et remet en cause son salut même dans l'Au-delà. Ce sort représente un malheur terrifiant qui devrait donner à réfléchir à toute musulmane sincère et la dissuader de tout comportement susceptible de l'y conduire.

---

[1] *Hadîth* rapporté par Bukhari et Muslim. Cf. an-Nawawî, *Riyâḍ aṣ-ṣâliḥîn*, p. 185.

[2] Cf. *Sharḥ ṣaḥîḥ muslim*, vol. II, p. 17.

8. Les bonnes œuvres de la mauvaise voisine sont vaines

La foi est la base et le support de toute bonne œuvre. Elle n'est pas une simple déclaration qu'on prononce, mais l'exécution scrupuleuse de ce qu'Allah a prescrit. Quand on perd la foi, aucun acte, aussi excellent et important soit-il, ne contribuera à notre salut, car il n'aura aucune valeur et ne sera nullement pris en considération par Allah. D'où la perdition de celle qui persiste à nuire à ses voisins: même si elle passe la majeure partie de sa vie à accomplir les bonnes œuvres, aucune de ses bonnes actions ne sera accueillie favorablement de la part d'Allah.

On rapporte à ce sujet que quelqu'un dit au Prophète (ﷺ): ô Messager d'Allah, unetelle passe la nuit à prier, jeûne pendant le jour, fait l'aumône et fait telle et telle bonnes œuvres; cependant, elle offense ses voisins par des propos nuisibles. Le Messager d'Allah (ﷺ) répondit: *«Elle n'a aucun mérite; elle fait partie des gens de l'Enfer»*. On lui dit alors: [par contre], telle femme *[n']*accomplit *[que]* les *[Prières]* obligatoires et *[ne]* fait aumône *[que de morceaux]* de lait caillé. Cependant, elle n'offense personne. Et le Messager d'Allah (ﷺ) de répondre: *«Elle fait partie des gens du Paradis»*.[1]

Dans un autre *Ḥadîth*, le Messager d'Allah (ﷺ) classe le mauvais voisin parmi les catégories de gens qui causent l'infortune. Il dit (ﷺ) : *«Trois catégories de gens sont parmi les causes d'infortune: un responsable qui ne reconnaît pas le bien que tu fais et ne pardonne pas l'erreur que tu commets; un mauvais voisin qui dissimule tes mérites et diffuse tes méfaits; une épouse qui t'importune quand tu es présent et te trahit durant ton absence»*.[2]

---

[1] *Ḥadîth* rapporté par Bukhari dans *al-Adab al-mufrad*, vol. I, p. 210.

[2] *Ḥadîth* dont les transmetteurs sont jugés «dignes de confiances», rapporté par aṭ-Ṭabarânî dans *al-Mu'jam al-kabîr*, vol. XVIII, p. 267.

Ces *Ḥadîths*, dans leur ensemble, mettent en garde toute croyante contre toute sorte d'agissements nuisibles à sa voisine. Une musulmane sincère doit donc faire preuve de conscience et de vigilance; elle doit éviter toute nuisance, toute hostilité et toute haine vis-à-vis de sa voisine. A chaque fois qu'elle sent qu'une querelle est susceptible d'exploser entre elle et sa voisine, elle doit se rappeler les avertissements du Prophète (ﷺ) à ce sujet, notamment un autre *Ḥadîth* qui dit: *«Les premiers adversaires* [qui seront jugés] *au Jour de la Résurrection, auront été des voisins».*[1]

9. La musulmane ne manque pas au devoir de bienfaisance envers ses voisins

Une musulmane pieuse ne se contente pas de s'abstenir de nuire à ses voisins. Dans la mesure de son possible, elle prend toujours l'initiative de manifester sa bienveillance envers eux, leur permettant ainsi d'agir de même. A chaque fois qu'une occasion de bienfaisance envers eux se présente à elle, elle ne la manque pas et s'empresse de leur accorder sa sollicitude, sa générosité et sa bienveillance. Elle est attentive aux attentes de ses voisines, car elle craint que les propos du Prophète (ﷺ) décrivant le voisin avare et ingrat s'appliquent à elle. Il dit: *«Combien de gens s'agripperont à leurs voisins, au Jour de la Résurrection, en disant: ô Seigneur, celui-là m'a fermé la porte au visage me privant ainsi de ses faveurs!»*[2] Tel est le sort du voisin avare au Jour de la Résurrection: malheur, perdition et déception.

Selon l'Islam, les musulmans et les musulmanes ressemblent à des pièces d'un édifice immense et solide. La solidité et la résistance de cet édifice, la Communauté, résident dans l'attachement profond de chacun de ses membres aux autres. Dès que ce lien est relâché ou

---

[1] *Ḥadîth* dont la voie de transmission est jugée «appréciée», rapporté par Aḥmed et aṭ-Ṭabarânî. Cf. *Majma' az-zawâ'id*, vol. VIII, p. 170.

[2] *Ḥadîth* rapporté par Bukhari dans *al-Adab al-mufrad*, vol. I, p. 200.

rompu, tout l'édifice s'affaiblit puis s'écroule. Le Messager d'Allah (ﷺ) a dit: *«Le croyant est au croyant comme des parties d'un édifice qui se soutiennent les unes les autres».*[1]

Il a également dit: *«Dans leur affection, leur tendresse et leur compassion les uns envers les autres, les croyants ressemblent à un seul corps; lorsque l'un de ses membres souffre, les autres parties du corps s'interpellent mutuellement en insomnie et en fièvre».*[2]

C'est pour cette raison que l'Islam a fait du lien spirituel un ciment qui préserve sa communauté et contribue à sa solidité et sa résistance face aux adversités susceptibles de la secouer. Il n'est donc pas étonnant que cette religion accorde un soin particulier aux relations de voisinage, en les basant sur la solidarité, la bienveillance et la bonté.

10. Elle endure les offenses et les erreurs de ses voisines

Une vraie musulmane endure les offenses et les nuisances de ses voisines. Elle s'abstient de répondre au mal par le mal qu'elles lui infligent, et ne se laisse pas emporter par la colère quand l'une d'elles lui adresse une offense. Quand ses voisines manquent à leurs devoirs vis-à-vis d'elle ou commettent des erreurs à son encontre, elle les pardonne et se montre indulgente en escomptant la rétribution d'Allah pour son comportement. Elle a, en effet, la confiance absolue que sa tolérance dans ces situations sera prise en compte auprès d'Allah, et qu'Il l'en récompensera par Son amour et Son agrément.

Dans un long dialogue, où Muṭarref ibn 'Abd Allah demande au Compagnon Abû Dharr al-Ghifârî de lui transmettre un *Ḥadîth* du Prophète (ﷺ), Muṭarref dit: ô Abû Dharr, un certain *Ḥadîth* que tu as rapporté m'est parvenu; depuis lors, je désirais te rencontrer. —

---

[1] *Ḥadîth* rapporté par Bukhari et Muslim. Cf. *Sharh as-sunna*, vol. XIII, p. 47.

[2] *Idem.*, vol. XIII, p. 46.

Excellent! *[Maintenant que]* tu m'as rencontré, *[de quoi s'agit-il?]*, lui dit Abû Dharr. Je lui dis, raconte Muṭarref: il s'agit d'un *Ḥadîth* qui m'est parvenu, à savoir que le Messager d'Allah (ﷺ) t'avait dit: *«Allah (à Lui la puissance et la majesté) aime trois* [catégories de gens] *et en déteste trois autres».*

- C'est vrai, lui dit Abû Dharr; je ne m'imagine pas mentir au détriment du Messager d'Allah (ﷺ). - Quelles sont donc les trois *[catégories de gens]* qu'Allah (à Lui la puissance et la majesté) aime? lui demandai-je. Il me répondit: *«Un homme* qui *participe à une expédition militaire pour la cause d'Allah avec endurance et en escomptant Sa récompense, puis combat jusqu'à sa mort. Vous en avez la confirmation dans le Livre d'Allah (à Lui la puissance et la majesté). Il récita alors le verset qui dit:* ﴿Allah aime ceux qui combattent pour Sa cause en rang serré, ressemblant à un édifice renforcé﴾.» *[Coran, 61: 4]*

- Ensuite, qui d'autre? Lui demandai-je. Il répondit: *«Un homme dont le voisin est mauvais et ne cesse de l'offenser, mais qui supporte cela jusqu'à ce qu'Allah l'en délivre dans la vie ou par la mort (...).»*[1]

La patience, tant que faire se peut, face aux nuisances des voisins est donc l'une des vertus que toute musulmane doit acquérir. Elle doit, selon les termes du Coran, repousser le mal par le bien et faire preuve d'endurance et de sagesse. Ainsi, elle donne l'exemple de bon voisinage et parvient à éradiquer l'hostilité et la haine que les mauvaises voisines lui manifestaient. Et au-delà de ces considérations, elle doit aussi observer un tel comportement en étant consciente qu'elle se conforme ainsi au *Ḥadîth* du Prophète (ﷺ) qui dit: *«Que celui qui croit* [vraiment] *en Allah et au Jour Dernier ne fasse aucun mal à son voisin (...).»*[2]

---

[1] *Ḥadîth* jugé «authentique», rapporté par Aḥmed et aṭ-Ṭabarânî. Cf. *Majma' az-zawâ'id*, vol. VIII, p. 171.

[2] *Ḥadîth* rapporté par Bukhari. Cf. *Fat'h Al-Bâri*, vol. X, p. 445.

Il est des femmes qui, suite à une querelle banale entre leurs enfants et ceux de leurs voisins, perdent la raison, se laissent emporter par la colère et profèrent une série d'injures et d'insultes blessantes à l'encontre de leurs voisines, mettant ainsi un terme à tous les liens de cohabitation et d'amitié qui les unissaient. Ces femmes-là doivent savoir qu'elles agissent contrairement aux principes de l'Islam relatifs au bon voisinage, et qu'elles ont, du fait de leur comportement, choisi d'être de mauvaises voisines.

Quant aux femmes qui font preuve de patience, de tolérance et d'indulgence envers leurs voisines; celles qui ne répondent pas au mal par le mal; celles-là doivent être fières et heureuses, car elles ont adopté un comportement sage, propre aux voisines vertueuses, un comportement apprécié et agréé par Allah.

CHAPITRE NEUF

SON COMPORTEMENT VIS-À-VIS DE SES AMIES ET SES SŒURS EN RELIGION

1. *Elle les aime pour plaire à Allah*

La relation de la musulmane sincère avec ses amies se distingue de celle des autres femmes; elle est basée sur la fraternité qui aspire à l'amour d'Allah. Ce genre de fraternité est le rapport le plus sublime qui puisse lier une personne à une autre, homme ou femme, car il est basé sur la foi commune qu'Allah a établie entre croyants en disant:

﴾Certes, les croyants sont frères.﴿ *[Coran, 49: 10]*

La fraternité de la foi est le lien le plus solide et le plus durable entre âmes et esprits. Ce n'est donc pas surprenant de constater qu'elle produise un amour sublime, profond et pur. C'est un amour pour Allah. Un amour sincère. Un amour purifié de tout intérêt et de toute ambition liés à ce bas monde. Un amour sain, suscité par la Révélation et les enseignements du Prophète (ﷺ). Un amour qui permet à tout croyant et toute croyante de vivre la douceur de la foi. Le Messager d'Allah (ﷺ) a dit: *«Celui qui répond à* [ces] *trois* [qualités] *savourera la douceur de la foi: aimer Allah et Son Messager plus que tout autre* [être]*; aimer quelqu'un uniquement pour l'amour d'Allah; redouter de retourner à la mécréance, après en avoir être délivré par Allah, comme le fait de redouter d'être précipité en Enfer».*[1]

---

[1] *Ḥadîth* rapporté par Bukhari et Muslim. Cf. *Sharh as-sunna*, vol. I, p. 49.

2. *Le mérite de celles qui s'entr'aiment pour satisfaire Allah*

Une multitude de *Ḥadîths* mentionne le mérite de ceux qui s'entr'aiment pour l'amour d'Allah, affirme leur haut rang et annonce le noble statut qu'Allah leur accordera dans l'Au-delà. L'un de ces *Ḥadîths* nous informe qu'au Jour de la Résurrection, Allah favorisera ceux qui s'entr'aimaient exclusivement pour Lui en les interpellant par ces termes: *«Où sont ceux qui se sont entr'aimés pour Ma majesté? Aujourd'hui, Je les couvre de Mon ombre, car aucune ombre n'existe en ce Jour à part la Mienne».*[1]

Si ceux qui s'entr'aiment pour l'amour d'Allah ne bénéficiaient que de cet appel élogieux et de cette noble faveur, en ces instants pénibles et terrifiants, cela leur aurait suffi. Cela est en effet plus qu'une assurance; c'est une faveur particulière qui confirme leur noblesse et leur mérite.

Aimer son coreligionnaire exclusivement pour Allah n'est pas un simple sentiment qu'on parvient facilement à acquérir. Caractérisé qu'il est par la sincérité et le dépassement de tout intérêt relatif à ce bas monde, seules les âmes purifiées qui préfèrent l'agrément et la récompense d'Allah aux plaisirs de la vie présente peuvent l'atteindre. D'où le mérite, le statut prestigieux et l'immense récompense réservés à ceux qui le manifestent et s'acquittent des devoirs qui lui sont afférents. On rapporte à ce sujet que Mu'âdh ibn Jabal (qu'Allah l'agrée) a dit: j'ai entendu le Messager d'Allah (ﷺ) dire: *«Allah (à Lui la puissance et la majesté) a dit: ceux qui s'entr'aiment pour Ma majesté auront des chaires en lumière que même les Prophètes et les martyrs convoiteront».*[2]

Dans un autre *Ḥadîth*, on apprend qu'Allah gratifie ceux qui s'entr'aiment pour Lui par une autre faveur encore plus noble et

---

[1] *Ḥadîth* rapporté par Muslim. Cf. *Sharḥ ṣaḥîḥ muslim*, vol. XVI, p. 123.

[2] *Ḥadîth* rapporté par at-Tirmidhî (*al-Jâmi' aṣ-ṣaḥîḥ*, vol. IV, p. 28) et jugé «apprécié atteignant le degré d'authentique» (*ḥassan ṣaḥîḥ*).

pleine de bénédiction. Une faveur convoitée par tous les croyants sincères, mais qu'Il n'accorde qu'aux privilégiés parmi eux: Son amour.

D'après Abû Hurayra (qu'Allah l'agrée), le Prophète (ﷺ) a dit: *«A un homme qui se rendait à un autre village que le sien pour visiter son frère* [en religion], *Allah envoya un Ange l'attendre sur son chemin. Quand l'homme arriva près de l'ange, celui-ci lui demanda:* où comptes-tu aller? - *Je compte rendre visite à un frère* [en religion] *dans ce village, lui répondit l'homme. - Lui as-tu accordé une certaine faveur en raison de laquelle tu te rends chez lui? Lui demanda l'ange de nouveau. - Non, répondit l'homme, mais* [parce que] *je l'ai aimé pour Allah (exalté soit-Il). Alors l'ange lui dit*: [sache que] *j'ai été envoyé par Allah pour t'annoncer qu'Il t'aime autant que tu as aimé* [ton frère] *pour Lui».*[1]

Conscient qu'il était de l'importance de cet amour sain et de son impact bénéfique sur la consolidation des relations humaines, le Messager d'Allah (ﷺ) ne cessait de le recommander aux croyants et de les inciter à le déclarer les uns aux autres, pour mieux propager l'esprit d'affection parmi les croyants. On rapporte qu'Anas ibn Mâlik (qu'Allah l'agrée) a dit: un homme qui était auprès du Prophète (ﷺ) dit à propos d'un *[autre]* homme qui passait: ô Messager d'Allah, j'aime cet homme. — *«L'en as-tu informé?»* Lui demanda le Prophète. — Non, répondit-il. — *«Lève-toi donc et va le lui annoncer»*, lui ordonna le Prophète. L'homme se leva alors et se dirigea vers la personne désignée puis lui dit: *[sache que]* je t'aime pour Allah. — Qu'Allah, pour qui tu m'as aimé, t'accorde Son amour! Lui répondit l'autre.[2]

Le Messager d'Allah (ﷺ) ne se contentait pas de recommander cette démarche aux musulmans, mais il l'appliquait lui-même, pour

---

[1] *Ḥadîth* rapporté par Muslim. Cf. *Sharḥ ṣaḥîḥ muslim*, vol. XVI, p. 124.

[2] *Ḥadîth* rapporté par Abû Dâwûd (vol. IV, p. 452) et jugé authentique.

leur enseigner comment bâtir une société sur la base de fraternité et d'amour sain. On rapporte à ce sujet que le Prophète (ﷺ) prit la main de Mu'âdh ibn Jabal (qu'Allah l'agrée) et lui dit: *«Par Allah, je t'aime, ô Mu'âdh. Je te recommande donc de ne jamais omettre de dire après l'accomplissement de chaque Prière: ô Allah! Aide-moi à T'évoquer, à T'exprimer ma reconnaissance et à T'adorer de la façon la plus parfaite.»*[1]

Mu'âdh, à son tour, s'engagea dans cette voie et annonça aux musulmans l'immense récompense et l'amour qu'Allah a réservés à ceux qui s'entr'aiment pour Lui.

Dans son *Muwaṭṭa'*[2], l'Imâm Mâlik rapporte qu'Abû Idrîs al-Khawlânî a dit: en entrant à la mosquée de Damas, je remarquai un jeune homme au sourire brillant et qui était entouré de gens qui se référaient à lui dans leurs divergences et adoptaient ses avis. M'étant enquis sur son identité, on m'informa que c'était Mu'âdh ibn Jabal. Le lendemain, je me rendis tôt à la mosquée et je constatai qu'il était arrivé bien avant moi. Comme il était en train d'accomplir la Prière, J'attendis jusqu'à ce qu'il l'eût terminée puis j'allai le voir. Je me plaçai face à lui, le saluai avant de lui dire: par Allah, je t'aime! — En es-tu certain? Me demanda-t-il. — J'en suis certain, lui répondis-je. — En es-tu certain? Me demanda-t-il de nouveau. J'y répondis: j'en suis certain. Il me prit alors par le pan de mon manteau, me tira vers lui puis me dit: accueille donc la bonne nouvelle: j'ai entendu le Messager d'Allah (ﷺ) dire: *«Allah (exalté soit-Il) a dit: Mon amour est un droit accordé à ceux qui s'entr'aiment pour Moi, se réunissent pour Moi, se rendent visite pour Moi et se dévouent les uns aux autres pour Moi».*

---

[1] *Ḥadîth* rapporté par Aḥmed ibn Ḥanbal (vol. V, p. 245) et jugé authentique.

[2] Vol. II, p. 953.

3. L'effet de l'amour pour Allah sur la vie des musulmans

L'un des objectifs de l'Islam consiste à instaurer une société modèle, caractérisée par la fraternité et l'affection entre ses membres. Dans cette perspective, l'Islam fait de l'amour envers l'ensemble des croyants l'une des conditions de la foi sincère qui permet l'accès au Paradis.

Muslim rapporte, d'après Abû Hurayra (qu'Allah l'agrée), que le Prophète (ﷺ) a dit: *«Par Celui qui détient mon âme en Sa Main, vous n'accéderez au Paradis que lorsque vous acquerrez réellement la foi. Or, ceci ne se réalisera que lorsque vous témoignerez de l'affection les uns envers les autres. Voulez-vous donc que je vous indique une œuvre dont l'accomplissement vous permet de manifester votre affection les uns envers les autres? Échangez fréquemment les salutations».*[1]

De par sa perspicacité et son jugement judicieux, le Prophète (ﷺ) savait que seul un esprit de fraternité sincère entre les croyants permet d'éradiquer de leurs cœurs la haine, l'hostilité, la rivalité et la duplicité. D'où la recommandation de l'échange des salutations en tant que moyen permettant l'instauration de l'affection et de la sincérité dans les relations entre les musulmans. Le Messager d'Allah (ﷺ) réitérait les recommandations incitant les croyants à l'esprit de fraternité. Son objectif était d'enraciner ce sentiment en leurs âmes et le développer pour qu'ils parviennent à jouir de ses effets bénéfiques.

En effet, grâce à cet amour sain, le Messager d'Allah (ﷺ) a réussi à former la première génération de croyants qui fut à la base de l'instauration de l'Islam et qui devint le guide qui éclaira la voie à l'Humanité tout entière.

---

[1] *Ḥadîth* rapporté par Muslim. Cf. *Sharḥ ṣaḥîḥ muslim*, vol. I, p. 35.

De par l'amour pur et sincère que les Compagnons témoignaient les uns aux autres, ils ont constitué une communauté phénoménale par sa solidarité; une communauté qui, par son comportement exemplaire et ses sacrifices, est parvenue à diffuser l'Islam partout dans le monde.

Si cela s'est réalisé, c'est parce qu'ils se sont conformés aux propos du Prophète (ﷺ) qui décrivent la communauté des croyants. Ils ont ainsi concrétisé par leur comportement le *Ḥadîth* qui dit: *«Le croyant est pour le croyant comme des parties d'un édifice qui se soutiennent les unes les autres»*[1], ainsi que l'autre *Ḥadîth* où le Messager d'Allah (ﷺ) donne une merveilleuse description des croyants en disant: *«Dans leur affection, leur tendresse et leur compassion les uns envers les autres, les croyants ressemblent à un seul corps; lorsque l'un de ses membres souffre, les autres parties du corps s'interpellent les unes les autres pour* [partager] *mutuellement insomnie et fièvre».*[2]

La femme musulmane ne fut pas exclue de cet édifice monumental. Bien au contraire, et depuis les premiers jours de l'Islam jusqu'à nos jours, elle ne cesse de participer à l'édification de cette communauté solidaire. En consolidant les liens de fraternité avec ses coreligionnaires et en diffusant l'amour pour Allah, elle participe, comme elle l'a toujours fait, à la construction d'une société dont les membres sont attachés les uns aux autres par la foi en Allah, qui est le lien le plus sacré et le plus solide.

4. La musulmane ne rompt jamais avec ses sœurs

Une musulmane ayant une connaissance suffisante de sa religion sait que les sources même qui ont recommandé la fraternité et

---

[1] *Ḥadîth* rapporté par Bukhari et Muslim. Cf. *Sharh as-sunna*, vol. XIII, p. 47.

[2] *Idem.*, vol. XIII, p. 46.

l'amour pour Allah ont interdit, d'autre part, la rupture des liens et la haine entre les croyants.

Ces sources mêmes affirment aussi que les erreurs accidentelles ne sauraient séparer deux croyants qui s'entr'aiment sincèrement pour Allah, car une telle relation est censée être solide et profonde au point qu'aucune inconvenance ne parvient à la rompre. Le Messager d'Allah (ﷺ) a dit: *«Quand deux personnes s'entr'aiment pour Allah (à Lui la puissance et la majesté)* - ou *pour l'Islam -, la première erreur commise par l'un à l'encontre de l'autre ne parvient guère à les séparer».*[1]

Il arrive, cependant, qu'une femme succombe à sa faiblesse humaine et se laisse emporter par la colère à l'encontre de sa sœur en religion. Il arrive même que cette colère la pousse à offenser sa sœur, entraînant ainsi la rupture entre les deux. Dans ce cas, elle doit se rappeler que la durée de cette rupture ne doit pas dépasser trois jours.

Sachant que la nature humaine est susceptible de céder à de tels emportements, et que juste après la mésentente, la réconciliation reste difficile, l'Islam a accordé cette durée de trois jours pour un renouement dans le calme et la sérénité. Le Messager d'Allah (ﷺ) a dit: *«Il n'est pas permis à un musulman de rompre avec son frère* [en religion] *plus de trois jours,* [au point où] *lorsqu'ils se rencontrent, chacun d'eux se détourne de l'autre. Le meilleur des deux est celui qui commence par saluer l'autre».*[2]

Rappelons qu'à l'instar de tous les Textes législatifs à portée générale, le terme *musulman* inclut la femme. Une vraie musulmane donc ne doit pas persister à prolonger la rupture entre elle et sa sœur, quelles que soient les raisons ou les conséquences de cette rupture. Elle doit plutôt manifester son désir de réconciliation en prenant

---

[1] *Ḥadîth* rapporté par Bukhari dans *al-Adab al-mufrad*, vol. I, p. 493.

[2] *Ḥadîth* rapporté par Bukhari et Muslim. Cf. *Sharh as-sunna*, vol. XIII, p. 100.

l'initiative de lui adresser ses salutations, car elle sait qu'elle aura un grand mérite en agissant de la sorte. Si sa coreligionnaire répond à son salut, elles bénéficieront toutes les deux de la rétribution due à cette réconciliation; sinon, elle se serait acquittée de son devoir, et seule l'autre endossera le péché de la rupture. On rapporte à ce sujet, d'après Abû Hurayra (qu'Allah l'agrée), que le Messager d'Allah (ﷺ) a dit: *«Il n'est permis à personne de rompre avec un croyant plus de trois jours. Une fois ces trois jours passés, il doit aller à sa rencontre et le saluer. Si celui-ci répond à son salut, ils se partageront la récompense d'Allah. Si,* [par contre,] *l'autre ne répond pas, il se sera disculpé* [du péché] *de la rupture».*[1]

Dans un autre *Ḥadîth*, le Messager d'Allah (ﷺ) indique que les conséquences de la rupture en tant que péché s'aggravent en fonction de sa durée. Il dit: *«Celui qui rompt avec son frère* [en religion] *durant une année sera* [considéré] *comme s'il avait fait couler son sang».*[2]

Ainsi, selon les principes de l'Islam, la rupture prolongée entre frères n'est pas un péché véniel, mais un crime dont l'atrocité et les conséquences sont comparables au meurtre.

Le système d'éducation islamique étant basé sur la fraternité et l'amour, il n'admet donc nullement que la vie des croyants soit entachée ou perturbée par la rupture, l'hostilité ou la haine, car ce sont des attitudes contraires à la foi.

Conformément à cette conception de la pureté relationnelle entre croyants, le Messager d'Allah (ﷺ) dit:

- *«Ne rompez pas vos liens* [de fraternité]*; ne vous détournez pas les uns des autres; ne soyez pas envieux les uns vis-à-vis des autres; soyez plutôt frères, comme Allah vous l'a ordonné.»*[3]

---

[1] *Ḥadîth* rapporté par Bukhari dans *al-Adab al-mufrad*, vol. I, p. 505.
[2] *Idem.*, vol. I, p. 497.
[3] *Ḥadîth* rapporté par Muslim. Cf. *Sharḥ ṣaḥîḥ muslim*, vol. XVI, p. 120.

- *«Méfiez-vous de la conjecture, car la conjecture est le propos le plus mensonger. Ne soyez pas indiscrets; n'espionnez pas; ne rivalisez pas; ne soyez pas envieux les uns vis-à-vis des autres; ne soyez pas haineux les uns vis-à-vis des autres; ne vous détournez pas les uns des autres. Soyez plutôt frères, ô serviteurs d'Allah».*[1]

- *«Ne soyez pas envieux les uns vis-à-vis des autres; ne renchérissez pas pour pousser les autres à l'achat; ne soyez pas haineux les uns vis-à-vis des autres, ne vous détournez pas les uns des autres. Que l'un d'entre vous ne supplante pas son frère en proposant au client de celui-ci la vente de la même marchandise à un prix plus bas. Soyez plutôt frères, ô serviteurs d'Allah. Le musulman est le frère du musulman, il ne le lèse point, ne l'abandonne point et ne le méprise point. C'est là que réside la piété - il répéta trois fois cette phrase en désignant sa poitrine. La pire méchanceté venant d'une personne est de mépriser son frère musulman. Pour chaque musulman, tout autre musulman est sacré: son sang, ses biens et son honneur.»*[2]

En méditant ces Traditions recommandant l'affection, la fraternité, l'entraide et l'altruisme, une musulmane aux sentiments raffinés par l'Islam ne saurait nourrir une haine à l'encontre de sa sœur en religion ou rompre avec elle. Une musulmane vertueuse ne s'abaisse jamais à un tel niveau, car il n'y a que la femme à la mentalité complexée et à l'esprit rigide qui s'enferme dans ces sentiments vils de haine et de rancune.

A cette catégorie de gens aux cœurs pétrifiés et aux esprits rigides, à ces gens qui se sont égarés et se sont refusés à la tolérance prônée par l'Islam en persistant à rompre les liens de fraternité avec les autres croyants à l'ensemble de ces gens-là, un sort horrible est réservé dans la vie présente et dans la vie future.

---

[1] *Ḥadîth* rapporté par Bukhari et Muslim. Cf. *Sharh as-sunna*, vol. XIII, p. 109.

[2] *Ḥadîth* rapporté par Muslim. Cf. *Sharḥ ṣaḥîḥ muslim*, vol. XVI, p. 120.

Les Textes leur annoncent qu'ils seront privés du pardon d'Allah et de Sa miséricorde, comme ils ne pourront point accéder au Paradis, à cause de leur comportement. Le Messager d'Allah (ﷺ) a dit: *«On ouvre les portes du Paradis chaque lundi et jeudi, et on pardonne à toute personne n'associant aucun être à Allah, excepté un homme en discorde avec son frère.* [A leur sujet, on dit]: *accordez un délai à ces deux personnes jusqu'à ce qu'ils se réconcilient! Accordez un délai à ces deux personnes jusqu'à ce qu'ils se réconcilient! Accordez un délai à ces deux personnes jusqu'à ce qu'ils se réconcilient!»*[1]

On rapporte que l'éminent Compagnon Abû ad-Dardâ' (qu'Allah l'agrée) a dit: voudriez-vous que je vous indique ce qui a plus de mérite que l'Aumône et le jeûne? C'est la réconciliation entre les gens. Sachez que la haine rase *[les bonnes actions]*.[2]

Cette maxime mérite d'être méditée par toutes les femmes qui se laissent emporter par les accusations mutuelles et les disputes qui mènent à l'hostilité. Cet éminent Compagnon, dont la perspicacité et la sagesse ont fait de lui l'un des confidents du Prophète, a compris que la haine entre les croyants annule les récompenses dues aux bonnes actions; d'où sa déduction que la réconciliation dépasse en mérite l'Aumône et le jeûne. Cela reflète, effectivement, qu'Abû ad-Dardâ' a parfaitement compris que la fraternité et l'amour représentent l'âme de l'Islam.

5. *Elle est indulgente envers elles*

La vraie musulmane est tolérante à l'égard de ses amies et ses sœurs en religion. Elle n'éprouve à leur encontre ni rancune ni haine. Quand l'une de ses sœurs la contrarie, elle retient sa colère et fait preuve d'indulgence de la manière la plus naturelle et la plus spontanée. Dans sa réaction indulgente, elle ne doit ressentir ni honte

---

[1] *Idem.*, vol. XVI, p. 122.

[2] *Ḥadîth* rapporté par Bukhari dans *al-Adab al-mufrad*, vol. I, p. 505.

ni humiliation. Elle y voit plutôt un acte de haute bienfaisance *(al-iḥsène)* qu'Allah apprécie et rapproche ceux qui s'appliquent à l'observer. Allah dit:

> ﴾Ceux qui dominent leur ressentiment et pardonnent à autrui, car Allah aime les bienfaiteurs.﴿ *[Coran, 3: 134]*

Le verset cité nous enseigne qu'il ne suffit pas de contenir son ressentiment, mais qu'il faut manifester son indulgence et son pardon. En effet, quand on domine sa colère et qu'on la refoule sans pardonner à celui qui l'a provoquée, il se peut qu'elle se transforme en haine, ce qui est plus grave et plus dangereux. L'indulgence est donc nécessaire pour éteindre la flamme de la colère et purifier l'âme de toute haine, car c'est une qualité qui reflète la haute bienfaisance du croyant, et ﴾Allah aime les bienfaiteurs.﴿ *[Coran, 4: 134]*

Une musulmane qui a atteint le degré de haute bienfaisance ne laisse pas le ressentiment s'installer en son cœur. Dès qu'une contrariété provoque sa colère, elle s'empresse de pardonner avec mansuétude. Ainsi, elle ressent la sérénité, la quiétude et le bonheur emplir son âme. Il est, certes, difficile de contenir son ressentiment dans certaines situations et avec certaines personnes. Cependant, la meilleure façon de réagir est le pardon, car il vaut mieux pardonner et oublier les offenses de l'autre que vivre en portant le fardeau de la rancune à son encontre. Acquérir cette qualité morale est, certes, une tâche difficile, mais pour y parvenir, il suffit de se rappeler que l'indulgence est un comportement qui reflète la noblesse d'esprit et non sa faiblesse. Le Messager d'Allah (ﷺ) a dit: *«Pour l'indulgence du serviteur, Allah ne lui accorde que plus de considération. Aucun serviteur ne fait montre de modestie, par amour d'Allah, sans qu'Allah élève son rang».*[1]

L'indulgence n'est donc pas seulement un acte de haute bienfaisance *(al-iḥsène)*, mais aussi un acte de noblesse qui accroît la

---

[1] *Ḥadîth* rapporté par Muslim. Cf. *Sharḥ ṣaḥîḥ muslim*, vol. XVI, p. 141.

considération du croyant aux yeux d'Allah; d'où le grand honneur à ceux qui font montre de pardon et de tolérance.

La rancœur et la haine ne sauraient trouver leur place dans le cœur de la musulmane imprégnée des principes de sa religion, car elle est consciente de la valeur de l'indulgence et de sa contribution à l'obtention du pardon et de l'agrément d'Allah. Le Messager d'Allah (ﷺ) a dit: *«Allah pardonnera tous les péchés de qui Il veut parmi ceux exempts de ces trois: celui qui meurt en n'associant aucun être à Allah, n'ayant été ni sorcier ni adepte des sorciers, et n'ayant nourri aucune haine à l'encontre de son frère».*[1]

6. *Elle les rencontre avec un visage radieux*

Une musulmane sincère rencontre toujours ses sœurs avec un visage radieux et souriant, conformément au *Ḥadîth* du Messager d'Allah (ﷺ) qui dit: *«Ne méprise aucun acte de bienfaisance, fût-ce la rencontre de ton frère avec un visage radieux».*[2]

Avoir une mine aimable quand on rencontre les gens est une attitude recommandée et appréciée par l'Islam. En plus du fait que cette attitude attire l'affection des gens, il s'agit là d'une bonne œuvre qui permet l'obtention d'une rétribution de la part d'Allah. Un visage rayonnant reflète généralement la pureté de l'âme, et l'Islam recommande aux croyants d'aspirer à la pureté de l'âme comme à la pureté apparente, car les deux sont concomitants. C'est pourquoi le Messager d'Allah (ﷺ) a dit: *«Ton sourire face à ton frère est une aumône».*[3]

Le Messager d'Allah (ﷺ) avait une allure accueillante et rencontrait toujours ses Compagnons avec le sourire. On rapporte à

---

[1] *Ḥadîth* rapporté par Bukhari dans *al-Adab al-mufrad*, vol. I, p. 505.

[2] *Ḥadîth* rapporté par Muslim. Cf. *Sharḥ ṣaḥîḥ muslim*, vol. XVI, p. 177.

[3] *Ḥadîth* rapporté par at-Tirmidhî (vol. III, p. 228) qui le juge «apprécié mais singulier» (*ḥassan gharîb*).

ce sujet que l'éminent Compagnon Jarîr ibn 'Abd Allah al-Bajalî a dit: «Depuis ma conversion à l'Islam, le Messager d'Allah (ﷺ) ne m'a jamais fui et il ne m'a jamais rencontré qu'en souriant».[1]

L'échange des salutations, la mine aimable, le sourire, la parole douce et la cordialité entre les croyants en se rencontrant sont des pratiques que l'Islam a recommandées afin de consolider les liens de fraternité et d'affection entre les musulmans. C'est grâce à l'observance de ces actes, qui paraissent sans importance, que les croyants trouvent la sérénité et parviennent ainsi à s'entraider pour accomplir les bonnes œuvres et concrétiser les principes de l'Islam.

7. Elle est 'conseillère' vis-à-vis d'elles

Une musulmane sincère est loyale dans ses conseils envers Allah et Son Messager, ainsi qu'envers les gouvernants et l'ensemble des musulmans, conformément au *Ḥadîth* authentique où le Prophète (ﷺ) dit: *«La Religion, c'est le conseil.»* Nous lui dîmes: pour qui? Il (ﷺ) répondit: *«Pour Allah, Son Livre, Son Envoyé et pour les guides des musulmans et leurs masses.»*[2]

La musulmane sincère doit donc être sincère envers ses sœurs; elle ne les trompe point, ne les abuse jamais et ne leur dissimule pas ce qui pourrait leur être profitable. Elle n'agit pas ainsi par courtoisie ou par hypocrisie sociale, mais en raison de sa conviction que la loyauté envers les croyants est l'un des principes essentiels qui figuraient même parmi les engagements à propos desquels les premiers Compagnons ont prêté serment d'allégeance au Messager d'Allah (ﷺ).

Jarîr ibn 'Abd Allah (qu'Allah l'agrée) a dit: «J'ai prêté serment d'allégeance au Messager d'Allah (ﷺ) en m'engageant à accomplir

---

[1] *Ḥadîth* rapporté par Bukhari et Muslim. Cf. *Fat'h Al-Bâri*, vol. X, p. 504; *Sharḥ ṣaḥîḥ muslim*, vol. XVI, p. 35.

[2] *Ḥadîth* rapporté par Muslim. Cf. *Sharḥ ṣaḥîḥ muslim*, vol. II, p. 37.

la Prière, à m'acquitter de l'Aumône légale et à prodiguer conseil à tout musulman».[1]

Comme nous l'avons déjà mentionné, le Messager d'Allah (ﷺ) a résumé l'Islam en un seul mot, la loyauté, confirmant ainsi qu'elle est l'un des fondements de la religion.

Un autre *Ḥadîth* que nous avons cité précédemment nous rappelle que la loyauté est l'une des conditions de la foi. Le Prophète (ﷺ) dit: *«Aucun d'entre vous n'aura* [vraiment] *la foi que lorsqu'il aura aimé pour son frère ce qu'il aime pour sa propre personne».*[2] Car on ne saurait aimer pour autrui ce qu'on aime pour soi-même si on n'est pas 'loyal' à son égard.

Aimer pour son frère ce qu'on aime pour soi-même n'est pas une attitude aisée. C'est plutôt un objectif difficile que ne peuvent atteindre que ceux dont les âmes ont été purifiées de l'égoïsme, de la haine et de l'envie maladive. Or, seul l'Islam permet l'élimination de ces sentiments d'inimitié, grâce à l'esprit affectueux qu'il enracine dans les âmes croyantes. Il n'y a donc que la musulmane sincère qui peut atteindre ce niveau d'altruisme, car elle sait qu'il représente l'une des conditions principales de la foi et qu'il est l'un des fondements de la religion. Cela devient pour elle une attitude spontanée et même naturelle, au point que ses amies et ses sœurs en religion se fient à elle pour rectifier leur conduite comme on se fie à un miroir pour soigner son apparence. On rapporte à ce sujet qu'Abû Hurayra (qu'Allah l'agrée) disait: pour son frère, le croyant est semblable à un miroir; il contribue à corriger les défauts qu'il remarque en lui.[3]

Abû Hurayra détient cette sagesse du Messager d'Allah (ﷺ) qui a dit: *«Le croyant est le miroir du croyant. Le croyant est*

---

[1] *Ḥadîth* rapporté par Bukhari et Muslim. Cf. *Sharh as-sunna*, vol. I, p. 63.

[2] *Idem.*, I, p. 60.

[3] *Ḥadîth* rapporté par Bukhari dans *al-Adab al-mufrad*, vol. I, p. 333.

aussi le frère du croyant; il préserve ses biens et protège ses arrières».[1]

Il est donc tout à fait naturel qu'une musulmane sincère adopte une telle attitude vis-à-vis de ses amies et ses sœurs en religion. Il lui est même difficile de s'en détacher, car une âme emplie d'amour sain et de fraternité ne saurait chuter jusqu'à la bassesse des sentiments de haine, d'égoïsme et de jalousie. En effet, le comportement n'est que le reflet de l'âme; un récipient n'exsude que ce qu'il contient, et la bonne terre offre nécessairement de bonnes plantes.

8. Elle est fidèle envers elles

Conformément à son objectif d'enraciner la fidélité et la bienveillance dans l'esprit du croyant, l'Islam ne se contente pas de les recommander envers les amis, mais les exige aussi envers les amis des parents. Exprimer sa bienveillance envers les amis de ses père et mère est un acte qui traduit la fidélité à l'égard de ces derniers. Cette noble attitude fut l'une des caractéristiques des plus vertueux parmi nos aïeux, et les ouvrages appartenant à notre patrimoine islamique abondent d'exemples à ce sujet.

Dans son *Sahîh*[2] Muslim rapporte, d'après 'Abd Allah ibn 'Umar (qu'Allah l'agrée), que le Prophète (ﷺ) a dit: *«Le meilleur acte de bienveillance consiste à maintenir les liens avec les amis de son père».*

Le *Ḥadîth* suivant reflète que le Messager d'Allah (ﷺ) s'évertuait à enraciner les valeurs de bienveillance et de fidélité dans les esprits de ses Compagnons et, par conséquent, les recommander à tous les croyants.

On rapporte qu'un homme de la tribu des Banû Salama vint voir le Prophète (ﷺ) et lui dit: me reste-t-il quelque acte de bienveillance

---

[1] *Ibid.*

[2] Cf. *Sharḥ ṣaḥîḥ muslim*, vol. XVI, p. 110.

envers mes père et mère après leur mort? — «*Oui*, lui répondit le Prophète: *prier pour eux, implorer le pardon d'Allah en leur faveur, exécuter leur testament, assurer le maintien de leurs liens de parenté qui leur incombait et avoir des égards vis-à-vis de leurs amis*».[1]

Un autre *Ḥadîth* nous apprend qu'après la mort de son épouse Khadîja, le Messager d'Allah (ﷺ) continuait à maintenir les liens d'amitié qu'elle avait, et ce, en accordant sa bienfaisance et sa bienveillance aux amies de l'illustre défunte, au point que cela irrita 'Â'isha. Ce comportement du Prophète (ﷺ) devrait servir de modèle à toute musulmane sincère en matière de bienveillance et de fidélité.

On rapporte que 'Â'isha, la Mère des croyants, a dit: je n'ai jamais été jalouse de l'une des épouses du Prophète (ﷺ) comme je l'ai été de Khadîja (qu'Allah l'agrée). Je ne l'ai jamais vue, mais il en parlait souvent. Quand il lui arrivait d'égorger un mouton, il en découpait les membres puis les envoyait aux amies de Khadîja. Il m'arrivait alors de lui dire: comme s'il n'y avait en ce monde que Khadîja! Et il me répondait: *«Elle était ceci, elle était cela... et j'ai eu d'elle des enfants.»*[2]

Dans une autre version, il est dit: *«Quand il égorgeait un mouton, il en envoyait une part assez suffisante aux amies de Khadîja (...)»*.[3]

Ce comportement édifiant de la part du Messager d'Allah (ﷺ) nous enseigne qu'après la mort des parents et des épouses, nous devons étendre notre bienveillance à leurs amis et amies lointains. Ce qui implique, à plus forte raison, qu'on doit, de leur vivant, manifester plus de bienveillance à leurs intimes.

---

[1] *Ḥadîth* rapporté par Ibn Ḥibbân dans son *Ṣaḥîḥ*, vol. II, p. 162.

[2] *Ḥadîth* rapporté par Bukhari et Muslim. Cf. *Fat'h Al-Bâri*, vol. VII, p. 133; *Sharḥ ṣaḥîḥ muslim*, vol. XV, p. 201.

[3] Cf. *Fat'h Al-Bâri*, vol. VII, p. 133.

9. Elle est bienveillante envers elles

Une femme imprégnée des principes de l'Islam ne se montre pas hautaine vis-à-vis de ses amies et ses sœurs en religion. Elle n'affiche pas un air renfrogné quand elle les rencontre, et ne les rudoie jamais. Elle les traite plutôt avec gentillesse, modestie et amabilité, conformément à la description des vrais croyants par le verset coranique qui dit:

> ﴿*(...)* Modestes envers les croyants, fiers et puissants envers les mécréants.﴾ *[Coran, 5: 54]*

Ainsi, l'esprit qui doit dominer les rapports entre croyants est celui de la modestie et de la bienveillance; une bienveillance tellement débordante et profonde qu'elle ressemble à l'humilité.

Les *Ḥadîths* du Prophète (ﷺ) recommandent la bienveillance en tout acte, au point d'en faire le facteur déterminant la beauté de toute chose dans ce monde. Il dit à ce sujet: «*La bienveillance ne fait qu'embellir les choses qu'on fait, tandis que son absence ne fait que les enlaidir*».[1]

Cette bienveillance fut l'une des caractéristiques de la personnalité du Prophète (ﷺ). En contemplant sa Biographie, on découvre qu'il agissait constamment, et en toutes circonstances, avec bienveillance, douceur et gentillesse. Dans son comportement avec les gens, il n'a jamais affiché une attitude rébarbative et ne s'est jamais servi de termes rudes en s'adressant à ses Compagnons. Le Coran le décrit parfaitement quand il dit:

> ﴿Mais si tu étais rude, au cœur dur, ils se seraient dispersés d'autour de toi.﴾ *[Coran, 3: 159]*

Anas, son serviteur fidèle et son compagnon permanent, décrit son noble comportement en ces termes: «J'ai été au service du

---

[1] *Ḥadîth* rapporté par Muslim. Cf. *Sharḥ ṣaḥîḥ muslim*, vol. XVI, p. 146.

Messager d'Allah (ﷺ) pendant dix ans. Il ne m'a jamais dit 'Fi!', ni 'pourquoi as-tu agi de la sorte?' à propos d'un de mes actes, ni 'tu aurais dû faire telle chose', pour une tâche que je n'ai pas accomplie».[1]

Il dit aussi: le Prophète (ﷺ) ne faisait usage ni d'injures, ni de mots obscènes, ni d'imprécations. Dans ses reproches, il disait: *«Qu'a-t-elle? Que son front soit plein de poussière!»*[2]

10. Elle ne médit pas d'elles

La médisance est interdite par un verset explicite du Coran. Allah dit:

> ﴾Ne médisez pas les uns des autres. L'un de vous aimerait-il manger la chair de son frère mort? Vous auriez cela en horreur. Craignez Allah, car Allah est Accueillant au repentir et Très-Miséricordieux.﴿
>
> *[Coran, 49: 12]*

Une musulmane consciencieuse et avisée ne se laisse donc pas attirer par la médisance. Lors de ses rencontres avec les autres femmes, elle s'abstient de médire des autres, notamment ses amies. Quand elle constate que la conversation est axée sur la mention des défauts des personnes absentes, elle s'y oppose afin d'éviter toute dérive vers cette bassesse aux conséquences néfastes. Ce comportement est dicté par sa piété, ainsi que par sa conviction que les mauvais propos sont susceptibles de mener celui qui les profère vers l'Enfer. Dans un *Ḥadîth* bien connu, le Messager d'Allah (ﷺ) dit à Mu'âdh ibn Jabal, *en saisissant sa langue: «Retiens ça!»* - Ô Prophète d'Allah, lui demanda Mu'âdh, même ce que nous prononçons nous sera reproché? Le Prophète (ﷺ) lui répondit: *«Que*

---

[1] *Ḥadîth* rapporté par Bukhari et Muslim. Cf. an-Nawawî, *Riyâḍ aṣ-ṣâliḥîn*, p. 336.

[2] *Ḥadîth* rapporté par Bukhari. Cf. *Fat'h Al-Bâri*, vol. X, p. 452.

ta mère te perde, ô Mu'âdh! Et qu'est-ce qui renversera les gens sur leurs faces - ou *sur leurs nez - en Enfer, sinon les conséquences de leurs propos?»*[1]

La musulmane imprégnée des principes de sa religion est exempte de cette mauvaise qualité qu'est la médisance. De par son caractère noble qu'elle aura acquis en se conformant à l'Islam, elle refusera d'être une personne à double visage. Une personne hypocrite qui change son opinion sur les autres selon les circonstances, qui médit de ses amies quand elles sont absentes, puis leur manifeste son amitié et son affection quand elle les rencontre.

Elle sait, en effet, que l'Islam recommande la sincérité, la droiture et la franchise, et interdit toute forme de duplicité en la considérant comme la caractéristique des personnes les plus mauvaises. A ce sujet, le Messager d'Allah (ﷺ) a dit: *«Pour Allah, le pire des gens au Jour de la Résurrection sera l'homme à double visage, celui qui se présente aux uns avec un visage et aux autres avec un autre visage».*[2]

La femme musulmane sincère n'a donc qu'un seul visage, un visage clair et rayonnant; un visage qui ne change pas de couleur au gré des circonstances et des personnes. Elle est sincère et franche, et c'est ainsi qu'elle se comporte avec tout le monde. Elle sait que la duplicité et l'Islam ne se rencontrent jamais, et que le sort des hypocrites est le fin fond de l'Enfer.

11. Elle évite tout ce qui est susceptible de les offenser

La musulmane est une personne sage, pondérée et subtile dans son comportement vis-à-vis de ses amies et ses sœurs. Elle évite tout ce qui est susceptible de les irriter ou les offenser. Ainsi, elle

---

[1] *Ḥadîth* rapporté par Ibn Mâjah (vol. II, p. 1315) et jugé «apprécié atteignant le degré d'authentique» (*ḥassan ṣaḥîḥ*).

[2] *Ḥadîth* rapporté par Bukhari et Muslim. Cf. *Fat'h Al-Bâri*, vol. X, p. 474; *Sharḥ ṣaḥîḥ muslim*, vol. XV, p. 157.

s'abstient d'entrer avec elles en disputes ou en chicaneries ennuyeuses, comme elle évite toute mauvaise plaisanterie qui les irriterait et tout manquement à ses promesses qui leur sont faites. En s'appliquant à observer cette attitude, elle suit les directives du Messager d'Allah (ﷺ) qui dit: *«Ne te dispute pas avec ton frère, ne plaisante pas* [démesurément] *avec lui et ne lui fais pas une promesse pour que tu ne tiennes pas ensuite».*[1]

En effet, les disputes n'engendrent que colère et hostilité, les plaisanteries blessantes ne font qu'entacher la relation entre les deux sœurs et le manquement aux promesses ne suscite qu'un manque de respect qui fragilise les liens d'amitié. Pour sa part, la musulmane avertie évite tous ces maux dans ses relations sociales, car ils portent atteinte à ses sœurs et ne lui attirent aucun profit, sinon son dénigrement.

12. Elle est généreuse envers elles

La musulmane qui a parfaitement assimilé les enseignements de sa religion est une femme généreuse. De bon cœur et de manière tout à fait naturelle, elle n'hésite pas à manifester sa générosité vis-à-vis de ses amies et ses sœurs, à les accueillir et à les inviter à partager un repas en commun.

Les rencontres amicales autour d'un repas consolident, en effet, les rapports d'amitié entre les croyantes et accentuent le lien affectueux qui les unit. Ces sentiments chaleureux, rappelons-le, sont quasi inexistants en Occident. Le matérialisme moderne a développé l'individualisme et l'égoïsme au sein des sociétés occidentales, engendrant ainsi un vide spirituel et affectif dont l'aspect le plus distinctif est l'absence d'amitié dans les rapports sociaux.

La philosophie matérialiste a appauvri les rapports humains, au point de pousser certains d'entre eux à combler leur déficience

---

[1] *Ḥadîth* rapporté par Bukhari dans *al-Adab al-mufrad*, vol. I, p. 485.

affective en dehors de la race humaine. L'intérêt que porte la femme occidentale aux chiens, par exemple, en les adoptant et en s'occupant d'eux, illustre parfaitement son désir de compenser le manque relationnel au niveau humain par une affection désespérément accordée aux animaux.

Dans un pays comme la France, où le nombre d'habitants dépasse les cinquante millions, le nombre de chiens adoptés dépasse les sept millions, indique-t-on dans un rapport publié par des Français! Ces chiens sont traités par leurs maîtres comme des proches parents. C'est même devenu un fait courant de voir un chien et son maître dîner ensemble dans un restaurant!

Le penseur musulman Waḥîd ad-Dîn Khân raconte à ce propos une anecdote assez révélatrice[1]: interrogé sur les raisons pour lesquelles les Français accordent à leurs chiens le même soin qu'ils accordent à leur propre personne, un représentant d'une association qui s'occupe de la protection des animaux répond: «C'est parce qu'ils désirent vouer leur amour à quelqu'un, mais ils ne parviennent pas à trouver parmi les gens celui ou celle qui le mérite».

En Occident, l'être humain ne trouve plus une personne digne de son amitié et son affection; alors il les voue aux animaux qu'il considère plus aimables et plus fidèles que ses semblables. Voilà le résultat du matérialisme: une dégradation affective dont la seule compensation se cherche auprès des animaux! Ce délabrement sur le plan sentimental et relationnel dans les sociétés occidentales fut l'un des phénomènes qui attirèrent rapidement l'attention des hommes de lettres arabes, musulmans et chrétiens, qui s'étaient installés en immigrés dans le continent américain vers la fin du XIXe siècle. Ils ont vite constaté que le rythme de vie matérialiste a transformé l'homme en une machine dont le seul souci consiste à travailler,

---

[1] Dans un article publié par l'hebdomadaire Koweitien *al-Mujtama'*, édition du 16.11.1976, n° 325.

produire et gagner encore plus d'argent, dans une ambiance concurrentielle infernale et un quotidien pénible. Selon leurs témoignages, l'homme occidental, emporté par l'allure effrénée de son rythme de vie et envahi qu'il est par le fardeau de ses occupations quotidiennes, a perdu le sentiment même de l'amitié. Nos hommes de lettres qui ont grandi dans une société où la fraternité domine ont été terrifiés par ce constat. Ils ont alors adressé à l'homme occidental des appels enthousiastes lui rappelant les valeurs d'amour et de fraternité entre les humains. Tel fut, entre autres, le cas de Nassîb 'Ariḍa dont le poème suivant a été écrit dans ce sens. Il y dit:

Ô ami! Ô compagnon! Ô camarade!
L'amour que je te témoigne n'est ni intrusion ni importunité.
Réponds-moi donc en répétant ô frère! Ô ami,
Car ce sont les mots que je savoure le plus.
Si toutefois tu désires marcher seul
Parce que tu me trouves ennuyeux,
Alors continue ton chemin. Mais tu entendras ma voix te transmettant
Mon message en t'appelant: ô frère!
L'écho de mon amour te parviendra là où tu te trouveras.
Et là, tu saisiras sûrement sa beauté et sa splendeur.[1]

Dans un autre texte écrit par As'ad Ghânim, on ressent le malaise d'un homme oriental vivant dans une société occidentale matérialiste et quasi dénuée de spiritualité et de fraternité. Le fardeau de cette vie tumultueuse pesait tellement sur son âme qu'il lui préféra la simplicité de la vie bédouine dans n'importe quel pays musulman. Alors, mué par la nostalgie du pays et dans l'espoir de revivre le spiritualisme et la fraternité propres aux sociétés musulmanes, il écrivit:

---

[1] Extrait de son recueil de poésies *al-Arwâḥ al-ḥâ'ira*.

«S'il m'était arrivé de succomber après une courte existence dans n'importe quel pays arabe, j'aurais remercié Allah pour une vie courte mais parmi des gens qui ne L'ont pas oublié. La vie en Occident me fatigue; ma fatigue elle-même en est lasse. Reprenez vos voitures! Reprenez vos avions! Reprenez toute la vie occidentale; son sol, sa mer et son ciel! Mais offrez-moi, en contrepartie, un chameau ou un cheval. Offrez-moi une tente arabe pour que je m'y installe sur l'un des monts de mon pays, le Liban, ou sur la rive de Bardâ, du Tigre ou de l'Euphrate. Sur les plaines d'Amman, dans le désert d'Arabie, au pied des Pyramides ou dans les oasis de Libye. Offrez-moi simplement une tente arabe et je sortirai gagnant, car elle a plus de valeur que le monde entier.»[1]

Les textes écrits dans cet esprit par des auteurs arabes qui ont émigré en Occident sont multiples, mais nous avons jugé suffisants les deux échantillons cités. Notons seulement que l'ensemble de ces écrits illustre la soif de ce genre d'émigrés au flux de sentiments relationnels qu'ils n'ont pas trouvé en Occident. L'Occident les a déçus sur ce plan, et cette déception les a renvoyés aux sources, à un Orient où l'Islam a diffusé l'amour, la fraternité, la solidarité et la compassion.

Cet esprit-là, l'Islam l'a enraciné en encourageant tout ce qui contribue à le renforcer et le maintenir. Rendre visite à son frère, l'inviter chez soi, le rencontrer, venir à son aide, le servir, partager ses peines et ses joies, etc. Tout ce qui consolide les liens entre les croyants est recommandé par l'Islam. L'essentiel est de le faire dans cet esprit, et de l'accomplir avec générosité.

Le Messager d'Allah (ﷺ) a dit: *«Le meilleur d'entre vous est celui qui donne à manger* [aux nécessiteux] *et répond à la salutation d'autrui».*[2]

---

[1] Cf. 'Îsâ an-Nâ'ûrî, *Adab al-mahjar*, p. 527, éd. Dar al-Ma'ârif, Egypte.

[2] *Ḥadîth* rapporté par Aḥmed ibn Ḥanbal (vol. VI, p. 16) et jugé «apprécié».

Dans un autre *Ḥadîth*, le Prophète (ﷺ) annonce aux personnes généreuses, hommes et femmes, qu'elle accèderont en paix au Paradis. Il dit: *«Echange fréquemment les salutations* [avec les croyants], *donne à manger* [aux nécessiteux] *et accomplis la Prière de nuit alors que les gens dorment. Ainsi, tu accéderas au Paradis en paix».*[1]

Il annonce aussi, dans un autre *Ḥadîth*, que les gens généreux auront des chambres particulières et distinguées dans le Paradis. Il dit: *«Il y a au Paradis des Loges dont l'extérieur est visible de l'intérieur, et dont l'intérieur est visible de l'extérieur. Elles sont réservées à celui qui donne à manger* [aux nécessiteux], *adoucit ses propos, jeûne fréquemment et accomplit la Prière de nuit alors que les gens dorment».*[2]

13. Elle invoque Allah en leur faveur

Une musulmane sincère et imprégnée de la foi n'omet pas de consacrer des invocations en faveur de sa sœur en religion, car elle lui souhaite ce qu'elle souhaite à elle-même. En l'absence même de sa sœur, elle invoque sincèrement Allah en sa faveur, car elle sait qu'il exauce promptement ce type d'invocations. Le Messager d'Allah (ﷺ) l'a confirmé en disant: *«L'invocation la plus rapidement exaucée est celle formulée par quelqu'un en faveur d'un absent».*[3]

En parfaits connaisseurs de ce *Ḥadîth*, les Compagnons avaient l'habitude de demander à leurs frères d'invoquer Allah en leur faveur, à toute occasion propice à l'exaucement.

Dans *al-Adab al-mufrad*, Bukhari rapporte que Ṣafwân ibn 'Abd

---

[1] *Ḥadîth* jugé authentique, rapporté par Aḥmed ibn Ḥanbal (vol. VI, p. 16) et al-Ḥâkim (vol. IV, p. 129).

[2] *Ḥadîth* jugé «apprécié», rapporté par Aḥmed ibn Ḥanbal (vol. VI, p. 16) et Ibn Ḥibbân (vol. II, p. 262).

[3] *Ḥadîth* rapporté par Bukhari dans *al-Adab al-mufrad*, vol. II, p. 83.

Allah ibn Ṣafwân dont l'épouse était ad-Dardâ', fille d'Abû ad-Dardâ', a dit: je leur ai rendu visite un jour à Damas. Abû ad-Dardâ' n'était pas à la maison, et je n'y ai trouvé qu'Umm ad-Dardâ' qui m'a dit: tu comptes accomplir le Pèlerinage? — Oui, lui ai-je répondu. Elle m'a alors dit: tâche donc d'invoquer Allah en notre faveur, car le Prophète (ﷺ) disait: *«L'invocation que le musulman fait pour son frère* [en religion], *en l'absence de ce dernier, est exaucée. Car il y a, près de sa tête, un Ange chargé* [d'inscrire ses œuvres]*; et tant que le musulman invoquera Allah en faveur de son frère, l'ange dira:* Amîne, *et tu en auras de même».*

Ensuite, ajoute Ṣafwân, j'ai rencontré Abû ad-Dardâ' au marché, et il m'a confirmé qu'il s'agit bien d'une Tradition du Prophète (ﷺ).[1]

A travers ces recommandations, le Messager d'Allah (ﷺ) visait à l'enracinement de l'esprit d'altruisme basé sur l'amour pour Allah, et l'éradication de l'égoïsme et de l'individualisme. Dès qu'une occasion s'offrait à lui pour orienter ses Compagnons dans ce sens, il la saisissait et les incitait à observer ces valeurs nobles.

Ainsi, quand il entendit quelqu'un invoquer Allah en ces termes: «Ô Allah, accorde Ton pardon uniquement à moi et à Mohammed!» il lui dit: *«Tu viens d'en priver beaucoup de monde!»*[2]

Cette orientation n'est pas adressée uniquement au Compagnon concerné, mais à l'ensemble des croyants. Elle vise à enraciner l'esprit communautaire dans l'âme musulmane, en soulignant qu'il ne convient pas au croyant d'être égoïste, même lors de ses invocations, car il est censé aimer pour son frère ce qu'il aime pour lui-même.

Avant de conclure ce chapitre, rappelons que les rapports de la femme musulmane avec ses amies et ses sœurs en religion se distinguent par les qualités suivantes: la fraternité et l'amour pour

---

[1] *Ḥadîth* rapporté par Bukhari dans *al-Adab al-mufrad*, vol. II, p. 84.

[2] *Idem.*, vol. II, p. 85.

Allah, la sincérité, la loyauté, la générosité, la gentillesse, l'indulgence, l'altruisme et la fidélité. Ces rapports sont, d'autre part, exempts de la rancune, la haine, la médisance, la dispute et tout ce qui est susceptible d'être considéré comme une offense.

Tel est le comportement de la musulmane vis-à-vis de ses amies, en tout temps et en tout lieu. Un comportement qui reflète l'impact incomparable de l'Islam sur l'éducation de l'âme humaine.

CHAPITRE DIX

SON COMPORTEMENT VIS-À-VIS DE SA SOCIÉTÉ

A l'instar de l'homme, la femme musulmane est chargée d'accomplir une mission noble dans la vie: adorer Allah et instaurer sa religion sur terre. Dans ce cadre, elle est appelée à assumer son rôle social de manière influente et efficace, tant que ses aptitudes et ses conditions familiales le lui permettront. Elle est appelée à être en contact avec ses semblables et à se comporter avec elles conformément aux valeurs morales de l'Islam. Là où elle se trouve, elle doit consacrer ses actes et ses propos à l'orientation des autres femmes. Ainsi, elle devient effectivement une source de rayonnement capable d'éclairer sa société grâce aux principes de l'Islam.

La musulmane imprégnée des enseignements du Coran et de la *Sunna* est une personne sociable excellente. Elle est, par conséquent, digne d'accomplir son rôle de prédication parmi les femmes de sa société et d'éclairer leurs esprits et leurs âmes. Sa mission principale consiste à expliquer par ses propos et concrétiser par son comportement le statut prestigieux que l'Islam a octroyé à la femme, et son rôle précurseur dans l'amélioration de sa condition. La bonne morale représente l'essence de cette mission, car les Textes affirment qu'elle est une obligation religieuse dont l'accomplissement garantit la rétribution d'Allah, et dont l'abandon attire Son châtiment. Ce n'est donc qu'en acquérant une morale saine et noble que la femme réussit à devenir une femme modèle, une femme sociable dont les qualités distinctives sont la sincérité, la piété et la bonté.

Une musulmane consciente des principes de sa religion se distingue dans les assemblées féminines par son observance des valeurs islamiques. Ce sont ces valeurs-là qui façonnent foncièrement sa personnalité et caractérisent son comportement social. Pour elle, les valeurs morales islamiques sont une source intarissable dont elle puise les éléments constitutifs de sa conduite, de ses habitudes et de son comportement avec les gens. C'est à cette source douce et limpide qu'elle revient régulièrement pour purifier son âme et développer son comportement social conformément à l'Islam.

1. Elle a un excellent caractère

Une vraie musulmane doit se distinguer par sa bonne conduite, ses sentiments nobles, sa modestie, sa gentillesse, sa courtoisie et son amabilité. Dans son comportement, elle doit s'inspirer de celui du Messager d'Allah (ﷺ) qualifié par le Coran de «très noble». Allah (exalté soit-Il) dit:

﴾Tu es certes d'un très noble caractère.﴿ *[Coran, 68: 4]*

La description du Coran est confirmée par le témoignage de son serviteur fidèle, Anas ibn Mâlik (qu'Allah l'agrée), quand il dit: *«Il était doué du meilleur caractère»*.[1]

Anas qui était le Compagnon qui passait le plus de temps avec le Messager d'Allah (ﷺ) avait constaté que son comportement était d'une noblesse qu'aucun autre humain ne peut atteindre. Dans un *Ḥadîth* que nous avons déjà cité dans le chapitre précédent, il décrit la conduite du Prophète (ﷺ) en ces termes: «J'ai été au service du Messager d'Allah (ﷺ) pendant dix ans. Il ne m'a jamais dit 'Fi!', ni 'pourquoi as-tu agi de la sorte?' à propos d'un de mes actes, ni 'tu aurais dû faire telle chose', pour une tâche que je n'ai pas accomplie».[2]

---

[1] *Ḥadîth* rapporté par Bukhari et Muslim. Cf. *Sharḥ as-sunna*, vol. XIII, p. 235.

[2] *Ḥadîth* rapporté par Bukhari et Muslim. Cf. an-Nawawî, *Riyâḍ aṣ-ṣâliḥîn*, p. 336.

Afin de raffiner la personnalité du musulman et la rendre digne de mérites auprès d'Allah, le Prophète (ﷺ) ne cessait de rappeler à ses Compagnons l'importance du bon caractère.

Il leur disait: *«Les meilleurs d'entre vous sont ceux qui ont un bon caractère».*[1]

Il leur disait aussi (ﷺ): *«Ceux que j'aime le plus parmi vous et qui seront les plus proches de moi au Jour de la Résurrection sont ceux qui ont un bon caractère. Ceux qui me sont, par contre, les plus détestables et qui seront les plus éloignés de moi au Jour de la Résurrection sont les bavards, les hâbleurs et les* mutafayhiqûne *(phraseurs)».* Ils lui dirent: ô Messager d'Allah, nous avons compris ce que signifient bavards et hâbleurs, mais qu'entends-tu par *al-mutafayhiqûne?* Il leur répondit: *«Cela signifie: les orgueilleux».*[2]

Les Compagnons, hommes et femmes, n'entendaient pas seulement ces recommandations mais les voyaient concrétisées par la conduite du Messager d'Allah (ﷺ). Cela contribua au polissage de leurs mœurs et au raffinement de leurs caractères, au point qu'ils devinrent la meilleure des générations dans l'Histoire musulmane.

On rapporte que Anas ibn Mâlik (qu'Allah l'agrée) a dit: *«Le Prophète était très bienveillant. Nul ne venait le voir* [en cas de besoin] *sans qu'il lui promette* [de l'aider] *et sans qu'il tienne promesse quand il possédait* [de quoi subvenir à ce besoin]».

Une fois, alors qu'il s'apprêtait à accomplir la Prière, un bédouin le saisit par son vêtement et lui dit: «Il me reste encore une demande de moindre importance, et je crains l'oublier *[si je ne te l'adresse pas maintenant]». «Le Prophète (ﷺ) se leva alors et l'accompagna.*

---

[1] *Ḥadîth* rapporté par Bukhari et Muslim. Cf. *Fat'h Al-Bâri*, vol. X, p. 456; *Sharḥ ṣaḥîḥ muslim*, vol. XV, p. 78.

[2] *Ḥadîth* rapporté par at-Tirmidhî (vol. III, p. 249) qui le juge «apprécié».

Puis, quand l'homme lui fit part de sa requête, il retourna accomplir sa Prière».[1]

Ainsi, le comportement indélicat de ce bédouin ne gêna nullement le Prophète (ﷺ). Il était pourtant sur le point d'entamer sa Prière, mais, de par sa bienveillance et sa qualité de modèle pour l'Humanité, il fit montre de patience on ne manifestant aucun signe d'agacement vis-à-vis de l'homme et reporta sa Prière pour l'écouter. Par cette attitude, le Prophète (ﷺ) enseigne à tout musulman comment se comporter avec son prochain, car c'est en observant ces règles de conduite que la société acquiert les bonnes mœurs.

Si, chez les non-musulmans, l'éducation, bonne et saine est l'unique origine des bonnes mœurs, chez les musulmans c'est plutôt le caractère religieux des règles morales qui contribue à les enraciner dans leur société. Pour un musulman, le bon caractère est une attitude dictée par la religion et, par conséquent, est liée à la rétribution d'Allah dans la vie future. Mieux: le bon caractère est l'acte salvateur qui aura le plus de poids le Jour de la Reddition des Comptes. Le Messager d'Allah (ﷺ) a dit: *«Au Jour de la Résurrection, aucune œuvre ne sera plus pesante dans la Balance du croyant que le bon caractère, car Allah (exalté soit-Il) déteste celui qui est grossier et impudique».*[2]

Dans un autre *Ḥadîth*, le Prophète (ﷺ) indique que le mérite du bon caractère équivaut même à la Prière et au Jeûne, qui comptent pourtant parmi les piliers de l'Islam. Il dit: *«Aucune œuvre ne sera aussi pesante dans la Balance que le bon caractère. Le bon caractère permet à celui qui l'observe d'atteindre le rang de celui qui jeûne*

---

[1] *Ḥadîth* rapporté par Bukhari dans *al-Adab al-mufrad*, vol. I, p. 375.

[2] *Ḥadîth* rapporté par at-Tirmidhî (vol. IV, p. 28) qui le juge «apprécié atteignant le degré d'authentique» (*ḥassan ṣaḥîḥ*).

[hors Ramadhan] *et accomplit la Prière* [surérogatoire fréquemment].»[1]

Dans une autre version, il est dit: *«Grâce à son bon caractère, le serviteur atteint le rang de celui qui observe le jeûne* [surérogatoire] *et accomplit la Prière nocturne».*

Le caractère vertueux a une telle importance dans l'Islam qu'il le considère comme l'un des signes de la parfaite foi et l'un des acquis humains dont la récompense est l'amour accordé par Allah.

On rapporte à ce sujet que le Messager d'Allah (ﷺ) a dit: «Les croyants dont la foi est la plus parfaite sont ceux qui ont le meilleur caractère».[2]

On rapporte aussi que Ussâma ibn Shurayk a dit: *[une fois,]* nous étions assis en compagnie du Prophète (ﷺ), et personne d'entre nous ne parla, comme si des oiseaux étaient perchés sur nos têtes. Des gens vinrent alors le voir et lui dirent: lequel parmi les serviteurs est le plus aimé par Allah? Il répondit: *«Celui qui a le meilleur caractère».*[3]

Vu l'importance de la vertu et son impact majeur sur le raffinement des mœurs et l'embellissement des comportements, le Prophète la recommandait constamment à ses Compagnons et les incitait sans cesse à l'acquérir.

On rapporte à ce propos qu'il (ﷺ) a dit à Abû Dharr (qu'Allah l'agrée): *«Ô Abû Dharr, voudrais-tu que je t'indique deux qualités qui sont faciles à acquérir, mais qui ont plus de poids dans la Balance que les autres œuvres?»* - Certes, oui! Répondit Abû Dharr. Il lui dit alors: *«Tâche d'acquérir le bon caractère et d'avoir le*

---

[1] *Ḥadîth* rapporté par at-Tirmidhî (*al-Jâmi' aṣ-ṣaḥîḥ*, vol. IV, p. 28) et dont les transmetteurs sont dignes de confiance.

[2] *Ḥadîth* rapporté par at-Tirmidhî (vol. IV, p. 28) qui le juge «apprécié atteignant le degré d'authentique» (*ḥassan ṣaḥîḥ*).

[3] *Ḥadîth* rapporté par aṭ-Ṭabarânî dans *al-Mu'jam al-kabîr*. Ses transmetteurs figurent parmi ceux admis par Bukhari et Muslim.

silence prolongé; car, par Celui qui détient mon âme en Sa Main, aucune autre qualité n'embellit les créatures comme ces deux-là».[1]

On rapporte également qu'il a dit: *«Le bon caractère est une bénédiction, le mauvais est une malédiction. La bienfaisance prolonge la* [durée de] *vie, et l'aumône protège d'une mort atroce».*[2]

Lors de ses invocations, le Prophète (ﷺ) avait l'habitude de dire: *«Ô Allah! De même que Tu as embelli mon corps, embellis mon caractère».*[3] Il avait pourtant reçu la révélation lui confirmant sa haute moralité en ces termes:

﴾Tu es certes d'un très noble caractère.﴿ *[Coran, 68: 4]*

Cependant, il n'hésitait pas à invoquer Allah en L'implorant d'embellir son caractère. Cela confirme, une fois de plus, l'importance qu'il accordait aux bonnes mœurs et sa volonté fervente d'engager les musulmans à s'y conformer d'avantage en suivant son exemple.

Le bon caractère est une attitude qui englobe toutes les valeurs morales qui contribuent au raffinement et à l'ennoblissement du comportement humain, telles que la pudeur, l'indulgence, la magnanimité, la bienveillance, la tolérance, la véracité, la loyauté, l'honnêteté, la droiture, la pureté d'âme, le bon accueil, etc.

En examinant avec soin les Textes à caractère social, on découvre qu'ils sont, dans leur majorité, consacrés aux bonnes mœurs relatives aux relations entre humains. Il ne s'agit pas de généralités prêchant la morale dans son sens global, mais d'indications réformatrices

---

[1] *Ḥadîth* rapporté par Abû Ya'lâ et aṭ-Ṭabarânî dans *al-Mu'jam al-awsaṭ*. Les transmetteurs de ce *ḥadîth* selon la voie rapportée par Abû Ya'lâ sont dignes de confiance. Cf. *Majma' az-zwâ'id*, vol. VIII, p. 22.

[2] *Ḥadîth* rapporté par Aḥmed ibn Ḥanbal (vol. III, p. 502). Ses transmetteurs sont dignes de confiance.

[3] *Idem.*, vol. I, p. 403. Ses transmetteurs figurent parmi ceux admis par Bukhari et Muslim.

précises visant chaque détail du comportement social. Cela confirme que le «civisme», selon le système social islamique, est fondamentalement basé sur les valeurs morales; ce qui en fait une spécificité qui distingue l'Islam des autres religions et des doctrines sociales.

Pour mettre en évidence la personnalité de la femme musulmane, il est donc nécessaire d'étudier l'ensemble des Textes indiqués et comprendre profondément les orientations qu'ils renferment, afin de déterminer les traits essentiels qui distinguent sa personnalité dans sa relation avec la société. C'est cette étude qui fera l'objet de notre intérêt dans les paragraphes suivants, où nous aborderons chacune des valeurs morales à caractère social en tant que trait distinctif de la femme musulmane.

2. *Elle est véridique*

La femme musulmane est véridique avec tout le monde, car les principes de l'Islam lui apprennent que la véracité représente le sommet de la bonne morale, et que le mensonge est à l'origine de tous les vices et tous les méfaits.

Le Prophète (ﷺ) indique l'aboutissement logique de la véracité ainsi que celui du mensonge en disant: *«La véracité conduit à la piété, et la piété mène au Paradis. Un homme ne cesse de dire la vérité jusqu'à ce qu'il soit inscrit auprès d'Allah comme étant très véridique. Le mensonge conduit à la perversité, et la perversité mène à l'Enfer. Un homme ne cesse de mentir jusqu'à ce qu'il soit inscrit auprès d'Allah en tant que fieffé menteur».*[1]

C'est donc une suite logique: s'accoutumer à la véracité fait d'elle une qualité inhérente à notre personnalité, d'où le mérite d'accéder au Paradis; tandis que le mensonge continuel rend immorale la personne

---

[1] *Ḥadîth* rapporté par Bukhari et Muslim. Cf. an-Nawawî, *Riyâḍ aṣ-ṣâliḥîn*, p. 50.

humaine et l'attire ainsi vers l'Enfer. D'où la nécessité pour toute croyante de s'attacher à la véracité dans son dire et son comportement, car c'est un noble mérite que d'être inscrit auprès d'Allah comme étant véridique.

3. *Elle ne porte jamais de faux témoignages*

Une musulmane imprégnée des principes nobles de l'Islam évite l'imposture. Elle ne porte jamais de faux témoignages, car c'est un acte dénoncé et interdit par l'Islam. Allah (exalté soit-Il) dit:

﴾Ecartez-vous de la parole d'imposture.﴿

[Coran, 22: 30]

Hormis le fait qu'il soit interdit par l'Islam, le faux témoignage est un acte qui entache l'honneur et l'honnêteté de celui qui le commet. Non seulement il remet en cause la fiabilité de celui qui s'y adonne, mais il en fait aussi de lui une personne indigne et méprisable aux yeux des gens. C'est pour cela que le Coran exclut catégoriquement ce comportement de la liste des qualités propres aux «serviteurs du Tout-Miséricordieux» quand il dit:

﴾Ceux qui ne portent pas de faux témoignages; et qui, lorsqu'ils passent auprès d'une frivolité, s'en écartent noblement.﴿ *[Coran, 25: 72]*

Le faux témoignage est un péché si grave que le Messager d'Allah (ﷺ) le range, conjointement au polythéisme et à la désobéissance aux parents, parmi les pires péchés majeurs. Il ne s'est pas contenté de le mentionner. En effet, il a, à plusieurs reprises, réitéré aux Compagnons sa mise en garde contre la tentation de le commettre en le condamnant violemment.

Bukhari et Muslim rapportent qu'Abû Bakrata (qu'Allah l'agrée) a dit: une fois, le Prophète (ﷺ) nous dit: *«Voudriez-vous que je vous indique les plus graves parmi les péchés majeurs?»* Nous répondîmes: certes oui, ô Messager d'Allah. Il nous dit alors: «*Ce sont l'attribution d'associés à Allah et la maltraitance des père et mère.*»

Il dit cela en étant accoudé puis, s'asseyant, il ajouta: «*Evitez* [surtout] *le faux témoignage*». Il ne cessa pas, dit Abû Bakrata, de répéter cela au point que nous dîmes: «*Ah! s'il mettait fin à ses propos!*»[1]

4. Elle est 'conseillère'

Une musulmane pieuse et consciencieuse ne se contente pas de purifier sa personne des mauvais caractères. Elle fait de son mieux pour manifester sa loyauté à ses connaissances parmi les femmes égarées, en leur portant conseil. Parmi les femmes, il y en a qui fautent et qui ont besoin d'une personne qui, par ses conseils sincères, les aident à retrouver le droit chemin. Le devoir de la musulmane sincère est donc d'assumer ce rôle à chaque fois qu'elle constate une conduite non convenable de la part des femmes qu'elle fréquente.

Pour une musulmane avisée, la loyauté envers les croyants et croyantes n'est pas un acte facultatif ou caritatif, il est plutôt un devoir recommandé par la religion.

Mieux: il s'agit là de l'essence même de la religion, conformément au *Ḥadîth* du Messager d'Allah (ﷺ) qui dit: «*La religion, c'est le conseil*». - Envers qui? Lui demanda-t-on. Il répondit: «*Envers Allah, envers Son Livre, envers Son Messager, ainsi qu'envers les gouvernants des musulmans et leurs masses.*»[2]

La loyauté a une importance religieuse comme cela a été le cas avec les serments d'allégeance que les Compagnons prêtaient au

---

[1] Cf. an-Nawawî, *Riyâḍ aṣ-ṣâliḥîn*, p. 689.

[2] *Ḥadîth* rapporté par Muslim. Cf. *Sharḥ ṣaḥîḥ muslim*, vol. II, p. 37.

Prophète (ﷺ), et qu'ils s'engageaient à observer au même titre que la Prière et l'Aumône légale. On rapporte à ce sujet que Jarîr ibn 'Abd Allah (qu'Allah l'agrée) a dit: «J'ai prêté serment d'allégeance au Messager d'Allah (ﷺ) en m'engageant à accomplir la Prière, m'acquitter de l'Aumône légale et prodiguer conseil à tout musulman».[1]

Dans le *Ḥadîth* précédent, le Prophète (ﷺ) a résumé l'Islam en un seul mot: la loyauté, confirmant ainsi l'importance de cette qualité et son impact majeur sur la vie des individus, des familles et des sociétés. Le fait qu'elle soit citée conjointement à la Prière et l'Aumône légale dans le serment d'allégeance indique son importance en tant qu'acte de piété qui contribue au salut du croyant dans la vie future. Donc, par définition, un musulman pieux et soucieux d'un sort heureux dans l'Au-delà est loyal dans ses conseils envers les croyants.

La loyauté est une attitude qui assure le salut de la société; sa présence contribue amplement à persévérer dans le droit chemin, tandis que son absence mène nécessairement à l'égarement. Il s'agit là d'une responsabilité qui incombe à tous les membres de la société des croyants, chacun dans son domaine et selon son rôle social.

Le Messager d'Allah (ﷺ) a dit: *«Chacun d'entre vous est dépositaire; chacun d'entre vous est donc responsable de ce qui lui a été confié. L'Imâm* [premier dirigeant] *est dépositaire; il est responsable des* [sujets] *confiés* [à sa gouvernance]. *L'homme est dépositaire de sa famille; il en est responsable. La femme est dépositaire du foyer de son époux; elle en est responsable. Le serviteur est dépositaire des biens de son maître; il en est le responsable. Ainsi, chacun d'entre vous est dépositaire*; chacun d'entre vous est donc responsable de ce qui lui a été *confié».*[2]

---

[1] *Ḥadîth* rapporté par Bukhari et Muslim. Cf. *Sharḥ as-sunna*, vol. XIII, p. 92.

[2] *Ḥadîth* rapporté par Bukhari et Muslim. Cf. al-Baghawî, *Sharḥ as-sunna*, vol. X, p. 61.

5. *Elle indique le bien aux autres*

Une musulmane pieuse, dont l'âme a été purifiée de l'égoïsme et du penchant pour l'ostentation, indique le bien aux autres pour qu'ils en bénéficient. Dès qu'elle prend connaissance d'une opportunité pour faire le bien, elle l'annonce aux autres croyantes sans se soucier de savoir si c'est elle qui va l'accomplir ou les autres.

Elle agit ainsi parce qu'elle sait que la rétribution accordée à celle qui indique le bien est identique à celle qui le fait. Le Messager d'Allah (ﷺ) a dit: *«Celui qui indique le bien est semblable* [en rétribution] *à celui qui le fait».*[1]

La femme musulmane se garde aussi de la mauvaise habitude qui consiste à monopoliser toute initiative bienfaisante pour s'en vanter devant les gens, comme le font certaines égoïstes prisonnières de leur attitude ostensible. Elle indique le bien aux autres, et ne l'indique que pour Allah. Pour elle, la célébrité et la reconnaissance des autres ne représentent rien devant la récompense qu'Allah a réservée à celui qui met autrui sur la voie de la bienfaisance. Elle sait qu'en offrant aux autres l'occasion d'accomplir les bonnes œuvres, elle contribue à diffuser le bien dans sa société et bénéficiera ainsi de la même rétribution attribuée aux personnes qu'elle aura guidées de sa part, et cela lui suffit amplement.

Priver les autres de participer aux œuvres de bienfaisance dans l'intention d'avoir l'exclusivité de leur accomplissement est un fléau néfaste. Certaines personnes découvrent des projets ou des méthodes de bienfaisance, mais malheureusement les gardent pour eux dans l'unique intention de les réaliser en exclusivité. Or, la vie est limitée tout comme les capacités individuelles. Cela implique que ces projets, ô combien bénéfiques pour la société, disparaissent souvent avec la disparition de ces gens. Agir de la sorte est donc un méfait à

---

[1] *Ḥadîth* rapporté par Muslim. Cf. *Sharḥ ṣaḥîḥ muslim*, vol. XIII, p. 38.

l'encontre de soi-même avant de l'être à l'encontre de sa société. En effet, à cause d'une obsession purement égoïste, on étouffe la faisabilité virtuelle d'un acte de bienfaisance en se le gardant pour soi.

Les musulmanes et les musulmans qui aspirent à l'agrément d'Allah seraient, cependant, exempts de ce fléau, car leur religion leur a enseigné qu'indiquer le bien à autrui leur donne droit à une rétribution identique à celle qu'Allah accorde à son auteur.

6. *Elle se garde d'abuser ou trahir les autres*

Une musulmane sincère n'est ni fourbe, ni perfide ni traîtresse vis-à-vis des gens. La fourberie, la perfidie et la trahison sont, en effet, incompatibles avec la sincérité; car cette qualité qui implique loyauté, droiture, fidélité et équité, tout comme elle exclut la fourberie, le mensonge, la tromperie et la perfidie. De par sa nature sincère et imprégnée des principes de l'Islam, la musulmane répugne à avoir ces comportements répréhensibles, car elle y voit des signes alarmants qui menacent son appartenance même à l'Islam.

Muslim rapporte à ce sujet que le Messager d'Allah (ﷺ) a dit: *«Celui qui lève les armes contre nous n'est pas des nôtres. Celui qui nous abuse n'est également pas des nôtres».*[1]

Il rapporte aussi qu'un jour, *«alors qu'il était de passage devant un tas d'aliments* [destinés à la vente], *le Messager d'Allah (ﷺ) y introduisit sa main et découvrit de ses doigts une certaine humidité. Il dit alors au vendeur: qu'est-ce que c'est que ça, ô propriétaire de ces aliments?»* Celui-ci répondit: c'est le fait de la pluie, ô Messager d'Allah.

Le Prophète (ﷺ) lui dit alors: *«Tu aurais dû le mettre par-dessus pour que les gens puissent le constater. Celui qui abuse* [autrui] *n'est pas des nôtres».*[2]

---

[1] Cf. *Sharḥ ṣaḥîḥ muslim*, vol. II, p. 108.

[2] *Idem.*, vol. II, p. 109.

L'Islam range l'abus d'autrui et la trahison parmi les péchés abominables qui rabaissent celui qui les commet dans ce bas monde et lui attirent une sombre destinée dans l'autre monde. Le Messager d'Allah (ﷺ) affirme qu'au Jour de la Résurrection, le traître sera distingué par un étendard qui attirera vers lui l'attention des autres, et qu'un Ange le dénoncera à voix haute en désignant son acte de trahison.

Il dit: *«Tout traître, au Jour de la Résurrection, aura un étendard* [qui le distinguera]. *On dira: 'Telle est la trahison d'untel'.»*[1]

Tel est le sort honteux des traîtres qui manquent à leurs promesses. Ils croyaient qu'avec le temps, leur trahison serait oubliée, mais au Jour de la Résurrection, rien ne sera caché, et leurs honteuses trahisons seront intensément affichées pour doubler celle-ci.

Leur honte sera encore pire, quand ils auront découvert que le Messager d'Allah (ﷺ), leur seul espoir pour intercéder en leur faveur dans cette situation terrible, a déclaré qu'Allah sera leur adversaire au Jour de la Résurrection, vu leur abominable péché autrefois commis.

Ainsi, ils seront privés et de la miséricorde, et de l'intercession du Prophète (ﷺ). Le Messager d'Allah (ﷺ) confirme cette réalité future en disant: *«Allah (exalté soit-Il) a dit: "Il y a trois* [catégories d'hommes] *dont Je serai l'Adversaire au Jour de la Résurrection: un homme qui a promis de donner en Mon nom puis à trahi* [son engagement]; *un homme qui a vendu un homme non esclave puis a dépensé son prix; un homme qui a demandé à un autre une prestation de service contre un salaire qu'il ne paiera pas une fois la tâche accomplie''.»*[2]

---

[1] *Ḥadîth* rapporté par Bukhari et Muslim. Cf. *Sharḥ as-sunna*, vol. X, pp. 71-73; *Riyâḍ aṣ-ṣâliḥîn*, p. 705.

[2] *Ḥadîth* rapporté par Bukhari. Cf. *Fat'h Al-Bâri*, vol. IV, p. 417.

Une musulmane sincère doit donc s'écarter de toutes formes de tromperie ou de trahison qui sont, malheureusement, fréquentes dans le monde contemporain. Elle doit s'élever au-dessus de ces mauvaises qualités, car le Messager d'Allah (ﷺ) les a classées parmi les signes distinctifs des hypocrites.

Il a dit: *«Quand quatre qualités caractérisent quelqu'un, il devient un hypocrite; quand l'une d'entre elles le caractérise, il est caractérisé par l'une des qualités distinctives de l'hypocrisie jusqu'à ce qu'il s'en débarrasse: il abuse de la confiance des autres; il ment quand il parle; il ne tient pas promesse quand il s'engage; il est de mauvaise foi quand il se dispute avec autrui».*[1]

7. Elle tient promesse

Honorer ses promesses est l'une des qualités morales qui distinguent toute musulmane sincère, car c'est là un comportement indissociable de la sincérité. C'est aussi une qualité louable qui traduit la bonne éducation de la personne; il lui assure le succès social et lui garantit amour et respect de la part des gens.

La femme musulmane est concernée plus que personne autre par cette qualité, car elle représente un modèle pour ses enfants. En honorant ses promesses, elle enracine les valeurs nobles en leurs âmes et les incite à l'imiter.

Pour la femme musulmane, cette qualité n'est pas une attitude à usage social servant de moyen pour se vanter devant ses amies, mais une conduite recommandée par l'Islam qui en fait l'un des signes de la foi authentique et sincère. Allah (exalté soit-Il) dit:

﴿Ô croyants! Remplissez fidèlement vos contrats.﴾

[Coran, 5: 1]

---

[1] *Ḥadîth* rapporté par Bukhari et Muslim. Cf. *Sharḥ as-sunna*, vol. I, p. 74.

﴾Soyez fidèles à l'engagement, car l'on rendra compte au sujet des engagements.﴿ *[Coran, 17: 34]*

﴾Soyez fidèles à l'engagement auprès d'Allah, une fois que vous l'avez contracté.﴿ *[Coran, 16: 91]*

Ces versets coraniques, et bien d'autres, confirment que le respect de la promesse est une obligation religieuse majeure. Allah (exalté soit-Il) ordonne de façon ferme et explicite aux croyants d'être fidèles à leurs engagements en les honorant, et de ne s'y soustraire sous aucun prétexte. Quand un musulman prend un engagement, il ne lui sied pas de se dérober, car l'engagement pris vis-à-vis d'une personne est également pris vis-à-vis d'Allah. D'où l'obligation d'être fidèle à ses promesses que l'on prendra avec sérieux.

L'engagement fait à autrui ne doit pas être considéré comme une simple parole qui n'exige aucune concrétisation ultérieure. Tel est plutôt le comportement des gens légers qui ne pèsent pas leurs mots et n'accorde aucune importance à leurs propos. Or Allah (exalté soit-Il) a condamné cette attitude en disant:

﴾Ô croyants, pourquoi dites-vous ce que vous ne faites pas? C'est une grande abomination auprès d'Allah que de dire ce que vous ne faites pas.﴿ *[Coran, 61: 2-3]*

La forme interrogative au début du verset véhicule, en effet, la réprobation de cette fâcheuse conduite et signifie qu'Allah n'apprécie pas que les croyants parmi Ses serviteurs s'abaissent jusqu'à l'adopter.

Le Messager d'Allah (ﷺ) a aussi dit: *«Les signes* [distinctifs] *de l'hypocrite sont trois: il ment quand il parle; il ne tient pas promesse; il abuse de la confiance des autres».*[1]

---

[1] *Ḥadîth* rapporté par Bukhari et Muslim. Cf. *Sharḥ as-sunna*, vol. I, p. 72.

Dans une version rapportée par Muslim, il est dit: *«(...) Même s'il fait la Prière et jeûne et prétend être musulman».*[1]

Ce *Ḥadîth* affirme que la parfaite soumission de la musulmane à Allah ne consiste pas uniquement à accomplir les pratiques cultuelles; elle se traduit surtout par la conduite conforme aux valeurs morales recommandées par l'Islam. La tricherie, la trahison et la perfidie doivent donc disparaître du comportement de la musulmane sincère, car ce sont des pratiques propres aux hypocrites.

Les femmes qui n'honorent pas leurs engagements avec les autres, notamment leurs enfants, doivent prendre conscience de cette vérité. Elles doivent savoir qu'en agissant de la sorte, elles donnent un mauvais exemple à leurs enfants et pervertissent ainsi leurs mœurs. Elles doivent savoir, enfin, que prendre ses promesses à la légère et s'y soustraire sont des qualités propres aux hypocrites, et que le sort final de ces derniers est le fin fond de l'Enfer.

8. *Elle n'est pas de nature adulatrice*

La musulmane sincère et avisée est franche et claire au niveau en paroles et en actes. Elle se détache de l'hypocrisie, car elle sait que c'est une attitude condamnée par l'Islam. Elle se garde aussi de la fausse courtoisie consistant, entre autres, à adresser aux autres des éloges gratuits et mensongers, car une telle attitude ne sied pas à sa personne en tant que musulmane.

L'adulation et l'hypocrisie sociale représentent une attitude que le Messager d'Allah (ﷺ) a condamnée, et contre laquelle il a recommandé des règles préservatrices. On rapporte à ce sujet que certains membres de la tribu Banû 'Âmir vinrent le voir et s'adressèrent à lui en disant: «Tu es notre maître!» Il leur dit alors: *«Le Maître par excellence est Allah».* - «Mais tu es le meilleur et le plus puissant parmi nous tous», rétorquèrent-ils.

---

[1] Cf. *Sharḥ ṣaḥîḥ muslim*, vol. II, p. 48.

Il répondit alors: *«Dites ce que vous avez à dire, et ne vous laissez pas entraîner par le diable. Je n'admets pas que vous m'éleviez à un rang autre que celui dont Allah m'a gratifié; je suis Mohammed ibn 'Abd Allah, le serviteur d'Allah et Son Messager».*[1]

En leur interdisant de le qualifier de «maître», de «meilleur» et de «puissant», le Prophète (ﷺ) barre ainsi la route à tous les adulateurs qui adressent inconsidérément leurs éloges à ceux qui les méritent comme à ceux qui ne les méritent pas.

Cela n'implique nullement qu'il ne méritait pas ces qualificatifs. Bien au contraire, il est effectivement le maître des Messagers et le meilleur parmi les humains.

Mais l'objectif du Prophète (ﷺ) était d'éviter à la société des croyants la mauvaise habitude qui consiste à faire publiquement les éloges d'autrui, car cela est susceptible de mener vers l'hypocrisie, en plus le fait qu'elle risque de susciter l'orgueil et la suffisance chez la personne ainsi vantée.

Bukhari et Muslim rapportent qu'Abû Bakrata (qu'Allah l'agrée) a dit: *[un jour],* un homme fit l'éloge d'un autre en présence du Prophète (ﷺ). Le Prophète lui dit alors à plusieurs reprises: *«Malheur à toi, tu viens ainsi de l'abattre; mais tu l'as* [déjà] *abattu».* Puis il ajouta: *«Quand l'un d'entre vous tient absolument à faire l'éloge d'un ami, qu'il dise à propos de ce qu'il connaît de lui: 'Je pense qu'il a telle ou telle* [qualité]. *Allah est son Juge, et je n'atteste de l'honorabilité de personne après Allah'.»*[2]

Ainsi, pour éviter l'hypocrisie et la courtisanerie, il faut que les propos élogieux adressés aux autres soient authentiques et modérés, car les éloges en public sont susceptibles d'engendrer des conséquences néfastes.

---

[1] Cf. al-Kândahlawî, *Ḥayât aṣ-ṣaḥâba*, vol. III, p. 99.

[2] Cf. *Fat'h Al-Bâri*, vol. X, p. 476; *Sharḥ ṣaḥîḥ muslim*, vol. XVIII, p. 126.

A ce sujet, Bukhari rapporte dans *al-Adab al-mufrad*[1] que Miḥjan al-Aslamî (qu'Allah l'agrée) a dit: *j'étais en compagnie du Messager d'Allah (ﷺ) dans la mosquée quand il constata qu'un homme était en train d'accomplir la Prière en s'inclinant et en se prosternant. Il me dit alors: «Qui est cet homme?»* Je me mis alors à faire l'éloge de ses qualités en disant: ô Messager d'Allah, il a telle qualité et telle autre qualité... Suite à quoi le Prophète (ﷺ) me dit: *«Arrête! Qu'il n'entende pas tes éloges, car cela le perdra».*

Dans la version rapportée par Aḥmed[2], il est dit: (...) ô Prophète, c'est untel, l'un des meilleurs parmi les gens de Médine - *ou* c'est celui qui, parmi les gens de Médine, accomplit le plus de Prières *[surérogatoires].* - Il me dit alors, en le répétant: *«Ne le lui dis pas, car cela le perdra»,* puis il me dit: *«Vous êtes une communauté pour qui* [Allah] *a voulu la commodité».*

Le Messager d'Allah (ﷺ) a qualifié l'éloge adressé à autrui directement d'acte ruineux, et ce, en raison de ses effets négatifs sur l'esprit de celui qui le reçoit. L'être humain est en effet réceptif aux éloges des autres, qu'ils soient justifiés ou non. C'est une pratique qui nourrit un désir enfui en lui et qui ne cherche qu'à être assouvi, à savoir une certaine reconnaissance reflétant l'admiration d'autrui. Cela est, par conséquent, susceptible de mener à la dérive et de le rendre vaniteux et hautain. D'où la gravité d'une telle attitude. Les méfaits de cette pratique ne proviennent donc pas des personnes vantées, mais des adulateurs qui les rendent accoutumées aux éloges d'autrui, au point qu'elles bannissent toute personne tentant de les conseiller ou les critiquer, tout en encourageant tous ceux qui les flattent en permanence et s'évertuent à les combler de compliments. Quand un tel phénomène se propage parmi les gouvernants, les notables et les hommes d'influence, on n'aura pas à s'étonner de

---

1 Vol. I, p. 433.

2 Al-Musnad, vol. V, p. 32. *Ḥadîth* jugé authentique.

l'absence de la justice et de la vertu, car cela reflète la corruption de toute une société.

C'est, d'ailleurs, pour intimider et dissuader les personnes qui contribuent au développement de ce phénomène, les adulateurs, que le Prophète a recommandé à ses Compagnons de leur jeter la poussière au visage. Les Compagnons réprouvaient la flagornerie et la condamnaient. Ils étaient pourtant dignes de tous les éloges qu'on puisse imaginer. Cependant, ils éprouvaient de la gêne quand on les leur adressait tout en les stigmatisant pour éviter les conséquences néfastes d'une telle conduite.

Nâfi' rapporte qu'un homme dit à 'Abd Allah ibn 'Umar (qu'Allah l'agrée): ô toi, le meilleur des gens! Ô toi, le fils du meilleur parmi les gens! Ibn 'Umar y répondit: je ne suis ni le meilleur des gens, ni le fils du meilleur d'entre eux; je ne suis qu'un simple serviteur d'Allah qui aspire à Son agrément et redoute Son châtiment. Par Allah, vous n'avez point de cesse que de *[faire l'éloge d']*une personne jusqu'à ce que vous causiez sa ruine![1]

Une telle réponse ne saurait provenir que d'un croyant qui respecte les recommandations du Prophète (ﷺ) et les applique en privé comme en public. Les Compagnons ont parfaitement compris les réserves signalées par le Messager d'Allah (ﷺ) concernant les éloges d'autrui, tout comme ils ont su distinguer entre le comportement sincère et celui suscité par l'hypocrisie.

On rapporte à ce sujet que peu de gens dirent à 'Abd Allah ibn 'Umar (qu'Allah l'agrée): quand nous entrons chez nos gouvernants, nous leurs adressons des propos *[élogieux]* contraires à ce que nous déclarerons une fois les avoir quittés! Et 'Abd Allah ibn 'Umar de leur dire: du temps du Messager d'Allah (ﷺ), nous considérions cela *[comme un comportement]* hypocrite.[2]

---

[1] Cf. al-Kândahlawî, *Ḥayât aṣ-ṣaḥâba*, vol. III, p. 99.

[2] *Ḥadîth* rapporté par Bukhari. Cf. *Fat'h Al-Bâri*, vol. XIII, p. 170.

De nos jours, un bon nombre de femmes abusent des courtisaneries et pensent qu'elles ne dépassent pas les limites de la bienséance autorisée. Elles oublient qu'il existe une forme de courtoisie qui est totalement illicite, à savoir celle qui consiste à faire des éloges immérités ou fermer les yeux sur les défauts des personnes adulées. Cette forme de courtoisie conduit nécessairement à l'hypocrisie; or elles sont censées savoir l'horrible sort réservé aux hypocrites. La musulmane sincère est, cependant, à l'abri de ce fléau, et ce, grâce à son observance des enseignements de sa religion.

9. *Elle est pudique*

La pudeur est un caractère inhérent à la nature féminine. Cela est, certes, une évidence. Mais la pudeur qui nous intéresse ici est celle définie par l'Islam. Conformément à la définition des doctes, la pudeur est un caractère noble qui incite constamment à éviter ce qui est moralement laid et à ne pas se soustraire aux droits dus aux autres.

Le Messager d'Allah (ﷺ) représente par sa conduite le modèle par excellence en matière de pudeur. L'éminent Compagnon, Abû Saîd al-Khudrî (qu'Allah l'agrée), le décrit en ces termes: *«Le Messager d'Allah (ﷺ) avait plus de pudeur qu'une fille vierge dans son gynécée. Quand il constatait quelque chose qu'il réprouvait, nous le reconnaissions sur son visage».*[1]

Dans plusieurs de ses propos, le Messager d'Allah (ﷺ) met l'accent sur la pudeur et l'évoque en précisant que c'est une attitude bénéfique pour celui qui s'en distingue ainsi que pour son entourage. Ainsi, d'après 'Imrân ibn Ḥuṣayn (qu'Allah l'agrée), le Messager d'Allah (ﷺ) a dit: *«La pudeur n'amène que le bien».*[2]

---

[1] *Ḥadîth* rapporté par Bukhari et Muslim. Cf. an-Nawawî, *Riyâḍ aṣ-ṣâliḥîn*, p. 364.

[2] *Ḥadîth* rapporté par Bukhari et Muslim. Cf. *Idem.*, p. 363.

Dans une version de Muslim, il est dit: *«La pudeur est un bien absolu».*[1]

On rapporte aussi, d'après Abû Hurayra (qu'Allah l'agrée), que le Messager d'Allah (ﷺ) a dit: *«La foi comporte entre soixante trois et soixante neuf branches: la meilleure est la proclamation qu'il n'y a point de divinité à part Allah, et la moindre est d'écarter les objets nuisibles du chemin. La pudeur est [aussi] une de branche de la foi».*[2]

La pudeur étant l'une des branches de la foi, la femme musulmane ne saurait alors être impudique. Elle ne saurait nuire aux gens ou blesser leur honneur par ses propos et ses actes. La pudeur enracinée en son âme l'empêche de se comporter de manière inconvenante vis-à-vis des gens, non seulement par respect à leur égard à eux, mais surtout par en égard à l'amour d'Allah. Sa pudeur n'est donc pas suscitée par la réaction des autres, mais exclusivement par égard à Allah, car elle représente une partie constituante de la foi. Cette noble attitude reflète le sommet de la moralité; elle distingue fondamentalement la femme musulmane de la non-musulmane.

10. Elle préserve sa dignité

Savoir garder sa dignité est une qualité qui distingue toute musulmane imprégnée des principes de sa religion. Quand elle traverse des périodes difficiles de gêne ou de dénuement, elle s'arme de patience et s'attache à sa dignité. Elle multiplie ses efforts pour sortir de cette situation, et ne songe absolument pas à recourir à l'aumône des autres. Le Prophète (ﷺ) lui recommande cette attitude pour conserver sa dignité et lui confirme qu'en s'y conformant, Allah l'aidera à rester persévérante et lui accordera satisfaction et richesse. Il dit (ﷺ): *«Celui qui se contente de ce qu'il a, Allah le contentera;*

---

[1] Cf. *Sharḥ ṣaḥîḥ muslim*, vol. II, p. 7.

[2] *Ḥadîth* rapporté par Bukhari et Muslim. Cf. an-Nawawî, *Riyâḍ aṣ-ṣâliḥîn*, p. 363.

celui qui se passe de la richesse des autres, Allah l'enrichira; celui qui cherche à être endurant, Allah lui donnera la force de rester endurant. Aucun don accordé n'est plus bénéfique et plus ample que l'endurance».[1]

La musulmane qui a parfaitement assimilé les enseignements de sa religion sait que, tout en ordonnant aux riches d'accorder une part de leurs biens aux pauvres sans le leur rappeler ni leur porter préjudice, l'Islam a également incité les pauvres à faire leur possible pour se passer de ce droit et ce, en multipliant les efforts leur permettant l'acquisition de biens suffisants qui préservent leur dignité.

Ainsi, tout en recommandant l'aumône aux croyants, le Prophète (ﷺ) les incitait à garder leur dignité en oeuvrant pour éviter d'aller quémander l'aumône aux autres. Il leur disait: *«La main la plus haute vaut mieux que la main la plus basse. La main la plus haute est celle qui dépense en aumône, tandis que la main la plus basse est celle qui demande l'aumône».*[2]

11. Elle n'est pas indiscrète

Une musulmane consciencieuse et avisée n'est pas indiscrète. Elle ne se mêle pas de ce qui ne la concerne pas, ne s'immisce pas dans les affaires des autres femmes et ne manifeste aucune curiosité concernant leur vie privée. La curiosité maladive n'est pas son caractère, car elle est susceptible de la conduire au péché ou aux reproches des autres. En évitant l'indiscrétion, le bavardage et les propos futiles, elle répond aux enseignements de sa religion qui l'orientent vers les valeurs morales les plus nobles et lui recommandent les meilleures méthodes de comportement avec les autres.

---

[1] *Ḥadîth* rapporté par Bukhari et Muslim. Cf. *Idem.*, p. 35.

[2] *Ḥadîth* rapporté par Muslim. Cf. *Sharḥ ṣaḥîḥ muslim*, vol. VII, p. 124.

On rapporte à ce sujet que le Messager d'Allah (ﷺ) a dit: *«L'un des signes de l'adhésion parfaite d'une personne à l'Islam consiste à ne pas se mêler de ce qui ne le concerne pas».*[1]

On rapporte également, d'après Abû Hurayra (qu'Allah l'agrée), que le Messager d'Allah (ﷺ) a dit: *«Allah (exalté soit-Il) agrée pour vous trois* [pratiques] *et en réprouve trois autres. Il agrée que vous l'adoriez et ne lui associez aucun autre être, que vous vous attachiez tous à Son pacte, et que vous ne soyez pas divisés. Il réprouve pour vous: les ouï-dire, la demande excessive* [d'aumône] *et le gaspillage des biens».*[2]

Les commérages et les indiscrétions ne devraient pas avoir lieu dans une société éduquée selon les principes de l'Islam. Les membres de cette société ont d'autres occupations, plus importantes et plus nobles, qui ne leur permettent pas de s'adonner à de telles obsessions futiles. Ce sont des gens qui ont une mission dans cette vie, chacun dans le domaine qui relève de sa responsabilité, et leur objectif principal est l'accomplissement et la diffusion des principes de l'Islam. Il ne leur sied donc pas de se livrer à l'indiscrétion ou de faire des racontars leur souci quotidien.

12. Elle se garde de la diffamation

La musulmane pieuse préserve ses propos de la médisance et de la calomnie. Conformément aux enseignements du Coran et de la *Sunna*, elle refuse que les défauts des autres personnes ainsi que les accusations gratuites à leur encontre soient colportés et propagés au sein de la société musulmane, car cela mène nécessairement à la propagation de la turpitude. Elle est surtout consciente que de telles pratiques sont sévèrement dénoncées par l'Islam, et qu'elles attirent à

---

[1] *Ḥadîth* rapporté par at-Tirmidhî (vol. III, p. 382) et Ibn Mâjah (vol. II, p. 1316).

[2] *Ḥadîth* rapporté par Muslim. Cf. *Sharḥ ṣaḥîḥ muslim*, vol. XII, p. 10.

leurs auteurs le châtiment d'Allah dans ce bas monde et dans l'Au-delà. Allah (exalté soit-Il) dit:

> ﴾Ceux qui aiment que la turpitude se propage parmi les croyants auront un châtiment douloureux, ici-bas comme dans l'Au-delà.﴿ *[Coran, 24: 19]*

S'engager dans des discussions portant atteinte à l'honneur d'autrui ou colporter des histoires décrivant les péchés des musulmans revient à les propager dans la société. Cela fait de celui qui s'y adonne une personne à cette pratique exactement semblable au pécheur dénigré. 'Alî ibn Abî Ṭâlib (qu'Allah l'agrée) dit à ce sujet: le péché de celui qui relate *[un récit relatif à]* la turpitude est exactement identique à celui qui la commet.[1]

Une musulmane imprégnée des principes de sa religion sait parfaitement que ce n'est pas en s'évertuant à détecter les défauts secrets de certaines femmes négligentes ou on les dénonçant qu'on parvient à les rappeler au droit chemin. Cette méthode donne souvent des effets contraires et les incitent à commettre, avec obstination, les mêmes erreurs. La meilleure méthode consiste donc à les exhorter de manière convenable et discrète. La musulmane doit les encourager à obéir à Allah et les dissuader de pécher, et ce en adoptant une démarche discrète, calme et polie. En évitant de les critiquer ouvertement et brutalement, et en employant à leur égard des mots gentils et doux pour corriger leurs erreurs, la croyante aura sûrement une réaction positive et s'engageront sincèrement à corriger leur comportement. Allah (exalté soit-Il) dit:

> ﴾Par la sagesse et la bonne exhortation, appelle les gens au sentier de ton Seigneur.﴿ *[Coran, 16: 125]*

---

[1] *Ḥadîth* rapporté par Bukhari dans *al-Adab al-mufrad*, vol. I, p. 419.

Recenser avec obsession les défauts cachés des musulmans et des musulmanes signifie qu'on les espionne; or Allah (exalté soit-Il) dit:

﴾Ne vous espionnez pas...﴿ *[Coran, 49: 12]*

Il s'agit donc d'une pratique formellement interdite par l'Islam. Espionner les gens dans l'espoir de découvrir leurs défauts dissimulés, et porter atteinte à leur réputation en dévoilant publiquement leurs méfaits ne sont pas des pratiques qui nuisent uniquement à leurs personnes, mais aussi à l'ensemble de la société à laquelle ces gens-là appartiennent. C'est pour cette raison que l'Islam a interdit catégoriquement cette pratique en mentionnant le sévère châtiment réservé à ceux qui l'adoptent. C'est en effet une pratique dont les conséquences directes sont la suspicion, la dégradation morale, la rupture des liens de fraternité, la haine et la corruption. De telles conséquences néfastes sont implicitement désignées par le Messager d'Allah (ﷺ) quand il dit: *«En poursuivant les défauts cachés des musulmans, tu causeras leur corruption ou peu s'en faut».*[1]

Dans un autre *Ḥadîth*, le Messager d'Allah nous informe que celui qui cherche à connaître les défauts des autres pour les divulguer, Allah dévoilerait ses péchés intimes même s'il se cachait dans le fin fond de sa maison. Il dit: *«Ne portez pas atteinte aux serviteurs d'Allah. Ne les déshonorez pas et ne poursuivez pas leurs défauts cachés, car quiconque poursuit les défauts de son frère musulman, Allah poursuivra ses propres défauts jusqu'à le démasquer, même* [s'il est caché] *dans sa maison».*[2]

Les comportements des indiscrets, des sceptiques et de ceux qui entachent avec insolence la réputation des gens peinaient

---

[1] *Ḥadîth* rapporté par Abû Dâwûd (vol. IV, p. 375) et jugé «apprécié».

[2] *Ḥadîth* rapporté par Aḥmed ibn Ḥanbal (vol. V, p. 279) et jugé «apprécié».

profondément le Messager d'Allah (ﷺ). Le Compagnon 'Abd Allah ibn 'Abbâs (qu'Allah l'agrée) décrit fidèlement la vive réaction du Prophète (ﷺ) aux agissements de cette catégorie de gens.

Il dit: le Messager d'Allah fit un sermon à une voix si haute que les vierges l'entendirent de l'intérieur de leurs gynécées. Il dit: *«Ô vous qui professez la foi par la langue sans qu'elle pénètre vos cœurs! Ne portez pas atteinte aux croyants et ne poursuivez pas leurs défauts cachés, car quiconque poursuit les défauts de son frère musulman, Allah le dévoilerait. Quand Allah poursuit ses défauts, Il le démasquera même* [s'il est caché] *au fin fond de sa maison».*[1]

Espionner les musulmans pour divulguer leurs péchés dissimulés est donc un péché abominable aux conséquences graves, puisque le Prophète (ﷺ) à ôté le titre de croyants à ceux qui le commettent, en disant: *«Ô vous qui professez la foi par la langue sans qu'elle pénètre vos cœurs!»*

13. Elle se garde de l'ostentation

Une musulmane avisée sait que la sincérité dans la parole et dans l'acte est l'essence de la religion, et que toute bonne œuvre doit être accomplie pour Allah, sinon elle n'aurait aucune valeur et serait une source d'humiliation au Jour de la Résurrection. De là, elle se garde d'adopter une attitude ostentatoire ou d'agir dans l'unique but d'être reconnue ou approuvée par les gens.

L'adoration vouée à Allah étant son unique objectif dans la vie, conformément au verset qui dit: ﴿Je n'ai créé les djinns et les humains que pour qu'ils M'adorent.﴾ *[Coran, 51: 56]*, elle ne saurait alors bénéficier d'un accueil favorable de Sa part qu'à condition d'être sincère et destinée exclusivement à Lui, puisqu'Il a dit:

---

[1] *Ḥadîth* rapporté par aṭ-Ṭabarânî. Ses transmetteurs sont jugés dignes de confiance. Cf. *Majma' az-zwâ'id*, vol. VIII, p. 94.

﴾Il ne leur a été commandé, cependant, que d'adorer Allah, Lui vouant un culte exclusif.﴿ *[Coran, 98: 5]*

Quand l'œuvre d'une musulmane est donc entachée d'ostentation visant la reconnaissance des gens, l'œuvre en question devient invalide et ne mérite ainsi aucune rétribution de la part d'Allah. Cela est confirmé par le verset coranique suivant, où Allah avertit les croyants de faire l'aumône dans un esprit purement ostentatoire et les met en garde contre le sort réservé à ceux qui agissent de la sorte. Allah (exalté soit-Il) dit:

﴾Ô croyants! N'annulez pas vos aumônes par un rappel ou un tort, comme celui qui dépense son bien par ostentation devant les gens sans croire en Allah et au Jour dernier. Il ressemble à un rocher recouvert de terre: qu'une averse l'atteigne, et elle le laisse dénué. *[De pareils hommes]* ne tireront aucun profit de leurs actes. Et Allah ne guide pas les gens mécréants.﴿

[Coran, 2: 264]

Ce verset indique que le seul fait de rappeler au pauvre une aumône qu'on lui a déjà accordée annule immédiatement la rétribution, exactement comme une averse dénue rapidement un rocher de la terre qui le couvrait. Mieux: le verset se termine ensuite par la confirmation que les gens atteints d'ostentation ne méritent pas l'orientation d'Allah vers le droit chemin et qu'ils sont considérés comme mécréants. Cela pourrait paraître sévère, mais il faut se rappeler que l'ostentation est une forme subliminale du polythéisme et que le souci principal des gens atteints d'ostentation est l'approbation des gens, et nullement l'agrément d'Allah. Allah (exalté soit-Il) dit à leur sujet:

﴾Quand ils se lèvent pour accomplir la Prière, ils se lèvent avec paresse et par ostentation. A peine invoquent-ils Allah.﴿ *[Coran, 4: 142]*

Les œuvres des personnes malades d'ostentation sont donc rejetées parce que dans leurs intentions, ils auront associé des humains à Allah. Or Allah n'accueille favorablement que les œuvres vouées exclusivement à Lui. D'après Abû Hurayra (qu'Allah l'agrée), le Messager d'Allah (ﷺ) a dit: «Allah (exalté soit-Il) a dit: "*Je suis Celui qui se passe de tout polythéisme. Quiconque accomplit une œuvre en M'associant quelque être que ce soit, Je l'abandonnerai à ce qu'il M'a associé*".»[1]

Par conséquent, la musulmane qui participe à des œuvres caritatives doit se garder d'être comme un bon nombre de femmes oeuvrant dans ce domaine et dont l'unique objectif est d'être citées et reconnues dans les cérémonies publiques.

Elle doit s'éloigner de toute forme d'ostentation et vouer ses actes exclusivement à Allah, n'aspirant ainsi qu'à Son agrément. Le Messager d'Allah (ﷺ) explique cette question de manière exhaustive dans le *Ḥadîth* suivant: d'après Abû Hurayra (qu'Allah l'agrée), le Messager d'Allah (ﷺ) a dit:

«Le premier à être jugé parmi les gens sera un homme qui aura été mort en martyr. On le ramènera, et Allah lui fera connaître les bienfaits qu'Il lui a accordés. L'homme les reconnaîtra alors, et Allah lui dira:

- "*Qu'en as-tu fait?*"

- *J'ai combattu pour Toi jusqu'à ma mort en martyr, répondra l'homme.*

- "*Tu mens, dira Allah; tu as combattu pour qu'on dise* [quel] *brave homme! - Et on l'a déjà dit*".

Puis Allah ordonnera qu'on l'emmène et qu'on le traîne sur le visage jusqu'à ce qu'il soit jeté en Enfer.

Il y aura aussi un homme qui aura acquis le savoir, qui l'aura

---

[1] *Ḥadîth* rapporté par Muslim. Cf. *Sharḥ ṣaḥîḥ muslim*, vol. XVIII, p. 115.

enseigné et qui aura appris le Coran. On le ramènera, et Allah lui fera connaître les bienfaits qu'Il lui aura accordés. *L'homme les reconnaîtra alors, et Allah lui dira: "Qu'en as-tu fait?" L'homme répondra: j'ai acquis le savoir, je l'ai enseigné et j'ai appris le Coran pour Toi. - "Tu mens, lui dira Allah; tu as plutôt acquis le savoir pour qu'on dise* [quel] *savant!, et tu as appris le Coran pour qu'on dise* [quel] *récitant! - et on l'a déjà dit". Puis Allah ordonnera qu'on l'emmène et qu'on le traîne sur le visage jusqu'à ce qu'il soit jeté en Enfer.*

Il y aura, enfin, un homme qu'Allah aura comblé de largesses et lui aura accordé diverses sortes de richesses. On le ramènera, et Allah lui fera connaître les bienfaits qu'Il lui aura *accordés. L'homme les reconnaîtra alors, et Allah lui dira:*

- *"Qu'en as-tu fait?"*

- Je n'ai laissé aucune des voies dans lesquelles Tu aimes qu'on dépense sans y dépenser pour Toi, répondra l'homme.

- *"Tu mens, lui dira Allah; tu as agi ainsi pour qu'on dise* [quel homme] *généreux! - et on l'a déjà dit".*

Puis Allah ordonne qu'on l'emmène et qu'on le traîne sur le visage jusqu'à ce qu'il soit jeté en Enfer».[1]

On rapporte aussi que le Messager d'Allah (ﷺ) a dit: *«Celui qui ébruite* [son œuvre pour s'en vanter], *Allah ébruitera son* [intention]. *Celui qui agit pour être vu* [par les gens], *Allah fera voir son* [intention ostentatoire]».[2]

14. Elle est équitable

Il arrive que la musulmane se trouve confrontée à une situation où l'on lui demande son avis ou sa sentence concernant un différend ou

---

[1] *Ḥadîth* rapporté par Muslim. Cf. *Idem.*, vol. XIII, p. 50.

[2] *Ḥadîth* rapporté par Bukhari et Muslim. Cf. *Sharḥ as-sunna*, vol. X, p. 323.

un litige. Elle doit savoir que c'est dans des situations pareilles que sa foi, sa piété et son bon sens doivent se manifester.

Une musulmane avisée est forcément équitable. Quelles que soient les circonstances ou les personnes en litige, elle ne saurait juger leur différend en étant partiale ou en fonction de ses propres penchants. Elle sait, en effet, que l'équité est l'essence même de l'Islam, et que les Textes l'ont ordonnée de façon claire, catégorique et explicite, ne laissant ainsi aucune place à l'interprétation ou à la négligence. Il s'agit d'une équité saine et objective, exempte des sentiments d'amour ou de haine, et distante des considérations de parenté ou de penchants personnels. Allah (exalté soit-Il) dit:

> ﴾Certes, Allah vous commande de rendre les dépôts à leurs ayants droit, et quand vous jugez entre les gens, de juger avec équité.﴿ *[Coran, 4: 58]*

> ﴾Ô croyants! Soyez stricts *[dans vos devoirs]* envers Allah et soyez des témoins équitables. Que la haine pour un groupe de gens ne vous incite pas à être injustes. Pratiquez l'équité; cela est plus proche de la piété. Et craignez Allah, car Allah est certes parfaitement connaisseur de ce que vous faites.﴿
>
> *[Coran, 5: 8]*

> ﴾Quand vous jugez, soyez équitables, même s'il s'agit d'un proche parent.﴿ *[Coran, 6: 152]*

En matière d'équité comme dans les autres domaines, le Messager d'Allah (ﷺ) est un modèle inégalable. On rapporte à ce sujet qu'une fois, il décida de couper, pour vol, la main d'une femme appartenant à la tribu de Banû Makhzûm pour un vol qu'elle avait commis.

Ussâma ibn Zayd, qu'il chérissait tant, vint alors intercéder auprès de lui en faveur de la femme. Mais le Prophète (ﷺ) n'apprécia point cette démarche de la part de Ussâma et lui dit sur un ton réprobateur: *«Oses-tu intercéder alors qu'il s'agit d'une peine déterminée par*

Allah! Par les serments d'Allah, si c'était Fâṭima, la fille de Mohammed, qui avait commis le vol, je lui aurais coupé la main».[1]

C'est cela qui distingue la notion de justice musulmane de celle adoptée par les autres sociétés. En Islam, la justice est globale et absolue; elle s'applique à tout le monde: aux grands comme aux petits, aux notables à l'instar de la plèbe, et aux musulmans aussi bien qu'aux non-musulmans. Concernant le dernier point, l'Histoire a conservé les détails d'un procès qui n'a cessé d'attirer l'admiration des magistrats à travers les temps. L'Histoire nous apprend ainsi qu'à l'époque de 'Alî ibn Abû Ṭâlib, alors qu'il était Commandeur des croyants, le juge Shurayḥ le convoqua pour le confronter à un juif accusé de lui avoir volé son bouclier. Shurayḥ, le magistrat, avait beaucoup d'estime pour 'Alî ibn Abî Ṭâlib, mais cela ne l'empêcha guère de le convoquer avant de s'adresser à lui comme il s'adressa au justiciable juif. Ensuite, et en dépit de sa conviction intime que 'Alî disait vrai, il demanda au non-musulman d'étayer son accusation de vol par quelque preuve.

Et comme 'Alî ibn Abî Ṭâlib n'en avait aucune, Shurayḥ prononça son verdict en faveur du juif! Ce genre de jugement équitable n'est pas un fait isolé ou rare dans l'Histoire des musulmans, il est confirmé par plusieurs autres procès similaires. Ce qui prouve que l'équité est une valeur morale et sociale indissociable de la société musulmane, tant que celle-ci demeure fidèle aux enseignements de l'Islam.

Aspirer à être équitable sur le plan du propos et de l'acte signifie forcément qu'on s'écarte le plus possible de l'iniquité et de l'injustice. Une musulmane pieuse et soucieuse d'être juste dans ses propos comme dans ses actes s'éloigne de l'injustice, car celle-ci est catégoriquement interdite par l'Islam qui, en autre, nous

[1] *Ḥadîth* rapporté par Bukhari et Muslim. Cf. *Sharḥ as-sunna*, vol. X, p. 328.

informe qu'elle *[se transformera en ténèbres]* au Jour de la Résurrection.

Le Messager d'Allah (ﷺ) a dit: *«Allah a dit: Ô Mes serviteurs! Je me suis interdit l'injustice, et Je vous l'ai interdite. Ne commettez donc pas d'injustice les uns à l'encontre des autres».*[1]

Il a également dit: *«Gardez-vous d'être injustes, car l'injustice* [se transforme en] *ténèbres au Jour de la Résurrection».*[2]

Si Allah, le Créateur, le Souverain, le Contraignant et l'Inaccessible, S'est Lui-même interdit l'injustice et l'a interdite à Ses serviteurs, est-il concevable que le commun des mortels puisse se la permettre à l'encontre de son prochain?

Le Messager d'Allah (ﷺ) a condamné de façon particulière l'injustice émanant d'un croyant à l'encontre de son coreligionnaire, quels que soient les prétextes ou les circonstances. Il a dit: *«Le musulman est le frère du musulman; il ne le lèse point et ne l'abandonne jamais. Quiconque subvient aux besoins de son frère, Allah subviendra à ses besoins. Quiconque délivre un musulman d'une souffrance, Allah le délivrera de l'une des souffrance survenant le Jour de la Résurrection. Quiconque dissimule les défauts d'un musulman, Allah dissimulera les siens le Jour de la Résurrection».*[3]

Ce *Ḥadîth* nous apprend que le vrai musulman, homme ou femme, ne doit pas se contenter d'être équitable envers son coreligionnaire, mais doit aussi lui venir en aide et ne pas l'abandonner. En outre, il doit subvenir à ses besoins en cas de gêne, le délivrer de ses peines et ne pas divulguer ses défauts. Il en ressort donc que manquer à ces recommandations est l'une des formes d'iniquité envers le musulman, et que cela risque d'entacher les liens de fraternité entre les croyants.

---

1 *Ḥadîth* rapporté par Muslim. Cf. *Sharḥ ṣaḥîḥ muslim*, vol. XVI, p. 134.

2 *Idem.*, vol. XVI, p. 132.

3 *Ḥadîth* rapporté par Bukhari. Cf. *Fat'h Al-Bâri*, vol. V, p. 97.

Comme nous l'avons vu à travers les Textes précédents, la justice en Islam est une valeur globale et absolue. Elle doit être appliquée indépendamment de toute considération. L'Islam, précisons-le, interdit l'injustice contre tout être humain, qu'il soit musulman ou non musulman, car Allah ordonne l'équité et interdit l'iniquité vis-à-vis de tous les humains. Allah (exalté soit-Il) dit:

> ﴾Allah ne vous défend pas d'être équitables et bienfaisants envers ceux qui ne vous ont pas combattus en religion et ne vous ont pas chassés de vos demeures. Car Allah aime les justes.﴿ *[Coran, 60: 8]*

Même quand le croyant épreuve un sentiment d'inimitié vis-à-vis de certaines personnes, cela ne doit pas le pousser à adopter une attitude injuste à leur encontre. Il arrive, par exemple, qu'une musulmane, pour incompatibilité d'humeur, ne soit pas en parfait accord avec sa belle-mère ou sa belle-sœur ou toute autre femme. Cela constitue une réalité généralement répandue dans beaucoup de foyers. En effet, conformément à un *Ḥadîth* rapporté par Bukhari et Muslim: *«Les âmes sont* [semblables à] *des soldats enrégimentés; celles qui se reconnaissent mutuellement s'accordent entre elles, tandis que celles manquant d'affinités entre elles ne se mettent pas en symbiose».*

Mais comment la femme imprégnée des principes de l'Islam doit-elle donc agir dans des situations pareilles? Doit-elle adopter une attitude négative? Ou bien doit-elle, au contraire, être aimable et équitable, même avec celles qu'elle n'aime pas?

La réponse, bien évidemment, est qu'une musulmane éclairée par les enseignements de l'Islam doit se comporter de manière équitable, courtoise et aimable. Aucun de ses dires ou de ses actes ne doit trahir l'aversion ou l'indifférence qu'elle éprouverait vis-à-vis de certaines personnes. Elle doit plutôt refouler de tels sentiments en affichant une attitude gentille et courtoise, car telle fut la conduite du Messager d'Allah (ﷺ) et de ses Compagnons.

'Urwa ibn az-Zubayr rapporte que 'Â'isha (qu'Allah l'agrée) l'avait informé qu'une fois un homme ayant demandé la permission de voir le Messager d'Allah (ﷺ) qui dira: *«Quel abominable fils de la tribu!»* - ou *«Quel abominable frère de la tribu!»* Et après que l'homme fût autorisé d'entrer, le Prophète lui parla avec bienveillance. Suite à cela, raconte 'Â'isha, je lui dis: ô Messager d'Allah! Après avoir dit ce que tu as dis à propos de cet homme, tu lui as parlé avec bienveillance! Il répondit: *«Ô 'Â'isha, l'homme qui aura la pire position auprès d'Allah est celui que les gens délaissent pour éviter sa grossièreté».*[1]

On rapporte aussi qu'Abû ad-Dardâ' (qu'Allah l'agrée) disait: «Il nous arrive de sourire aimablement à certaines gens alors que nos cœurs les maudissent».[2]

Ainsi, l'Islam recommande aux croyants comme aux croyantes la gentillesse, l'amabilité, la courtoisie et la bienveillance envers les gens, car ce sont des qualités qui contribuent de manière décisive à la consolidation des liens humains. La musulmane ne doit donc pas se comporter avec les autres femmes en fonction de l'appréciation ou de l'aversion qu'elle ressent vis-à-vis d'elles, mais elle doit agir en fonction des principes objectifs d'équité. Même vis-à-vis des femmes qu'elle n'apprécie pas, elle doit faire appel à la raison, à la moralité et aux principes religieux, que ce soit dans ses jugements ou dans ses témoignages.

En adoptant cette attitude, elle suit l'exemple des épouses du Prophète (ﷺ), les Mères des croyants, dont la piété les empêchait d'être inéquitables dans leurs témoignages les unes sur les autres.

---

[1] *Ḥadîth* rapporté par Bukhari. Cf. *Idem.*, vol. X, p. 528.
[2] *Ḥadîth* rapporté par Bukhari. Cf. *Idem.*, vol. X, p. 427.

'Â'isha (qu'Allah l'agrée) était l'épouse préférée du Prophète (ﷺ), et sa seule rivale était Zaynab bint Jaḥsh (qu'Allah l'agrée). Une certaine jalousie, somme toute normale, existait donc entre elles, ce qui est, par ailleurs, tout à fait normal. Cependant, cette jalousie n'empêcha pas l'une de faire équitablement témoignage au sujet de l'autre, sans même négliger aucune de ses qualités.

Dans son *Ṣaḥîḥ*[1], Muslim rapporte que 'Â'isha a dit à propos de Zaynab: «C'était la seule, *[parmi les épouses du Messager d'Allah (ﷺ)]* qui était à pied d'égalité avec moi *[auprès de lui]*. Je n'ai jamais vu une femme aussi dévouée à la religion que Zaynab. *[Je n'ai jamais vu de femme]* pieuse, véridique dans ses propos et attachée aux liens de parenté autant qu'elle. *[Je n'ai jamais vu de femme]* faisant plus d'aumône qu'elle, ni manifestant une abnégation supérieure à la sienne concernant les exécutés pour faire aumône de leurs revenus en vue de se rapprocher d'Allah (exalté soit-Il). Son seul défaut était son irascibilité, mais elle se remettait rapidement de sa colère».

Dans le long récit où 'Â'isha relate l'histoire de la calomnie qui avait visé sa personne et dont Allah l'avait innocentée, elle n'omet pas de rendre hommage à Zaynab qui avait pris une position honorable vis-à-vis d'elle. Elle dit: *le Messager d'Allah (ﷺ) avait interrogé Zaynab bint Jaḥsh à mon sujet,* en lui disant: *«Ô Zaynab, que sais-tu? Qu'as-tu vu?»* Elle répondit: ô Messager d'Allah, je préserve mon ouïe et mon regard. Par Allah, Je ne sais d'elle que du bien. Or, continue 'Â'isha, c'était la seule, *[parmi les épouses du Prophète,]* qui m'égalait *[auprès de lui]*. Cependant, Allah la préserva grâce à sa pudeur.[2]

Umm Salama dit aussi au sujet de Zaynab: «Zaynab plaisait au Messager d'Allah (ﷺ), et il la fréquentait souvent. Elle était pieuse et observait assidûment la Prière nocturne et le jeûne surérogatoire.

---

[1] Cf. *Sharḥ ṣaḥîḥ muslim*, vol. XV, p. 206.

[2] *Ḥadîth* rapporté par Bukhari. Cf. *Fat'ḥ Al-Bâri*, vol. VIII, p. 455.

C'était également une femme habile de ses mains, et elle offrait le fruit de son travail aux pauvres».

On a aussi fait dire à 'Â'isha à propos des témoignages équitables des épouses du Prophète (ﷺ) les unes au sujet des autres, on rapporte que lorsqu'on annonça la nouvelle de la mort de Zaynab à 'Â'isha, elle dit: «Elle nous a quittées en étant digne d'éloges. Elle s'était adonnée à la dévotion et était le refuge des orphelins et des veuves».[1]

On rapporte aussi qu'elle a dit à propos de Maymûna: «Par Allah, Maymûna nous a quittés... Par Allah, de nous toutes, elle était la plus pieuse et celle qui maintenait le plus les liens de parenté».[2]

Ces témoignages ne sont qu'un échantillon d'une multitude de propos cités dans les ouvrages biographiques consacrés aux Compagnons, et qui reflètent tous l'équité qui distinguait les Mères des croyants, même quand il s'agissait de leurs coépouses. Tel était le comportement de chacune des Mères des croyants vis-à-vis de sa coépouse, en dépit de la jalousie et la rivalité qui étaient censées exister entre elles. On peut donc, à partir de là, imaginer leur comportement noble avec les autres femmes. Par leur conduite, elle ont établi pour toutes les musulmanes un modèle élevé de cohabitation sereine et équitable, loin de la haine et de la jalousie. Ce modèle-là doit inspirer toute musulmane, car c'est en s'y conformant qu'elle parviendra à adopter une attitude juste et aimable envers les femmes qu'elle trouve déplaisantes. Aussi grâce à ce modèle réussira-t-elle à atteindre l'impartialité dans ses jugements vis-à-vis des autres femmes, fussent-elles des proches parentes ou des amies.

15. Elle ne se réjouit jamais du malheur des autres

Se réjouir ouvertement du malheur des autres est une bassesse blessante. C'est un sentiment qui reflète l'immoralité de celui qui

---

[1] Cf. Ibn 'Abd al-Barr, *al-Istî'âb fî ma'rifati l-aṣḥâb*, vol. IV, p. 1851; Ibn Ḥajar al-'Asqalânî, *al-Iṣṣâba*, vol. VIII, p. 93.

[2] Cf. Ibn Ḥajar, *al-Iṣṣâba*, vol. VIII, p. 192.

l'éprouve et le plaisir malicieux qu'il ressent en nuisant aux autres. Une musulmane sincère et éduquée conformément aux valeurs nobles de l'Islam ne s'abaisse jamais jusqu'à une telle pratique abominable, car le Messager d'Allah (ﷺ) l'a interdite et mis en garde contre ses conséquences néfastes en disant: *«Ne manifeste aucune réjouissance devant le malheur de ton frère, car il se peut qu'Allah lui accorde Sa miséricorde* [en l'en délivrant] *et t'éprouve»*.[1]

Devant le malheur des autres, la réaction de la vraie musulmane est complètement contraire à celle condamnée par *Ḥadîth* susmentionné: elle partage leur peine, leur manifeste sa compassion et s'empresse de diminuer leur affliction, car telle est la conduite qui convient à une femme aux mœurs adoucies par l'Islam. Jubiler devant les malheurs d'autrui est, en effet, une attitude qui ne peut provenir que d'une âme sombre, une âme pétrifiée, haineuse et revancharde, une âme dont l'unique obsession est de se féliciter du malheur des autres. La musulmane éclairée par les enseignements de sa religion est loin d'avoir un tel esprit morbide, car son âme est purifiée et exhaussée par les nobles valeurs morales.

16. Elle évite la conjecture

La musulmane sincère ne base pas son opinion sur les autres à partir d'une simple conjecture, car celle-ci ne constitue nullement une preuve valable. Trop conjecturer au détriment des autres est un péché qu'elle doit éviter, conformément au verset du Coran où il est dit:

﴾Evitez l'excès de conjecture. Une part de la conjecture est péché.﴿ *[Coran, 49: 12]*

La conjecture est un péché qui entraîne à des jugements accusateurs qu'on prend pour une réalité, alors que, souvent, ils sont fondamentalement basés sur une imagination effrénée ou des

---

[1] *Ḥadîth* rapporté par at-Tirmidhî (vol. IV, p. 662) qui le juge «apprécié atteignant le degré d'authentique» (*ḥassan ṣaḥîḥ*).

présomptions douteuses. D'où le *Ḥadîth* du Messager d'Allah (ﷺ) qui dit: *«Méfiez-vous de la conjecture, car la conjecture est le propos le plus mensonger».*[1]

La conjecture est donc interdite pour deux raisons: parce qu'elle conduit au mensonge, et parce qu'elle pousse à accuser injustement les autres personnes. Deux pratiques catégoriquement condamnées par l'Islam. Etant intrinsèquement sincère et véridique, la femme musulmane, par définition, ne saurait se laisser entraîner par les propos les plus mensongers.

Pour mettre un terme aux opinions fondamentalement basées sur la conjecture, l'Islam recommande aux croyants de se contenter de juger les gens selon leurs actes apparents et sans se fier aux soupçons ou aux commérages. Ce n'est pas un comportement digne d'un musulman que de tenter de dévoiler les secrets des gens ou de porter atteinte à leur honneur en se basant uniquement sur la présomption. Seul Allah connaît le fond secret de toute âme, et Lui seul juge, de droit, ses méfaits. Quant à l'être humain, il ne lui est permis de juger que le comportement apparent de son semblable.

Dans son *Mussạnnaf,* 'Abd Ar-Razzâq rapporte que 'Abd Allah ibn 'Utba ibn Massoud a dit: j'ai entendu 'Umar ibn al-Khaṭṭâb (qu'Allah l'agrée) dire: «A l'époque du Messager d'Allah (ﷺ), les gens étaient jugés selon *[les sentences de]* la Révélation. Celle-ci étant achevée, nous vous jugerons selon vos actes apparents. Ainsi, quand quelqu'un nous manifeste sa bonté, nous lui ferons confiance et le rapprocherons de nous sans nous interroger sur ses intentions réelles, car il ne revient qu'à Allah d'en juger. Quand quelqu'un nous fait montre, par contre, de sa méchanceté, nous ne lui ferons aucune confiance et nous n'ajouterons nullement foi à ses propos, même s'il nous déclare ses bonnes intentions».[2]

---

[1] *Ḥadîth* rapporté par Bukhari et Muslim. Cf. *Sharḥ as-sunna*, vol. XIII, p. 109.

[2] Cf. al-Kândahlawî, *Ḥayât aṣ-ṣaḥâba*, vol. II, p. 85.

La musulmane pieuse et consciencieuse doit donc être très vigilante à ses propos concernant les gens. Elle doit s'assurer de la véracité de ses jugements sur autrui et n'en faire état qu'en se basant sur des faits concrets et sûrs. Dans de telles situations, elle doit constamment se rappeler le verset coranique qui dit:

> ﴾Ne poursuis pas ce dont tu n'as aucune connaissance. L'ouïe, la vue et le cœur: sur tout cela, en vérité, on sera interrogé.﴿ *[Coran, 17: 36]*

Elle doit aussi se rappeler qu'un Ange est chargé de recenser tous ses propos. Allah dit:

> ﴾Il *[l'être humain]* ne prononce pas une parole sans avoir auprès de lui un observateur prêt *[à l'inscrire].*﴿ *[Coran, 50: 18]*

Il est donc de son intérêt, en tant que croyante, d'être attentive à ses propos et d'éviter qu'ils ne la conduisent au péché consistant à accuser les gens sur simple conjecture.

Une musulmane consciencieuse pèse ses mots avant de les prononcer, car elle sait que chaque mot a sa valeur aux yeux d'Allah, et qu'il est susceptible de lui procurer soit Sa récompense, soit Son châtiment.

On rapporte à ce sujet que le Messager d'Allah (ﷺ) a dit: *«Il arrive qu'un homme prononce une parole agréable à Allah sans se rendre compte de sa noblesse; pourtant, grâce à elle, Allah lui inscrit Son agrément jusqu'au jour où il Le rencontrera. Il arrive aussi qu'un homme prononce une parole qui provoque le courroux d'Allah sans se rendre compte de sa gravité; pourtant, à cause d'elle, Allah lui inscrit Son courroux jusqu'au Jour de la Résurrection».*[1]

---

[1] *Ḥadîth* jugé authentique, rapporté par Mâlik ibn Anas. Cf. *al-Muwaṭṭa'*, vol. II, p. 985.

Les propos que nous prononçons ont donc une importance majeure, puisque leurs conséquences détermineront notre sort dans la vie présente et dans l'Au-delà. Par conséquent, la musulmane ne doit accorder aucune importance aux commérages et aux rumeurs basées sur la conjecture et l'imagination de certaines femmes futiles et permissives. Elle ne doit ni les écouter ni les propager. Quand elle entend des propos de ce genre, elle doit les examiner et s'abstenir de les rapporter aux autres personnes avant d'en établir l'authenticité, car agir différemment est l'une des formes du mensonge. Le Messager d'Allah (ﷺ) a dit: *«C'est déjà assez mensonger de la part d'un homme que de relater tout ce qu'il entend».*[1]

17. Elle s'abstient de la médisance et de la calomnie

La musulmane pieuse, qui craint Allah en privé comme en public, est constamment attentive à ce qu'aucun de ses propos ne véhicule une médisance ou une diffamation susceptible de lui attirer le courroux d'Allah. En méditant le verset qui dit:

> ﴾Ne médisez pas les uns des autres. L'un de vous aimerait-il manger la chair de son frère mort? Vous auriez cela en horreur. Craignez Allah, car Allah est Accueillant au repentir et Très-Miséricordieux﴿
>
> *[Coran, 49: 12]*

elle doit se rendre compte de l'atro-cité de la médisance en se représentant l'horrible scène d'une femme mangeant la chair de sa sœur morte. Ce sentiment l'incitera sûrement à se repentir et implorer le pardon d'Allah pour les médisances dont elle aurait accablé les gens.

La médisance est une pratique qui ne sied pas à une vraie musulmane. Le Messager d'Allah (ﷺ) le confirme clairement en

---

[1] *Ḥadîth* rapporté par Muslim. Cf. *Sharḥ ṣaḥîḥ muslim*, vol. I, p. 73.

disant: «*Le* [vrai] *musulman est celui dont les musulmans sont à l'abri* [des méfaits] *de sa langue et de sa main*».[1]

On rapporte aussi que 'Â'isha (qu'Allah l'agrée) a dit: une fois, j'ai dit au Prophète (ﷺ): «Il suffit de citer parmi les défauts de Ṣafiyya tel et tel autres défauts» - selon certains rapporteurs, elle faisait allusion à sa petite taille - il m'a répondu: «*Tu viens de prononcer des propos qui, si on les avait mélangés à l'eau de mer, ils l'auraient rendue trouble*».[2]

La calomnie touchant des croyantes mariées et vertueuses est encore pire que la médisance. Cette pratique à laquelle certaines femmes s'adonnent avec insouciance est un péché majeur dont les conséquences sont périlleuses.

On rapporte à ce sujet que le Messager d'Allah (ﷺ) dit à ses Compagnons: «*Evitez les sept périls.*» - Lesquels, ô Messager d'Allah? Lui demanda-t-on. Il répondit: «*Associer* [un être quelconque] *à Allah; la magie; attenter à la vie humaine inattaquable, sauf si c'est à bon droit; manger le bien de l'orphelin; se nourrir du fruit de l'usure; fuir au jour du combat; calomnier les croyantes préservées si confiant* [de ce que l'on dit à leur sujet]».[3]

En prenant conscience de ces orientations, la musulmane avisée évite toutes les formes de médisance et ne permet à personnes de la pratiquer en sa présence. En outre, elle défend l'honneur de ses sœurs quand quelqu'un s'attaque à leur réputation en leur absence, et ce, conformément au *Ḥadîth* du Messager d'Allah (ﷺ) qui dit: «*Celui qui défend l'honneur de son frère en son absence, Allah le délivrera de l'Enfer*».[4]

---

[1] *Ḥadîth* rapporté par Muslim. Cf. *Idem.*, vol. II, p. 12.

[2] *Ḥadîth* rapporté par Abû Dâwûd (vol. IV, p. 371) et at-Tirmidhî (vol. IV, p. 660) qui le juge «apprécié atteignant le degré d'authentique» (*ḥassan ṣaḥîḥ*).

[3] *Ḥadîth* rapporté par Bukhari et Muslim. Cf. *Sharḥ as-sunna*, vol. I, p. 86.

[4] *Ḥadîth* rapporté par Aḥmed ibn Ḥanbal (vol. VI, 461) et jugé «apprécié».

La musulmane pieuse doit aussi se garder de colporter les propos des autres. Elle doit savoir que cette pratique propage la corruption au sein de la société et affaiblit les liens d'amitié entre ses membres.

Le Messager d'Allah (ﷺ) dit à ce sujet: *«Les meilleurs serviteurs d'Allah sont ceux qui suscitent l'évocation d'Allah au* [seul] *fait de les voir. Les pires serviteurs d'Allah sont les colporteurs, ceux qui sèment la discorde entre les amis et visent à importuner les innocents».*[1]

Colporter la médisance paraît, pour certains, un acte anodin, de simples propos qu'on diffuse en les supposant dénués de toute intention malveillante. Mais on oublie qu'à cause d'une telle pratique, on risque de porter atteinte aux gens, de semer l'inimitié entre les amis les plus intimes et même de briser la vie commune d'une famille. En persistant à commettre cette pratique détestable, l'homme devient un corrupteur dont le principal souci sera de causer la discorde et de menacer l'esprit de paix qui devrait régner entre les humains. C'est pour cela que, le Prophète (ﷺ) nous informe que cette catégorie de personnes ne connaîtra pas la paix dans l'autre monde et que, de même qu'elle aura porté troublé aux liens entre les gens dans ce monde, elle sera tourmentée dès sa mort.

Le Messager d'Allah (ﷺ) a dit en effet: *«Aucun colporteur de médisance n'entrera au Paradis».*[2] 'Abd Allah ibn 'Abbâs (qu'Allah l'agrée) a dit: passant près de deux tombeaux, le Messager d'Allah (ﷺ) dit: *«Ils subissent le châtiment, mais pas pour un fait grave: l'un d'eux colportait des médisances, et l'autre ne se préservait pas en urinant».*

Il demanda ensuite qu'on lui apporte une branche de palmier verte. Il la rompit en deux morceaux et planta chacun d'eux sur chacune des deux tombes, avant de dire: *«Il se peut que leur*

---

[1] *Ḥadîth* rapporté par Aḥmed ibn Ḥanbal (vol. VI, 461) et jugé authentique.

[2] *Ḥadîth* rapporté par Bukhari et Muslim. Cf. *Sharḥ as-sunna*, vol. XIII, p. 147.

châtiment soit allégé tant que ces branchettes ne seront pas desséchées».[1]

18. Elle n'est ni obscène ni indécente

Une musulmane au comportement raffiné par l'Islam ne profère jamais des propos indécents, obscènes ou injurieux. Elle sait, en effet, que les enseignements de sa religion rejettent cette pratique en la décrivant comme étant une perversité qu'Allah réprouve. Le Messager d'Allah (ﷺ) a dit:

- *«Injurier un musulman est* [un acte de] *perversité, le combattre est [un acte de] mécréance.»*[2]

- «Allah n'aime pas la personne indécente qui adopte intentionnellement l'indécence.»[3]

- «Allah (exalté soit-Il) déteste celui qui est obscène et indécent.»[4]

Ces comportements-là ne conviennent nullement à une musulmane dont l'âme a adhéré à la foi et dont la conduite a été raffinée par les valeurs morales de l'Islam. Une vraie musulmane est loin des querelles sordides et ne profère jamais d'obscénités ni d'injures. Sa connaissance parfaite de la conduite du Prophète (ﷺ) l'élève au-dessus de ses bassesses à elles, car elle sait qu'il n'a jamais prononcé un propos blessant susceptible d'offenser quelqu'un ou de porter atteinte à son honneur.

Dans un *Ḥadîth* que nous avons déjà cité, Anas ibn Mâlik (qu'Allah l'agrée), le fidèle compagnon du Prophète (ﷺ) dit: *«Le Prophète (ﷺ) ne faisait usage ni d'injures, ni de mots obscènes, ni*

---

[1] *Ḥadîth* rapporté par Bukhari et Muslim. Cf. *Idem.*, vol. I, p. 370.

[2] *Ḥadîth* rapporté par Bukhari et Muslim. Cf. *Idem.*, vol. I, p. 76.

[3] *Ḥadîth* rapporté par Aḥmed ibn Ḥanbal et aṭ-Ṭabarânî. Ses transmetteurs son jugés dignes de confiance. Cf. *Majma' az-zawâ'id*, vol. VIII, p. 64.

[4] *Ḥadîth* rapporté par aṭ-Ṭabarânî. Ses transmetteurs sont jugés dignes de confiance. Cf. *Ibid.*

d'imprécations. S'il avait un reproche à faire, il disait: 'Qu'a-t-il? Que son front soit plein de poussière!'»[1]

Le Messager d'Allah (ﷺ) s'abstenait même de prononcer des imprécations à l'encontre des polythéistes qui s'étaient détournés de son Message. On rapporte à ce sujet qu'Abû Hurayra (qu'Allah l'agrée) a dit: des gens dirent au Prophète (ﷺ): ô Messager d'Allah, invoque Allah contre les polythéistes! Il répondit: *«Je n'ai pas été envoyé pour maudire, mais envoyé uniquement en tant que miséricorde».*[2]

Dans sa tâche d'éradiquer la haine et l'agressivité de l'esprit du croyant, le Messager d'Allah (ﷺ) affirme que diffamer ou insulter autrui sont des actes qui causent la ruine de l'homme dans ce bas monde et dans l'Au-delà, et que l'atteinte portée à l'honneur des gens anéantit les œuvres pies de celui qui la commet, tout en laissant ainsi à découvert, sans aucune protection contre l'Enfer. On rapporte qu'il dit à ses Compagnons: *«Savez-vous qui est l'homme ruiné?»* - L'homme ruiné parmi nous est celui qui ne possède ni argent ni biens, répondirent-ils. Il leur dit alors:

«Le [vrai] *homme ruiné de ma communauté est celui qui viendra au Jour de la Résurrection en ayant fait la Prière, le Jeûne et l'Aumône légale, mais qui aura insulté celui-ci, diffamé celui-là, abusé des biens d'un* [troisième], *tué tel autre et frappé tel autre encore. Alors chacune* [de ses victimes] *bénéficiera* [séparément] *du crédit des bonnes actions. Puis, s'il n'en reste plus rien de celles-ci avant qu'il ne s'acquitte de ses dettes, l'on prendra alors de leurs péchés pour l'en charger. Ensuite, en le jettera en Enfer».*[3]

Une musulmane sincère doit donc s'éloigner des querelles futiles qui génèrent souvent des injures haineuses et désastreuses, car la

---

[1] *Ḥadîth* rapporté par Bukhari. Cf. *Fat'h Al-Bâri,* vol. X, p. 452.

[2] *Ḥadîth* rapporté par Muslim. Cf. *Sharḥ ṣaḥîḥ muslim*, vol. XVI, p. 150.

[3] *Ḥadîth* rapporté par Muslim. Cf. *Idem.*, vol. XVI, p. 135.

société musulmane se caractérise par la vertu, l'esprit policé et le respect mutuel entre ses membres.

19. Elle ne se moque pas des autres

Allah (exalté soit-Il) dit:

> ﴿Ô croyants! Que des hommes ne raillent pas d'autres hommes; ceux-ci sont peut-être meilleurs que ceux-là. Et que des femmes ne raillent pas d'autres femmes; celles-ci sont peut-être meilleures que celles-là. Ne vous dénigrez pas et ne vous lancez pas mutuellement des sobriquets *[injurieux]*. Quel vilain mot que celui de perversité lorsqu'on a déjà la foi! Et quiconque ne se repent pas... Ce sont ceux-là les *[personnes]* injustes.﴾
>
> *[Coran, 49: 11]*

Se moquer des autres personnes étant une pratique incompatible avec la foi, et une perversion déplorée par le Coran, la musulmane ne saurait alors l'adopter. Une musulmane imprégnée des valeurs morales de l'Islam est modeste et ne manifeste ni orgueil, ni arrogance. Or, se moquer des gens reflète une attitude hautaine vis-à-vis d'elles, d'où son incompatibilité avec la personnalité du croyant. Le Messager d'Allah (ﷺ) dit: *«La pire méchanceté* [pouvant] *venir d'une personne est de mépriser son frère musulman»*.[1]

20. Elle est bienveillante envers les gens

De par sa nature même, la femme est bienveillante, douce, tendre et courtoise. La femme musulmane manifeste encore plus de bienveillance, plus de courtoisie et plus d'amabilité, car Allah aime ces qualités et incite les croyants parmi Ses serviteurs à les adopter. Il dit:

---

[1] *Ḥadîth* rapporté par Muslim. Cf. *Idem.*, vol. XVI, p. 120.

﴿La bonne action et la mauvaise ne sont pas pareilles. Repousse [le mal] par ce qui est meilleur; et voilà que celui avec qui tu avais une animosité devient tel un ami chaleureux. Mais [ce privilège] n'est attribué qu'à ceux qui endurent et il n'est attribué qu'au destinataire d'une grâce immense.﴾ *[Coran, 41: 34-35]*

Les Textes rappelant la bienveillance en tant que valeur morale intrinsèque du musulman et distinctive de la société musulmane sont multiples. Il suffit à ce propos de souligner que la bienveillance (*ar-rifq*) est l'un des attributs d'Allah, et qu'Allah aime que Ses serviteurs l'adoptent dans leur conduite. Le Messager d'Allah (ﷺ) a dit: *«Allah est Très Bienveillant, et Il aime la bienveillance en toute chose»*.[1]

Dans un autre *Ḥadîth*, le Prophète (ﷺ) nous informe que la récompense qu'Allah réserve au bienveillant dépasse celle due à toute autre action. Il dit: *«Allah est Très Bienveillant, et Il aime la bienveillance en toute chose. Allah accorde pour la bienveillance une rétribution qu'il n'accorde ni pour la rudesse* [de caractère], *ni pour toute autre* [action]».[2]

Dans un *Ḥadîth* que nous avons déjà cité, le Prophète (ﷺ) fait l'éloge de la bienveillance en la considérant comme une parure dont la disponibilité embellit les choses tandis que son absence les enlaidit et les rend repoussants. Il dit: *«La bienveillance embellit les choses qu'on fait, tandis que son absence les enlaidit»*.[3]

Aussi par son comportement, le Messager d'Allah (ﷺ) enseignait-il aux musulmans la bienveillance, en leur recommandant de traiter les gens de manière convenable, digne d'une personne qui appelle les autres Hommes à l'Islam, la religion d'Allah, le Très-

---

[1] *Ḥadîth* rapporté par Bukhari et Muslim. Cf. an-Nawawî, *Riyâḍ aṣ-ṣâliḥîn*, p. 340.

[2] *Ḥadîth* rapporté par Muslim. Cf. *Sharḥ ṣaḥîḥ muslim*, vol. XVI, p. 146.

[3] *Ḥadîth* rapporté par Muslim. Cf. *Idem.*, vol. XVI, p. 146.

Miséricordieux et le Très-Bienveillant. Il leur recommandait d'observer cette attitude, même dans les situations délicates ou devant des comportements irritants. On rapporte à ce sujet qu'Abû Hurayra (qu'Allah l'agrée) a dit: [un jour,] un bédouin se mit à uriner dans la mosquée même. Les gens l'appréhendèrent, mais le Prophète (ﷺ) leur dit: *«Laissez-le faire et versez ensuite un sceau d'eau sur son urine. Votre mission est de faciliter les choses et non de les rendre pénibles».*[1]

C'est par la tolérance et la bienveillance, et non par la violence et la répression, qu'on parvient à attirer les gens vers la Vérité. Le Messager d'Allah (ﷺ) avait l'habitude de dire à ses Compagnons: *«Annoncez des choses agréables* [aux gens] *et ne les repoussez pas* [de la religion]; *facilitez-leur les choses et ne les leur compliquez pas».*[2]

La rudesse et la violence repoussent instinctivement les gens, tandis que la douceur, la courtoisie et la bienveillance les attirent de manière spontanée. D'où le verset qui dit:

> ﴾Mais si tu avais été rude, au cœur dur, ils se seraient dispersés d'autour de toi.﴿ *[Coran, 3: 159]*

Ces éternelles paroles doivent représenter une règle que toute croyante doit observer, notamment si elle s'est engagée dans la voie de la prédication. Pour appeler les autres personnes à l'Islam, elle doit adopter les méthodes les plus bienveillantes et les plus courtoises, même si ses démarches sont accueillies avec indifférence; car une parole douce trouvera inexorablement sa voie vers les cœurs et donnera nécessairement les résultats escomptés. C'est une attitude qu'il faut observer, même en s'adressant aux gens les plus scélérats qu'on considère généralement comme des «cas désespérés» en matière de foi. Pharaon était la concrétisation même de la tyrannie et

---

[1] *Ḥadîth* rapporté par Bukhari. Cf. *Fat'h Al-Bâri,* vol. I, p. 323.

[2] *Ḥadîth* rapporté par Bukhari et Muslim. Cf. *Sharh as-sunna*, vol. X, p. 67.

de l'arrogance, mais quand Allah lui envoya le Prophète Moïse et son frère Aaron, il leur dit:

> ﴾Allez vers Pharaon: il est coupable d'outrance. Et adressez-lui des paroles courtoises. Peut-être se rappellera-t-il ou *[Me]* craindra-t-il.﴿ *[Coran, 20: 43-44]*

Conformément à la Tradition du Prophète, la bienveillance ne peut être que bénéfique; elle est même la source du Bien. D'après Jarîr ibn 'Abd Allah (qu'Allah l'agrée), le Messager d'Allah (ﷺ) a dit: *«Est privé* [vraiment] *du bien celui qui est dépourvu de bienveillance».*[1]

Dans d'autres *Ḥadîth*s, il est précisé que le bien provenant à la bienveillance profite aux familles comme aux sociétés, si tant est qu'il devienne une pratique courante dans leur vie.

D'après 'Â'isha (qu'Allah l'agrée), le Messager d'Allah (ﷺ) lui a dit: *«Ô 'Â'isha, sois bienveillante, car lorsque Allah veut du bien pour une famille, Il la guide vers la bienveillance».*[2]

Dans une autre version, il est dit: *«(...) Lorsque Allah veut du bien pour une famille, il dote ses membres de bienveillance».*[3]

On rapporte aussi, d'après Jâbir ibn 'Abd Allah (qu'Allah l'agrée), que le Prophète (ﷺ) a dit: *«Lorsque Allah veut du bien pour un peuple, il le guide vers la bienveillance».*[4]

Dans un autre *Ḥadîth*, le Prophète (ﷺ) nous informe que la bienveillance est une qualité qui protège le croyant de l'Enfer. Il dit: *«Voudriez-vous que je vous indique qui sera préservé de l'Enfer* - ou

---

[1] *Ḥadîth* rapporté par Muslim. Cf. *Sharḥ ṣaḥîḥ muslim*, vol. XVI, p. 145.

[2] *Ḥadîth* rapporté par Aḥmed ibn Ḥanbal (vol. VI, p. 104). Ses transmetteurs figurent parmi ceux admis par Bukhari et Muslim.

[3] *Ibid.*

[4] *Ḥadîth* rapporté par al-Bazzâr. Ses transmetteurs figurent parmi ceux admis par Bukhari et Muslim. Cf. *Majma' az-zwâ'id*, vol. VIII, p. 18.

celui pour qui l'Enfer sera interdit? En sera préservé tout [homme] *aimable, paisible et accommodant».*[1]

Les enseignements du Prophète (ﷺ) exhaussent le croyant à une attitude encore plus élevée en lui recommandant d'être bienveillant même envers les animaux qu'il s'apprête à abattre. Il dit: *«Allah a prescrit le perfectionnement au sujet de toute chose. Lorsque vous abattez un animal ou que vous l'immolez, agissez en bien; que l'un d'entre vous aiguise sa lame et qu'il ne fasse pas souffrir la bête ainsi immolée».*[2]

Cela représente, en effet, l'un des degrés les plus élevés qu'un croyant puisse atteindre, car il reflète la bienveillance envers tout être doté d'âme. Celui qui s'y astreint donc vis-à-vis de l'animal l'est encore plus vis-à-vis de l'Homme.

21. Elle est compatissante

La musulmane imprégnée des principes tolérants de sa religion est une femme tendre et compatissante. Elle sait, en effet, que la compassion envers les créatures donne droit à la miséricorde du Créateur, et que celui qui prive son prochain de sa bonté se prive de celle d'Allah, et rejoint ainsi le cercle des malheureux. Le Messager d'Allah (ﷺ) a dit:

- *«Accorde ta miséricorde à ceux qui sont sur terre, Celui qui est au ciel t'accordera la sienne.»*[3]

- *«Allah ne fera pas miséricorde à celui qui n'est pas miséricordieux envers les gens.»*[4]

---

[1] *Ḥadîth* rapporté par at-Tirmidhî (vol. IV, p. 651) qui le juge «apprécié».

[2] *Ḥadîth* rapporté par Muslim. Cf. *Sharḥ ṣaḥîḥ muslim*, vol. XIII, p. 106.

[3] *Ḥadîth* rapporté par aṭ-Ṭabarânî. Ses transmetteurs figurent parmi ceux admis par Bukhari et Muslim. Cf. *Majma' az-zwâ'id*, vol. VIII, p. 187.

[4] *Ḥadîth* rapporté par aṭ-Ṭabarânî et jugé «apprécié». Cf. *Majma' az-zwâ'id*, vol. VIII, p. 187.

- *«Seul un malheureux est dénué de miséricorde.»*[1]

La musulmane pieuse ne limite pas sa compassion à sa famille et ses proches parents, mais l'étend aussi à l'ensemble des gens. Le Prophète (ﷺ) indique que la compassion envers tout être humain est l'une des conditions de la foi.

On rapporte qu'il dit à ses Compagnons: *«Vous ne serez vraiment croyants que lorsque vous serez compatissants les uns envers les autres».* — Mais chacun d'entre nous est compatissant, ô Messager d'Allah, lui dirent-ils. Il répliqua: *«Il ne s'agit pas de la compassion que l'un d'entre vous manifeste envers son ami, mais de celle que vous devez témoigner vis-à-vis de toutes les gens».*[2]

A travers ce *Ḥadîth*, le Prophète incite les croyantes et les croyants à une vaste compassion qui atteint tout le monde, afin de contribuer à l'établissement de la solidarité, de la fraternité et de l'affection parmi tous les membres de la société.

Le Prophète (ﷺ) est un exemple inégalable dans ce domaine. Son comportement était la concrétisation même de la compassion. On rapporte à ce propos qu'il a dit: *«Il m'arrive d'entamer la Prière* [en commun] *en ayant l'intention de la prolonger. Mais dès que j'entends un enfant pleurer, j'accélère ma Prière, parce que je sais combien une mère souffre quand elle entend son enfant pleurer».*[3]

On rapporte aussi qu'en allant voir le Prophète (ﷺ), un bédouin accompagné des siens lui dit: embrassez-vous vos enfants? Car, par Allah, nous, nous ne les embrassons point. Le Messager d'Allah lui répondit: *«Je ne peux rien pour toi si Allah a ôté de ton cœur la tendresse».*[4]

---

[1] *Ḥadîth* rapporté par Bukhari dans *al-Adab al-mufrad*, vol. I, p. 466.

[2] *Ḥadîth* rapporté par aṭ-Ṭabarânî. Ses transmetteurs figurent parmi les noms admis par Bukhari et Muslim. Cf. *Majma' az-zwâ'id*, vol. VIII, p. 186.

[3] *Ḥadîth* rapporté par Bukhari et Muslim. Cf. *Sharh as-sunna*, vol. III, p. 410.

[4] *Ḥadîth* rapporté par Bukhari et Muslim. Cf. *Sharḥ as-sunna*, vol. XIII, p. 34.

Une fois, le Prophète (ﷺ) embrassa son petit-fils, al-Ḥassan ibn 'Alî (qu'Allah l'agrée), en présence d'al-Aqra' ibn Ḥâbis. Ce dernier lui dit: j'ai dix enfants, et je n'ai jamais embrassé l'un d'entre eux! Le Messager d'Allah (ﷺ) lui dit alors: *«On ne fera pas miséricorde à celui qui n'est pas miséricordieux»*.[1]

On rapporte dans ce même contexte qu'une fois 'Umar ibn al-Khaṭṭâb (qu'Allah l'agrée) décréta la nomination d'un homme en tant que gouverneur. Mais quand il l'entendit déclarer qu'il n'embrassait pas ses enfants, il renonça à sa décision et lui dit: «Si tu ne témoignes d'aucune miséricorde envers tes propres enfants, comment en témoigneras-tu envers les gens? Par Allah, je ne te nommerai jamais.» Puis il déchira le décret de nomination.

Dans plusieurs autres *Ḥadîth*s authentiques, le Messager d'Allah (ﷺ) précise que la compassion est due à tout être vivant, y compris les animaux. Bukhari et Muslim rapportent, d'après Abû Hurayra (qu'Allah l'agrée), que le Prophète (ﷺ) a dit: *«Lors de son voyage, un homme éprouva une soif intense. Ayant trouvé un puits, il y descendit et s'y désaltère. Quand il en remonta, il remarqua un chien haletant qui mangeait la terre humide, à force d'avoir soif. Ce chien, se dit l'homme, souffre de la soif autant que j'en souffrais. Il redescendit alors dans le puits, remplit sa chaussure d'eau, la saisit par la bouche, remonta en surface et donna à boire au chien. Allah l'en récompensa alors et lui accorda Son pardon»*.

- Aurons-nous une rétribution pour *[nos bienfaits envers]* les animaux? Dirent les Compagnons. Il répondit: *«Pour tout* [bienfait accordé à un] *être vivant il y a rétribution»*.[2]

Bukhari et Muslim rapportent aussi, d'après 'Abd Allah ibn 'Umar, que le Messager d'Allah (ﷺ) a dit: *«Une femme a été châtiée à cause d'une chatte qu'elle avait enfermée en la laissant mourir de faim. Cela lui a valu l'Enfer»*. Si je ne me trompe, précise le

---

[1] *Ibid.*

[2] Cf. *Sharh as-sunna*, vol. II, p. 229.

narrateur, il dit: *«En l'enfermant, tu ne lui as donné ni à manger, ni à boire, et tu ne l'as* [même] *pas relâchée pour se nourrir des insectes de la terre».*[1]

Un autre *Ḥadîth* illustre encore la compassion du Prophète (ﷺ) envers tout être vivant.

On rapporte qu'un jour, alors que notre Messager était chez un homme, la femelle d'un rouge-gorge vint voleter sur sa tête, comme si elle se réfugiait auprès en se plaignant de l'injustice d'un homme qui avait vidé son nid de son œuf. Le Prophète (ﷺ) dit alors: *«Qui d'entre vous l'a affligée en prenant son œuf?»* Un homme dit: ô Messager d'Allah, c'est moi qui l'ai pris. Il lui dit: *«Par pitié pour elle, remets-le à sa place!»*[2]

A travers cette orientation, l'objectif du Prophète (ﷺ) était d'enraciner l'esprit de compassion, dans son sens le plus large et le plus profond, dans les âmes des croyantes et des croyants, pour qu'ils la manifestent même vis-à-vis des animaux. Car il est évident qu'une personne compatissante envers l'animal l'est encore plus envers l'être humain.

Dans ses multiples enseignements, le Prophète (ﷺ) incite tout musulman et toute musulmane à être compatissants. Il affirme que la compassion donne droit à la miséricorde et au pardon d'Allah, même si celui qui la manifeste est pécheur ou désobéissant à Ses commandements. Ainsi, Muslim rapporte, d'après Abû Hurayra (qu'Allah l'agrée), que le Messager d'Allah (ﷺ) a dit: *«Un chien assoiffé à mourir tournait autour d'un puits. L'ayant remarqué, une prostituée israélite enleva sa bottine, s'en servit pour puiser de l'eau et lui donna à boire. Pour cet acte, Allah lui accorda Son pardon».*[3]

---

[1] *Idem.*, vol. VI, p. 171.

[2] *Ḥadîth* rapporté par Bukhari dans *al-Adab al-mufrad*, vol. I, p. 472.

[3] Cf. *Sharḥ ṣaḥîḥ muslim*, vol. XIV, p. 242.

Telle est l'importance de la compassion dans l'Islam, et tels sont ses vastes domaines. C'est une valeur noble et méritoire, une valeur synonyme de miséricorde et ainsi dérivée donc de deux Noms-Attributs d'Allah: «le Tout-Miséricordieux» et «le Très-Miséricordieux».

22. *Elle œuvre pour le bien des gens*

Une musulmane ayant adhéré sincèrement aux principes de l'Islam tient constamment à être un élément constructif et utile, non seulement pour sa propre personne, mais pour tout être humain. D'où son engagement à faire le bien autant que possible, en profitant de toute occasion pour ce faire. Imprégnée qu'elle est des enseignements de l'Islam, elle sait que la bienfaisance pour Allah est un acte d'adoration qui assure la réussite dans ce bas monde et dans l'Au-delà. Allah (exalté soit-Il) dit:

﴾ *(...)* Et faites le Bien dans l'espoir de réussir.﴿

[Coran, 22: 77]

Pour les musulmans, les occasions permettant de faire du bien sont multiples et les domaines de la bienfaisance sont vastes; il suffit qu'ils les abordent en escomptant la rétribution d'Allah pour que leurs actes soient enregistrés en tant qu'aumônes. Le Messager d'Allah (ﷺ) a dit: *«Tout acte convenable est une aumône».*[1] Il a également dit: *«La bonne parole est une aumône».*[2]

En outre, le Prophète (ﷺ) affirme dans un autre *Ḥadîth* que la simple intention d'accomplir une œuvre de bienfaisance suffit pour garantir la rétribution qui lui est due quand on n'en a pas les moyens, à condition toutefois de s'abstenir de faire du mal.

---

1 *Ḥadîth* rapporté par Bukhari et Muslim. Cf. *Sharh as-sunna*, vol. VI, p. 142.

2 *Ḥadîth* rapporté par Bukhari et Muslim. Cf. *Idem.*, vol. VI, p. 145.

D'après Abû Mûssâ al-Ash'arî (qu'Allah l'agrée), le Messager d'Allah (ﷺ) dit aux Compagnons: *«Tout musulman doit faire l'aumône»*. - Mais s'il n'a rien à offrir, ô Messager d'Allah? Lui dirent-ils. — *«Il doit alors travailler de ses mains pour en bénéficier et faire ainsi l'aumône»*, leur répondit-il.

- Et s'il ne peut pas *[travailler]* ou ne le fait pas?

- *«Qu'il aide alors le nécessiteux en détresse»*, leur dit-il.

- Et s'il ne le fait pas?

- *«Qu'il recommande le bien* [à autrui]».

- Et s'il ne le fait pas? Lui demandèrent-ils.

Il leur répondit alors: *«Qu'il s'abstienne de faire du mal, car cela constitue une aumône de sa part»*.[1]

Ce *Ḥadîth* confirme que les domaines de la bienfaisance sont vastes et divers. Le Messager d'Allah (ﷺ) commença en effet par déclarer que *«tout musulman doit faire l'aumône»*. Les Compagnons ayant compris l'aumône restrictive, il se mit alors à énumérer les diverses voies de bienfaisance permettant au croyant d'acquérir une rétribution égale à celle due à l'aumône, pour leur préciser, à la fin, que s'abstenir de commettre le mal est en soi un acte d'aumône.

Ainsi, pour les musulmans et les musulmanes, même ce qui est considéré comme une inaction constitue une bonne action, si toutefois il contribue à l'établissement du respect des droits d'autrui au sein de la société. On trouve l'illustration de cette notion assez importante, et qui échappe souvent à certains croyants, dans le *Ḥadîth* qui dit: *«Le* [vrai] *musulman est celui dont les musulmans sont à l'abri* [des méfaits] *de la langue et de la main»*.[2]

En partant de cette notion, la musulmane doit aspirer en permanence à faire le Bien, tout comme elle s'abstient résolument de commettre le Mal. Grâce à cette attitude, elle fera partie des meilleurs

---

[1] *Ḥadîth* rapporté par Bukhari et Muslim. Cf. *Idem.*, vol. VI, p. 143.

[2] *Ḥadîth* rapporté par Bukhari. Cf. *Fat'ḥ Al-Bâri*, vol. I, p. 53.

musulmans, conformément au *Ḥadîth* rapporté par l'Imâm Aḥmed qui dit: *le Prophète (ﷺ) s'arrêta devant un groupe de gens qui étaient assis et leur dit: «Voudriez-vous que, parmi vous, je vous indique le meilleur ainsi que le pire d'entre vous?»* Comme ils gardaient le silence, *il leur répéta sa question à trois reprises.* Alors l'un d'entre eux lui dit: certes oui, ô Messager d'Allah. Le Prophète (ﷺ) leur dit alors: *«Le meilleur d'entre vous est celui dont on espère le bien et dont on est à l'abri du mal, tandis que le pire est celui dont on n'espère aucun bien* [mais] *dont le mal est redouté».*[1]

La vraie musulmane appartient donc à la première catégorie. Elle s'évertue à faire du bien dans les limites de ses capacités et n'épargne aucun effort dans ce sens, car elle a la certitude que son action sera rétribuée dans ce bas monde et dans l'Au-delà.

Le Messager d'Allah (ﷺ) a dit: *«Quiconque délivre un croyant de l'une des afflictions de ce monde, Allah le délivrera de l'une des afflictions survenant au Jour de la Résurrection. Quiconque accorde des facilités de paiement à un débiteur en difficulté, Allah lui facilitera* [la vie] *dans ce bas monde et dans l'Au-delà».*[2]

La musulmane s'empresse aussi à faire acte de bienfaisance, car elle sait que s'en abstenir risque de mettre un terme aux bienfaits qu'Allah lui accordés. Le Messager d'Allah (ﷺ) a dit à ce sujet: *«Celui qu'Allah comble généreusement d'un bienfait, alors qu'il manifeste son irritation lorsque des gens dans le besoin en viennent à le solliciter, expose son bienfait à la disparition».*[3]

L'Islam valorise tout acte de bienfaisance. Tant que l'intention qui accompagne leur accomplissement est sincère, de tels actes

---

[1] *Ḥadîth* rapporté par Aḥmed ibn Ḥanbal. Ses transmetteurs figurent parmi ceux admis par Bukhari et Muslim. Cf. *Majma' az-zwâ'id*, vol. VIII, p. 183.

[2] *Ḥadîth* rapporté par Muslim. Cf. *Sharḥ ṣaḥîḥ muslim*, vol. XVII, p. 21.

[3] *Ḥadîth* rapporté par aṭ-Ṭabarânî dans *al-Mu'jam al-awsaṭ*. Sa voie de transmission est jugée «excellente». Cf. *Majma' az-zwâ'id*, vol. VIII, p. 192.

acquièrent tous une importance religieuse, puisqu'ils permettent au croyant l'acquisition d'une rétribution de la part d'Allah.

La musulmane ne doit donc pas mésestimer certains actes de bienfaisance en raison du peu d'efforts ou de sacrifices qu'ils exigent, car les Traditions confirment que même ces actes qui peuvent paraître insignifiants sont susceptibles d'assurer le Paradis à celui qui les accomplit. On rapporte à ce propos que le Prophète (ﷺ) a dit: *«J'ai vu un homme jouir* [des délices] *du Paradis pour avoir coupé un arbuste qui se trouvait au milieu d'un chemin et qui gênait les gens».*[1]

La bienfaisance envers les gens a deux aspects: l'un consiste à leur être utile, l'autre à leur éviter tout méfait et toute nuisance. Les deux aspects ont une importance similaire, puisqu'ils appartiennent aux bonnes œuvres pour lesquelles le croyant sera rétribué. Ils ont aussi la même importance, du fait qu'ils contribuent conjointement à l'un des objectifs de l'Islam: instaurer le bien, la solidarité et le bien-être au sein de la société.

Protéger les autres des méfaits et des nuisances est donc un acte de civisme, en plus du fait d'être un acte à caractère religieux. C'est une pratique indispensable pour toute société aspirant à une vie stable et paisible. D'où les Textes islamiques la recommandant aux croyants et les incitant à l'observer. On rapporte à ce sujet qu'Abû Barza a dit: j'ai dit au Prophète: ô Prophète, enseigne-moi quelque chose de bénéfique. Il m'a répondu: *«Elimine tout ce qui est nuisible de la voirie des musulmans».*[2]

Dans une autre version, il est dit: j'ai dit: ô Messager d'Allah, indique-moi une œuvre qui me permette l'accès au Paradis. Il m'a répondu: *«Elimine de la voirie tout ce qui est nuisible, car cet acte est une aumône».*[3]

---

[1] *Ḥadîth* rapporté par Muslim. Cf. *Sharḥ ṣaḥîḥ muslim*, vol. XVI, p. 171.

[2] *Ḥadîth* rapporté par Muslim. Cf. *Idem.*, vol. XVI, p. 171.

[3] *Ḥadîth* rapporté par Aḥmed ibn Ḥanbal (vol. IV, p. 423) et jugé authentique.

Tels sont les actes qui font de la société musulmane une société modèle; une société dont les membres se distinguent par des civilités religieuses qui leur enseigne que même le fait de dégager la voie publique de tout détritus est une bonne œuvre qui les rapproche d'Allah! Sur ce plan, la société musulmane se distingue nettement des autres sociétés humaines. Le civisme au sein de cette société est propre à la morale religieuse, tandis que, dans les autres sociétés, il est dicté en premier lieu par des considérations purement pénales. Or, il y a une grande différence entre celui qui préserve les droits des autres personnes par crainte d'Allah et en attente de Sa rétribution, et celui qui le fait par crainte d'une peine pénale ou d'une amende. Certes, les sociétés occidentales ont atteint sur ce plan un haut niveau d'organisation, en habituant leurs membres à respecter et à appliquer scrupuleusement les règles de civisme. Mais, par rapport à ces mesures juridiques limitées, le système islamique se distingue par la notion de responsabilité morale et religieuse qui fait de tout acte de civisme une œuvre religieuse, et qui considère toute violation des droits d'autrui comme étant un péché susceptible d'attirer le châtiment d'Allah. On ne saurait donc comparer un système dont la violation est considérée comme une infraction humaine, et un autre dont la non-observance est une désobéissance à Allah. Le premier est contournable en cas d'absence du contrôle humain; le second est incontournable par les croyants sincères, puisque Celui qui les contrôle est le Créateur des humains.

23. Elle aide la femme endettée

La vraie musulmane est d'une nature indulgente et bienveillante. Quand l'une de ses sœurs lui est redevable d'une somme d'argent et qu'elle ne peut pas s'acquitter de sa dette à cause d'une difficulté passagère, elle lui accorde un autre délai de payement et patiente jusqu'à ce que sa gêne se transforme en aisance. Allah (exalté soit-Il) dit à ce sujet:

> ﴾A celui qui est en cessation de paiement, accordez un sursis jusqu'à ce qu'il soit dans l'aisance.﴿
>
> *[Coran, 2: 280]*

Accorder un moratoire au débiteur est un comportement noble recommandé par l'Islam, car il reflète l'humanisme du croyant envers ses semblables. C'est aussi un acte d'obéissance à Allah dont la vertu consiste à délivrer le croyant des afflictions qui surviennent au Jour de la Résurrection et de l'abriter sous l'Ombre du Trône d'Allah. D'après Abû Qatâda (qu'Allah l'agrée), le Messager d'Allah (ﷺ) a dit: *«Quiconque aimerait qu'Allah le délivre des afflictions du Jour de la Résurrection, qu'il délivre un débiteur* [de sa dette] *ou qu'il l'allège».*[1]

On rapporte aussi, d'après Abû Hurayra (qu'Allah l'agrée), que le Messager d'Allah (ﷺ) a dit: *«Quiconque accorde un moratoire au débiteur ou allège* [sa dette], *Allah l'abritera sous l'Ombre de Son Trône le Jour de la Résurrection, le Jour où il n'y aura aucune ombre hormis la Sienne».*[2]

Quand une musulmane est aisée et qu'elle allège la dette que sa sœur lui doit ou l'en exonère, Allah l'en récompensera par une rétribution considérable: Il pardonnera ses manquements et la délivrera des frayeurs du Jour de la Résurrection. Les *Ḥadîth*s recommandant cette pratique noble et confirmant la récompense qui lui est due sont multiples. En voici quelques-uns:

- D'après Abû Hurayra (qu'Allah l'agrée), le Messager d'Allah (ﷺ) a dit: *«Il y avait un homme qui prêtait de l'argent aux gens et qui disait à son commis: quand tu iras voir un débiteur en difficulté, fais-*

---

[1] *Ḥadîth* rapporté par Muslim. Cf. *Sharḥ ṣaḥîḥ muslim*, vol. X, p. 227.

[2] *Ḥadîth* rapporté par at-Tirmidhî (vol. III, p. 590) et jugé «apprécié atteignant le degré d'authentique» (*ḥassan ṣaḥîḥ*).

lui remise de sa dette afin qu'Allah me fasse remise [de mes dettes envers Lui]. *Quand il rencontra Allah, Il lui fit remise».*[1]

- D'après Abû Massoud al-Badrî (qu'Allah l'agrée), le Messager d'Allah (ﷺ) a dit: *«Lors de la reddition des comptes d'un homme d'une époque antérieure à la vôtre, on ne trouva dans son actif aucune bonne action, hormis le fait que c'était un riche qui faisait des transactions avec les gens et qui ordonnait à ses commis de faire remise aux débiteurs en difficulté. Allah (à Lui la puissance et la majesté) dit alors: "Il Nous sied plus qu'a lui d'agir de la sorte; faites-lui remise* [de ses péchés]''.»[2]

- Ḥudhayfa ibn al-Yamân (qu'Allah l'agrée) a dit: «[au Jour de la Résurrection,] *on ramènera devant Allah l'un de Ses serviteurs à qui Il a accordé une richesse. Allah lui dit alors: "Qu'en as-tu fait dans le ce bas monde?'' Comme ils ne pourront rien cacher à Allah en ce moment, l'homme dira: ô Seigneur! Tu m'as accordé une richesse qui T'appartient et je l'ai employée dans des transactions avec les gens. J'avais l'habitude d'être indulgent; j'accordais des facilités aux gens aisés, et des sursis prolongés aux* [débiteurs] *en difficulté. Suite à cela, Allah dit: "Il Me sied plus que toi d'agir de la sorte. Faites remise à Mon serviteur* [de ses péchés]!'' 'Uqba ibn 'Âmir et Abû Massoud al-Anṣârî (qu'Allah les agrée) dirent: *c'est ainsi que nous avons entendu* [cela] *de la bouche du Messager d'Allah* (ﷺ)».[3]

24. Elle est généreuse

La générosité est une qualité qui distingue toute musulmane engagée à appliquer les principes de l'Islam et à adopter ses valeurs morales. A chaque occasion propice à la charité, elle tend une main secourable et généreuse aux nécessiteux. Elle le fait en étant

---

[1] *Ḥadîth* rapporté par Bukhari et Muslim. Cf. *Sharh as-sunna*, vol. VIII, p. 196.

[2] *Ḥadîth* rapporté par Muslim. Cf. *Sharḥ ṣaḥîḥ muslim*, vol. X, p. 226.

[3] *Ḥadîth* rapporté par Muslim. Cf. *Idem.*, vol. X, p. 225.

convaincue que tout acte généreux de sa part ne sera pas ignoré de la part d'Allah, et qu'il lui assurera l'estime dans ce bas monde et la vaste récompense dans l'autre monde. Allah (exalté soit-Il) dit:

﴾Tout ce que vous dépensez de vos biens, Allah le sait parfaitement.﴿ *[Coran, 2: 273]*

﴾Ceux qui dépensent leurs biens pour la cause d'Allah ressemblent à une graine d'où naissent sept épis, contenant cent graines chacun. Et Allah multiplie la récompense à qui Il veut; Allah est Large et Omniscient.﴿ *[Coran, 2: 261]*

﴾Toute dépense que vous faites *[en aumône]*, Il *[vous]* la remplace.﴿ *[Coran, 34: 39]*

﴾Tout ce que vous dépensez de vos biens sera pour vous-mêmes, et vous ne dépensez que par désir de la Face d'Allah. Tout ce que vous dépensez de vos biens dans les bonnes œuvres vous sera récompensé pleinement; vous ne serez pas lésés.﴿ *[Coran, 2: 272]*

La vraie musulmane doit avoir la certitude que si elle n'évite pas l'avarice et si elle laisse l'envie d'accumuler les richesses s'emparer d'elle, ses biens seront dénués de bénédiction et subiront ainsi la diminution. Le Messager d'Allah (ﷺ) a dit: *«Chaque matin, deux Anges descendent du ciel. L'un d'eux dit: ô Allah, accorde une compensation à celui qui dépense* [en aumône]; *l'autre dit: ô Allah, inflige la perte au radin».*[1]

Dans un *Ḥadîth qudsî*, Allah dit aussi *[hors Coran]: «Ô fils d'Adam, dépense et Je dépenserai pour toi».*[2]

---

[1] *Ḥadîth* rapporté par Bukhari et Muslim. Cf. *Sharh as-sunna*, vol. VI, p. 155.

[2] *Ḥadîth* rapporté par Bukhari et Muslim. Cf. an-Nawawî, *Riyâḍ aṣ-ṣâliḥîn*, p. 301.

La musulmane sincère doit en outre avoir la ferme conviction que non seulement ce qu'elle dépense en aumône ne diminue en rien ses biens, mais qu'il sera aussi ajouté à son actif des bonnes actions. Le Messager d'Allah (ﷺ) a justement dit: *«L'aumône ne diminue jamais une richesse»*.[1]

On rapporte aussi à ce propos que le Prophète (ﷺ) interrogea 'Â'isha (qu'Allah l'agrée) au sujet d'une brebis qu'il avait égorgée, en lui disant: *«Qu'en reste-t-il?»* - Il n'en subsiste que l'épaule, répondit-elle. Il lui dit alors: *«C'est plutôt sa totalité qui subsiste, hormis l'épaule!»*[2] C'est-à-dire que c'est ce qui a été offert en aumône qui subsiste en fait en tant que bonne œuvre.

La musulmane doit s'empresser de faire l'aumône, notamment lorsqu'elle est sollicitée pour des considérations d'intérêt général. L'Imâm Bukhari rapporte que 'Abd Allah ibn 'Abbâs (qu'Allah l'agrée) a dit: *«Le Prophète (ﷺ) sortit un jour de fête et accomplit une Prière de deux rak'a, sans en accomplir une autre ni avant ni après. Il alla ensuite trouver les femmes et leur enjoignit de faire l'aumône.* Chaque femme fit alors aumône de ses boucles d'oreilles et de son collier».[3]

Dans une autre version rapportée par Bukhari, il est dit: *«Il alla chercher les femmes et leur enjoignit de faire l'aumône.* Elles se mirent alors à déposer leurs grosses et petites bagues dans le vêtement de Bilâl».[4]

Dans une troisième version, rapportée également par Bukhari, 'Abd Allah ibn 'Abbâs dit: *«Le jour de fête, le Prophète (ﷺ) accomplit une Prière de deux rak'a, sans en accomplir une autre ni avant ni après. Accompagné de Bilâl, il alla ensuite chercher les*

---

[1] *Ḥadîth* rapporté par Muslim. Cf. *Sharḥ ṣaḥîḥ muslim*, vol. XVI, p. 141.

[2] *Ḥadîth* rapporté par at-Tirmidhî (vol. IV, p. 644) et jugé «apprécié atteignant le degré d'authentique» (*ḥassan ṣaḥîḥ*).

[3] Cf. *Fat'h Al-Bâri*, vol. X, p. 330.

[4] *Ibid.*

femmes et leur enjoignit de faire l'aumône. Alors chaque femme déposa ses boucles d'oreilles».[1]

Dans le domaine de la générosité, les Mères des croyants ainsi que les femmes des plus vertueux parmi nos prédécesseurs adoptèrent un comportement digne de cette valeur noble, au point que les historiens conservèrent les hauts faits s'y rapportant et les citèrent en exemples.

Dans la notice biographique qu'adh-Dhahabî consacre à 'Â'isha (qu'Allah l'agrée)[2], il rapporte qu'elle a donné en aumône soixante-dix mille dirhams, alors que, pas assez riche, elle raccommodait la bordure de sa tunique. Il rapporte aussi qu'une fois, Mu'âwiya ibn Abî Sufyân lui fit don de mille dirhams qu'elle offrit en aumône le jour même, avant le coucher du soleil. Sa servante lui dit alors: si seulement tu avais mis un dirham de côté pour acheter de la viande. - Tu aurais dû me prévenir, lui répondit 'Â'isha.

Une autre fois, Mu'âwiya lui fit don d'un collier d'une valeur de mille dirhams. Elle le vendit aussitôt alors et en partagea le prix entre les Mères des croyants.

Il rapporte aussi qu'un jour, 'Abd Allah ibn az-Zubayr lui envoya deux sacs contenant quelque cent mille dirhams. Elle demanda alors qu'on lui apporte une assiette où elle les mit avant de les distribuer entre les gens. Le soir, elle dit à sa servante: ô servante, apporte-moi mon repas pour rompre le jeûne! – car elle observait le jeûne de manière quasi continue –, sa servante lui dit alors: ô Mère des croyants, tu n'aurais pas pu nous acheter de la viande avec l'un des dirhams que tu avais donnés en aumône? Elle lui répondit: ne me blâme pas; si tu me l'avais rappelé, je l'aurais fait.

Sa sœur Asmâ' n'avait rien à lui envier en matière de générosité. 'Abd Allah ibn az-Zubayr (qu'Allah l'agrée) a dit: «Je n'ai jamais vu

---

[1] *Idem.*, vol. X, p. 331.

[2] Siyar a'lâm an-nubalâ, vol. II, p. 187.

de femmes aussi généreuses que 'Âisha et Asmâ'. Cependant, leur façon de faire acte de générosité n'était pas la même. 'Âisha laissait s'accumuler les biens pour les distribuer ensuite, tandis que Asmâ' les donnait le jour même sans en garder un pour le lendemain».

Zaynab bint Jaḥsh (qu'Allah l'agrée), la Mère des croyants, travaillait de ses propres mains pour pouvoir faire l'aumône. Sur ce plan, elle était la plus généreuse parmi les épouses du Prophète (ﷺ). Muslim rapporte que 'Âisha (qu'Allah l'agrée) a dit: le Messager d'Allah (ﷺ) nous dit *[un jour]: «Parmi vous, celle qui me rejoindra le plus rapidement* [après ma mort] *sera celle dont la main est la plus longue».* Les épouses du Prophète (ﷺ), ajoute 'Âisha, se mirent alors à comparer la longueur de leurs mains. Ce fut cependant Zaynab, *[mais en matière]* de générosité! *(...)* Car elle travaillait avec ses propres mains pour pouvoir faire l'aumône.[1]

On rapporte aussi qu'une fois, 'Umar ibn al-Khaṭṭâb (qu'Allah l'agrée) lui envoya son allocation. Quand on la lui présenta, elle dit: «Qu'Allah pardonne à 'Umar! Certaines de mes sœurs sont plus aptes que moi à redistribuer cette somme». Ils lui dirent: mais tout cela est à toi! Elle dit alors: «Gloire à Allah! Déposez-le et mettez un vêtement dessus.» Ensuite, elle dit à Barza bint Râfi': «Introduis-y ta main et prends-en une poignée que tu donneras à telle famille, puis une autre à telle autre famille...en désignant certains de ses proches parents et des orphelins qu'elle avait en charge».

Quand Barza remarqua qu'il en restait un peu sous le vêtement de Bilal, elle dit à Zaynab: qu'Allah t'accorde Son pardon, ô Mère des

---

[1] Cf. *Sharḥ ṣaḥîḥ muslim*, vol. XVI, p. 8. - Dans la langue arabe, *ṭawîl al-yad* signifie «généreux». Les épouses du Prophète (ﷺ) ont compris le sens littéral de cette locution; d'où la compétition qu'elles ont lancée pour savoir laquelle avait réellement la main la plus longue. Dans une autre version, il est même précisé qu'elles ont pris un roseau pour mesurer leurs mains. *(Trad.)*

croyants! Par Allah, nous avons droit à cela. Elle lui répondit: «Ce qui est sous le vêtement vous appartient.» Nous y trouvâmes alors, raconte Barza, quatre-vingt-cinq dirhams. Zaynab tendit ensuite ses mains vers le ciel et invoqua Allah en disant: «Ô Allah, fais qu'aucune allocation de la part de 'Umar ne me parvienne après cette année!» Barza ajoute: elle décéda effectivement avant l'écoulement de l'année.[1]

Ibn Sa'd rapporte que lorsqu'on lui fit parvenir l'allocation en question, Zaynab dit: «Ô Allah, fais que la prochaine allocation ne me parvienne pas, car c'est *[vraiment]* une épreuve.» Elle la partagea ensuite entièrement entre proches parents et nécessiteux. Informé de ce qu'elle a dit, 'Umar ibn al-Khaṭṭâb (qu'Allah l'agrée) dit: «C'est une femme pour qui Allah veut du bien». Puis il se déplaça jusqu'à sa demeure, frappa à sa porte, la salua et lui dit: «On m'a informé que tu as redistribué l'allocation». Il lui envoya alors mille dirhams pour qu'elle les garde pour elle, mais elle les redistribua aussi sans en garder ni dirham ni dinar.

Les ouvrages d'Histoire nous citent aussi l'exemple de Sukayna bint al-Ḥussayn qui était tellement généreuse qu'elle faisait don de tout l'argent qu'elle possédait, et que quand elle n'en avait pas, elle donnait ses bracelets aux nécessiteux.

Il y a aussi l'exemple de Umm al-Banîn, la sœur de 'Umar ibn 'Abd al-'Azîz, qui était d'une générosité extraordinaire. Elle disait: à chacun sa passion. La mienne consiste à donner aux autres musulmans. Elle disait aussi: 'Fi' à l'avarice! Si c'était un habit, je ne l'aurais pas porté; et si c'était une voie, je ne l'aurais pas empruntée.[2] On rapporte même que chaque vendredi elle affranchissait un esclave et offrait un cheval aux combattants pour la cause d'Allah (à Lui la puissance et la majesté).

---

[1] Cf. Ibn Sa'd, *aṭ-Ṭabqât*, vol. VIII, p. 109; Ibn al-Jawzî, *Ṣifat aṣ-ṣafwa*, vol. II, pp. 48-49; ad-Dhahabî, *Siyar a'lâm an-nubalâ'*, vol. II, p. 212.

[2] Ibn al-Jawzî, *Aḥkâm an-nisâ'*, p. 446.

N'oublions pas, enfin, Zubayda, l'épouse du Calife Hârûn ar-Rashîd. Cette femme eut le mérite d'entreprendre un projet de bienfaisance qui fut tellement coûteux que son trésorier tenta de l'en dissuader, avant qu'elle ne lui réponde: entame les travaux, même si chaque coup de pioche te coûtait un dinar.

Ce projet consistait en effet à creuser près de la Mecque, à l'usage des pèlerins, un fleuve relié aux sources d'eau pluviale. «Un fleuve industriel», dirait-on aujourd'hui. Ce fleuve fut l'une des merveilles de cette lointaine époque. On l'appelait «la source de Zubayda».

Les exemples dans ce registre ne manquent pas, mais la méthode adoptée dans le présent ouvrage ne nous permet pas de les citer tous. L'important est de savoir que depuis les premiers temps de l'Islam et jusqu'à nos jours, les femmes connues pour leur générosité ont toujours existé et ont marqué l'Histoire par leurs œuvres charitables. En témoigne le grand nombre d'écoles, de mosquées, d'hôpitaux, d'orphelinats et de bien d'autres fondations pieuses que des musulmanes ont instituées dans l'intérêt général. Ce qui prouve qu'à travers l'Histoire, la femme musulmane a toujours été sensible aux besoins et aux malheurs des autres musulmans.

La vraie musulmane doit donc suivre cet exemple. Même si elle n'est pas riche, même si elle ne dispose que de presque rien, elle ne doit nullement hésiter à faire l'aumône. Elle doit faire l'aumône selon ses capacités, en ayant la certitude qu'elle en sera rétribuée, quelle que soit la valeur de son don. Allah (exalté soit-Il) dit:

﴾Allah n'impose à une âme que selon sa capacité.﴿
[Coran, 2: 286]

Son Messager (ﷺ) a dit: *«Préservez-vous de l'Enfer, ne serait-ce qu'avec la moitié d'une datte* [que vous offrirez en aumône]».[1]

Il a également dit: *«Ô 'Â'isha, préserve-toi de l'Enfer, ne serait-*

[1] *Ḥadîth* rapporté par Bukhari. Cf. *Fat'ḥ Al-Bâri*, vol. III, p. 283.

ce qu'avec la moitié d'une datte [que tu offriras en aumône], *car son effet est identique aussi bien sur celui qui a faim que sur une personne rassasiée».*[1]

La femme musulmane peut aussi offrir en aumône une partie de la nourriture ou de l'argent dont elle dispose mais qui revient de droit à son mari, à condition qu'il soit consentent. Ainsi se partagera-t-elle avec son époux la rétribution due à cet acte noble. Bukhari et Muslim rapportent que le Messager d'Allah (ﷺ) a dit: *«Quand une femme, sans gaspiller, fait l'aumône de la nourriture de son ménage*[2] sans gaspillage, elle aura une récompense pour ce qu'elle a dépensé; son mari aura aussi une récompense pour avoir acquis [l'argent du ménage]. *Le magasinier* [des provisions] *aura également une récompense, et la récompense accordée à l'un ne diminuera en rien celle accordée aux autres».*[3]

L'un des objectifs de l'Islam consiste à transformer les croyants en éléments constructifs et bénéfiques dont la bienfaisance s'étend aux pauvres et aux nécessiteux. L'essentiel n'est pas d'être riche, mais d'avoir un esprit charitable.

C'est ce que nous comprenons du *Ḥadîth* suivant: on rapporte que le Messager d'Allah (ﷺ) s'adressa aux Compagnons en disant: «Tout musulman doit faire l'aumône». — Mais s'il n'a rien, ô Messager d'Allah? lui dirent-ils. — *«Il doit alors travailler de ses mains pour en bénéficier et faire l'aumône»,* leur répondit-il.

- Et s'il ne peut pas *[travailler]* ou ne le fait pas?
- *«Qu'il aide alors le nécessiteux en détresse»,* leur dit-il.
- Et s'il ne le fait pas?
- *«Qu'il recommande le bien* [à autrui].»

---

[1] *Ḥadîth* rapporté par Aḥmed ibn Ḥanbal (vol. VI, p. 79) et jugé authentique.

[2] Dans la version de Muslim, il est dit: *[«](...) Du foyer de son époux.»*

[3] *Ḥadîth* rapporté par Bukhari. Cf. *Fat'ḥ Al-Bâri*, vol. III, p. 293.

- Et s'il ne le fait pas? lui demandèrent-ils.

Il leur répondit alors: «*Qu'il s'abstienne de faire du mal, car cela constitue d'une aumône de sa part*».[1]

L'Islam élargit donc le champ de la bienfaisance à toutes les couches de la société, aux hommes comme aux femmes, et aux riches comme aux pauvres. Ce *Ḥadîth* indique que tout musulman est concerné par la bienfaisance. A première vue, cela paraît incompréhensible, et, à l'instar des Compagnons, l'on se posera la question: comment un pauvre peut-il être bienfaisant?

Le Prophète (ﷺ) nous donne la réponse en redéfinissant la notion même de bienfaisance et en précisant qu'elle englobe tout ce qui est bénéfique aux autres, y compris le fait de les protéger contre le mal. Ainsi, le pauvre trouvera aussi son compte dans les œuvres charitables et n'aura pas à se sentir privé de la participation sociale. En faisant de l'acte convenable un acte de charité, l'Islam encourage tous les croyants à faire du bien dans sa portée sociale. Le Messager d'Allah (ﷺ) a dit: «*Tout acte convenable est une aumône*».[2]

Par conséquent, l'Islam garantit à tous les croyants, riches et pauvres, la participation à l'amélioration des rapports sociaux au sein de leur société, et leur préserve ainsi leur dignité en leur permettant de se sentir utiles, responsables et concernés par la récompense réservée aux bienfaiteurs.

Tout acte de générosité est valorisé et apprécié par l'Islam. Cependant, cette valorisation prend encore plus d'importance lorsque la générosité est destinée à ceux qui en ont le plus besoin. Dans ses actes de bienfaisance, la musulmane doit donc accorder la priorité absolue aux ayants droit les plus démunis, notamment les nécessiteux, les orphelins et les veuves.

---

[1] *Ḥadîth* rapporté par Bukhari et Muslim. Cf. *Sharh as-sunna*, vol. VI, p. 143.

[2] *Ḥadîth* rapporté par Bukhari et Muslim. Cf. *Idem.*, vol. VI, p. 142.

Les nécessiteux sont ceux qui méritent le plus l'aumône et l'assistance de la part de la croyante. Ils la méritent surtout parce qu'ils n'affichent pas leur pauvreté et ne s'adonnent pas à la mendicité. Contrairement aux autres catégories de pauvres, ce sont des gens qui, pour préserver leur dignité, ne sollicitent pas l'aide des autres avec insistance; ils sont tellement réservés qu'on les croirait riches. Ce sont des gens qu'on doit donc chercher pour subvenir à leurs besoins. D'où leur statut prioritaire.

Bukhârî et Muslim rapportent que le Messager d'Allah (ﷺ) a dit: *«Le nécessiteux n'est pas celui qui se contente d'une ou deux de dattes, ou d'une ou de deux bouchées. Le nécessiteux est celui qui s'abstient* [de demander l'aumône]».[1]

Ils rapportent aussi que le Prophète (ﷺ) a dit: *«Le nécessiteux n'est pas celui qui va vers les gens pour mendier, et qui se contente d'une ou de deux bouchées* [de nourriture], *ou d'une ou de deux dattes. Le nécessiteux est celui qui ne trouve rien pour subvenir à son besoin, qui ne demande rien aux gens, et à qui personne ne fait attention pour lui donner l'aumône».*[2]

L'orphelin vient aussi en priorité parmi les ayants droit à l'aumône. La croyante doit lui accorder une part particulière de sa bienfaisance. Si elle est aisée, il est recommandé de le prendre en charge, l'éduquer et s'occuper de lui en escomptant la précieuse et la rétribution sublime réservée auprès d'Allah à ceux qui entretiennent les orphelins. Le Messager d'Allah (ﷺ) a dit: *«Moi et celui qui prend en charge l'orphelin serons au Paradis comme ça - en joignant l'index et le médius légèrement séparés».*[3]

Il y a aussi une troisième catégorie qui mérite en priorité l'aumône mais qu'on oublie souvent: la veuve qui n'a personne pour la prendre

---

[1] Cf. an-Nawawî, *Riyâḍ aṣ-ṣâliḥîn*, p. 167.

[2] *Ibid.*

[3] Rapporté par Bukhari et Muslim. Cf. *Sharh as-sunna*, vol. XIII, p. 43.

en charge. La croyante pieuse et bienfaisante doit penser à ce genre de femmes et leur venir en aide, car, comme les nécessiteux, elles ne se manifestent pas et n'affichent pas leur détresse. La récompense réservée à celui qui prend une veuve en charge est semblable à celle réservée à celui qui s'occupe d'un nécessiteux. Les deux œuvres garantissent en effet une rétribution égale à la Prière nocturne, au jeûne surérogatoire et à la lutte pour la cause d'Allah.

Le Messager d'Allah (ﷺ) a dit: *«Celui qui s'occupe d'une veuve ou d'un nécessiteux est semblable en matière de rétribution à celui qui lutte pour la cause d'Allah»*. Je crois, dit le rapporteur, qu'il a également dit: *«Ainsi que celui qui accomplit la Prière nocturne sans aucune lassitude, et celui qui jeûne indéfiniment sans rupture aucune»*.[1]

La bienfaisance envers le nécessiteux, l'orphelin et la veuve est donc l'une des œuvres charitables les plus nobles. Nonobstant le fait qu'elle soit recommandée par la religion et rétribuée par Allah, elle accentue l'esprit humaniste chez la croyante, comme elle contribue au raffinement de son âme et à l'ennoblissement de son caractère.

25. Elle ne rappelle pas ses bienfaits aux bénéficiaires

La musulmane à qui Allah a accordé la faveur d'être bienfaisante doit se garder de reprocher ou de rappeler ses bienfaits à ceux qu'elle en avait fait bénéficier. Elle doit le faire de manière sincère et le vouer exclusivement à Allah, afin de rejoindre ainsi ceux qu'Allah (exalté soit-Il) a décrits en disant:

> ﴿Ceux qui dépensent leurs biens pour la cause d'Allah sans faire suivre leur dépense d'un rappel ou d'un tort auront leur récompense auprès de leur Seigneur. Aucune crainte pour eux, et ils ne seront point affligés.﴾
>
> *[Coran, 2: 262]*

---

[1] *Ḥadîth* rapporté par Bukhari et Muslim. Cf. *Sharh as-sunna*, vol. XIII, p. 45.

Comme nous l'avons indiqué précédemment, le rappel des aumônes et le tort porté à ceux qui les reçoivent annulent la rétribution. La musulmane doit donc s'écarter de cette pratique, notamment si elle a lu le verset qui dit:

﴿Ô croyants! N'annulez pas vos aumônes par un rappel ou un tort *(...)*﴾ *[Coran, 2: 264]*

En effet, rappeler ses propres dons à un pauvre qui les a reçus parce qu'il en avait besoin est une attitude humiliante qui traduit un manque de respect à son égard. Cette attitude hautaine et ostentatoire est interdite par l'Islam, parce qu'il considère que le donateur de l'aumône et celui qui la reçoit sont frères que seule la piété distingue l'un de l'autre. Quand un frère aide son frère, cela ne lui permet aucunement de le maltraiter ou de lui rappeler perpétuellement sa bienfaisance.

Cette attitude est si ignoble et abominable que ceux qui l'adoptent ne bénéficieront pas de la rencontre d'Allah au Jour de la Résurrection. Muslim rapporte à ce sujet, d'après Abû Dharr al-Ghifârî (qu'Allah l'agrée), que le Messager d'Allah (ﷺ) a dit: *«Au Jour de la Résurrection, il y a trois* [personnes] *à qui Allah n'adressera aucune parole; Il ne les regardera pas et ne les purifiera pas* [de leurs péchés]. *Ils subiront, plutôt, un châtiment douloureux.» Le Messager d'Allah (ﷺ) répéta ces mots à trois reprises.*

Abû Dharr lui dit alors: ils seront donc déçus et perdants. Mais qui sont-ils, ô Messager d'Allah? Il répondit: *«Celui qui,* [par arrogance,] *laisse traîner son pagne* [par terre]*; celui qui ne cesse de rappeler son aumône* [à celui qui l'a reçue]*; celui qui écoule sa marchandise grâce aux faux serments».*[1]

---

[1] *Ḥadîth* rapporté par Muslim. Cf. *Sharḥ ṣaḥîḥ muslim*, vol. II, p. 114.

26. Elle est indulgente

Une musulmane avisée, imprégnée des principes et des valeurs morales de l'Islam, est indulgente. Elle s'exerce à maîtriser son irritation et à dominer son ressentiment jusqu'à ce qu'elle atteigne un stade supérieur d'indulgence spontanée. Allah (exalté soit-Il) dit:

> ﴾Ceux qui dominent leur ressentiment et pardonnent à autrui, car Allah aime les bienfaiteurs.﴿ *[Coran, 3: 134]*

Il dit aussi:

> ﴾La bonne et la mauvaise action ne sont pas pareilles. Repousse *[le mal]* par ce qui est meilleur; et voilà que celui avec qui tu avais une animosité devient presque un ami intime. Mais *[ce privilège]* n'est attribué qu'à ceux qui endurent et il n'est attribué qu'au destinataire d'une grâce immense.﴿ *[Coran, 41: 34-35]*

Maîtriser ses réactions, patienter, contenir sa rancune et manifester son indulgence quand on est irrité par quelqu'un: tout cela représente successivement l'une des attitudes les plus nobles et les plus appréciées par Allah. D'après 'Abd Allah ibn 'Abbâs (qu'Allah l'agrée), le Messager d'Allah (ﷺ) a dit à al-Ashajj ibn Qays: *«Tu es doté de deux qualités qu'Allah aime: l'indulgence et la patience».*[1]

A un homme qui lui demanda de lui donner un conseil, le Messager d'Allah (ﷺ) lui ordonne: *«Ne te laisse pas emporter par la colère!»* L'homme lui demanda conseil à trois reprises, et à chaque fois le Prophète (ﷺ) lui dit: *«Ne te laisse pas emporter par la colère!»*[2]

La colère est certes un sentiment humain qui survient de lui-même sans le susciter volontairement. Conçue comme telle, elle est

---

[1] *Ḥadîth* rapporté par Muslim. Cf. *Idem.*, vol. I, p. 189.

[2] *Ḥadîth* rapporté par Bukhari. Cf. *Fat'h Al-Bâri*, vol. X, p. 519.

indépendante de notre volonté. Cependant, il est dans le cadre de notre pouvoir de la contenir et de nous habituer à ne pas être irascible. Ceci dit, l'Islam ne nous ordonne pas d'éradiquer le sentiment de colère, car cela est propre à une personne souffrant d'un déséquilibre dans sa structure psychique.

L'Islam nous recommande de plutôt de maîtriser notre colère, de la canaliser et de la manifester dans les circonstances où elle mérite d'être manifestée. La colère n'est pas seulement tolérée, mais recommandée lorsqu'il s'agit d'une situation où les ordres d'Allah sont bafoués, car elle n'aura pas comme but l'autosatisfaction mais la satisfaction d'Allah.

Il arrive donc à la musulmane de manifester sa colère, mais elle ne le fait à bon escient que quand elle constate des gens transgresser les Commandements d'Allah ou ne leur accorder aucune observance.

Tel fut le comportement du Prophète (ﷺ), et telle est l'attitude que toute musulmane doit adopter. Bukhari et Muslim rapportent que 'Â'isha (qu'Allah l'agrée) a dit: *«Le Messager d'Allah (ﷺ) ne se vengeait jamais pour sa personne. Il ne le faisait que lorsqu'on transgressait ce qu'Allah a consacré, c'est alors pour Allah qu'il exerçait sa vengeance».*[1]

Les Traditions indiquent que le Prophète (ﷺ) dans ces circonstances se mettait en colère, et que son visage changeait de couleur quand il remarquait que quelqu'un portait atteinte à l'Islam, appliquait négligemment ses préceptes ou se montrait permissif envers ses Lois.

On rapporte à ce sujet qu'un jour, un homme vient le voir et lui dit: il m'arrive de ne pas assister à la Prière du *ṣubḥ* à cause d'untel car, quand il nous y préside, il la prolonge trop. *Pris de colère, le Prophète (ﷺ) fit alors un sermon à propos duquel les Compagnons dirent qu'ils n'ont jamais entendu de sermon aussi violent.* Il leur dit:

---

[1] Cf. *Fat'h Al-Bâri*, vol. VI, p. 566; *Sharḥ ṣaḥîḥ muslim*, vol. XV, p. 83.

«Ô gens! Certains d'entre vous repoussent [les croyants du droit chemin]. *Quand l'un d'entre vous préside les gens en Prière, qu'il l'accomplisse brièvement, car derrière lui, il y a*[urait] *des personnes âgées, des enfants et des affairés».*[1]

On rapporte aussi qu'il a manifesté sa colère quand, de retour d'un voyage, il constata que 'Â'isha avait accroché dans sa chambre un rideau orné de figurations représentant des êtres humains. Son visage changea alors de couleur. *Il prit le rideau, le déchira,* puis il dit à 'Â'isha: *«Ô 'Â'isha, ceux qui subiront le châtiment le plus pénible au Jour de la Résurrection seront ceux qui auront tenté d'imiter Allah dans Sa création».*[2]

Il manifesta aussi sa colère quand Ussâma ibn Zayd vint intercéder auprès de lui en faveur d'une Makhzûmite qui avait volé. Ce jour-là, certains Qurayshites se dirent: qui ira parler au Prophète en faveur de cette femme? Ils convinrent ensuite que seul Ussâma, le bien-aimé du Prophète, aura l'audace de le faire. Ce que Ussâma fit. Mais cela suscita la colère du Messager d'Allah (ﷺ) qui lui répondit sur un ton réprobateur: *«Oses-tu intercéder alors qu'il s'agit d'une peine déterminée par Allah (exalté soit-Il)!»*

Ensuite, il se leva et prononça un discours vigoureux. Il dit: *«Si ceux qui étaient avant vous ont péri, c'est parce que si l'un de leurs notables volait, ils le laissaient sans punition; tandis que si l'un de leurs déshérités volait, ils lui appliquaient la sanction déterminée* [par Allah]. *Par les serments d'Allah, si c'était Fâṭima, la fille de Mohammed, qui commettrait le vol, je lui couperais la main».*[3]

Telles furent les manifestations de colère chez le Prophète (ﷺ), et tels furent leurs motifs: pour Allah, et non pour des raisons

---

[1] *Ḥadîth* rapporté par Bukhari et Muslim. Cf. *Sharh as-sunna*, vol. III, p. 409.

[2] *Ḥadîth* rapporté par Bukhari et Muslim. Cf. *Idem.*, vol. XII, p. 128.

[3] *Ḥadîth* rapporté par Bukhari et Muslim. Cf. *Idem.*, vol. X, p. 328.

personnelles. Tel est donc le comportement que toute musulmane consciencieuse doit observer. Elle doit dominer sa colère et ne la manifester que lorsqu'il s'agit d'une réaction suscitée par des raisons purement religieuses.

27. Elle n'est ni haineuse ni rancunière

Une vraie musulmane ne porte en son cœur aucune haine et ne se laisse pas obséder par la rancœur, car les principes de l'Islam purifient tout son être de ces sentiments et les évacuent par l'entremise des sentiments de fraternité, d'amour, de tolérance et de pardon.

La haine, l'hostilité et la vengeance sont des sentiments que l'Islam a bannis en recommandant l'indulgence et la compassion envers les autres. Allah (exalté soit-Il) dit:

> ﴾Ceux qui dominent leur ressentiment et pardonnent à autrui, car Allah aime les bienfaiteurs.﴿ *[Coran, 3: 134]*

Pouvoir dominer son ressentiment, puis atteindre le degré d'indulgence et de pardon, constituent un comportement pénible que seuls les croyants aux âmes pures peuvent respecter en permanence. Seuls les croyants aux âmes purifiées d'agressivité, de vengeance et de haine réussissent à contenir leur ressentiment devant des situations provocantes. C'est pour cela qu'ils ont le mérite d'atteindre le degré de la «perfection», et Allah aime les bienfaiteurs.

Grâce à cette notion morale noble, l'Islam est parvenu à purifier les âmes des croyants et transformer leur haine en amour fraternel et leur hostilité en loyauté inconditionnelle.

L'exemple de Hind bint 'Utba, l'épouse d'Abû Sufyân, illustre parfaitement cette métamorphose suscitée par la foi. Avant sa conversion à l'Islam, cette femme nourrissait une haine maladive et manifestait une hostilité hystérique à l'encontre du Prophète (ﷺ) et sa famille.

Elle fut tellement haineuse à l'encontre de l'Islam et ses adeptes que, lors de la bataille d'Uḥud, elle mutila le corps de Ḥamza, oncle paternel du Prophète (ﷺ). C'est d'ailleurs pour cette raison que le Prophète (ﷺ) la déclara passible de la peine de mort quand il conquit la Mecque. Mais dès sa conversion à l'Islam, l'aversion et la haine qu'elle portait se transformèrent immédiatement en amour et loyauté.

On rapporte à ce propos qu'elle a dit au Messager d'Allah (ﷺ): *«Ô Messager d'Allah! Il n'y avait pas une famille sur terre que je désirasse voir humiliée autant que la tienne; mais aujourd'hui, il n'y a pas une famille sur terre que je désire voir honorée autant que la tienne.»*[1] Ainsi, pour l'amour d'Allah, la vengeance disparaît, l'aversion se dissipe et l'affection vient s'installer dans le cœur de Hind pour en déraciner définitivement haine et rancœur.

Dans un style subtil et merveilleux, le Coran nous apprend la meilleure des méthodes pour mettre un terme définitif à tout sentiment haineux. Dans les versets que nous allons citer, Allah affirme qu'il est du droit de celui qui subit une agression de riposter, car il est permis de sanctionner un préjudice par un préjudice similaire. Cependant, Il délivre subtilement la personne agressée des sentiments de vengeance en lui indiquant les mérites de l'indulgence et du pardon, et en soutenant qu'un tel comportement est la meilleure résolution à prendre. Allah (exalté soit-Il) dit:

> ﴾Ceux qui, atteints d'injustice, ripostent. La sanction d'une mauvaise action est une mauvaise action identique. Mais quiconque pardonne et se montre conciliant, sa récompense incombe à Allah. Il n'aime point ceux qui sont injustes! Quant à ceux qui ripostent après avoir été lésés; ceux-là pas de voie *[de recours légal]* contre eux; Il n'y a de voie que contre ceux qui lèsent les gens et commettent des abus, contrairement au droit, sur la terre:

[1] *Ḥadîth* rapporté par Bukhari. Cf. *Fat'ḥ Al-Bâri*, vol. VII, p. 141.

ceux-là auront un châtiment douloureux. Et celui qui endure et pardonne, cela est, en vérité, la meilleure résolution à prendre.﴾ *[Coran, 42: 39-43]*

Lorsque 'Â'isha fut l'objet de la calomnie touchant à son honneur, son père, Abû Bakr aṣ-Ṣiddîq, fut tellement affligé par ce drame qu'il décida de priver tous les calomniateurs des aides qu'il avait l'habitude de leur accorder. Ce fut de sa part une réaction, disons, logique, puisque c'est leur comportement ingrat qui le décida à les priver de sa bienfaisance. Cependant, connaissant la sincérité et la pureté d'âme d'Abû Bakr, Allah ne l'abandonnera pas à ce sentiment de vengeance, et l'orienta, au contraire, vers l'indulgence et le pardon. En effet, Allah révéla à cette occasion le verset suivant. Il dit:

﴿Que les détenteurs de richesse et d'aisance parmi vous ne jurent pas de ne plus faire de dons aux proches, aux pauvres et à ceux qui émigrent pour la cause d'Allah. Qu'ils pardonnent et absolvent. N'aimez-vous pas qu'Allah vous pardonne? Allah est le Très-Indulgent, le Très-Miséricordieux.﴾ *[Coran, 24: 22]*

Dans une société basée sur la foi et la fraternité qui en découle, les individus ne s'adonnent pas aux critiques tendancieuses, aux préjugés, à la vengeance ou à l'égocentrisme. C'est une société où les relations entre individus sont dominées par la fraternité, *l'indulgence* et le pardon, qui constituent autant de valeurs auxquelles l'Islam appelle tout croyant. Allah (exalté soit-Il) dit:

﴿La bonne et la mauvaise action ne sont pas pareilles. Repousse *[le mal]* par ce qui est meilleur; et voilà que celui avec qui tu avais une animosité devient tel un ami chaleureux. Mais *[ce privilège]* n'est attribué qu'à ceux qui endurent et il n'est attribué qu'au destinataire d'une grâce immense.﴾ *[Coran, 41: 34-35]*

Si au mal on répond systématiquement par le mal, cela risque d'attiser le feu de la haine et de l'entretenir. Si, par contre, on répond au mal par le bien, la haine s'éteint, la colère se dissipe et les stratagèmes vengeurs s'évaporent. En adoptant la seconde attitude, par un sourire amical ou une bonne parole de l'un ou de l'autre, les deux ennemis déclarés deviennent des amis intimes et sortent toux deux de leur mésentente, jouissant ainsi d'un succès sans égal. La femme musulmane doit donc s'armer de patience et de *self-control* dans les situations qui provoquent sa colère ou quand elle est victime d'un tort. Elle doit surtout surmonter son amour-propre et répondre au mal par le bien, car seule cette attitude lui permet de faire partie de ceux qui bénéficient «d'une grâce immense», comme le précise le verset susmentionné.

Tel est le comportement de toute croyante sincère vivant au sein d'une société musulmane dont les qualités distinctives sont la fraternité, l'affection et la tolérance. Cette société se distingue surtout par le pardon; le pardon manifesté de la manière la plus convenable et la plus amicale. Un pardon qui lave les cœurs de tous les résidus de la rancune. Plutôt un «beau pardon», comme le décrit le Coran par une locution gracieuse et précise. Allah (exalté soit-Il) dit:

﴾Pardonne donc d'un beau pardon.﴿ *[Coran, 15: 85]*

A travers ses propos et ses actes, le Messager d'Allah (ﷺ) traduisait fidèlement cette valeur morale noble qu'est l'indulgence.

On rapporte à ce sujet que 'Â'isha (qu'Allah l'agrée) a dit: *«Le Messager d'Allah (ﷺ) n'a jamais frappé quelqu'un ou quelque chose de sa main, ni une femme ni un serviteur, sauf quand il combattait pour la cause d'Allah. Il ne s'est jamais vengé pour sa personne de quelqu'un lui ayant porté atteinte. Il ne se faisait justice que lorsqu'on transgressait ce qu'Allah a consacré, alors c'est pour Allah qu'il exerçait sa vengeance».*[1]

Dans sa conduite, le Messager d'Allah (ﷺ) se conformait fidèlement aux commandements d'Allah qui lui dit:

---

[1] *Ḥadîth* rapporté par Muslim. Cf. *Sharḥ ṣaḥîḥ muslim*, vol. XV, p. 84.

﴾Astreints-toi au pardon; commande (ce qui est convenable) et écarte-toi des ignorants﴿ *[Coran, 7: 199]*

et Qui lui dit aussi:

﴾Repousse *[le mal]* par ce qui est meilleur *(...)*﴿. *[Coran, 41: 34]* Son comportement reste pour tout musulman un modèle unique d'indulgence et de magnanimité.

Bukhari et Muslim rapportent que Anas ibn Mâlik (qu'Allah l'agrée) a dit: *«Une fois, je marchais en compagnie du Messager d'Allah (ﷺ) qui portait un manteau najrânite*[1] d'une bordure épaisse. Un bédouin le rattrapa alors en le tirant par le manteau si fortement que lorsque je vis l'épaule du Prophète (ﷺ), je constatai la trace du rebord du manteau. Le bédouin lui dit ensuite: ô Mohammed, ordonne qu'on m'offre quelque chose du bien d'Allah dont tu disposes! Le Prophète se retourna alors vers lui en souriant, puis il ordonna qu'on lui donne quelque bien».[2]

Ils rapportent aussi qu'une femme juive lui ayant offert un mouton *[rôti]* empoisonné, il se mit alors à en manger avec ses Compagnons, puis il leur dit: *«Cessez de manger; elle est empoisonnée»*.

On lui ramena alors la femme, à qui il demanda: *«Qu'est-ce qui t'a poussée à agir ainsi?»* Elle répondit: je voulais savoir si tu étais vraiment Prophète. Car si tu l'es vraiment, Allah t'en met en garde et cela ne t'aura fait aucun mal; sinon, nous nous serions débarrassés de toi. Par la suite, les Compagnons dirent au Prophète (ﷺ): voudrais-tu que nous la tuions? — *«Non, répondit-il. Puis il lui pardonna»*.[3]

Quand la tribu Daws entra en rébellion contre l'Islam et refusa d'obéir au Messager d'Allah (ﷺ), aṭ-Ṭufayl ibn 'Amr ad-Dawsî

---

[1] Confectionné à Najrân, région située entre le Ḥijâz et le Yémen.

[2] Cf. an-Nawawî, *Riyâḍ aṣ-ṣâliḥîn*, p. 344.

[3] *Ḥadîth* rapporté par Bukhari et Muslim dans des termes proches de cette version. Cf. *Fat'ḥ Al-Bâri*, vol. VII, p. 497; *Sharḥ ṣaḥîḥ muslim*, vol. XIV, p. 178.

(qu'Allah l'agrée) vint voir le Prophète et lui dit: les Daws se sont rebellés et refusent *[l'Islam];* invoque Allah contre eux. Le Prophète (ﷺ) se mit alors face à la *Qibla* et leva les mains vers le ciel.

A ce moment-là, les gens dirent: les Daws vont périr. Mais le Messager d'Allah (ﷺ), l'homme si compatissant et si indulgent qui tenait à ce qu'Allah épargne aux humains le châtiment, *se mit à invoquer Allah en faveur des Daws en disant à trois reprises: «Ô Allah, dirige les Daws dans le droit chemin et ramène-les [à l'Islam]».*[1]

Le Messager d'Allah (ﷺ) encourageait sans cesse les musulmans et les musulmanes à être indulgents même quand on leur répond par une offense ou une indifférence qui exprime une rupture de liens. De par la clairvoyance qu'Allah lui a accordée, il savait que les gens réagissent positivement et oublient leurs rancunes quand on les traite avec bienveillance et indulgence, et nullement avec agressivité et réprimande.

Ainsi, lorsque 'Uqba ibn 'Âmir lui dit: ô Messager d'Allah, indique-moi les meilleures œuvres. Il répondit: *«Ô 'Uqba, maintiens les liens avec celui qui rompt avec toi, donne à celui qui te prive et détourne-toi de celui qui te cause un tort».* Dans une autre version, il est dit: *«...Et pardonne à celui qui te cause un tort».*[2]

Ce caractère noble du Prophète (ﷺ) influença aussi son proche entourage, notamment ses épouses, les Mères des croyants (qu'Allah les agrée). On rapporte à ce sujet qu'une servante de Ṣafiyya, la Mère des croyants, vint voir 'Umar ibn al-Khaṭṭâb (qu'Allah l'agrée) et lui dit: ô Commandeur des croyants, Ṣafiyya aime le sabbat et maintient des liens avec les juifs. 'Umar manda alors Ṣafiyya et l'interrogea sur

---

[1] *Ḥadîth* rapporté par Bukhari et Muslim. Cf. *Sharḥ as-sunna,* vol. V, p. 150.

[2] *Ḥadîth* rapporté par Aḥmed et aṭ-Ṭabarânî. Les transmetteurs cités par Aḥmed sont jugés dignes de confiance. Cf. *Majma' az-zwâ'id,* vol. VIII, p. 188.

les propos de la servante. Elle lui répondit: «Quant au sabbat, je ne l'aime plus depuis qu'Allah me l'a remplacé par le Vendredi. Quant aux juifs, j'ai avec eux des liens de parenté, et je les maintiens!» Ensuite, elle se retourna regarder sa servante et lui demanda de lui expliquer les raisons qui l'ont poussée à proférer une telle calomnie. La servante lui répondit: c'est le diable! Alors Ṣafiyya lui dit: «Tu peux partir! Tu es libre!»[1]

Certes, Ṣafiyya est l'une de celles qui ont bénéficié d'une «grâce immense» de la part d'Allah, car son comportement répond fidèlement au verset qui dit:

> ﴾La bonne action et la mauvaise ne sont pas pareilles. Repousse *[le mal]* par ce qui est meilleur; et voilà que celui avec qui tu avais une animosité devient tel un ami chaleureux. Mais *[ce privilège]* n'est attribué qu'à ceux qui endurent et il n'est attribué qu'au destinataire d'une grâce immense.﴿ *[Coran, 41: 34-35]*

28. *Elle est accommodante*

Une musulmane consciente des principes de sa religion est une personne qui facilite les choses aux gens, et ne les leur complique pas, car c'est ce que veut Allah pour les croyants parmi Ses serviteurs. Il dit:

> ﴾Allah veut pour vous la facilité; il ne veut pas, pour vous, la difficulté.﴿ *[Coran, 2: 185]*

C'est la raison pour laquelle le Messager d'Allah (ﷺ) recommande aux musulmans et aux musulmanes d'adopter la commodité et d'éviter tout ce qui laisse penser que la religion est difficile ou compliquée. Il disait à ses Compagnons: *«Enseignez*

---

[1] Cf. Ibn 'Abd al-Barr, *al-Istî'âb fî ma'rifat al-aṣḥâb*, vol. IV, p. 1872; Ibn Ḥajar, *al-Iṣâba*, vol. VIII, p. 127.

[l'Islam] *en le présentant* [comme étant une religion] *facilement accessible et nullement difficile. Quand l'un d'entre vous est irrité, qu'il observe le silence».*[1]

La musulmane qui a tendance à compliquer les choses et à les rendre difficiles n'est ni pieuse ni équilibrée. Seule une femme complexée souffrant de carences psychiques ou comportementales cherche la complexité alors que sa religion l'incite à rendre aisés ses propos et son attitude.

La vraie musulmane est donc exempte de cette conduite pathologique, car elle se conforme au comportement vraiment accommodant du Prophète (ﷺ). On rapporte que 'Â'isha (qu'Allah l'agrée) a dit: *«On ne donnait jamais au Messager d'Allah (ﷺ) le choix entre deux choses sans qu'il optât pour la plus facile, tant que ce n'était pas un péché, car dans ce cas, il en était le plus éloigné. Le Messager d'Allah (ﷺ) ne se vengeait jamais pour sa personne. Il ne se faisait justice que lorsqu'on transgressait ce qu'Allah a consacré, alors c'est pour Allah qu'il exerçait sa vengeance».*[2]

29. Elle n'est pas envieuse

Il arrive souvent qu'une femme ordinaire se sente rongée par l'envie, quand elle constate que des femmes pourtant moins belles et moins intelligentes qu'elle jouissent de la richesse et du confort, alors qu'elle n'a eu qu'une part infime des faveurs dont elles ont été comblées. Tel n'est pas le cas de la musulmane.

La vraie musulmane est à l'abri de tout sentiment envieux, car sa religion lui a appris que tout ce qui advient dans ce bas monde est un destin décrété par Allah, et que les jouissances de ce bas monde, quelle que soit leur valeur, sont éphémères et ne valent rien une fois

---

[1] *Ḥadîth* rapporté par Bukhari dans *al-Adab al-mufrad,* vol. I, p. 342.

[2] *Ḥadîth* rapporté par Bukhari et Muslim. Cf. *Sharḥ as-sunna,* vol. XIII, p. 260.

comparées avec les délices qu'Allah a réservées aux croyantes qui acceptent ce qu'Allah leur a accordé.

Elle a aussi la profonde conviction que ce sont la piété et les bonnes œuvres qui valorisent éternellement la femme, et non pas les biens périssables acquis dans une vie passagère et elle aussi périssable.

Tant que cette conviction est consolidée en son for intérieur, son âme n'en sera que plus pure et plus apaisée. Une personne libérée du moindre sentiment envieux est une personne dont la récompense est l'agrément d'Allah et dont la destinée est le Paradis, même si elle n'observe pas fréquemment les pratiques cultuelles surérogatoires. L'Imâm Aḥmed ibn Ḥanbal rapporte à ce propos que Anas ibn Mâlik (qu'Allah l'agrée) a dit: nous étions assis en compagnie du Messager d'Allah (ﷺ) quand il nous dit: *«Maintenant, l'un des gens du Paradis va apparaître devant vous!»*

Apparut alors un homme *anṣâri* (médinois) dont la barbe était mouillée, suite aux ablutions mineures, et qui portait sa paire de sandales avec sa main gauche.

Le lendemain, le Prophète (ﷺ) répéta les mêmes propos, et le même homme réapparut. *Au troisième jour, le Prophète (ﷺ) répéta encore les mêmes propos,* et le même homme fit une apparition identique à la première.

[Ce jour-là], quand le Prophète (ﷺ) se leva, 'Abd Allah ibn 'Amr ibn al-'Âṣ (qu'Allah l'agrée) suivit l'homme et, *[l'ayant rejoint],* il lui dit: je me suis querellé avec mon père et j'ai juré de n'entrer chez lui qu'après trois jours. Accepterais-tu de m'héberger jusqu'à ce que cette durée s'écoule? — Oui, répondit l'homme.

Anas poursuit: 'Abd Allah ibn 'Amr ibn al-'Âṣ raconte qu'il a passé trois nuits en compagnie de l'homme et qu'il ne l'a pas vu se lever pour la Prière nocturne. Seulement, ajoute-t-il, quand il lui arrivait de se réveiller, il évoquait Allah (à Lui la puissance et la majesté) et proclamait Sa grandeur. Il ne se levait, cependant, que pour accomplir la Prière du *fajr*. J'ai remarqué aussi, ajoute 'Abd Allah, qu'il ne disait que du bien.

Les trois nuits écoulées, poursuit 'Abd Allah, j'ai failli dédaigner les œuvres de cet homme; je lui ai alors dit: ô serviteur d'Allah, en vérité, il n'y avait ni querelle ni rupture entre moi et mon père; seulement, j'ai entendu le Messager d'Allah (ﷺ) dire à trois reprises: *«Maintenant, l'un des gens du Paradis va apparaître devant vous»*, et à chaque fois ce fut toi qui apparaissais. Je t'ai alors demandé de m'héberger pour voir quelles sont tes œuvres pour que je puisse m'y conformer, mais je ne t'ai vu accomplir aucune œuvre grandiose. Qu'est-ce qui a donc fait que tu puisses atteindre *[le privilège]* annoncé par le Messager d'Allah (ﷺ)? — Rien d'autre que ce que tu as constaté, m'a-t-il répondu.

Puis comme je partais, il m'appela et me dit: «Je ne fais rien d'autre que ce que tu as constaté. Seulement, je ne conserve en mon cœur aucun ressentiment à l'encontre d'un musulman et je n'envie personne pour un bienfait qu'Allah lui a accordé». Sur ce, 'Abd Allah ibn 'Amr lui a dit: c'est cette qualité qui t'a permis d'accéder à ce rang, et c'est elle qui nous est difficile.[1]

Ce *Ḥadîth* nous indique que la pureté de l'âme de tout sentiment envieux ou rancunier détermine son heureux sort dans l'Au-delà, élève son rang auprès d'Allah et contribue à ce que ses bonnes œuvres soient agréées, fussent-elles infimes.

C'est donc un impact salutaire, notamment quand on compare le sort de cet homme avec celui de la femme qui accomplissait la Prière nocturne et le jeûne surérogatoire, mais qui nuisait à ses voisins, car le Messager d'Allah (ﷺ) avait dit à son sujet: *«Elle n'a aucun mérite; elle fait partie des gens de l'Enfer»*.[2]

Selon les principes de l'Islam, la pureté de l'âme a plus d'importance qu'un zèle en matière de culte entaché de haine et de

---

1 Al-Musnad, vol. III, p. 166.

2 *Ḥadîth* rapporté par Bukhari dans *al-Adab al-mufrad*, vol. I, p. 210.

convoitise. La dévotion d'une personne rongée par la haine et la convoitise est une dévotion formelle et quasi ostentatoire, car elle reflète la fragilité de sa foi. Le Messager d'Allah (ﷺ) a dit: *«La foi et la convoitise ne sauraient se réunir dans le cœur d'un serviteur».*[1]

On rapporte aussi, d'après Ḍamura ibn Tha'laba (qu'Allah l'agrée), que le Messager d'Allah (ﷺ) a dit: *«Les gens ne cesseront d'être dans la bonne voie tant qu'ils ne seront pas envieux les uns vis-à-vis des autres».*[2]

La musulmane avisée est celle qui joint la dévotion à la pureté de l'âme de tout sentiment haineux ou envieux. Ainsi, elle parvient, d'une part, à atteindre les plus hauts degrés de la piété et obtenir l'estime auprès d'Allah; elle bénéficie, d'autre part, du respect des gens et contribue à l'instauration d'une société pure et solidaire. Une société digne de transmettre le Message de l'Islam à l'Humanité.

Au sein de la société musulmane, les individus sont censés vivre dans un climat d'entente et de fraternité. La fourberie et la traîtrise n'ont pas lieu d'être dans cette société, notamment si elles sont suscitées par des motivations purement envieuses ou haineuses. L'une des plus abominables conduites générées par cette attitude condamnable est le fait qu'une femme use de stratagèmes pour causer le divorce d'une autre femme afin d'en épouser le mari. La musulmane pieuse est censée être parfaitement immunisée contre cette bassesse, car le Prophète (ﷺ) a appelé les musulmans à s'en garder, et ce, en la citant parmi d'autres comportements interdits par l'Islam.

Bukhari et Muslim rapportent, d'après Abû Hurayra (qu'Allah l'agrée), que le Messager d'Allah (ﷺ) a dit: *«Ne renchérissez pas*

---

[1] *Ḥadîth* rapporté par Ibn Ḥibbân (vol. X, p. 466).

[2] *Ḥadîth* rapporté par aṭ-Ṭabarânî. Ses transmetteurs sont jugés dignes de confiance. Cf. *Majma' az-zwâ'id*, vol. VIII, p. 78.

pour pousser les autres à l'achat. Que l'un d'entre vous ne supplante pas son frère en proposant au client de celui-ci la vente de la même marchandise à un prix plus bas. Que le citadin ne vende pas pour un campagnard. Que l'homme ne demande pas en mariage celle que son frère [en religion] *lui en a déjà demandé la main. Que la femme ne demande pas le divorce d'une autre femme pour prendre ce qui était dans son plat».*[1]

Dans une autre version de Bukhari, d'après Abû Hurayra (qu'Allah l'agrée), le Messager d'Allah (ﷺ) dit: *«Il n'est pas permis à une femme de demander le divorce de sa sœur* [en religion] *pour s'approprier son plat, car elle n'aura que ce qu'Allah lui a destiné».*[2]

La musulmane, qui a la foi sincère que nul ne peut échapper à ce qu'Allah lui a destiné, évite cette pratique. Elle l'évite surtout parce qu'elle porte atteinte au devoir de fraternité vis-à-vis de sa sœur en religion, car sa foi ne devient vraiment sincère et parfaite que lorsqu'elle souhaite aux autres croyantes ce qu'elle souhaite pour sa propre personne. Le Messager d'Allah (ﷺ) a dit: *«Aucun d'entre vous n'aura* [vraiment] *la foi que lorsqu'il aura aimé pour son frère ce qu'il aime pour sa propre personne».*[3]

La musulmane doit donc s'éloigner de cet odieux péché, qui n'est admis ni par les préceptes de l'Islam, ni par les convenances sociales. Pour préserver sa dignité, elle doit éviter le scandale que provoque un tel acte; et pour préserver sa foi et son sort dans l'Au-delà, elle doit aussi s'en garder. Car il se peut qu'elle parvienne à réussir habilement son stratagème et le dissimuler de sorte que personne ne s'en rende compte; mais peut-elle pour autant le dissimuler au

---

[1] Cf. *Fat'h Al-Bâri*, vol. IV, p. 352-353; *Sharḥ ṣaḥîḥ muslim*, vol. IX, p. 198.

[2] Cf. *Fat'h Al-Bâri*, vol. IX, p. 219.

[3] *Ḥadîth* rapporté par Bukhari et Muslim. Cf. *Sharḥ as-sunna*, vol. XIII, p. 60.

Seigneur, Lui qui connaît parfaitement les secrets, même les plus cachés, et qui connaît la perfidie des regards ainsi que le recel des cœurs?

30. Elle évite la suffisance et l'ostentation

La véracité, la sincérité et la modestie sont des qualités qui caractérisent toute musulmane imprégnée des préceptes de l'Islam et de ses valeurs morales. Par conséquent, elle est immunisée contre l'arrogance, la suffisance et le mensonge. Elle ne prétend pas être ce qu'elle ne l'est pas, comme elle ne se vante pas devant ses amies de ce qui ne lui appartient pas en réalité. Elle évite cette attitude répugnante, car elle est incompatible avec les valeurs morales de l'Islam. On rapporte à ce sujet qu'une femme dit au Prophète (ﷺ): il m'arrive de prétendre que mon mari m'a fait don de ce qu'il ne m'a pas réellement donné. Il lui dit alors: *«Celui qui se vante de choses qui ne lui ont pas été données, (al-mutashabbi'u), est semblable à celui qui porte deux* [costumes] *d'imposture».*[1]

Le mensonge, la tricherie, la présomption et l'arrogance sont des pratiques réprouvées par l'Islam, car l'adhésion à ses principes réside substantiellement dans la sincérité et la modestie. C'est pourquoi il interdit à ses adeptes la rivalité, la prétention, l'arrogance et l'ostentation.

31. Elle évite le maniérisme et l'afféterie

Le comportement de la musulmane avisée est spontané et naturel. Dans ses propos et ses actes, elle est loin du maniérisme et de l'afféterie. Elle ne fait pas partie de celles qui s'évertuent de manière obsessionnelle à soigner leur comportement et leur façon de parler pour attirer l'attention et l'admiration des autres. Celles qui agissent de la sorte sont certainement des femmes complexées et

---

[1] *Ḥadîth* rapporté par Muslim. Cf. *Sharḥ ṣaḥîḥ muslim*, vol. XIV, p. 110.

superficielles. En vérité, le maniérisme et l'afféterie sont des attitudes qui répugnent toute personne saine et équilibrée.

C'est pourquoi le Messager d'Allah (ﷺ) ainsi qu'Abû Bakr aṣ-Ṣiddîq et 'Umar ibn al-Khaṭṭâb (qu'Allah les agrée) traitèrent avec sévérité les personnes obsédées par l'exagération en toute chose. 'Abd Allah ibn Massoud (qu'Allah l'agrée) disait: par Celui qui à part Lui il n'y a aucune autre divinité, je n'ai jamais vu de personne aussi sévère vis-à-vis des hommes «zélotes» *(al-mutanaṭṭ'ûne)* que le Messager d'Allah (ﷺ). Après lui, je n'ai vu personne aussi sévère que Abû Bakr à leur égard. Je pense aussi que 'Umar devenait ensuite le plus sévère des humains à leur égard, car il craignait pour eux *[les conséquences de leur attitude].*[1]

32. Elle est aimable

L'amour des autres est le fruit de l'amour que l'on leur témoigne. Cet amour se manifeste à travers la bienfaisance et la bienveillance, pratiques qui, en raison de leurs effets utiles et la bonne réputation qu'elles instaurent, attirent la sympathie des gens. Dans cette logique de réciprocité et conformément au sens indiqué, la musulmane tient toujours à être aimable. L'amour des gens vis-à-vis d'elle n'est pas seulement l'effet de son amabilité; c'est aussi un indice lui assurant qu'Allah (exalté soit-Il) l'aime. Car quand Il aime quelqu'un, Il fait que les humains l'aiment aussi. A ce sujet, le Messager d'Allah (ﷺ) a dit: *«Quand Allah aime un être humain, Il mande l'Archange Gabriel et lui dit: J'aime untel; aime-le aussi, et Gabriel aime cet homme. Puis Gabriel crie aux habitants du ciel: Allah aime untel; aimez-le aussi, et les habitants du ciel aiment cet homme. Ensuite, on lui accordera l'agrément* [des gens] *sur terre. Quand, par contre, Allah déteste un être humain, Il mande Gabriel et lui dit: Je déteste untel; déteste-le aussi., et Gabriel déteste cet homme. Puis Gabriel crie aux*

---

[1] *Ḥadîth* rapporté par Abû Ya'lâ al-Mawṣilî et aṭ-Ṭabarânî. Ses transmetteurs sont jugés dignes de confiance. Cf. *Majma' az-zwâ'id,* vol. X, p. 251.

habitants du ciel: Allah déteste untel; détestez-le aussi, et les habitants du ciel détestent cet homme. Ensuite, on fera qu'il soit détesté sur terre.»[1]

En méditant ce *Ḥadîth*, on comprend facilement le secret qui fait que certains musulmans et certaines musulmanes bénéficient de l'amour des croyants. C'est une équation très simple: quand quelqu'un agit conformément à ce qui plaît à Allah, Allah l'aime; quand Allah l'aime, il sera aimé des gens. Quand, au contraire, quelqu'un s'obstine à commettre ce qu'Allah déteste, Allah le déteste; quand Allah le déteste, il sera détesté par les gens. L'équation est simple, mais la concrétiser demande beaucoup d'efforts sincères et continus.

Quand les gens expriment leurs louanges à un croyant pour sa bienfaisance, c'est là aussi un indice confirmant qu'Allah l'aime pour ses bonnes œuvres et qu'il en sera récompensé. C'est une bonne nouvelle annoncée au croyant bienfaiteur par Allah à travers Ses serviteurs.

Muslim rapporte qu'Abû Dharr al-Ghifârî (qu'Allah l'agrée) a dit: on demanda au Messager d'Allah (ﷺ): que dis-tu d'un homme qui, quand il accomplit une œuvre méritoire, les gens l'en louent?[2] Il répondit: *«C'est un signe de bon augure pour le croyant».*[3]

La musulmane imprégnée des valeurs morales de l'Islam et attentive aux commandements comme aux interdits d'Allah est la seule femme qui mérite cette bonne nouvelle anticipée dans ce bas monde. En s'astreignant aux valeurs morales nobles recommandées par l'Islam, notamment la bienfaisance, la tolérance, la magnanimité, l'indulgence, la compassion, l'altruisme, l'équité et la bonté, elle

---

[1] Rapporté par Muslim. Cf. *Sharḥ ṣaḥîḥ muslim*, vol. XVI, p. 184.

[2] Dans une autre version rapportée également par Muslim, il est dit: Les gens l'aiment pour cela.

[3] *Ḥadîth* rapporté par Muslim. Cf. Sharḥ ṣaḥîḥ muslim, vol. XVI, p. 189.

acquiert l'amour des gens dans ce bas monde et l'agrément d'Allah ainsi que Sa récompense dans l'Au-delà.

La musulmane est une femme sociable; elle fréquente aisément les gens, et les gens la fréquente sans aucune difficulté. De par son intelligence, sa courtoisie, sa finesse et son amabilité, elle réussit à exercer une attirance sur les femmes vers sa personne et établir une familiarité avec elles. Elle n'est pas difficile à côtoyer, et elle n'éprouve aucune difficulté à côtoyer les femmes. Grâce à cette qualité, elle parvient à s'introduire dans divers milieux féminins, gagne leur confiance et réussit ainsi à les orienter, les sensibiliser et leur transmettre le Message de l'Islam. C'est pour cela qu'un bon nombre de *Ḥadîths* valorise l'amabilité.

On rapporte à ce sujet que le Messager d'Allah (ﷺ) dit à ses Compagnons: *«Voudriez-vous que je vous indique ceux que j'aime le plus parmi vous et qui seront les plus proches de moi au Jour de la Résurrection?» Après avoir répété sa question à deux ou à trois reprises*, ils dirent: certes oui, ô Messager d'Allah. Il leur dit alors: *«Ceux que j'aime le plus parmi vous et qui seront les plus proches de moi au Jour de la Résurrection sont ceux pourvus du meilleur caractère».*[1]

Dans d'autres versions, il est dit: *«...Ceux qui sont accommodants et aimables».*

On rapporte aussi que le Prophète (ﷺ) a dit: *«Le croyant est aimable. Celui qui ne l'est pas n'a rien de bon».*[2]

Le Messager d'Allah (ﷺ), de par sa qualité de «Modèle par excellence» pour tout musulman, donna l'exemple à la communauté

---

[1] *Ḥadîth* rapporté par Aḥmed ibn Ḥanbal (vol. II, p. 185). Sa voie de transmission est jugée «excellente».

[2] *Ḥadîth* rapporté par Aḥmed ibn Ḥanbal et al-Bazzâr. Ses transmetteurs figurent parmi ceux admis par Bukhari et Muslim. Cf. *Majma' az-zwâ'id*, vol. VIII, p. 87.

des croyants en traitant les gens avec bienveillance et amabilité. Sa conduite, sur ce plan aussi, représente un guide qui indique au croyant toutes les méthodes susceptibles d'attirer les gens et gagner leur sympathie. Il était toujours souriant, courtois, accommodant et n'agissait jamais avec rudesse. Quand il rejoignait des gens en réunion, il s'asseyait là où il y avait une place libre et recommandait aux autres musulmans d'agir de la même manière. Dans les assemblées, il accordait à chacune des personnes présentes l'attention nécessaire, au point que chacun d'eux se sentait favorisé par rapport aux autres musulmans.

Quand quelqu'un lui demandait un service quelconque, il ne le laissait partir sans l'avoir satisfait, fût-ce par des mots généreux. Ses Compagnons le considéraient comme un père. Son caractère noble et ses largesses s'étendaient équitablement à eux tous, et seul le degré de piété des uns les distinguait des autres. Les gens qui l'entouraient étaient humbles, respectueux envers les plus âgés qu'eux et tendres envers les plus petits, altruistes à l'égard des nécessiteux et protecteurs envers les étrangers.

Le Messager d'Allah (ﷺ) ne décevait jamais celui qui se dirigeait vers lui en espérant son assistance. Il avait préservé sa personne de trois défauts: la dispute, le bavardage et l'indiscrétion. Comme il avait préservé les gens de trois autres insuffisances: il s'abstenait de les critiquer, de les déshonorer ou de chercher leurs fautes dissimulées. Il ne parlait que pour dire quelque chose de bénéfique. Et quand il parlait, l'assistance observait le silence et ne parlait qu'une fois ses propos achevés. Personne d'entre eux ne se disputait avec un autre en sa présence. Par modestie et courtoisie, il accompagnait leurs rires et leur émerveillement. Il arrivait qu'un étranger vienne le solliciter de manière tellement rustre et peu convenable que les Compagnons lui enjoignaient de soigner sa façon de parler, mais le Prophète (ﷺ) faisait montre de patience et leur disait: «Quand vous constatez que quelqu'un a besoin d'aide, accordez-la-lui».

Il n'acceptait aucun éloge gratuit et déplacé. Il ne coupait jamais la parole à celui qui s'adressait à lui; il attendait plutôt jusqu'à ce que son interlocuteur eût terminé son propos ou qu'il l'eût signifié en se levant.[1]

'Â'isha (qu'Allah l'agrée) nous informe aussi qu'il agissait prudemment avec les mauvaises gens, et qu'il leur manifestait sa bienveillance pour gagner leurs cœurs. Elle rapporte qu'une fois, un homme ayant demandé la permission de voir le Messager d'Allah (ﷺ), celui-ci dit: *«Quel abominable fils de la tribu!»* - ou *«Quel abominable frère de la tribu!»* Puis quand l'homme fut autorisé d'entrer, il lui parla avec bienveillance. Ensuite, raconte 'Â'isha, je lui dis: ô Messager d'Allah! Après avoir dit ce que tu as dis à propos de cet homme, tu lui parles avec bienveillance! Il répondit: *«Ô 'Â'isha, l'homme qui a la pire position auprès d'Allah est celui que les gens délaissent pour éviter la grossièreté de ses propos».*[2]

La musulmane doit donc suivre l'exemple du Prophète (ﷺ) dans son comportement aimable et bienveillant vis-à-vis des gens, qu'ils soient bons ou mauvais. Ainsi, elle parviendra à être acceptée et respectée de toutes les femmes, ce qui lui facilitera sa mission auprès d'elles.

33. Elle garde le secret

Une musulmane consciencieuse garde le secret des autres musulmans et ne le divulgue jamais. La discrétion reflète une

---

[1] Cf. al-Kândahlawî, *Ḥayât aṣ-ṣaḥâba*, vol. I, pp. 22-23.

[2] *Ḥadîth* rapporté par Bukhari et Muslim. Cf. *Fat'ḥ Al-Bâri*, vol. X, p. 471; *Sharḥ ṣaḥîḥ muslim*, vol. XVI, p. 144.

personnalité mûre, une vertu solide, un esprit intelligent et une attitude pondérée. C'est aussi une attitude recommandée par l'Islam; elle était scrupuleusement respectée par les premiers convertis à la religion. Par conséquent, la vraie musulmane est appelée à être la confidente la plus fiable, car tel est le comportement des meilleurs parmi les croyants.

Le récit suivant illustre de façon parfaite la discrétion manifestée par Abû Bakr aṣ-Ṣiddîq et 'Uthmân ibn 'Affân (qu'Allah les agrée) vis-à-vis de 'Umar ibn al-Khaṭṭâb (qu'Allah l'agrée) au sujet d'un secret que le Messager d'Allah (ﷺ) leur avait confié:

Bukhari rapporte que 'Abd Allah ibn 'Umar ibn al-Khaṭṭâb (qu'Allah l'agrée) a dit: 'Umar ibn al-Khaṭṭâb raconte que lorsque sa fille, Ḥafṣa, perdit son mari, il rencontra 'Uthmân ibn 'Affân et lui proposa de la prendre comme épouse, en lui disant: «Si tu le veux bien, je te marierai à Ḥafṣa bint 'Umar». Il me répondit alors: «J'y réfléchirai.» C'était des nuits que j'attendais *[sa réponse]* puis, l'ayant rencontré, il me dit: «Il me semble que, pour le moment, le mieux est de ne pas me marier».

J'allai alors à la rencontre d'Abû Bakr aṣ-Ṣiddîq et lui dis: «Si tu le veux bien, je te marierai à Ḥafṣa bint 'Umar.» Mais il gardait le silence et ne me donna aucune réponse. *[A cause de cela]*, je fus plus irrité à son encontre qu'à l'égard de 'Uthmân. Plusieurs jours après, le Prophète (ﷺ) la demanda en mariage et je lui exprimai mon consentement. *[Plus tard]*, ayant rencontré Abû Bakr, il me dit: «Tu as dû être irrité à mon égard pour ne t'avoir donné aucune réponse quand tu m'as proposé de prendre Ḥafṣa *[comme épouse]?*» — «Oui», lui répondis-je. Il me dit alors: «Rien ne m'a empêché de répondre à ta proposition, sinon que je savais que le Prophète (ﷺ) avait fait allusion à elle, mais je ne pouvais divulguer le secret du Messager d'Allah (ﷺ). Si, cependant, il avait renoncé à elle, je l'aurais acceptée *[comme épouse]».*[1]

---

[1] Cf. *Fat'h Al-Bâri*, vol. IX, p. 175; vol. VII, p. 319.

Chez les Compagnons, la vertu de préserver les secrets des autres gens ne fut pas une qualité propre aux hommes. Elle caractérisait aussi les femmes et même les enfants qui étaient imprégnés des enseignements de l'Islam. L'Imâm Muslim rapporte que Anas ibn Mâlik (qu'Allah l'agrée) a dit: alors que je jouais avec des enfants, le Messager d'Allah (ﷺ) arriva. Il nous salua, puis il m'envoya pour une commission. Comme j'avais tardé, ma mère me dit quand je rentrai: qu'est-ce qui t'a retenu? — Le Messager d'Allah (ﷺ) m'avait envoyé pour une commission, lui répondis-je. — Quelle a été cette commission? Me demanda-t-elle. — C'est un secret, répliquai-je. Elle me dit alors: ne divulgue à personne le secret du Messager d'Allah (ﷺ). Ô Thâbit, ajoute Anas, par Allah, si j'avais à informer quelqu'un de ce secret, c'est toi que j'aurais informé.[1]

C'est là un exemple que toute musulmane devrait suivre dans l'éducation de ses enfants. La mère d'Anas ne céda pas devant la curiosité qui s'accentue habituellement dans ce genre de situations, car un secret qu'on refuse de nous divulguer nous obsède encore beaucoup plus. En tant que mère responsable de l'éducation de son fils, elle remarqua qu'Anas tenait à préserver le secret du Messager d'Allah (ﷺ), et comme cette attitude est en elle-même une qualité digne d'être encouragée, elle la consolida en lui, en lui demandant de ne divulguer à personne le secret du Prophète (ﷺ). Depuis, il respecta scrupuleusement ce conseil, au point qu'il refusa de relater ce secret à Thâbit, qui était pourtant un éminent Epigone.

Comme nous l'avons signalé, l'indiscrétion est un très mauvais vice. Cependant, la pire indiscrétion est celle qui consiste à divulguer les secrets intimes de la vie conjugale. C'est un vice dont seules les personnes déséquilibrées, frivoles, futiles et susceptibles de cocuage sont atteintes. Les musulmans et les musulmanes sont préservés de cette exécrable pratique, car leur religion la leur interdit de façon

---

[1] Cf. *Sharḥ ṣaḥîḥ muslim*, vol. XVI, p. 41.

catégorique. Le Messager d'Allah (ﷺ) a dit: *«Au Jour de la Résurrection, ceux qui auront le pire rang auprès d'Allah seront l'époux et l'épouse qui, après s'être livrés l'un à l'autre, auront divulgué leurs relations intimes».*[1]

34. Elle est sympathique et joviale

Rencontrer l'autre avec un visage radieux et souriant est l'un des principaux éléments qui permettent à la musulmane de réussir dans sa vie conjugale et sociale. Hormis le fait que cette attitude soit un facteur qui fait d'elle une personne aimable et proche des gens, c'est aussi un acte de bienfaisance valorisé et recommandé par l'Islam. Dans son *Ṣaḥîḥ*[2], Muslim rapporte que le Prophète (ﷺ) qui a dit: *«Ne méprise aucun acte de bienfaisance, fût-ce* [uniquement le fait] *de rencontrer ton frère avec un visage radieux».*[3]

Le Messager d'Allah (ﷺ) avait le visage radieux et rencontrait toujours ses Compagnons avec le sourire. On rapporte à ce sujet que l'éminent Compagnon Jarîr ibn 'Abd Allah al-Bajalî a dit: «Depuis ma conversion à l'Islam, le Messager d'Allah (ﷺ) ne s'est jamais dérobé à moi et il ne m'a jamais rencontré qu'en souriant».[4]

Comme nous l'avons précisé dans un chapitre précédent, la gaieté et le sourire émanant de la femme apportent la joie à son époux et consolident ainsi l'amour et le respect qu'il éprouve pour elle. Il en est de même pour ce qui concerne son attitude avec les femmes qu'elle fréquente; elle doit se comporter avec elles avec amabilité, car il n'y a pas mieux qu'une mine radieuse et sympathique pour instaurer l'amitié et consolider les liens de fraternité dans une société. Cela est un élément important auquel la musulmane doit être

---

[1] *Ḥadîth* rapporté par Muslim. Cf. *Idem.*, vol. VIII, p. 10.

[2] Cf. *Sharḥ ṣaḥîḥ muslim,* vol. XVI, p. 177.

[3] *Ḥadîth* rapporté par Muslim. Cf. *Sharḥ ṣaḥîḥ muslim,* vol. XVI, p. 177.

[4] *Ḥadîth* rapporté par Bukhari et Muslim. Cf. *Fat'ḥ Al-Bâri,* vol. X, p. 504; *Sharḥ ṣaḥîḥ muslim,* vol. XVI, p. 35.

attentive, d'autant plus qu'elle est chargée de la mission de diffuser le Message de l'Islam parmi ses semblables.

Dans le cadre de cette mission, la musulmane doit se distinguer par un esprit fin et des propos agréables. Dans les situations où il est opportun de faire recours au divertissement pour rendre l'ambiance agréable, elle ne doit pas hésiter à le faire. Détendre l'atmosphère durant une assemblée destinée à faire acquérir le savoir ou échanger des conseils utiles est, en effet, une méthode recommandée d'un point de vue pédagogique. Cependant, la plaisanterie ne doit pas sortir du cadre islamique pour se transformer en propos futiles ou vulgaires.

Le Messager d'Allah (ﷺ) avait l'habitude de plaisanter, mais ses plaisanteries ne dépassaient jamais le cadre de la décence et ne s'écartaient en aucun cas de la vérité. Un jour, ses Compagnons lui dirent: *[pourtant,]* tu plaisantes avec nous! Il leur répondit: «[Oui,] *mais je ne dis que la vérité».*[1]

Les Compagnons avaient eux aussi l'habitude de plaisanter avec le Prophète (ﷺ), mais toujours dans le cadre de la décence et du respect. Les ouvrages consacrés aux *Ḥadîth*s et aux biographies rapportent un bon nombre d'anecdotes à ce sujet.

On rapporte que le Messager d'Allah (ﷺ) avait l'habitude de plaisanter avec l'enfant de l'un de ses Compagnons. Cet enfant, surnommé Abû 'Umayr, avait un oiseau, un petit chardonneret, dont la présence l'amusait. Un jour, le Prophète (ﷺ) constata qu'il était triste et demanda à son entourage: *«Pourquoi Abû 'Umayr est-il triste?»* - Le chardonneret avec lequel il s'amusait est mort, lui répondit-on. Alors, il dit au garçon sur un ton de plaisanterie: *«Ô Abû 'Umayr, comment va le* nughayr - [le petit chardonneret]*?»*[2]

---

[1] *Ḥadîth* rapporté par Bukhari dans *al-Adab al-mufrad*, vol. I, p. 356.

[2] Cf. al-Kândahlawî, *Ḥayât aṣ-ṣaḥâba*, vol. III, pp. 149.

On rapporte aussi qu'un homme vint voir le Prophète (ﷺ) et lui demanda une monture. Le Prophète (ﷺ) lui dit en plaisantant: *«Je t'offrirai le petit d'une chamelle comme monture».* L'homme lui dit: ô Messager d'Allah, en quoi me servira le petit d'une chamelle? Alors le Messager d'Allah s'expliqua en disant: *«Y a-t-il un chameau qui ne soit pas le petit d'une chamelle?»*[1]

L'Imâm Aḥmed rapporte que Anas ibn Mâlik a dit: un campagnard nommé Dhâhir avait l'habitude de ramener de la campagne des cadeaux au Prophète (ﷺ). Et quand il s'apprêtait à partir, *le Prophète (ﷺ) avait lui aussi l'habitude de lui offrir des provisions [inexistantes en campagne].* A son propos, le Messager d'Allah (ﷺ) disait: *«Dhâhir est, pour nous, la campagne, et nous sommes, pour lui, la ville».*

Dhâhir n'était pas très beau, mais le Prophète (ﷺ) lui manifestait une affection profonde. Une fois, alors que Dhahir était au marché en train d'écouler sa marchandise, *le Messager d'Allah (ﷺ) vint discrètement derrière lui et le serra dans ses bras.* - Qui es-tu? Dit Dhâhir. Lâche-moi! Mais quand il se retourna et sut que c'était le Prophète (ﷺ), il ne se débattit plus. Alors, le Prophète (ﷺ) se mit à appeler: *«Qui est intéressé par l'achat d'un esclave?»*

[Dans le même esprit,] Dhâhir lui dit: ô Messager d'Allah, par Allah, tu vas découvrir que je ne vaux rien. Et le Prophète de lui répondre: *«Mais, auprès d'Allah, tu es d'une grande valeur».*[2]

At-Tirmidhî rapporte qu'une vieille femme vient voir le Prophète (ﷺ) et lui dit: ô Messager d'Allah, demande à Allah de m'accorder l'accès au Paradis. — *«Ô Umm untel, aucune vieille n'accèdera au Paradis»*, lui dit le Prophète (ﷺ), en plaisantant. La vieille femme partit alors en pleurant. Mais le Prophète (ﷺ) dit à ses Compagnons:

---

[1] *Ḥadîth* rapporté par Bukhari dans *al-Adab al-mufrad*, vol. I, p. 366.

[2] Les transmetteurs de ce *ḥadîth* figurent parmi ceux admis par Bukhari et Muslim. Cf. *Majma' az-zwâ'id,* vol. IX, p. 368.

«Informez-là qu'elle n'accèdera pas au Paradis en étant vieille, car Allah (exalté soit-Il) dit: ﴿Nous les *avons intégralement suscitées, et Nous les avons faites vierges.*﴾» *[Coran, 56: 35-36]*

L'Imâm Aḥmed rapporte que 'Â'isha (qu'Allah l'agrée) a dit: j'ai accompagné le Prophète (ﷺ) dans l'un de ses voyages alors que j'étais jeune et n'avais pas encore pris du poids. Durant ce voyage, il a dit aux gens: *«Devancez-nous!»* Puis, quand ils nous ont devancés, il m'a dit: *«Viens! Je voudrais faire avec toi une course à pied»*.

Nous avons alors fait une course, et j'ai réussi à l'emporter. Depuis, il n'avait plus réitéré la même proposition.

Mais quand j'ai pris du poids et alors que j'ai complètement oublié cette course, il a dit aux gens durant un autre voyage où je l'avais accompagné: *«Devancez-nous!»* Puis, quand ils nous ont devancés, il m'a dit: *«Viens! Je voudrais faire avec toi une course à pied.»* Nous avons alors fait une course, et là, c'est lui qui a réussi à l'emporter. Il m'a alors dit: «[Nous sommes maintenant à égalité]; *cette* [victoire] *est le pendant de l'autre»*.[1]

En dépit de sa qualité de Guide, d'Imâm chargé d'éduquer les croyants, et en dépit des tâches nobles et lourdes qu'il assumait en tant que Chef d'Etat, le Messager d'Allah (ﷺ) n'éprouvait aucune gêne à plaisanter. Ses responsabilités ne l'empêchaient pas d'être de bonne humeur et d'apporter la joie à ses Compagnons et à ses épouses.

On rapporte à ce sujet que 'Â'isha (qu'Allah l'agrée) a dit: un jour, j'ai apporté au Prophète (ﷺ) une soupe faite à base de farine (*ḥarîra*) que j'avais préparée.

Le Prophète se tenait entre moi et Sawda à qui j'ai demandé de goûter à ma soupe, mais elle a refusé. Je lui ai alors dit: mange, sinon je t'en maculerai le visage! Mais elle a de nouveau refusé. J'ai mis

---

[1] *Ḥadîth* jugé «authentique», rapporté par Aḥmed (vol. VI, p. 264) et Abû Dâwûd (vol. III, p. 41).

alors ma main dans la soupe et je lui ai maculé le visage avec.

Voyant cela, le Prophète (ﷺ) se mit à rire, puis il lui fit un signe de la main l'incitant à me maculer le mien.[1] De l'assiette, elle prit alors un peu de soupe et m'en macula le visage, *tandis que le Messager d'Allah (ﷺ) ne cessait de rire.*[2]

Ces anecdotes, et bien d'autres, indiquent clairement que l'Islam, de par sa tolérance, encourage ses adeptes à être sympathiques, joyeux et bons vivants. Ajoutées au sérieux de la musulmane, ces qualités représentent certainement un atout supplémentaire qui renforce son attirance et son influence.

Lors de ses discussions avec les autres femmes, la musulmane avisée n'omet pas de leur apporter la joie et les égayer, en leur annonçant de bonnes nouvelles ou en leur racontant des anecdotes agréables.

L'humour et la gaieté permettent parfois l'accès à des cœurs difficiles à atteindre. Ils contribuent aussi à consolider les liens de fraternité, à propager l'optimisme et à délasser les esprits pour leur permettre d'accomplir pleinement leurs tâches sérieuses.

C'est pourquoi, à celui qui apporte la joie à un musulman, l'Islam promet une joie encore meilleure, car elle lui sera accordée au Jour de la Résurrection. Le Messager d'Allah (ﷺ) a dit: ***«Celui qui, lorsqu'il rencontre son frère musulman, lui manifeste ce qu'il aime afin de lui apporter la joie, Allah (à Lui la puissance et la majesté) lui accordera la joie au Jour de la Résurrection».***[3]

---

[1] Dans une autre version, il est dit: *[«] (...) Il rabaissa son genou pour lui permettre de prendre sa revanche».*

[2] *Ḥadîth* rapporté par Abû Ya'lâ al-Mawṣilî. Ses transmetteurs figurent parmi ceux admis par Bukhari et Muslim, excepté Mohammed ibn 'Amr ibn 'Alqama dont les récits sont uniquement «appréciés». Cf. *Majma' az-zawâ'id,* vol. IV, p. 316.

[3] *Ḥadîth* jugé «apprécié», rapporté par aṭ-Ṭabarânî dans *al-Mu'jam aṣ-ṣaghîr.* Cf. *Majma' az-zawâ'id,* vol. VIII, p. 193.

Les moyens licites permettant d'apporter la joie aux autres ne manquent pas, et c'est à la musulmane intelligente de les connaître et d'en faire usage pour consolider ses relations avec les autres femmes. Par une salutation chaleureuse, des mots gentils, un sourire affectueux, une remarque subtile, une anecdote originale, une bonne nouvelle, une visite sincère, un cadeau agréable, un contact permanent, une aide réelle ou une consolation réconfortante, elle parvient sûrement à se frayer un chemin menant aux cœurs des autres et consolider ainsi les liens d'amitié avec elles.

35. Elle n'est pas abusivement rigoriste en matière de religion

La musulmane qui a parfaitement compris sa religion évite le rigorisme exagéré et non justifié. Elle ne se montre pas intransigeante quand il s'agit, à l'occasion de certaines cérémonies, de pratiques tolérées par l'Islam. Ainsi, elle ne s'oppose pas, par exemple, au chant autorisé lors des fêtes et des cérémonies de mariage, et assiste même aux jeux et aux divertissements sains qui n'engendrent aucune tentation déviationniste.

Assister ou participer, en certaines occasions, à un divertissement toléré par l'Islam n'implique nullement qu'elle en fait son souci principal ou qu'elle en devienne une habituée. Bien au contraire, cette pratique est en conformité totale avec les enseignements de l'Islam, qui autorisent le divertissement à certains moments. Les *Ḥadîths* authentiques suivants le confirment de manière claire et indiscutable:

Dans son *Ṣaḥîḥ*,[1] Bukhari rapporte que 'Â'isha, la Mère des croyants (qu'Allah l'agrée), ayant accompagné une mariée, une orpheline qu'elle avait en charge, à la maison de son époux, qui était un homme des *Anṣâr*, le Messager d'Allah (ﷺ) lui dit: *«Ô 'Â'isha,*

---

[1] Cf. *Fat'ḥ Al-Bâri*, vol. IX, p. 225.

était-elle accompagnée d'une distraction quelconque? Car les Anṣâr *(Médinois) aiment la distraction».*

Bukhari rapporte aussi que 'Â'isha a dit: *[un jour de fête,] le Messager d'Allah (ﷺ) entra dans ma chambre pendant que deux jeunes filles fredonnaient des chansons de* [la bataille de] *Bu'âth.* Il s'étendit alors sur le lit en nous tournant le dos. Ensuite, Abû Bakr entra et me réprimanda en disant: la flûte de Satan chez le Prophète!

Alors le Messager d'Allah (ﷺ) se tourna vers lui et lui dit: *«Laisse-les!»* Puis comme *[je remarquai que]* le Prophète (ﷺ) ne faisait plus attention à nous, je fis signe aux deux jeunes filles; *[alors],* elles sortirent.[1]

Dans une autre version, il est dit que le Messager d'Allah (ﷺ) a dit à Abû Bakr: *«Ô Abû Bakr, chaque peuple a sa fête; et c'est la nôtre* [aujourd'hui]».[2]

Bukhari rapporte aussi que 'Â'isha (qu'Allah l'agrée) a dit: il y avait un jour de fête où de jeunes Noirs organisaient des jeux divertissants avec des boucliers et des lances. En ce jour, soit je demandais au Prophète (ﷺ) *[de les voir],* soit il me le proposait lui-même en disant: *«Veux-tu voir* [*le spectacle*]?» - Oui, répliquais-je. *Il me plaçait alors derrière lui, sa joue contre la mienne, et il disait par intermittence: «Allez-y, ô Abyssins!»* Puis, alors que je n'en redemandais plus, il me dit: *«C'est assez?»* - Oui, lui ai-je répondu. Il m'a dit alors: *«Tu peux donc partir».*[3]

Dans *Fat'ḥ Al-Bâri*, Ibn Ḥajar al-'Asqalânî rapporte plusieurs variantes de ce *Ḥadîth*, dont cette version, d'az-Zuhrî, où il est dit: cela durait jusqu'à ce que ce fût moi qui n'en redemandais plus.[4]

---

[1] *Idem.*, vol. II, p. 440.

[2] *Idem.*, vol. II, p. 445.

[3] *Idem.*, vol. II, p. 440.

[4] Vol. II, p. 444.

Il y a aussi la version de Muslim, selon la voie de transmission qui remonte jusqu'à az-Zuhrî, et dans laquelle 'Â'isha dit: ensuite, il restait debout en ma compagnie jusqu'à ce que ce fût moi qui partais.[1]

Elle existe également la version d'an-Nassâ'î, selon la voie de transmission qui remonte jusqu'à Yazîd ibn Rûmân, où il est dit: le Messager d'Allah (ﷺ) me disait: *«En es-tu satisfaite? En es-tu satisfaite?»* Et à chaque fois je répondais: pas encore! - pour m'assurer de la place que j'occupais auprès de lui.[2]

Toujours à propos de la même occasion, an-Nassâ'î rapporte, d'après Abû Salama, que 'Â'isha (qu'Allah l'agrée) a dit: j'ai dit: ô Messager d'Allah, ne t'impatiente pas! *Il est resté alors debout à m'attendre*, puis il m'a dit: *«T'en as assez?»* - Ne t'impatiente pas! lui ai-je répondu. Ce n'était pas le désir de voir les jeunes Noirs *[qui me poussait à lui répondre ainsi];* je voulais surtout que les femmes soient au courant de ses égards vis-à-vis de moi et de la place que j'occupais auprès de lui.

Dans le chapitre consacré au mariage, an-Nassâ'i mentionne une autre version qui remonte jusqu'à az-Zuhrî, et selon laquelle le Prophète (ﷺ) a dit: *«Prenez en compte la jeune fille, qui tient à se divertir».*[3]

Dans *Fat'ḥ Al-Bârî*[4], Ibn Ḥajar al-'Asqalânî rapporte aussi, d'après as-Sarrâj, selon une voie de transmission qui remonte jusqu'à Abû az-Zinâd, d'après 'Urwa ibn az-Zubayr, d'après 'Â'isha: le Messager d'Allah (ﷺ) a dit en ce jour: *«Pour que les juifs sachent qu'il y a dans notre religion des moments de divertissement, car j'ai été envoyé en ayant comme Message la foi originelle* (hanîfiyya), *celle de la tolérance».*

---

[1] *Ibid.*

[2] *Ibid.*

[3] *Ibid.*

[4] *Ibid.*

At-Tirmidhî rapporte que 'Â'isha (qu'Allah l'agrée) a dit: *alors que le Messager d'Allah (ﷺ) était assis, nous entendîmes des clameurs et des voix d'enfants. Le Messager d'Allah (ﷺ) se leva et vit qu'il y avait une Abyssinienne qui dansait et qui était entourée d'enfants.* Il me dit: *«Ô 'Â'isha, viens voir!»* Je le rejoignis alors.

Je plaçai mon menton sur son épaule et, entre celle-ci et sa tête, je parvins à voir *[l'Abyssinienne].* Peu de temps après, il me dit: *«C'est assez?»* - Non, lui répondis-je pour m'assurer de la place que j'occupais auprès de lui.

Mais, soudain, 'Umar apparut, et ceux qui étaient autour de l'Abyssinienne se dispersèrent. Le Messager d'Allah (ﷺ) me dit alors: *«Je constate que les démons parmi les djinns et les humains se sont enfuis à la vue de 'Umar.»* Ensuite, ajoute 'Â'isha, je suis revenue *[à ma place initiale].*[1]

Ces Textes, et bien d'autres, témoignent clairement du caractère noble du Messager d'Allah (ﷺ) et de sa tendresse en tant qu'époux soucieux du bonheur de sa femme. Ils indiquent aussi que l'Islam est une religion tolérante et commode. Ils confirment, enfin, que l'Islam autorise la femme à se divertir en certaines occasions, mais que certains esprits rigoristes et rigides condamnent en y voyant un crime impardonnable.

Il est bien évident qu'une musulmane consciencieuse est censée être une femme sérieuse qui, dans la plupart du temps, s'intéresse à ce qui est noble et renonce aux futilités. Cependant, cela ne l'empêche en rien de se divertir en certaines occasions dans le cadre autorisé par l'Islam. Le rigorisme abusif en matière de religion mène souvent à un effet contraire, à savoir une lassitude susceptible de décourager le croyant d'observer le minimum même de ses devoirs religieux. L'Islam est une religion sage et révélée par le Très-Sage qui connaît parfaitement la nature humaine, Celui qui savait, avant la création

---

[1] *Ḥadîth* rapporté par at-Tirmidhî (vol. V, p. 621) qui le juge «apprécié atteignant le degré d'authentique, mais singulier» (*ḥassan ṣaḥîḥ gharîb*).

même des humains, qu'ils seront de temps en temps enclins au divertissement. D'où la permission accordée aux croyants de se divertir par moments, de se délasser pour renouveler leur énergie et pouvoir reprendre leurs tâches et les accomplir avec résolution et efficacité. Cela confirme, encore une fois, l'esprit modéré de l'Islam et sa volonté de maintenir l'équilibre de l'être humain.

36. Ses habitudes sont conformes aux critères islamiques

Une musulmane dotée d'une connaissance parfaite des principes de sa religion ne se soumet pas à toute coutume adoptée par les gens uniquement parce qu'elle est en vogue ou parce qu'elle fait partie d'un héritage social. Qu'une coutume soit moderne ou antique, qu'elle soit adoptée unanimement par les gens ou non, cela ne la valorise en rien aux yeux de la femme musulmane. Son seul critère doit être la conformité aux préceptes de l'Islam.

A ce propos, nous nous contenterons de citer deux mauvaises habitudes, si largement adoptées que les gens dans les foyers musulmans s'étonnent quand on leur signale qu'elles sont contraires à l'Islam. La première est celle qui consiste à décorer les maisons de statuettes ou de figurations représentant des figures d'êtres humains ou d'animaux. La seconde est l'adoption de chiens domestiques.

La première pratique est catégoriquement interdite par l'Islam. On rapporte à ce sujet, d'après 'Abd Allah ibn 'Umar (qu'Allah l'agrée), que le Messager d'Allah (ﷺ) a dit: *«Ceux qui produisent ces figurations subiront le châtiment au Jour de la Résurrection, on leur dira: "Donnez vie à ce que vous avez créé!"»*[1]

On rapporte aussi que 'Â'isha (qu'Allah l'agrée) a dit: le Messager d'Allah (ﷺ) rentra *[un jour]* d'un voyage alors qu'en son

---

[1] *Ḥadîth* rapporté par Bukhari et Muslim. Cf. an-Nawawî, *Riyâḍ aṣ-ṣâliḥîn*, p. 741.

absence, j'avais caché l'un des recoins *[de ma chambre]* par un léger rideau orné de figurations représentant des êtres humains. Dès qu'il le constata, son visage changea de couleur. Il me dit alors: *«Ô 'Â'isha, ceux qui subiront le châtiment le plus pénible au Jour de la Résurrection seront ceux qui auront tenté d'imiter Allah dans Sa création.»* Ensuite, ajoute 'Â'isha, nous déchirâmes le rideau et en fîmes un coussin ou deux.[1]

D'après 'Abd Allah ibn 'Abbâs (qu'Allah l'agrée), le Messager d'Allah (ﷺ) a dit: *«Tout 'peintre' sera en Enfer; chacune de ses représentations sera dotée d'une âme et se chargera de son châtiment».* 'Abd Allah ibn 'Abbâs ajoute: si tu tiens à dessiner, dessine plutôt des arbres ou tout autre objet dénué d'âme.[2]

D'après Abû Ṭalḥa (qu'Allah l'agrée), le Messager d'Allah (ﷺ) a dit: *«Les Anges n'entrent pas dans une maison où il y a un chien ou une figuration».*[3]

'Â'isha (qu'Allah l'agrée) a dit encore: l'Archange Gabriel promit au Messager d'Allah (ﷺ) de le voir à une heure précise. Mais, l'heure arrivée, il ne vint pas. Comme un bâton qu'il avait à la main venait de tomber, il se pencha pour le récupérer en disant: *«Ni Allah ni Ses messagers* [les Anges] *ne manquent à leurs promesses!»* Et là, en se retournant, il remarqua un petit chien sous son lit. Il me demanda alors: *«Quand est-ce que ce chien s'est-il introduit dans la chambre?»* - Par Allah, je n'en sais rien, lui répondis-je. *Puis il ordonna qu'on le fasse sortir* et, juste après, Gabriel arriva. Le Messager d'Allah (ﷺ) lui dit: «Tu m'as promis de venir et je t'ai attendu, mais tu n'étais pas arrivé!» Gabriel lui répondit: «Le chien qui était chez toi m'en a empêché. Nous n'entrons pas dans une maison où il y a un chien ou une figuration».[4]

---

[1] *Ḥadîth* rapporté par Bukhari et Muslim. Cf. *Idem.*, p. 742.

[2] *Ḥadîth* rapporté par Bukhari et Muslim. Cf. *Ibid.*

[3] *Ḥadîth* rapporté par Bukhari et Muslim. Cf. *Idem.*, p. 743.

[4] *Ḥadîth* rapporté par Muslim. Cf. *Sharḥ ṣaḥîḥ muslim*, vol. XIV, p. 81.

Les Textes concernant cette question sont multiples et s'accordent unanimement à interdire les figurations et les statues. Le temps a révélé le sens profond de cette interdiction, notamment à notre époque où les hypocrites et les arrivistes encouragent les tyrans et les dictateurs à persister dans leur tyrannie, concrétisant ainsi un certain fétichisme à travers des statues, de leur vivant ou après leur mort, les représentant comme des divinités ou des semi-divinités. Ainsi, l'idolâtrie originale a été substituée par «le culte de la personnalité». Substantiellement, cette pratique consiste à faire perdurer la tyrannie et à exalter l'injustice au détriment des déshérités qui en subissent les conséquences.

Depuis près plus de quinze siècles, l'Islam, en instaurant la doctrine de l'Unicité d'Allah, a mis un terme aux idoles qui matérialisent le polythéisme. Autant il a combattu le paganisme sous sa forme primaire, autant il refuse son retour sous d'autres formes feutrées et inavouées. Que la vénération soit sous prétexte de perpétuer le souvenir de tel guide, ou sous couvert de rendre hommage à tel artiste ou tel poète, la vénération concrétisée par les statues est condamnée par l'Islam. La société musulmane est une société d'Unicité, elle ne vénère qu'Allah. Dans cette société, nul autre qu'Allah n'est digne d'être vénéré; d'où l'interdiction catégorique des sculptures représentant des êtres humains ou des animaux.

Passons maintenant à la seconde mauvaise habitude, en l'occurrence l'adoption de chiens domestiques. Notons, de prime abord, qu'il n'y a aucun mal à adopter un chien de garde, de berger ou de chasse. A ce sujet, on rapporte, d'après 'Abd Allah ibn 'Umar (qu'Allah l'agrée), que le Messager d'Allah (ﷺ) a dit: *«Celui qui adopte un chien autre que le chien de chasse ou de berger, sa rétribution sera diminuée chaque jour de* [l'équivalent de] *deux carats».*[1]

---

[1] *Ḥadîth* rapporté par Bukhari et Muslim. Cf. an-Nawawî, *Riyâḍ aṣ-ṣâliḥîn*, p. 744.

Il en ressort donc que, hormis le chien de chasse ou de garde, l'adoption de tout autre chien est interdite par l'Islam. De nos jours, nous constatons que certains musulmans et certaines musulmanes adoptent des chiens «à l'occidentale». Ils les entretiennent, prennent soin d'eux et les chouchoutent en leur consacrant des aliments, des toilettes et même des shampoings, ainsi que d'autres soins particuliers qui représentent toute une industrie en Occident, et dont les frais atteignent des millions de dollars par an.

Cette habitude pathologique n'appartient aucunement au mode de vie islamique. Si, en Occident, des considérations psychologiques, liées principalement à l'absence du relationnel et au matérialisme dominant, poussent ses citoyens à compenser l'affection humaine par l'adoption de chiens, cela ne doit en aucun cas inciter les musulmans à les imiter, car leur vie sociale est riche d'affection et de cordialité.

Il y a une autre mauvaise habitude sur laquelle nous voudrions attirer l'attention, et qui est adoptée par certains musulmans aisés parmi les musulmans. Il s'agit de l'usage d'ustensiles en or ou en argent. Cette pratique est interdite de manière catégorique par l'Islam, et ce, dans plusieurs *Ḥadîths*.

D'après Umm Salama (qu'Allah l'agrée), le Messager d'Allah (ﷺ) a dit: *«Celui qui boit dans une coupe en argent ne fait que déglutir dans son ventre le feu de la Géhenne».*[1]

Dans une version rapportée par Muslim, il est dit: *«Celui qui mange ou boit dans une coupe ou une assiette en argent ou en or...»*[2]

Il rapporte aussi une autre version où il est dit: *«Celui qui boit dans une coupe en argent ou en or ne fait que déglutir dans son ventre une flamme de la Géhenne».*[3]

---

[1] *Ḥadîth* rapporté par Bukhari et Muslim. Cf. *Idem.*, p. 788.

[2] Cf. *Sharḥ ṣaḥîḥ muslim*, vol. XIV, p. 29.

[3] *Idem.*, vol. XIV, p. 30.

La musulmane doit donc se garder de ces interdits qui, par imitation aveugle des Occidentaux, sont devenus des habitudes dans certains milieux. Quel que soit le pays ou le milieu où elle vit, elle doit constamment soumettre les coutumes de son entourage aux principes et aux valeurs de l'Islam et n'en adopter que ce qui lui est conforme.

Elle doit renoncer à toute coutume contraire à l'Islam, que ce soit lors des cérémonies de fiançailles ou de mariage, ou dans le mode de vie adopté au sein même du foyer familial. Les habitudes et les coutumes sont multiples et varient selon les pays et les peuples musulmans; on ne peut donc pas les aborder dans leur totalité pour juger de leur légalité ou de leur illégalité. Cependant, la musulmane doit retenir que le seul critère qui détermine la validité d'une coutume est sa conformité avec l'Islam, et non son expansion au sein de la société humaine.

37. Elle n'est pas arrogante

Une musulmane sincère et consciencieuse ne saurait être arrogante. Elle ne se montre jamais hautaine vis-à-vis des femmes qui lui sont inférieures en beauté, en richesse, en noblesse filiale ou en notabilité sociale. Elle sait, en effet, que traiter les gens avec arrogance est une pratique interdite qui prive du Paradis, car sa religion le lui affirme de manière claire et explicite. Allah (exalté soit-Il) dit:

> ﴾Cette Demeure Dernière, Nous la réservons à ceux qui ne recherchent ni à être altiers sur terre, ni à y semer la corruption. Cependant, l'heureuse fin appartient aux *[gens]* pieux.﴿ *[Coran, 28: 83]*

Il dit aussi:

> ﴾Ne détourne pas ton visage des hommes, et ne marche pas insolemment sur terre, car Allah n'aime pas celui qui est présomptueux et vantard.﴿ *[Coran, 31: 18]*

Les *Ḥadîths* qui condamnent l'arrogance et en mettent le croyant en garde sont d'une multitude considérable. C'est que le Messager d'Allah (ﷺ) tenait à éradiquer ce vice des âmes des croyants, en les incitant à s'en démarquer et en leur précisant que celui qui succombe à son emprise, fût-ce partiellement, sera privé du Paradis dans l'autre monde.

Ainsi, Muslim rapporte que le Messager d'Allah (ﷺ) a dit: *«Celui qui a l'arrogance au cœur, ne serait-ce que le poids d'un atome, n'accèdera pas au Paradis»*. Un homme lui dit: «Certains d'entre nous aiment que leurs vêtements et leurs sandales soient beaux!»

Le Prophète (ﷺ) lui répondit: *«Allah est beau et Il aime la beauté. L'orgueil est le déni des droits* [d'autrui] *et l'injustice envers les gens»*.[1]

Ḥâritha ibn Wahb (qu'Allah l'agrée) a dit: j'ai entendu le Messager d'Allah (ﷺ) dire: *«Voudriez-vous que je vous indique les gens de l'Enfer? Ce sera tout* [individu] *grossier, insolent*[2] et arrogant».[3]

Dans un autre *Ḥadîth*, le Prophète (ﷺ) nous informe qu'au Jour de la Résurrection, Allah privera les arrogants de Son regard, de Sa parole et de Son pardon: une punition assez humiliante que toute femme arrogante devrait méditer. Il dit: *«Au Jour de la Résurrection, il y a trois* [personnes] *à qui Allah n'adressera pas la parole; Il ne les regardera pas et ne les purifiera pas* [de leurs péchés]. *Ils subiront, plutôt, un châtiment douloureux: le vieillard fornicateur, le roi menteur et le nécessiteux arrogant»*.[4]

---

[1] Cf. *Sharḥ saḥîḥ muslim*, vol. II, p. 89.

[2] Autre interprétation: «Qui se pavane».

[3] *Ḥadîth* rapporté par Bukhari et Muslim. Cf. an-Nawawî, *Riyâḍ aṣ-ṣâliḥîn*, p. 334.

[4] *Ḥadîth* rapporté par Muslim. Cf. *Sharḥ ṣaḥîḥ muslim*, vol. II, p. 115.

On rapporte aussi que le Messager d'Allah (ﷺ) a dit: *«Au Jour de la Résurrection, Allah ne regardera pas celui qui, par arrogance, laissait traîner son pagne* [par terre]».[1]

La supériorité ne sied pas aux mortels, ces faibles créatures; elle ne sied qu'à Allah, le Créateur qui surpasse tout être en toute chose. Quand un être humain s'arroge donc le droit de supériorité vis-à-vis de ses semblables, il commet une transgression à l'encontre d'Allah, puisqu'il prétend rivaliser avec le Créateur Suprême dans l'un de Ses propres attributs. Muslim rapporte à ce sujet que le Messager d'Allah (ﷺ) a dit: *«Allah (à Lui la puissance et la majesté) a dit* [hors Coran]: "*La toute-puissance est Mon pagne et la supériorité est Mon manteau. Quiconque Me les dispute, Je le châtierai*".»[2]

C'est pour cela que, dans plusieurs *Ḥadîth*s, le Prophète (ﷺ) met les croyants en garde contre tout sentiment ou comportement hautain susceptible de les tenter dans un moment de faiblesse humaine, afin de les préserver des conséquences néfastes de cet abominable vice. Il dit dans un autre *Ḥadîth: «Celui qui se donne des airs importants ou se pavane, rencontrera Allah (à Lui la puissance et la majesté) en colère contre lui».*[3]

38. Elle est modeste

La modestie étant l'antidote de l'arrogance, une musulmane sincère ne saurait être que modeste, bienveillante et sensible aux autres personnes. Autant l'Islam a interdit l'arrogance et a mis en évidence ses conséquences néfastes, autant, pour l'éradiquer, il a recommandé la modestie et l'humilité par égard à Allah. Le Messager d'Allah (ﷺ) a dit: *«Aucun serviteur ne fait montre de modestie, par amour d'Allah, sans qu'Allah élève son rang».*[4]

---

[1] *Ḥadîth* rapporté par Bukhari et Muslim. Cf. *Sharḥ as-sunna*, vol. XII, p. 9.

[2] Cf. *Sharḥ ṣaḥîḥ muslim*, vol. XVI, p. 173. Voir aussi: Bukhari, *al-Adab al-mufrad*, vol. II, p. 9.

[3] *Ḥadîth* rapporté par Bukhari dans *al-Adab al-mufrad*, vol. II, p. 7.

[4] *Ḥadîth* rapporté par Muslim. Cf. *Sharḥ ṣaḥîḥ muslim,* vol. XVI, p. 141.

Il a également dit: *«Allah m'a révélé ceci* [hors Coran]: "*Soyez modestes, et pour que nul d'entre vous ne se vante devant l'autre et nul n'opprime l'autre*".»[1]

En méditant la vie du Prophète (ﷺ), la musulmane y trouvera la concrétisation même de la modestie, de la gentillesse, de la spontanéité et de la bienveillance vis-à-vis des gens. Son statut de Prophète et de Chef de la Communauté ne l'empêchait guère de faire montre d'humilité et de paraître accommodant avec les gens. On rapporte même que, quand il passait près des enfants en train de jouer, il s'arrêtait, les saluait et plaisantait avec eux.

On rapporte que Anas ibn Mâlik (qu'Allah l'agrée), salua des enfants qui étaient sur son passage puis dit: *«Le Prophète (ﷺ) agissait ainsi»*.[2]

Anas rapporte aussi que *«le Prophète (ﷺ) était tellement modeste qu'il arrivait que l'une des jeunottes esclaves de Médine le prenne par la main et le guide là où elle voulait pour qu'il lui rende service»*.[3]

Le récit suivant de Tamîm ibn Assad illustre de manière édifiante la modestie et l'affabilité du Messager d'Allah (ﷺ):

Muslim rapporte que Tamîm ibn Assad (qu'Allah l'agrée) a dit: arrivé auprès du Messager d'Allah (ﷺ) tandis qu'il prononçait un sermon, je lui dis: ô Messager d'Allah, un homme étranger, qui ignore *[tout de]* sa religion, est venu t'interroger là-dessus! *Il interrompit alors son sermon et se dirigea vers moi. On lui apporta un tabouret sur lequel il s'assit, puis il se mit à m'enseigner de ce qu'Allah lui a enseigné. Ensuite, il reprit son sermon jusqu'à la fin.*[4]

---

[1] *Idem.* vol. XVII, p. 200.

[2] *Ḥadîth* rapporté par Bukhari et Muslim. Cf. an-Nawawî, *Riyâḍ aṣ-ṣâliḥîn*, p. 331.

[3] *Ḥadîth* rapporté par Bukhari. Cf. *Fat'ḥ Al-Bâri,* vol. X, p. 489.

[4] *Ḥadîth* rapporté par Muslim. Cf. *Sharḥ ṣaḥîḥ muslim*, vol. VI, p. 165.

Ainsi, un homme étranger sollicitant un entretien avec un Prophète et un Chef d'Etat vient à Médine, la capitale de l'Etat islamique, et accède à la mosquée sans aucun obstacle. Il n'est empêché ni par des barrières, ni par une garde spéciale, ni même par un chambellan. Puis, lorsqu'il s'avance vers le Messager d'Allah (ﷺ) qui fait un sermon aux croyants, personne ne s'oppose à lui ou essaye de l'en dissuader; il suit son chemin sans être dérangé et va même jusqu'à oser interrompre le sermon. Ensuite, et c'est là le summum de la modestie, le Prophète (ﷺ) suspend son sermon et répond à sa demande, en toute gentillesse. Les musulmanes de nos temps qui assument la prédication devraient méditer profondément ce récit, car il comporte des règles fort précieuses que chacune d'entre elles devrait respecter dans ses relations avec les gens.

Le Prophète (ﷺ) était modeste, et il recommandait à ces Compagnons d'agir de la même manière. Par son comportement et ses propos, il enracinait en eux la modestie, l'affabilité et la gentillesse avec les gens.

Entre autres exemples, il leur montrait les manifestations de la modestie en leur déclarant qu'il répondait toujours à l'invitation de tous les croyants, y compris les pauvres, et qu'il acceptait tout cadeau qu'ils lui faisaient, fût-ce de valeur infime. Il leur disait: *«Que l'on m'invite à manger l'épaule* [d'un mouton] *ou le pied,* [dans les deux cas], *je répondrai* [à l'invitation]. *Et que l'on m'offre l'épaule d'un mouton ou le pied,* [dans les deux cas], *j'accepterai* [l'offre]».[1]

39. Elle adopte la modération dans sa tenue et son apparence

Une musulmane qui a parfaitement assimilé les enseignements de sa religion adopte la modération en toute chose, notamment en ce qui concerne sa tenue vestimentaire. Bien qu'elle doive tenir à avoir une

---

[1] *Ḥadîth* rapporté par Bukhari. Cf. *Fat'h Al-Bâri*, vol. V, p. 199.

bonne apparence, elle évite l'extravagance et l'outrecuidance. Elle ne se laisse pas influencer par les voix suspectes qui l'incitent à «être à jour» en suivant «la mode» et, ainsi, à faire de l'apparence vestimentaire son souci principal, quitte à gaspiller son argent et son temps pour se sentir «acceptable» et «intégrée», comme le font certaines femmes ignorantes et peu utiles. Aussi ne néglige-t-elle pas son apparence et son élégance modérée. Sur cette question, elle doit respecter les limites de la modération qui est l'une des qualités que le Coran attribue exclusivement aux «serviteurs du Tout-Miséricordieux». Allah (exalté soit-Il) dit:

> ﴾Ceux qui, lorsqu'ils dépensent, ne sont ni prodigues ni avares, mais se tiennent au juste-milieu.﴿
>
> *[Coran, 25: 67]*

La musulmane doit se garder de sombrer dans la servitude à l'égard de «la mode», cette coutume vestimentaire gérée par des maisons de couture dont les commanditaires sont dénués de toute vertu, et ne se soucient guère du bien de la femme en général, et la femme musulmane en particulier. Elle doit donc se garder de cette servitude vis-à-vis du luxe, car c'est une attitude condamnée par l'Islam, en raison de ses conséquences néfastes. Le Prophète (ﷺ) a dit: *«Malheureux est celui qui se fait serviteur du dinar, du dirham, du vêtement de velours et de l'habit de haute laine;* [celui qui,] *lorsqu'on lui offre* [un bien quelconque], *il est satisfait, sinon il est mécontent».*[1]

S'enorgueillir de son apparence, se vêtir de luxe par pure ostentation et pour se pavaner devant les autres sont des attitudes condamnées et interdites par l'Islam. Cette interdiction est à même de préserver la musulmane de tout excès vestimentaire susceptible de la mener à adopter les attitudes indiquées. Le Messager d'Allah (ﷺ) a

---

[1] *Ḥadîth* rapporté par Bukhari. Cf. *Idem.*, vol. VI, p. 81.

dit: *«Alors qu'un homme se pavanait, fier d'un double châle qu'il portait et imbu de lui-même, Allah le fit engloutir dans la terre où il ne cessera de s'enfoncer jusqu'au Jour de la Résurrection».*[1]

La toilette licite et l'élégance légale sont autorisées par l'Islam, voire recommandées, car elles font partie des bonnes choses qu'Allah a permises aux croyants et aux croyantes. Cependant, cela ne doit aucunement pousser la musulmane à l'extravagance ou à l'excès. Elle doit adopter une attitude modérée, celle recommandée par l'Islam. Cette attitude sage est l'une des caractéristiques qui distinguent la femme modérée et pondérée de la femme frivole et stupide. «Ni excès, ni négligence»: telle est la règle que toute musulmane doit observer sur le plan vestimentaire. Son apparence ne doit être ni exagérée et ostentatoire, ni négligée et misérable. Comme nous l'avons précisé dans un chapitre précédent, négliger son apparence ne représente en rien un acte de renoncement ou d'ascèse susceptible d'entraîner l'agrément d'Allah. La modestie et l'ascèse ne résident donc pas dans les habits qu'on porte, mais se manifestent surtout à travers la conduite et le comportement qu'on adopte envers les gens.

Nous arrivons ainsi à la conclusion suivante: quand une belle tenue vestimentaire est portée par pure ostentation et dans l'intention de se vanter devant les gens, elle devient interdite, car Allah n'apprécie point l'arrogance et la vantardise. Quand, par contre, elle est portée pour la faire apparaître en tant qu'attribution accordée par Allah, elle représente alors un acte d'obéissance méritant la rétribution d'Allah. «Faire apparaître les bienfaits accordés par Allah» signifie qu'on ne doit pas, par pure avarice, se priver de jouir des bienfaits qu'on a acquis, car il s'agit là d'une attitude qui attire le mépris des gens et qui ne garantit aucune récompense auprès d'Allah. Comme le précise le Prophète (ﷺ) dans un *Ḥadîth*, manifester les

---

[1] *Ḥadîth* rapporté par Muslim. Cf. *Sharḥ ṣaḥîḥ muslim*, vol. XIV, p. 64.

bienfaits qu'Allah nous a accordés est un acte de reconnaissance qu'Allah apprécie. Et comme l'affirme Ibn Taymiya[1], négliger son apparence par avarice relève de la mesquinerie, et le faire en croyant que c'est un acte d'adoration relève du péché, puisqu'il mène à s'interdire ce qu'Allah a déclaré licite.

En raison de ces considérations, la musulmane est tenue à porter une tenue vestimentaire qui lui convient, une tenue propre, belle et élégante, sans pour autant qu'elle soit extravagante ou ostentatoire. Rappelons-le: l'atout essentiel, qui garantit à la femme le bonheur dans ce bas monde et dans l'Au-delà, est bien la modération.

40. Elle ne s'intéresse qu'à ce qui est noble

Seules les choses nobles et sublimes doivent susciter l'intérêt de la femme musulmane. Les futilités de la vie et les inepties ne figurent ni dans le registre de ses aspirations, ni dans l'actif de son quotidien. C'est ce comportement qu'elle adopte, et c'est aussi le critère selon lequel elle établit ses relations avec les autres femmes. Autant elle n'accorde aucune attention aux banalités et aux niaiseries, autant elle préserve sa vie de tout lien d'amitié avec des femmes futiles qui passent leur temps à bavarder. Elle s'éloigne des occupations vaines, des futilités et des bassesses, et ne s'intéresse qu'à ce qui est noble et digne d'intérêt. Telle est la noblesse d'âme, et telle est la qualité qu'Allah aime voir les croyants et les croyantes acquérir. Le Messager d'Allah (ﷺ) a dit: *«Allah (à Lui la puissance et la majesté) est Noble, et il aime les personnes nobles; Il aime tout ce qui est noble et déteste tout ce qui est futile»*.[2]

---

[1] Cf. *Majmû' al-fatâwâ*, vol. XXII, pp. 138-139.

[2] *Ḥadîth* rapporté par Aṭ-Ṭabarânî dans *al-Mu'jam al-kabîr*. Ses transmetteurs sont jugés dignes de confiance. Cf. *Majma' az-zawâ'id*, vol. VIII, p. 188.

41. Elle est altruiste

Même en n'étant pas riche, la musulmane imprégnée des principes de l'Islam préfère les autres à elle-même. L'altruisme est un caractère noble qui doit distinguer toute croyante sincère, car il s'agit d'une qualité appréciée et recommandée par l'Islam.

Les *Ansâr* (Médinois) furent les pionniers en matière d'altruisme. En accueillant leurs frères Emigrés qui étaient dépourvus de tout, et en partageant avec eux tout ce qu'ils possédaient, quitte à s'en priver afin de les sensibiliser à l'esprit de fraternité qu'ils éprouvaient envers eux, les *Ansâr* firent preuve d'un altruisme exceptionnel qui mérita les éloges du Coran, qui fit d'eux un modèle que l'Humanité tout entière devrait suivre à travers les temps. Allah (exalté soit-Il) dit:

> ﴾Il *[appartient également]* à ceux qui, avant eux, se sont installés dans le pays et dans la foi, qui aiment ceux qui émigrent vers eux, et ne ressentent dans leurs cœurs aucune envie pour ce que *[ces Emigrés]* ont reçu: ils vont jusqu'à les préférer à eux-mêmes, fussent-ils eux-mêmes dans le besoin. Et quiconque se prémunit contre sa propre avarice, ceux-là sont ceux qui réussissent.﴿
>
> *[Coran, 59: 9]*

Ce comportement noble fut enseigné et recommandé par le Prophète (ﷺ). De par son attitude désintéressée, il a enraciné l'altruisme dans l'esprit et le comportement de ses Compagnons. On rapporte à ce sujet que Sahl ibn Sa'd (qu'Allah l'agrée) a dit: une femme apporta au Messager d'Allah (ﷺ) un châle tissé et lui dit: «Je l'ai tissé de mes propres mains pour t'en revêtir».

Le Prophète (ﷺ), en en ayant besoin, le prit. *Il sortit ensuite* [de chez lui] *drapé du châle, comme l'on porte un pagne.* Quelqu'un lui dit alors: qu'il est beau! Offre-le-moi pour m'en revêtir! — «Oui», répondit le Prophète (ﷺ). *Il s'assit* [d'abord] *et termina la rencontre, puis il revint* [chez lui], *plia le châle et l'envoya à l'homme* [qui l'avait demandé].

A ce dernier, certains dirent: «Tu n'as pas bien agi! Le Prophète a porté le châle parce qu'il en avait besoin; *[malgré cela,]* et sachant parfaitement qu'il ne refuse rien à personne, tu le lui as quand même demandé». L'homme répondit alors: «Par Allah, je n'ai pas demandé le châle pour m'en revêtir, mais pour qu'il me serve de linceul». Sahl ajoute: ce fut effectivement son linceul, *[lorsqu'il mourut].*[1]

Le Messager d'Allah (ﷺ) pratiquait l'altruisme et aimait voir ses Compagnons le pratiquer. Il y voyait le fruit de ses enseignements concernant cette attitude noble. On rapporte à ce sujet qu'il a dit: *«Quand ils sont à court de provisions dans une expédition militaire ou quand, à Médine, la nourriture destinée à leurs familles est insuffisante, les Ash'arîs réunissent toute la nourriture qu'ils possèdent dans un seul vêtement puis se la partagent à parts égales en se servant du même pot. En cela, ils font partie des miens et je suis un des leurs».*[2]

Grâce aux recommandations du Coran et de la Sunna, puis grâce à la conduite noble du Prophète (ﷺ), l'altruisme est devenu une qualité distinctive des premiers musulmans. Ces derniers ont transmis cette valeur de solidarité sociale aux générations qui les ont suivis, et c'est à notre tour de la concrétiser et de l'enraciner dans les esprits des nos enfants, afin de maintenir les liens de fraternité qui caractérisent la société musulmane.

42. Elle est hospitalière

La musulmane sincère accueille la femme qui vient chez elle, en hôte, avec joie et s'empresse de lui accorder son hospitalité. Ce faisant, elle répond à l'appel que le Messager d'Allah (ﷺ) a adressé à

---

1 *Ḥadîth* rapporté par Bukhari. Cf. *Fat'h Al-Bâri*, vol. III, p. 143; vol. IV, p. 318.

2 *Ḥadîth* rapporté par Bukhari et Muslim. Cf. an-Nawawî, *Riyâḍ aṣ-ṣâliḥîn*, p. 310.

tout croyant en Allah et au Jour Dernier, et qui dit: «*Celui qui croit* [vraiment] *en Allah et au Jour Dernier, qu'il gratifie son hôte*».[1]

Selon les termes du Messager d'Allah (ﷺ), gratifier son hôte est une récompense qu'on lui doit. C'est un acte qui représente, en quelque sorte, un signe de reconnaissance envers celui qui nous rend visite, pour nous avoir offert l'occasion d'accomplir cette bonne œuvre qui consolide la foi et plaît à Allah.

Le Prophète (ﷺ) a dit: «*Celui qui croit* [vraiment] *en Allah et au Jour Dernier, qu'il gratifie son hôte* [en lui accordant] *sa récompense.*» - En quoi consiste cette récompense? Lui demanda-t-on. Il répondit: «*Le gratifier durant* [un jour et une nuit]. *L'hospitalité est de trois jours, et tout ce qui est* [accordé] *au-delà est une aumône*».[2]

Gratifier ses hôtes est une œuvre convoitée par toute musulmane ayant une foi sincère en Allah et au Jour Dernier, et ce, en raison de la rétribution qui lui est due et la bonne réputation dont elle jouit parmi les gens. C'est aussi une œuvre dont les normes et les modalités sont fixées par l'Islam. Conformément au *Ḥadîth* susmentionné, l'égard généreux dû au visiteur se limite à une nuit et un jour. Ensuite, l'hospitalité s'étend à trois jours. Les jours suivants ne feront pas partie de l'hospitalité, mais seront considérés comme aumône dont la rétribution sera inscrite dans l'actif du croyant ou de la croyante.

Conformément à l'Islam, gratifier l'hôte visiteur n'est pas une faveur facultative, susceptible d'être soumise à l'humeur ou à l'appréciation personnelle, mais un devoir qui incombe à tout musulman et toute musulmane. A ce sujet, le Messager d'Allah (ﷺ) a dit: «*La nuit* [d'hospitalité] *due à l'hôte est un devoir qui incombe à tout musulman. Celui qui ne reçoit pas son hôte, le laissant devant sa*

---

[1] *Ḥadîth* rapporté par Bukhari et Muslim. Cf. *Sharh as-sunna*, vol. XIV, p. 312.

[2] *Ḥadîth* rapporté par Bukhari et Muslim. Cf. an-Nawawî, *Riyâḍ aṣ-ṣâliḥîn*, p. 379.

porte jusqu'au matin, lui sera redevable. Celui-là aura le choix de réclamer [son dû] *ou de se désister».*[1]

Quant à ceux qui ne supportent pas la visite des autres et leur ferment la porte au visage, ils sont bien dépourvus de la bonté et on ne peut espérer aucun bien de leur part. L'Imâm Aḥmed rapporte que le Prophète (ﷺ) a dit: *«Aucun bien ne réside en celui qui n'est pas hospitalier».*[2]

Mieux: dans un autre *Ḥadîth*, le Messager d'Allah (ﷺ) autorise l'hôte visiteur à prendre ce qui lui revient de droit, si on le lui refuse par pure avarice. Ainsi, Bukhari et Muslim rapportent que 'Uqba ibn 'Âmir (qu'Allah l'agrée) dit au Prophète (ﷺ): ô Messager d'Allah, tu nous envoies en mission auprès de gens qui ne nous offrent pas l'hospitalité. Qu'en juges-tu donc? Il répondit: *«Lorsque vous descendez chez des gens qui ordonnent de vous donner l'hospitalité, acceptez-la. S'ils ne le font pas, prenez-leur tout ce qui revient de droit à l'hôte.»*[3]

Gratifier l'hôte visiteur est une valeur morale intrinsèque de l'Islam. Quelle que soit sa condition de vie, la musulmane sincère ne refuse jamais de gratifier ses hôtes et n'incite jamais son époux à ne pas les accueillir, car l'Islam lui a enseigné que la nourriture destinée à deux personnes suffit pour trois, et celle destinée à trois personnes suffit pour quatre.

D'après Abû Hurayra (qu'Allah l'agrée), le Messager d'Allah (ﷺ) a dit: *«La nourriture de deux personnes suffit pour trois, et la nourriture de trois suffit pour quatre».*[4]

---

[1] *Ḥadîth* rapporté par Bukhari dans *al-Adab al-mufrad*, vol. II, p. 207.

[2] Al-Musnad, vol. IV, p. 155. Ses transmetteurs figurent parmi ceux admis par Bukhari et Muslim.

[3] Cf. *al-Adab al-mufrad*, vol. II, p. 210.

[4] *Ḥadîth* rapporté par Bukhari et Muslim. Cf. *Sharh as-sunna*, vol. XI, p. 320.

D'après Jâbir ibn 'Abd Allah (qu'Allah l'agrée), le Messager d'Allah (ﷺ) a dit: *«La nourriture d'une seule personne suffit pour deux, celle de deux suffit pour quatre et celle de quatre suffit pour huit».*[1]

La musulmane sincère ne s'inquiète pas du grand nombre d'hôtes qui lui rendent visite. Elle leur réserve plutôt un accueil chaleureux et partage avec eux le repas familial, même s'ils se rendent chez elle à l'improviste et sans lui signaler, au préalable, leur visite. Elle sait que quelques bouchées de moins ne nuiraient aucunement à son estomac, et qu'il est préférable de supporter la faim que de refuser l'hospitalité à celle qui lui rend visite. Elle sait aussi qu'Allah accorde sa bénédiction au repas destiné à un nombre limité quand on le partage avec d'autres personnes, de sorte que tous ceux qui en mangent seront satisfaits. Elle ne trouve donc aucune raison la poussant à recevoir froidement les gens ou leur refuser l'hospitalité convenable.

Les plus vertueux parmi nos Prédécesseurs représentent l'exemple suprême en matière de générosité envers l'hôte visiteur. Cela s'illustre particulièrement à travers le *Ḥadîth* suivant:

Bukhari et Muslim rapportent qu'Abû Hurayra (qu'Allah l'agrée) a dit: un homme vint trouver le Prophète (ﷺ) et lui dit: ô Messager d'Allah, je suis affligé! *Le Prophète (ﷺ) envoya à ses épouses [quelqu'un leur demander si elles pouvaient le nourrir]*, mais elles répondirent: «Nous n'avons que de l'eau». Il dit alors: *«Y a-t-il quelqu'un pour recevoir* - ou *accorder l'hospitalité à - cet homme?»* - «Moi», dit un homme des *Anṣâr* (Médinois). Il emmena l'homme chez lui et dit à sa femme: «Sois hospitalière vis-à-vis de l'hôte du Messager d'Allah». — «Mais je n'ai que *[de quoi préparer]* le repas des enfants», répliqua-t-elle. Il lui dit: «Prépare le repas, puis éteins la lampe et endors les enfants quand ils voudront manger». Ce qu'elle fit. Une fois le repas servi, ils firent semblant de manger puis

---

[1] *Ḥadîth* rapporté par Muslim. Cf. *Sharḥ ṣaḥîḥ muslim*, vol. XIV, p. 22.

passèrent la nuit le ventre vide. Le lendemain matin, l'homme alla voir le Messager d'Allah (ﷺ) qui lui dit: *«Allah a admiré votre comportement la veille, à l'égard de votre hôte».*

C'est d'ailleurs à leur sujet qu'Allah (exalté soit-Il) révéla:

> ﴾*(...)* Ils vont jusqu'à les préférer à eux-mêmes, fussent-ils eux-mêmes dans le besoin. Et quiconque se prémunit contre sa propre avarice, ceux-là sont ceux qui réussissent.﴿[1] *[Coran, 50: 9]*

La musulmane doit donc être généreuse et hospitalière. Elle doit accueillir ses hôtes visiteuses avec une cordialité qui leur signifie qu'elles sont les bienvenues, à l'instar du poète arabe Ḥâtim aṭ-Ṭâ'î qui avait dit:

> *J'adresse un sourire cordial à mon hôte avant même qu'il ne quitte sa monture.*
>
> *Alors, malgré la sécheresse de ma situation, il me verra fertile en hospitalité.*
>
> *Car l'hospitalité généreuse ne consiste pas à multiplier les repas,*
>
> *Mais à réserver un accueil chaleureux.*[2]

43. Elle est reconnaissante

La musulmane sincère est 'loyale'. Elle accorde suffisamment la considération qui convient aux bienfaits des autres tout en leur exprimant sa gratitude. En adoptant cette attitude, elle applique fidèlement les recommandations du Messager d'Allah (ﷺ) qui dit: *«Quiconque dit: 'Qu'Allah te récompense en bien!' à celui qui lui a fait une faveur, l'a* [déjà] *pleinement remercié».*[3]

---

[1] Cf. *Fat'h Al-Bâri*, vol. IX, p. 631; *Sharḥ ṣaḥîḥ muslim*, vol. IV, p. 12.

[2] Cf. Ibn 'Abd Rabbih, *al-'Iqd al-farîd*, vol. I, p. 236.

[3] *Ḥadîth* rapporté par at-Tirmidhî (vol. IV, p. 380) qui le juge «apprécié et excellent, mais singulier» (*ḥassan jayyid gharîb*).

Il dit aussi: *«Celui qui, au nom d'Allah, vous demande de le protéger, accordez-lui protection. Celui qui, au nom d'Allah, vous demande un bien, accordez-le-lui. Celui qui vous fait une faveur, récompensez-le. Si, toutefois, vous ne trouvez rien à lui offrir en récompense, invoquez* [fréquemment] *Allah en sa faveur jusqu'à ce que vous estimiez que vous l'avez récompensé».*[1]

Pour la musulmane avisée, exprimer sa gratitude envers celle qui lui a rendu service n'est pas un comportement social dicté par des intérêts humains, mais une pratique recommandée par la religion. Il se peut même que celle qui lui rend service ne satisfasse pas ses aspirations ou les satisfasse de façon partielle. Malgré cela, elle doit lui manifester sa reconnaissance et la remercier pour la noblesse d'esprit qui l'a incitée à s'être montrée bienfaisante vis-à-vis d'elle. Conformément à l'Islam, la reconnaissance est principalement laissée à l'initiative de l'autre de faire ce bien, sans prendre en considération les effets attendus de la bienfaisance en elle-même. L'essentiel est le geste et l'intention sincère de rendre service aux autres. Il suffit que cela nous soit manifesté par quelqu'un pour être dans l'obligation de lui exprimer notre gratitude.

L'Islam insiste sur cette attitude noble au point de considérer que la gratitude due à Allah ne saurait être parfaite de la part du croyant que lorsqu'il exprime régulièrement sa gratitude à ses bienfaiteurs parmi les humains. L'esprit d'un homme habitué à ne pas remercier les gens pour leurs bienfaits envers lui est un esprit ingrat qui n'accorde aucune valeur aux services rendus. Cet esprit-là n'est pas disposé à rendre grâce à Allah (exalté soit-Il), Celui qui lui accorde pleinement toutes sortes de bienfaits et de faveurs. A ce propos, le Messager d'Allah (ﷺ) a dit: *«Ne sera pas reconnaissant envers Allah, quiconque n'aura pas remercié les gens».*[2]

---

[1] *Ḥadîth* jugé authentique; rapporté par Abû Dâwûd (vol. II, p. 172) et Aḥmed ibn Ḥanbal (vol. II, p. 68).

[2] *Ḥadîth* rapporté par Bukhari dans *al-Adab al-mufrad*, vol. I, p. 310.

En dehors de ce fait, exprimer sa gratitude à ceux qui nous viennent en aide encourage les gens à être bienfaisants, comme il les incite aussi à être reconnaissants envers les autres. Serviabilité et reconnaissance: voilà deux attitudes que toute musulmane sincère doit observer dans ses relations sociales, car elles sont appréciées et encouragées par l'Islam.

44. Elle opte pour le travail qui corresponde à sa féminité

L'Islam a épargné à la femme musulmane de travailler pour subvenir à ses besoins, en chargeant son père, son frère, son époux ou l'un de ses proches parents d'assumer cette responsabilité. Par conséquent, elle n'éprouve le besoin de travailler en dehors de son foyer qu'en cas de nécessité extrême, c'est-à-dire quand elle n'a personne pour subvenir à ses besoins, ou quand la société a besoin de ses compétences pour occuper une fonction qui corresponde à sa féminité et qui ne porte atteinte ni à sa dignité, ni à ses valeurs morales.

Conformément à l'Islam, la femme est le pilier principal du foyer et l'âme du ménage. Sa disponibilité contribue de manière déterminante à instaurer l'organisation, l'harmonie, la quiétude et le bonheur au sein de la famille. Il a donc chargé l'homme de pourvoir aux besoins de son foyer, pour que la femme se consacre pleinement à ses responsabilités d'épouse et de mère de famille. Telle est la conception de l'Islam concernant le rôle de la femme dans la vie familiale.

La conception occidentale concernant cette question est diamétralement opposée à celle de l'Islam. En Occident, dès que la fille atteint un âge déterminé, dix-sept ans dans la plupart des cas, ses parents la privent de toute prise en charge. Pour subvenir à ses besoins, elle doit alors chercher du travail, et faire des économies qui contribueront à la constitution de sa dot. Après son mariage, elle doit continuer à travailler, afin de participer aux charges relatives au foyer et aux enfants. Plus tard, une fois devenue vieille, elle doit aussi travailler pour subsister, même si ses enfants sont riches.

La disparité entre la condition de la femme occidentale et celle de la femme musulmane est évidente. La première souffre au quotidien du fardeau des tâches professionnelles et expose régulièrement sa dignité à l'humiliation, notamment quand elle atteint un certain âge. La seconde jouit, par contre, d'une protection qui lui assure un vécu noble et lui préserve l'intégralité de sa dignité.

Depuis la fin du XIXe siècle, les intellectuels occidentaux ne cessent de récriminer la condition de la femme au sein de leur société et de mettre en garde leurs compatriotes contre un effondrement total de la civilisation occidentale si cela continuait. Dans son ouvrage *al-Mar'a bayna l-fiqhi wa l-qânûn*, l'illustre prédicateur musulman Musṭafâ as-Sibâ'î cite un bon nombre de leurs réflexions à ce sujet. En voici quelques extraits:

Le philosophe et économiste français Jules Simon dit: «Les femmes occupent maintenant les fonctions de tisseuses, de dactylographes, etc., et le gouvernement les emploie dans ses usines. Cela leur a certes permis de gagner quelques sous; mais, en contrepartie, elles ont contribué de façon déterminante à l'effondrement de leurs foyers. Certes, l'homme a bénéficié des revenus acquis par sa femme; mais il faut souligner que, d'autre part, ses propres revenus ont diminué à cause de la présence concurrentielle des femmes dans le domaine du travail».

«Il y a des femmes, *dit-il dans un autre passage*, qui jouissent d'emplois plus importants que ceux déjà cités. Elles sont chargées de la comptabilité ou de la vente dans les magasins, comme elles sont employées dans l'enseignement, la poste et les télécommunications, la banque de France, les chemins de fer, etc. Mais, hélas, ces professions les ont complètement éloignées de leurs responsabilités familiales».[1]

«La femme doit conserver sa féminité, *conclut-il.* Seule cette qualité lui permet de trouver son bonheur et le communiquer aux autres. Réformons donc la condition de la femme sans pour autant réformer sa nature. Gardons-nous de la transformer en homme, car ainsi elle perdra beaucoup de ses atouts et, par conséquent, nous perdrons tout. Tout ce que la nature a produit est fait à la perfection; tâchons donc de l'analyser et de l'améliorer en bien, et évitons tout ce qui est incompatible avec ses lois et ses modèles».[2]

L'écrivain Annie R. dit: «Que nos filles soient des femmes de ménage, ou travaillent comme femmes de ménage dans leurs foyers, cela est plus décent et moins fatigant que de travailler dans des usines qui les infectent et effacent à jamais leur féminité. Si seulement notre pays ressemblait aux pays musulmans, où la pudeur, la chasteté et la pureté sont de vigueur. Dans ces pays, même les domestiques mènent une vie heureuse et convenable. Ils sont traités comme on traite ses propres enfants, et leur honneur est préservé de tout préjudice. Oui! Quelle honte pour les Anglais qui ont fait de leurs filles un modèle de dépravation en les mêlant aux hommes! Pourquoi n'œuvre-t-on pas à procurer à la jeune fille un travail qui corresponde à sa nature? Pourquoi n'œuvre-t-on pas à préserver sa dignité, en lui permettant de s'occuper de son ménage et en laissant le travail des hommes aux hommes?»[3]

La femme occidentale aspire jalousement au statut de la femme musulmane. Comme nous l'avons mentionné plus haut, elle souhaite jouir, ne serait-ce que partiellement, des droits dont jouit la musulmane, notamment en ce qui est relatif à la stabilité et à la dignité. Après avoir pris connaissance des droits accordés par l'Islam à la femme, notamment le fait qu'il l'ait dispensée des charges

[1] P. 176.
[2] P. 178.
[3] P. 179.

familiales pour qu'elle puisse se consacrer à sa mission d'épouse et de mère de famille, une jeune italienne, étudiante en droit à l'université d'Oxford, a dit: «J'envie la femme musulmane au point de me dire: si seulement j'étais née dans votre pays».[1]

Même les leaders des mouvements féministes arabes, notamment les justes parmi elles, ont assimilé cette vérité. Ainsi, en commentant les propos de Shafîq Jabrî, dans son livre Arḍ as-siḥr, sur la détresse de la femme américaine, Salmâ al-Ḥaffâr al-Kuzburî, cette femme qui a visité à maintes reprises l'Europe et les Etats-Unis dit dans une interview accordée au quotidien syrien *al-Ayyâm*[2] «Notre écrivain et globe-trotter remarque, par exemple, que les Américains orientent leurs enfants, dès leur jeune âge, vers les jeux qui leur inculquent l'attachement à la machine et à l'héroïsme.

Il remarque aussi que les femmes exercent des fonctions qui relevaient du domaine de l'homme, en travaillant, par exemple, dans les usines d'automobiles ou en s'occupant du nettoyage des rues. En raison de ces phénomènes, il exprime sa tristesse de voir la femme sacrifier sa jeunesse, voire sa vie, dans des tâches qui ne sont pas compatibles avec sa féminité et sa nature. Ces remarques du professeur Jabrî m'ont ravie, car j'ai visité en personne les Etats-Unis il y a cinq ans, et mon voyage m'a permis de parvenir aux mêmes conclusions. Le courant égalitariste aveugle dans ce pays a arraché la femme à sa féminité; ce qui suscite en moi beaucoup de peine. La lutte qu'elle mène pour gagner sa vie l'a guidée vers la détresse. Paradoxalement, elle a perdu sa liberté, cette liberté absolue pour laquelle elle s'est longtemps battue afin de l'acquérir. Elle est désormais l'esclave de la machine et du temps, et il lui est difficile de faire marche arrière. Il est vraiment regrettable que la femme ait perdu l'atout le plus noble et le plus cher dont elle *(...)* a été dotée: sa féminité et, à vrai dire, son bonheur. Le rythme soutenu et infernal du travail quotidien l'a privée de goûter aux délices de ce petit paradis

---

[1] P. 181.

[2] Edition du 3. 9.1962.

sur terre qu'est le foyer familial, ce refuge naturel pour la femme comme pour l'homme. Or, ce paradis ne peut exister si la femme n'assume pas son rôle de mère. C'est au sein du foyer familial que réside le bonheur des individus et de la société, car il représente une source d'inspiration, de bien-être et de créativité.»

Impliquer donc la femme dans le monde du travail et faire d'elle la rivale de l'homme dans ce domaine, sans besoin réel ni nécessité dictée par l'intérêt général, constitue une véritable perdition. Les peuples en phase de décadence s'y sont exercés, et ils en subissent encore les conséquences néfastes. La musulmane imprégnée des orientations du Coran et de la Sunna du Prophète (ﷺ) n'accepte jamais de se laisser acculer à une telle situation infernale.

Elle refuse qu'on fasse d'elle une marchandise à bon marché offerte en objet exploitable à la rapacité des capitalistes. Elle refuse aussi qu'on la transforme en une marionnette attirante pour divertir des hommes sots et insolents. Elle refuse, enfin, le pseudo-progressisme qui l'incite à sortir dévoilée et fardée de maquillage pour travailler «côte à côte» avec l'homme. En adoptant cette position sage et réfléchie, elle rend un énorme service à sa société, car elle aura mis un terme à cette insoutenable farce dont les conséquences sont la dépravation morale et l'effondrement du foyer familial.

Il est à souligner que, d'un point de vue purement économique, les méfaits du travail de la femme dépassent ses bienfaits. Malgré cela, les «ultra-féministes» persistent à inciter la femme à quitter son foyer pour aller travailler. Lors du congrès organisé par «l'Union des femmes coréennes» en 1971, le chef d'Etat coréen dit dans le discours qu'il prononça à cette occasion: «Si nous avons œuvré pour que les femmes participent aux activités sociales, ce n'est pas parce que nous avons besoin d'elles en tant que main-d'œuvre. Dans ce domaine, disons-le franchement, les charges assumées par l'Etat dépassent de loin ce que la femme lui fournit grâce à son travail. *(...)* Pourquoi donc tenons-nous à ce que les femmes soient actives dans la société? La réponse est que notre but principal est de révolutionner la condition des femmes. Nous aspirons à ce qu'elles constituent une classe ouvrière active au sein de la société. Notre parti encourage donc cette démarche, quel qu'en soit le coût financier pour l'Etat».

En constatant la grande différence entre les Lois d'Allah et les lois non islamiques, la musulmane aura certainement trouvé sa voie. Elle suivra sereinement les commandements d'Allah, sans accorder le moindre intérêt aux appels épisodiques qui tentent de l'en détourner. Allah (exalté soit-Il) dit:

> ﴿Est-ce donc le jugement de l'Ignorance qu'ils cherchent? Qu'y a-t-il de meilleur qu'Allah, en matière de jugement pour des gens qui ont une foi ferme?﴾ *[Coran, 5: 50]*

45. Elle ne se comporte pas en homme

Il ne sied pas à la femme de se masculiniser, comme il ne sied pas à l'homme de se féminiser. De par Sa sagesse infinie, Allah a décidé que la personnalité de la femme se distingue de celle de l'homme, et ce, en fonction du rôle confié à chacun des deux sexes. Dans la complémentarité, et chacun dans son domaine, l'homme et la femme parviennent ainsi à contribuer au progrès de la civilisation humaine. En déterminant à chacun des deux sexes sa mission dans la vie, l'Islam leur facilite la vocation conforme à leur nature. D'où son interdiction catégorique de toute tentative de travestissement incompatible avec l'innéité *(al-fitra)*. Le travestissement est, en effet, une pratique réprouvée par les deux sexes; la femme équilibrée n'apprécie guère l'homme efféminé, et l'homme équilibré a horreur de la femme au comportement viril. C'est conformément à cette innéité de l'être humain que l'Islam a interdit à la femme et à l'homme d'imiter l'autre en matière de comportements ou d'habits. Les Textes relatifs à cette question sont explicites et catégoriques:

'Abd Allah ibn 'Abbâs (qu'Allah l'agrée) a dit: *«Le Messager d'Allah (ﷺ) a maudit ceux des hommes qui imitent les femmes et celles des femmes qui imitent les hommes».*[1]

Il a dit aussi: *«Le Prophète (ﷺ) a maudit les efféminés parmi les hommes et les hommasses parmi les femmes».*

Il nous a dit également: *«Expulsez-les de vos maisons». Il a expulsé untel* [un efféminé], et 'Umar a expulsé unetelle [une hommasse]».[2]

Abû Hurayra (qu'Allah l'agrée) a dit: *«Le Messager d'Allah (ﷺ) a maudit l'homme qui porte un habit propre à la femme et la femme qui porte un costume propre à l'homme».*[3]

A l'époque où les musulmans étaient attachés aux principes de leur religion, le problème du travestissement comportemental ou vestimentaire ne constituait jamais un phénomène de société musulmane. De nos jours, par contre, et suite au rétrécissement de la religiosité au sein des sociétés musulmanes, nous assistons à des comportements scandaleux qui tendent à propager ce phénomène étrange. Ainsi voit-on des jeunes filles portant des pantalons moulants, qui circulent, la tête dévoilée et les manches de chemises unisexe retroussées, exactement à l'image des hommes. On voit aussi des jeunes hommes ramollis qui, la chaîne en or pendant sur la poitrine découverte et les cheveux longs soigneusement coiffés, se comportent de manière tellement efféminée qu'il est difficile de les distinguer des filles.

De tels comportements sont étrangers aux valeurs et aux coutumes propres à la société musulmane. Ils concrétisent l'aliénation de la jeunesse devant une conquête intellectuelle provenant d'un Occident où l'hippisme, l'existentialisme, le

---

[1] *Ḥadîth* rapporté par Bukhari. Cf. *Fat'ḥ Al-Bâri*, vol. X, p. 332.

[2] *Ḥadîth* rapporté par Bukhari. Cf. *Idem.*, vol. X, p. 333.

[3] *Ḥadîth* jugé authentique; rapporté par Abû Dâwûd (vol. IV, p. 86) et Ibn Ḥibbân (vol. 13, p. 63).

nihilisme et la philosophie de l'absurde trouvent leur écho. Ces courants déviationnistes n'ont généré que détresse et malheur dans leurs milieux d'origine, car ils traduisent une perversité contraire à la nature humaine. Si ces courants ont réussi à s'établir dans nos pays en tant que phénomène sociétal adopté par certains marginaux, c'est parce que nous nous sommes éloignés de notre religion et de nos valeurs morales. En effet, depuis la chute du Califat, la société musulmane ne cesse de subir des secousses menaçant son unité et sa santé morale. Ce phénomène n'est qu'un indice parmi tant d'autres qui doivent nous inciter à être vigilants et à œuvrer pour rendre tout musulman égaré au droit chemin.

46. Elle respecte les règles de bienséance islamiques

A.- Règles relatives au boire et au manger

La musulmane avisée se distingue par l'observance scrupuleuse qu'elle accorde aux règles de bienséance relatives au boire et au manger. Il suffit de constater sa manière de se mettre à table ou sa façon de manger pour savoir qu'il s'agit d'une femme qui s'applique à se conformer à la sunna du Prophète (ﷺ) concernant cette pratique humaine. Parmi les diverses règles relatives au boire et au manger, nous en citerons trois qui sont essentielles:

- Premièrement: Elle entame son repas en évoquant le nom d'Allah. Elle mange en se servant de sa main droite et en entamant la partie de l'assiette qui se trouve de son côté. Le Messager d'Allah (ﷺ) a dit: *«Evoque le nom d'Allah, puis mange avec ta main droite et* [de la partie de l'assiette qui se trouve] *de ton côté».*[1]

Si toutefois elle oublie d'évoquer le nom d'Allah avant d'entamer son repas, elle peut se rattraper en disant: *«Au nom d'Allah au commencement et à la fin* [de ce repas]».

---

[1] *Ḥadîth* rapporté par Bukhari et Muslim. Cf. an-Nawawî, *Riyâḍ aṣ-ṣâliḥîn*, p. 394.

D'après 'Â'isha (qu'Allah l'agrée), le Messager d'Allah (ﷺ) a dit: *«Quand l'un d'entre vous entame son repas, qu'il évoque le nom d'Allah (exalté soit-Il). Si toutefois il oublie de L'évoquer au début du repas, qu'il dise: "Au nom d'Allah au commencement et à la fin* [de ce repas]" (Bismillâhi awwalahou wa âkhirah).»[1]

- Deuxièmement: La musulmane qui observe les règles islamiques se sert de sa main droite pour manger et boire, car cela est recommandé, tout comme c'est un acte condamnable que de lui substituer la main gauche dans cette circonstance. Les *Ḥadîths* sont clairs et explicites à ce sujet.

Le Messager d'Allah (ﷺ) a dit: *«Quand l'un d'entre vous mange, qu'il mange avec sa main droite; et quand il boit, qu'il boive avec sa main droite, car le démon mange et boit avec la main gauche».*[2]

Il a également dit: *«Que l'un d'entre vous ne mange pas avec sa main gauche et qu'il ne boive pas avec sa main gauche, car c'est en se servant de cette main que le démon mange et boit».*[3] Nâfi' ajoutait à cette variante: *«(...) et qu'il ne s'en serve pas pour recevoir ou donner».*[4]

Le Messager d'Allah (ﷺ) accordait sa préférence à la main droite à propos de tout et recommandait à ses Compagnons de l'imiter. Quand il remarquait une personne se servir de sa main gauche pour manger, il le lui reprochait et l'exhortait à se servir de l'autre. Si, par orgueil, la personne s'obstinait à ne pas s'exécuter, il la réprimandait sévèrement au point d'invoquer Allah contre elle. Muslim rapporte que Salama ibn al-Akwa' (qu'Allah l'agrée) a dit: à un homme qui

---

1 *Ḥadîth* rapporté par Abû Dâwûd (vol. III, p. 475) et at-Tirmidhî (vol. IV, p. 288) qui le juge «apprécié atteignant le degré d'authentique» (*ḥassan ṣaḥîḥ*).

2 *Ḥadîth* rapporté par Muslim. Cf. *Sharḥ ṣaḥîḥ muslim*, vol. XIII, p. 191.

3 *Idem.*, vol. XIII, p. 192.

4 *Ibid.*

mangeait en se servant de sa main gauche en sa présence, le Messager d'Allah (ﷺ) dit: *«Mange avec ta main droite!»* - Je ne peux pas, répondit l'homme. Le Prophète (ﷺ) lui dit alors: *«Que tu ne puisses jamais t'en servir!»* Puis il dit: *«Seul l'orgueil l'en a empêché».*

Depuis, ajoute Salama, il ne pouvait plus s'en servir.[1]

Bukhari, Muslim et Mâlik ibn Anas rapportent que Anas ibn Mâlik (qu'Allah l'agrée) a dit: on apporta au Messager d'Allah (ﷺ) du lait coupé d'eau de puits. Il avait sur sa droite un bédouin et à sa gauche Abû Bakr. Il but alors puis il passa le reste au bédouin en disant: «[On commence par] *celui qui est à droite, puis celui qui est sur sa droite,* [et ainsi de suite].»[2]

Bukhari et Muslim rapportent aussi que Suhayl ibn Sa'd (qu'Allah l'agrée) a dit: «[Une fois,] *on offrit à boire au Messager d'Allah (ﷺ). Il en but, puis, comme il y avait à sa droite un jeune homme et à sa gauche des vieillards, il dit au jeune homme: 'Me permets-tu de donner d'abord à ces vieillards?'* - Non, répondit-il; par Allah, je ne céderai à personne ma part qui vient de toi. *Alors, le Messager d'Allah (ﷺ) remit* [la coupe] *entre les mains du jeune homme».*[3]

Ces Textes, et bien d'autres, indiquent explicitement qu'accorder la priorité à la droite à propos de tout est une importante règle de bienséance islamique, et que le vrai musulman doit s'évertuer à la respecter sans négligence ni permissivité.

Tels sont les commandements du Prophète (ﷺ), et c'est conformément à ces commandements que les Compagnons et les Epigones agissaient. 'Umar ibn al-Khaṭṭâb (qu'Allah l'agrée), à titre d'exemple, accordait une importance extrême à cette question et ne manifestait aucune tolérance vis-à-vis de ceux qui la négligeaient.

---

1 *Ibid.*
2 Cf. *Sharh as-sunna*, vol. XI, p. 385.
3 Cf. *Sharh as-sunna*, vol. XI, p. 386.

On rapporte à ce sujet qu'une fois, alors qu'il faisait ses tournées habituelles pour s'assurer des conditions de vie de ses sujets et prendre connaissance de leurs préoccupations, il remarqua qu'un homme se servait de sa main gauche pour manger.

Il lui dit alors: ô serviteur d'Allah, mange avec ta main droite! Peu de temps après, il revit le même homme en train de manger avec la main gauche. Il lui dit de nouveau: ô serviteur d'Allah, mange avec ta main droite! en lui donnant un léger coup de cravache. Plus tard, il vit le même homme, pour la troisième fois, en train de manger avec la main gauche. Il lui donna encore une fois un léger coup de cravache et lui dit sur un ton grave: ô serviteur d'Allah, mange avec ta main droite! Alors l'homme lui répondit: ô Commandeur des croyants, elle est occupée! — Qu'est-ce qui l'occupe? Lui demanda 'Umar. — Le jour de Mu'ta, répondit l'homme!

En réaction à cette réponse, 'Umar fondit en larmes.

Il présenta alors ses excuses à l'homme et le consola en lui demandant s'il y avait quelqu'un qui s'occupait de lui ou l'aidait à faire ses ablutions. Il ordonna ensuite qu'on le réhabilite et qu'on prenne soin de lui.

Les leçons de morale à tirer de ce récit sont diverses, mais ce qui nous intéresse dans ce contexte c'est l'intérêt affirmé par 'Umar à un détail relatif à la conduite individuelle, pour confirmer à l'ensemble des croyants l'importance de tout ce qui distingue la personnalité du musulman. Le fait que 'Umar ait insisté à appliquer ce «détail» devrait donc nous inciter à l'observer et à ne pas le négliger.

Ce récit devrait être destiné essentiellement à certaines musulmanes qui ont adopté l'art de dresser la table à l'occidentale. Les consignes protocolaires de ce système exigent qu'on place la fourchette à gauche de l'assiette, et le couteau à droite. Ainsi, on se trouve obligé de se servir de la main gauche pour manger, car la droite sert à couper la viande ou tout autre aliment. Les femmes auxquelles nous faisions allusion respectent scrupuleusement cette disposition de la table et s'écartent, par conséquent, des consignes de leur religion. Elles ne prennent même pas la peine d'inverser la disposition des couverts, car cela est susceptible de trahir les règles d'«étiquette» occidentales! Cela n'est qu'un exemple parmi tant d'autres qui reflètent la défaite morale de certains musulmans et leur passivité servile vis-à-vis de toutes les coutumes venant d'Occident. Au nom du modernisme, ces gens-là adoptent toute coutume importée, sans même prendre la peine de voir si elle est adaptable ou non à nos valeurs et nos traditions islamiques.

Pour sa part, la vraie musulmane est exempte de cette singerie aveugle et grotesque. De par son attachement à sa religion, elle respecte toutes les règles régissant le mode de vie du musulman. Elle les applique avec fierté et ne se soucie guère de la réaction réprobatrice des autres. Elle tient donc à se servir de sa main droite pour manger, et elle n'éprouve aucune honte à rappeler cette règle à celles qui la négligent par omission ou par insouciance.

- Troisièmement: La musulmane qui observe les règles islamiques mange de la partie de l'assiette qui se trouve de son côté, notamment quand elle mange avec d'autres personnes dans la même assiette. On rapporte à ce sujet que 'Umar ibn Abî Salama (qu'Allah l'agrée), le beau-fils du Prophète (ﷺ), a dit: j'étais encore enfant et sous la tutelle du Messager d'Allah (ﷺ). Comme je mettais maladroitement ma main dans l'assiette pour manger, il me dit: *«Jeunot! Evoque le nom d'Allah, puis mange avec ta main droite et* [de la partie de l'assiette qui se trouve] *de ton côté».*[1]

Quand une musulmane mange avec ses doigts, il est convenable qu'elle le fasse posément et sans se précipiter. Le Prophète (ﷺ) avait l'habitude de manger avec les trois doigts de sa main droite, et il ne

---

[1] *Ḥadîth* rapporté par Bukhari et Muslim. Cf. *an-Nawawî*, *Riyâḍ aṣ-ṣâliḥîn*, p. 399.

trempait jamais sa main dans la nourriture de manière susceptible de répugner ses commensales.

Muslim rapporte que Ka'b ibn Mâlik (qu'Allah l'agrée) a dit: *«J'ai vu le Messager d'Allah (ﷺ) manger avec trois doigts et les lécher quand il achevait* [son repas]».[1]

Le Messager d'Allah (ﷺ) ordonnait aussi à ses Compagnons de lécher leurs doigts, avant de se les laver après leurs repas et sans oublier d'essuyer l'assiette. La raison de cette pratique est de ne laisser aucune part de bénédiction contenue dans la nourriture.

Muslim rapporte aussi que Jâbir ibn 'Abd Allah (qu'Allah l'agrée) a dit: *«Le Messager d'Allah (ﷺ) ordonnait de se lécher les doigts et de finir l'assiette* [après les repas]»*;* il disait: *«Vous ne pouvez savoir dans quelle partie de votre nourriture se trouve la bénédiction».*[2]

Il rapporte aussi que Anas ibn Mâlik (qu'Allah l'agrée) a dit: *quand le Messager d'Allah (ﷺ) terminait son repas, il léchait ses trois doigts* et disait: *«Quand une bouchée tombe de la main de l'un d'entre vous, qu'il la ramasse, qu'il la nettoie et ensuite qu'il la mange; qu'il ne l'abandonne pas au démon». Il nous ordonnait aussi d'essuyer l'écuelle et nous disait: «Vous ne pouvez savoir dans quelle partie de votre nourriture se trouve la bénédiction».*[3]

Durant le repas, la musulmane raffinée par les règles de bienséance islamiques évite de produire des sons déplaisants en mâchant la nourriture. Elle se garde aussi de manger à grandes bouchées, car cela donne d'elle une image laide qui ne convient pas à sa féminité et à son élégance.

Puis, lorsqu'elle termine son repas, elle exprime sa gratitude à

---

[1] Cf. *Sharḥ ṣaḥîḥ muslim*, vol. XIII, p. 204.

[2] *Idem.*, vol. XIII, p. 207.

[3] *Ibid.*

Allah (à Lui la puissance et la majesté) en adoptant les formules prononcées par le Prophète (ﷺ) en pareille occasion. Bukhari rapporte qu'Abû Umâma al-Bâhilî a dit: lorsqu'on débarrassait la table, le Messager d'Allah (ﷺ) disait: *«Louanges à Allah! Des louanges multiples, pures et bénies. Il n'a besoin de personne, Il ne délaisse personne et personne ne se passe de Lui; Il est notre Seigneur!»*[1]

On rapporte aussi, d'après Mu'âdh ibn Anas, que le Messager d'Allah (ﷺ) a dit: *«Quiconque dit après avoir pris son repas: "Louange à Allah qui m'a accordé ce repas sans moyen de ma part ni force", Allah lui pardonnera ses péchés antérieurs».*[2]

Soulignons aussi que c'est une règle de bienséance islamique que de ne pas désapprouver ouvertement la nourriture qu'on nous présente. Abû Hurayra (qu'Allah l'agrée) a dit: *«Le Messager d'Allah (ﷺ) n'a jamais désapprouvé une nourriture; s'il l'appréciait, il en mangeait; si elle lui déplaisait, il la laissait».*[3]

La musulmane est également appelée à respecter les règles islamiques relatives à la manière de boire de l'eau. Elle évoque le nom d'Allah avant de boire. Elle ne boit point d'un seul coup, mais à plusieurs gorgées lui permettant de reprendre haleine en dehors du récipient. Elle évite toutefois de boire par le bec verseur d'une bouteille, d'une gourde ou d'une outre. Elle étanche sa soif en étant assise quand les circonstances le lui permettent.

Le Messager d'Allah (ﷺ) a dit: *«Ne buvez pas de l'eau d'un seul trait tel un chameau; buvez-en plutôt en marquant deux ou trois pauses. Evoquez le Nom d'Allah avant de boire, et célébrer Ses louanges quand vous aurez terminé».*[4]

---

[1] Cf. *Fat'ḥ Al-Bâri*, vol. X, p. 452.

[2] *Ḥadîth* rapporté par Abû Dâwûd (vol. IV, p. 63) et at-Tirmidhî (vol. V, p. 508) qui le juge «apprécié».

[3] *Ḥadîth* rapporté par Bukhari et Muslim. Cf. *Sharh as-sunna*, vol. XI, p. 290.

[4] *Ḥadîth* rapporté par at-Tirmidhî (vol. IV, p. 302) qui le juge «apprécié».

Bukhari et Muslim, Anas ibn Mâlik (qu'Allah l'agrée) a dit: *«En se désaltérant, le Messager d'Allah (ﷺ) reprenait haleine à trois reprises».*[1]

On rapporte aussi qu'Abû Saîd al-Khudrî (qu'Allah l'agrée) a dit: *le Prophète (ﷺ) ayant déclaré qu'il était interdit de souffler sur la boisson*, un homme lui dit alors: il m'arrive d'y voir une saleté. — *«Tu n'as donc qu'à la déverser»,* lui répondit le Prophète (ﷺ). — Il arrive aussi qu'une seule gorgée n'étanche pas ma soif, reprit l'homme. Le Prophète lui répondit: *«Eloigne donc la coupe de ta bouche pour reprendre haleine».*[2]

Notons enfin qu'il est préférable de boire en étant assis et d'éviter d'étancher sa soif directement par le bec verseur d'une bouteille ou de tout autre récipient destiné à conserver l'eau. Néanmoins, il est permis de ne pas respecter scrupuleusement cette règle, car les *Ḥadîths* authentiques attestent aussi que le Messager d'Allah (ﷺ) buvait debout occasionnellement, et qu'il lui arrivait de boire directement par le bec verseur d'une outre.

B. - Règles relatives aux salutations

Saluer l'autre selon les règles et les formules islamiques est l'une des pratiques sociales qui distinguent la femme musulmane. La salutation n'est pas pour elle une coutume sociale dont les formules et les formalités changeraient selon les temps et les sociétés, mais une règle de bienséance islamique dont tous les détails sont déterminés. L'Islam a organisé de manière précise toutes les modalités relatives aux salutations. Certaines de ces modalités sont mentionnées dans le Coran, d'autres, plus détaillées encore, sont évoquées dans les

---

[1] *Ḥadîth* rapporté par Bukhari et Muslim. Cf. *an-Nawawî, Riyâḍ aṣ-ṣâliḥîn,* p. 406.

[2] *Ḥadîth* rapporté par at-Tirmidhî (vol. IV, p. 304) qui le juge «apprécié atteignant le degré d'authentique» (*ḥassan ṣaḥîḥ*).

Ḥadîths. Ces derniers sont tellement multiples, dans leurs ouvrages, que les traditionnistes leur ont consacré des chapitres entiers.

Saluer l'autre avant de l'aborder et rendre sa salutation, s'il la prononce en premier, sont des pratiques ordonnées par le Coran. Allah (exalté soit-Il) dit:

> ﴾Ô croyants! N'entrez pas dans des maisons autres que les vôtres avant de demander la permission *[d'une façon délicate]* et de saluer leurs habitants.﴿ *[Coran, 24: 27]*

Il dit aussi:

> ﴾Si on vous fait une salutation, saluez d'une façon meilleure; ou *[tout au moins]* rendez-la.﴿
> *[Coran, 4: 86]*

Le Prophète (ﷺ) a vivement encouragé à répandre le salut en tant que pratique sociale ayant comme principale vertu la consolidation des liens entre les croyants.

'Abd Allah ibn 'Amr ibn al-'Âṣ (qu'Allah l'agrée) a dit: un homme demanda au Prophète (ﷺ): quel est l'acte le plus méritoire en Islam? Il répondit: *«Donner à manger aux nécessiteux et saluer celui que tu connais ainsi que celui que tu ne connais pas»*.[1]

Dans un autre *Ḥadîth*, il est précisé que la salutation fait partie de sept pratiques sociales recommandées par le Messager d'Allah (ﷺ).

Al-Barâ' ibn 'Âzib (qu'Allah l'agrée) a dit: *«Le Messager d'Allah (ﷺ) nous a ordonné sept pratiques: rendre visite au malade, suivre les convois funèbres, adresser le souhait de miséricorde à celui qui éternue, assister le faible, aider l'opprimé, échanger fréquemment les salutations et satisfaire celui qui nous adjure* [en nous faisant une demande]».[2]

---

1 *Ḥadîth* rapporté par Bukhari et Muslim. Cf. *Sharh as-sunna*, vol. XII, p. 260.

2 *Ḥadîth* rapporté par Bukhari et Muslim. Cf. *an-Nawawî, Riyâḍ aṣ-ṣâliḥîn*, p. 437.

Eu égard à l'impact considérable de la salutation dans la consolidation des liens de fraternité, d'affection et de proximité entre les individus, le Prophète (ﷺ) lui accorda un intérêt particulier et ne cessa d'inciter à la pratiquer.

Il en fit même l'une des pratiques qui mènent au Paradis, puisqu'elle renforce l'amour entre les croyants et que ce sentiment est l'un des signes qui confirment la véracité de la foi.

Il a dit: *«Par Celui qui détient mon âme en Sa Main, vous n'accèderez au Paradis que lorsque vous acquerrez réellement la foi. Or, cela ne se réalisera que lorsque vous témoignerez de l'affection les uns envers les autres. Voulez-vous donc que je vous indique une œuvre dont l'accomplissement vous permet de manifester votre affection les uns envers les autres? Échangez fréquemment les salutations».*[1]

Dans un autre *Ḥadîth*, le Prophète (ﷺ) affirme que celui qui mérite l'agrément et la rétribution d'Allah est celui qui prend l'initiative de saluer les autres. Il dit: *«De l'ensemble des gens, l'homme le plus proche d'Allah est celui qui les salue en premier».*[2]

C'est pour cette raison que, 'Abd Allah ibn 'Umar (qu'Allah l'agrée) avait l'habitude d'aller au marché et saluer toutes les personnes qu'il y rencontrait. On lui demanda une fois: que fais-tu au marché, alors que tu ne supervises aucun commerce, tu ne t'intéresses pas aux prix des marchandises et tu ne participes pas aux assemblées qui y ont lieu? Il répondit: j'y vais pour saluer ceux que je rencontre.[3]

Comme nous l'avons souligné plus haut, la salutation n'est pas pour la société musulmane une coutume soumise aux conventions

---

[1] *Ḥadîth* rapporté par Muslim. Cf. *Sharḥ ṣaḥîḥ muslim*, vol. II, p. 35.

[2] *Ḥadîth* rapporté par Abû Dâwûd (vol. V, p. 380). La chaîne de ses transmetteurs est jugée «excellente».

[3] Cf. Bukhari dans *al-Adab al-mufrad*, vol. II, p. 465.

humaines, et donc susceptible de changer selon l'époque et l'entourage social, mais une pratique dont toutes les modalités sont définies par l'Islam.

Ainsi, quand on commence par saluer les autres, l'unique formule à prononcer est *«as-salâmu 'alaykum»*; quand on répond à la salutation d'autrui, on dit *«wa' alaykum as-salâm»*.

La musulmane soucieuse de préserver son identité islamique doit s'attacher à cette formule propre à l'Islam et ne la remplacer par aucune autre formule. Elle ne doit en aucun cas la négliger ni lui substituer d'autres formules fort répandues dans les sociétés musulmanes, et qui ne sont pas conformes aux commandements de l'Islam, telles que la formule arabe antique *«'im ṣabâḥan»* (bonjour) ou la formule arabe moderne *«ṣabâḥu l-khayr»* qui est la traduction fidèle de bonjour ou *good morning*.

La femme musulmane doit savoir que cette formule de salutation est celle qu'Allah a choisie pour Ses créatures depuis Adam, qu'Il la lui a enseignée pour qu'il la prononce en saluant les Anges et qu'Il en a fait une formule recommandée à toute l'Humanité, car elle transmet une valeur que l'être humain apprécie en tous temps et lieu: la paix. Elle doit savoir aussi que seule la communauté musulmane a conservé cette formule de salutation, car c'est l'unique communauté qui est restée fidèle à la religion originelle. A ce sujet, le Messager d'Allah (ﷺ) a dit: *«Quand Allah créa Adam, Il lui dit: "Va saluer ce groupe d'anges et écoute bien la formule par laquelle ils vont te saluer, car ce sera ta formule de salutation et celle de tes descendants". Adam dit alors aux Anges* as-salâmu 'alaykum. — As-salâmu 'alaykum wa raḥmatu llâhi, *lui dirent-ils. Ils ajoutèrent: wa raḥmatu llâhi».*[1]

Il n'y a donc rien de surprenant à ce que cette formule de salutation soit bénie et pure, puisqu'elle provient d'Allah qui nous a

[1] *Ḥadîth* rapporté par Bukhari et Muslim. Cf. *an-Nawawî, Riyâḍ aṣ-ṣâliḥîn,* p. 437.

ordonné de l'adopter et de ne point l'abandonner pour user d'une autre formule. Allah (exalté soit-Il) dit:

> ﴿Quand donc vous entrez dans des maisons, adressez-vous mutuellement des salutations venant d'Allah, bénies et pures.﴾ *[Coran, 24: 61]*

C'est pourquoi l'Archange Gabriel observait cette formule lorsqu'il transmit ses salutations à 'Â'isha (qu'Allah l'agrée), qui faisait de même.

Bukhari et Muslim rapportent que 'Â'isha (qu'Allah l'agrée) a dit: [un jour,] le Messager d'Allah (ﷺ) m'a dit: *«Ô 'Â'isha! L'Archange Gabriel te transmet ses salutations»*. Je lui ai répondu: que le salut, la miséricorde d'Allah et Ses bénédictions lui soient accordés![1]

Il y a aussi d'autres règles relatives à la salutation dont l'application incombe à toute musulmane engagée à suivre scrupuleusement les principes de l'Islam dans sa vie sociale. Ces règles sont résumées par les *Ḥadîths* suivants:

- Bukhari rapporte qu'Abû Hurayra (qu'Allah l'agrée) a dit: celui qui monte *[une bête]* commence par saluer le piéton; celui-ci commence par saluer celui en position assise; et le petit groupe salue en premier celui dont le nombre est plus grand.[2] Dans une autre version de Bukhari, il y a l'ajout suivant:...et le plus jeune salue aussi en premier son aîné.[3]

- At-Tirmidhî rapporte que Asmâ' bint Yazîd (qu'Allah l'agrée) a dit: *«Un jour, le Messager d'Allah (ﷺ) traversa la mosquée tandis qu'un groupe de femmes y étaient assises. Il les salua alors en leur faisant un signe de la main».*[4]

---

[1] Cf. *an-Nawawî, Riyâḍ aṣ-ṣâliḥîn*, p. 439.

[2] *Ḥadîth* rapporté par Bukhari et Muslim. Cf. *an-Nawawî, Riyâḍ aṣ-ṣâliḥîn*, p. 440.

[3] Cf. *an-Nawawî, Riyâḍ aṣ-ṣâliḥîn*, p. 440.

[4] *Ḥadîth* rapporté par at-Tirmidhî (vol. V, p. 58) qui le juge «apprécié».

- Bukhari et Muslim rapportent que Anas ibn Mâlik (qu'Allah l'agrée), salua des enfants qui étaient sur son passage puis il dit: *«Le Prophète (ﷺ) agissait ainsi».*[1]

- Dans un long *Ḥadîth*, rapportée par Muslim, al-Miqdâd ibn al-Aswad (qu'Allah l'agrée) dit: *«(...) Nous prélevions sa part de lait au Prophète (ﷺ) qui venait* [la prendre] *durant la nuit.* [Quand il arrivait,] *il nous saluait d'une voix qui parvenait à celui qui était éveillé d'entre nous, sans pour autant réveiller celui qui était endormi». (...)*[2]

- Le Messager d'Allah (ﷺ) a dit: *«Quand l'un d'entre vous rejoint une assemblée, qu'il prononce le salut; qu'il le prononce aussi quand il la quitte, car la première salutation n'a pas plus de mérite que la dernière».*[3]

De ces *Ḥadîths*, nous déduisons les règles suivantes: la personne véhiculée salue en premier le piéton, la personne debout, celle assise, le petit groupe en est redevable vis-à-vis d'un groupe plus nombreux, ainsi que le plus jeune envers son aîné. Il est recommandé de saluer toutes les catégories de croyants, y compris les femmes et les enfants. En présence de gens endormis, il est recommandé de saluer les autres à voix basse. Enfin, quand on rejoint une assemblée, il est recommandé de saluer ses membres en arrivant et en les quittant.

Telles sont les règles organisant les modalités de salutation dans la société musulmane. Elles sont simples et pratiques. Et pourtant, certaines musulmanes les négligent, par ignorance ou par laxisme. La femme musulmane est donc appelée à les assimiler, les appliquer avant d'inciter les autres femmes à la suivre.

---

[1] Cf. *an-Nawawî, Riyâḍ aṣ-ṣâliḥîn*, p. 442.

[2] *Ḥadîth* rapporté par Muslim. Cf. *Sharḥ ṣaḥîḥ muslim*, vol. XIV, p. 14; *Riyâḍ aṣ-ṣâliḥîn*, p. 439.

[3] *Ḥadîth* rapporté par Abû Dâwûd (vol. V, p. 385) et at-Tirmidhî (vol. V, p. 62) qui le juge «apprécié».

C. - Règles relatives à l'accès chez autrui

Une musulmane imprégnée des principes de l'Islam n'accède jamais à une maison autre que la sienne sans y être autorisée et sans prononcer la salutation. Demander à cette occasion la permission d'accès est un devoir qu'on ne doit en aucun cas négliger, car il s'agit d'un ordre décrété par Allah. Il dit:

> ﴾Ô croyants! N'entrez pas dans des maisons autres que les vôtres avant de demander la permission [d'une façon délicate] et de saluer leurs habitants. Cela est meilleur pour vous. Peut-être vous souvenez-vous. Si vous n'y trouvez personne, alors, n'y entrez pas avant que permission vous soit donnée. Et si on vous dit: retournez, retournez alors. Cela est plus pur pour vous. Et Allah, de ce que vous faites est Omniscient.﴿
>
> *[Coran, 24: 27-28]*

Il dit aussi:

> ﴾Quand les enfants parmi vous atteignent la puberté, qu'ils demandent permission avant d'entrer, comme le font déjà leurs aînés.﴿ *[Coran, 24: 59]*

Cela n'implique pas que le seul fait de demander l'autorisation d'accès permette à la femme d'entrer dans n'importe quelle maison. Il est à préciser qu'il ne lui est permis d'accéder qu'à des maisons où il y a des femmes ou des hommes qu'elle a le droit de côtoyer, c'est-à-dire qui ne sont pas *'étrangers'*. Cette règle s'applique d'ailleurs également à l'homme, et ce, en raison du principe islamique qui interdit à l'homme de s'isoler avec une femme qui lui est licite en mariage, comme il l'interdit d'ailleurs à la femme.

Ce point étant précisé, notons aussi que l'Islam a institué un nombre de règles relatives à l'autorisation d'accès que toute musulmane se doit de respecter à chaque fois qu'elle se rend chez une autre personne.

- Premièrement: Après avoir frappé à la porte, elle ne doit pas se tenir en face de la porte; elle doit plutôt se retirer vers la droite ou vers la gauche. 'Abd Allah ibn Busr (qu'Allah l'agrée) a dit: *«Quand le Prophète (ﷺ) s'approchait d'une porte pour demander aux gens de la maison la permission d'y entrer, il ne se mettait pas en face mais sur la droite ou sur la gauche. Si on lui permettait d'entrer, il entrait, sinon il repartait».*[1]

L'objectif de cette règle est de protéger l'intimité du foyer du regard d'autrui. Cela est clairement expliqué par le *Ḥadîth* suivant: d'après Sahl ibn Sa'd (qu'Allah l'agrée), le Messager d'Allah (ﷺ) a dit: *«C'est à cause de ce qu'on pourrait voir* [chez l'autre] *qu'il a été prescrit de demander l'autorisation d'y entrer».*[2]

D'où l'interdiction de porter un regard indiscret sur la maison des autres pour les espionner ou pour savoir ce qu'il y a à l'intérieur. Car, en plus de son aspect ignoble et répugnant, cette pratique ne sied aucunement à une musulmane équilibrée et raffinée. Le Messager d'Allah (ﷺ) avait si horreur de cette indiscrétion obsessionnelle qu'il permit à la personne espionnée de crever l'œil de l'intrus curieux. Il a dit: *«Quand quelqu'un regarde à l'intérieur d'une maison sans demander la permission à ses habitants, ceux-ci auront le droit de lui crever l'œil».*[3]

- Deuxièmement: Il est recommandé de saluer avant de demander la permission d'entrer, et non le contraire. Rib'iyy ibn Ḥirâsh a dit: un homme appartenant à la tribu des Banû 'Âmir nous a rapporté qu'une fois, il demanda la permission d'entrer dans une maison où se trouvait le Prophète (ﷺ) en disant: «Puis-je entrer?» Le Messager

---

[1] *Ḥadîth* rapporté par Bukhari dans *al-Adab al-mufrad*, vol. II, p. 513.

[2] *Ḥadîth* rapporté par *Riyâḍ aṣ-ṣâliḥîn*, p. 445.Bukhari et Muslim. Cf. *an-Nawawî, Riyâḍ aṣ-ṣâliḥîn*, p. 445.

[3] *Ḥadîth* rapporté par Muslim. Cf. *Sharḥ ṣaḥîḥ muslim*, vol. XIV, p. 138.

d'Allah (ﷺ) dit alors à son serviteur: *«Va voir celui-là, et apprends-lui comment on demande la permission. Dis-lui: tu dois dire 'que la paix vous soit accordée! Puis-je entrer?'»* L'ayant entendu, l'homme dit: que la paix vous soit accordée! Puis-je entrer? Alors le Prophète (ﷺ) l'autorisa à entrer, et il entra.[1]

- Troisièmement: Elle doit se présenter, en annonçant son prénom, son nom ou son surnom. Et quand on lui demande de s'identifier, elle ne doit pas répondre par des termes vagues comme «c'est moi», car cela ne plaisait pas au Prophète (ﷺ). Bukhari et Muslim rapportent que Jâbir ibn 'Abd Allah (qu'Allah l'agrée) a dit: je me rendis chez le Prophète et frappai à sa porte. *«Qui est là?»* me demanda-t-il. Je répondis: «Moi». — *«Moi! Moi!»,* répéta-t-il, comme si cela lui déplaisait.[2]

Tout cela implique qu'il est recommandé d'annoncer son nom quand on frappe à la porte de quelqu'un, et c'est ce que les Compagnons ont compris et appliqué dans leur vie quotidienne. On rapporte à ce propos qu'Abû Dharr (qu'Allah l'agrée) a dit: une nuit, alors que j'étais sorti *[de chez moi]*, je remarquai que le Messager d'Allah marchait tout seul. Je continuai alors ma marche au clair de lune. Comme il s'était retourné, il me vit et dit: *«Qui est là?»* - Abû Dharr! répondis-je.[3]

On rapporte aussi qu'Umm Hâni' (qu'Allah l'agrée) a dit: une fois, je me rendis chez le Prophète (ﷺ). *Il était en train de faire ses ablutions majeures, et Fâṭima le cachait* [à l'aide d'un voile]. — *«Qui est-ce?»* Demanda-t-il. — C'est moi, Umm Hâni', répondis-je.[4]

---

[1] *Ḥadîth* rapporté par Bukhari dans *al-Adab al-mufrad*, vol. II, p. 518.

[2] *Ḥadîth* rapporté par Bukhari et Muslim. Cf. *an-Nawawî*, *Riyâḍ aṣ-ṣâliḥîn*, p. 447.

[3] *Ḥadîth* rapporté par Bukhari et Muslim. Cf. *Ibid.*

[4] *Ḥadîth* rapporté par Bukhari et Muslim. Cf. *Ibid.*

- Quatrièmement: Quand on lui signifie qu'on n'est pas prêt à la recevoir et qu'elle doit revenir plus tard, elle doit l'accepter de bon cœur et s'exécuter, car le Coran nous l'ordonne. Allah (exalté soit-Il) dit:

﴾Et si on vous dit: retournez, retournez alors. Cela est plus pur pour vous. Et Allah, de ce que vous faites est Omniscient.﴿ *[Coran, 24: 28]*

Cette règle est recommandée également par le Prophète (ﷺ) qui précise qu'on doit demander la permission [en frappant à la porte] à trois reprises puis entrer si l'autorisation en est donnée, sinon on doit rebrousser chemin. Bukhari et Muslim rapportent, d'après Abû Mûsâ al-Ash'arî (qu'Allah l'agrée), que le Messager d'Allah (ﷺ) a dit: *«La demande d'être autorisé à entrer se fait trois fois; si on te l'accorde* [entre], *sinon tu devras rebrousser chemin».*[1]

Ils rapportent aussi qu'Abû Mûsâ al-Ash'arî (qu'Allah l'agrée) a dit: une fois, je demandai à trois reprises l'autorisation d'entrer chez 'Umar, mais je ne reçus aucune réponse. Il me manda alors et me dit: ô 'Abd Allah, tu as trouvé insupportable d'attendre devant ma porte? Sache donc que les gens trouvent eux aussi insupportable d'attendre devant la tienne! - Au contraire, répliquai-je, j'ai demandé par trois fois l'autorisation d'entrer. Mais comme on ne me l'a pas accordée, je suis parti, car c'est ainsi qu'on nous ordonnait de faire. Il me dit alors: de qui as-tu entendu cela? — Je l'ai entendu du Prophète (ﷺ), répondis-je. Il me dit: aurais-tu entendu du Prophète (ﷺ) ce que nous n'avons pas entendu? Etablis la preuve de ce que tu viens de dire, sinon je t'infligerai une punition exemplaire!

Je sortis ensuite de chez lui. Puis, ayant rencontré un groupe d'*Anṣâr* (Médinois) dans la mosquée, je les interrogeai sur ce que je venais de dire à 'Umar. — Y a-t-il quelqu'un qui doute de cela? Me demandèrent-ils. Je leur rapportai donc les propos de 'Umar. —

---

[1] *Ibid.*

Personne d'autre que le plus jeune d'entre nous ne t'accompagnera *[pour témoigner auprès de 'Umar],* me dirent-ils.

Alors, Abû Saîd al-Khudrî - ou Abû Massoud - se leva et m'accompagna et dit à 'Umar: nous sortîmes en compagnie du Prophète (ﷺ) qui comptait se rendre chez Sa'd ibn 'Ubâda. Quand nous arrivâmes *[devant sa maison], le Prophète prononça le salut, mais personne ne l'autorisa à entrer. Il le fit une deuxième fois puis une troisième, mais il ne reçut aucune réponse.* Alors il dit: *«Ainsi, nous nous sommes acquittés de notre devoir». Puis il s'en alla.*

Mais Sa'd le rattrapa *[sur le chemin]* et lui dit: «Par Celui qui t'a envoyé pour transmettre la Vérité, ô Messager d'Allah, à chaque fois que tu prononçais le salut, je répondais à ta salutation, mais je désirais t'entendre adresser davantage de salutations à moi ainsi qu'à ma famille!»

Sur ce, Abû Mûssâ dit à 'Umar: par Allah, j'ai été honnête en rapportant le *Ḥadîth* du Messager d'Allah (ﷺ). 'Umar répondit: certes, mais je voulais m'en assurer *[encore].*[1]

Dans une autre version de Muslim, il est précisé que 'Umar s'est reproché cela en disant: comment se fait-il qu'un tel commandement de la part du Messager d'Allah (ﷺ) m'ait échappé? C'est sûrement le fait d'être occupé à conclure des affaires au marché qui m'en a détourné![2]

Telles sont les règles relatives à la demande d'être autorisé chez les gens. La musulmane doit donc les appliquer à chaque fois qu'elle rend visite à des gens, comme elle doit les enseigner à ses enfants.

D. - Règles relatives à la participation aux assemblées

- Premièrement: Quand la musulmane rejoint une assemblée, il lui est recommandé de s'asseoir là où elle trouve une place libre, ou alors

---

[1] Cf. *Fat'ḥ Al-Bâri*, vol. XI, p. 26; *Sharḥ ṣaḥîḥ muslim*, vol. XIV, p. 130.

[2] Cf. *Sharḥ ṣaḥîḥ muslim*, vol. XIV, p. 134.

au dernier rang. Elle ne doit ni enjamber les personnes assises, ni s'interposer entre deux personnes sauf en cas de nécessité, et avec leur permission. Ces règles sociales de bienséance, qui ont été recommandées par le Prophète (ﷺ), font de toute personne les observant un modèle de raffinement, de courtoisie et de bonne éducation.

On rapporte que Jâbir ibn Samura (qu'Allah l'agrée) a dit: quand nous nous rendions auprès du Prophète (ﷺ), chacun d'entre nous s'asseyait là où *[le dernier rang]* prenait fin.[1]

On rapporte aussi que le Messager d'Allah (ﷺ) a dit: *«Il n'est pas permis à un homme de séparer deux* [personnes assises] *sans leur permission».*[2]

- Deuxièmement: S'interposer entre deux personnes, que ce soit dans une assemblée ou dans un autre cadre, est une mauvaise pratique condamnée par le Prophète (ﷺ) dans plusieurs *Ḥadîth*s. Les Compagnons évitaient cette forme d'intrusion et réprimandaient ceux qui la commettaient.

On rapporte à ce propos que Saîd al-Maqburî a dit: une fois, je rencontrai sur mon passage Ibn 'Umar en train de discuter avec un autre homme. M'étant arrêté devant eux, Ibn 'Umar me tapa sur le torse en me disant: quand tu rencontres deux personnes en train de parler, ne t'arrête devant eux et ne t'assieds avec eux qu'après leur en avoir demandé la permission. Je lui dis: qu'Allah améliore ta situation, ô Abû 'Abd Ar-Raḥmân, je désirais uniquement entendre quelque chose de bénéfique de votre part.[3]

---

[1] *Ḥadîth* rapporté par Abû Dâwûd (vol. V, p. 164) et at-Tirmidhî (vol. V, p. 73) qui le juge «apprécié atteignant le degré d'authentique, mais singulier» (*ḥassan ṣaḥîḥ gharîb*).

[2] *Ḥadîth* rapporté par Abû Dâwûd (vol. V, p. 174) et at-Tirmidhî (vol. V, p. 44) qui le juge «apprécié atteignant le degré d'authentique, mais singulier».

[3] *Ḥadîth* rapporté par Bukhari dans *al-Adab al-mufrad*, vol. II, p. 580.

- Troisièmement: La modestie et la bienséance exigent aussi que lorsque quelqu'un rejoint une assemblée, il ne demande pas à une personne qui l'y a précédé de se lever pour lui céder sa place. Si toutefois quelqu'un prend l'initiative de se lever de sa place pour la lui céder, il lui est préférable de ne pas l'accepter, car tel était le comportement des Compagnons (qu'Allah les agrée).

D'après 'Abd Allah ibn 'Umar (qu'Allah l'agrée), le Messager d'Allah (ﷺ) a dit: *«Que l'un d'entre vous ne fasse pas lever une autre personne de sa place* [dans une assemblée] *pour s'y mettre. Tâchez plutôt de vous écarter et faire place».*[1]

On rapporte aussi que 'Abd Allah ibn 'Umar (qu'Allah l'agrée) ne s'asseyait jamais à la place de quelqu'un qui l'aura quittée pour la lui céder.[2]

- Quatrièmement: Dans une assemblée ou une rencontre composée de trois personnes, il n'appartient pas à deux d'entre elles ne de s'entretenir en privé à l'écart de la troisième. Le Messager d'Allah (ﷺ) a dit: *«Quand vous êtes trois, vous ne devrez pas vous entretenir à deux sans la participation du troisième à moins que d'autres personnes ne se joignent à vous, car cela pourrait lui faire de la peine».*[3]

Une musulmane au caractère raffiné par l'Islam tient à respecter les règles de bienséance, comme elle tient à respecter les sentiments des autres et ne pas blesser leur amour-propre. Quand elle se trouve avec deux autres personnes, elle ne consacre pas sa conversation exclusivement à l'une en ignorant la présence de l'autre. Cela est susceptible d'irriter et même d'offenser la troisième personne. Eu

---

[1] *Ḥadîth* rapporté par Bukhari et Muslim. Cf. *Sharh as-sunna*, vol. XII, pp. 296-297.

[2] Cf. *sharḥ ṣaḥîḥ muslim*, vol. XIV, p. 161.

[3] *Ḥadîth* rapporté par Bukhari et Muslim. Cf. *Sharh as-sunna*, vol. XIII, p. 90.

égard aux sentiments des autres, cette pratique est condamnée. Cependant, si jamais une croyante estime nécessaire de s'entretenir en privé avec une personne en présence d'une troisième, elle doit alors demander la permission à celle-ci et s'excuser auprès d'elle après avoir écourté son entretien avec l'autre.

Il s'agit là d'un comportement qui reflète l'intelligence, la gentillesse et la courtoisie: autant d'éléments nécessaires pour maintenir des relations sociales saines et durables. Cette règle de bienséance enseignée par l'Islam a été scrupuleusement observée par les Compagnons. Ils l'ont parfaitement assimilée, et l'ont constamment appliquée dans leurs rapports sociaux.

Dans al-*Muwaṭṭa'*[1], l'Imâm Mâlik rapporte que 'Abd Allah ibn Dinar a dit: alors que j'étais en compagnie de 'Abd Allah ibn 'Umar dans la maison de Khâlid ibn 'Uqba qui se situe dans le marché, un homme vint dans l'intention de s'entretenir avec lui en aparté. Comme il n'y avait que moi à être présent avec eux, Ibn 'Umar fit appel à un autre homme pour que l'assemblée soit composée de quatre personnes. Il s'adressa ensuite à moi ainsi qu'à la personne à laquelle il a fait appel en nous disant: écartez-vous un peu *[de nous]*, car j'ai entendu le Messager d'Allah (ﷺ) dire: *«Que deux personnes ne s'entretiennent pas à part en présence d'une troisième».*

Ainsi, par égard à Ibn Dinar, 'Abd Allah ibn 'Umar refusa d'écouter l'homme qui était venu lui parler en privé. Afin de lui épargner la peine à son premier compagnon, il demanda à un autre homme, un quatrième, de se joindre à eux, en leur apprenant que telle fut la conduite du Messager d'Allah (ﷺ) en leur citant le *Ḥadîth*. La vraie musulmane doit donc suivre cet exemple et appliquer cette pratique noble qui traduit le respect et l'affabilité vis-à-vis des autres.

- Cinquièmement: Dans une assemblée ou en présence d'autres personnes, la vraie musulmane évite de bâiller autant que faire se

[1] Vol. II, p. 988.

peut. Si toutefois un besoin pressant de bâiller l'envahit, elle doit le repousser autant que possible. Le Messager d'Allah (ﷺ) a dit: *«Quand l'un de vous éprouve le besoin de bâiller, qu'il le retienne autant que possible».*[1]

Si le besoin de bâiller devient insistant au point qu'elle ne peut même pas le retenir, elle doit alors se mettre la main sur la bouche, conformément au *Ḥadîth* du Messager d'Allah (ﷺ) qui dit: *«Quand l'un d'entre vous bâille, qu'il se mette la main sur la bouche; car Satan est susceptible de s'y introduire».*[2]

Le fait de bâiller en présence des gens est une habitude désagréable et répugnante qui ne convient pas à une personne bien élevée. D'où la nécessité de le repousser ou d'éviter son effet déplaisant, en se couvrant la bouche par la main.

Cette pratique recommandée par le Prophète (ﷺ) est une règle de bienséance qui traduit la courtoisie du croyant vis-à-vis de son entourage. Bâiller en présence des autres signifie, généralement, qu'on a envie de les quitter ou qu'on les trouve ennuyeux. C'est pourquoi la musulmane le repousse autant que possible, et quand elle le fait, elle le fait conformément aux règles islamiques de bienséance.

- Sixièmement: Quand elle est en compagnie des autres, elle doit observer les règles de bienséance relatives à l'éternuement. Car de même que l'Islam a déterminé les règles relatives au bâillement, il a aussi défini des règles concernant l'éternuement.

Il a indiqué aux musulmans la formule à prononcer quand ils éternuent, la formule à dire aux autres lorsqu'ils éternuent, ainsi que leur réponse. D'après Abû Hurayra (qu'Allah l'agrée), le Prophète (ﷺ) a dit: *«Allah aime l'éternuement et déteste le bâillement. Quand l'un d'entre vous éternue puis loue Allah, il sera du devoir de tout*

---

[1] *Ḥadîth* rapporté par Bukhari et Muslim. Cf. *Fat'ḥ Al-Bâri*, vol. X, p. 611; *Sharḥ ṣaḥîḥ muslim*, vol. X, p. 123.

[2] *Ḥadîth* rapporté par Muslim. Cf. *Sharḥ ṣaḥîḥ muslim*, vol. XVIII, p. 122.

musulman l'ayant entendu de lui dire: 'Qu'Allah t'accorde Sa miséricorde!' Quant au bâillement, il est suscité par Satan. Quand l'un d'entre vous bâille, qu'il repousse autant que possible son bâillement; car, en cette circonstance, Satan se moque de lui».[1]

Cet échange de politesse, lié à un détail aussi simple que le fait d'éternuer, doit rappeler aux musulmans et aux musulmanes que l'Islam a établi des règles qui organisent tout ce qui se rapporte à la vie humaine afin de la parfaire. En dehors du fait, certes bénéfique, que ces formules relatives à l'éternuement attestent de l'attention que tout croyant est censé avoir à l'égard de l'autre, elles tendent surtout à l'inciter à évoquer Allah, le Seigneur de l'Univers.

Quand une musulmane éternue donc, elle dit: *al-ḥamdu li-llâh.* Celle qui l'entend prononcer cette formule lui dit alors: *yarḥamuki Allah.* Comme réponse, elle lui dit: y*ahdîkumu Allah wa yuṣliḥu bâlakum.*

Bukhari rapporte à ce sujet que le Messager d'Allah (ﷺ) a dit: *«Lorsque l'un d'entre vous éternue, qu'il dise: 'Louange à Allah!' Son frère - ou: son compagnon - devra lui dire: 'Qu'Allah t'accorde Sa miséricorde!' A charge pour lui de répondre: 'Qu'Allah vous guide dans le droit chemin, et qu'Il fasse que votre conscience soit pieuse'.»*[2]

Dire *yarḥamuka Allah* est recommandé à l'adresse de celui qui, après avoir éternué, dit *al-ḥamduli Allah;* s'il ne loue pas Allah, on n'est pas tenu à lui souhaiter la miséricorde. Le Prophète (ﷺ) a dit: *«Quand l'un d'entre vous célèbre les louanges d'Allah après son éternuement, présentez-lui vos souhaits* [en disant: 'Qu'Allah t'accorde Sa miséricorde!'] *Si, par contre, il ne loue pas Allah, ne les lui présentez pas».*[3]

---

[1] *Ḥadîth* rapporté par Bukhari. Cf. *Fat'ḥ Al-Bâri*, vol. X, p. 611.

[2] Cf. *Fat'ḥ Al-Bâri*, vol. X, p. 608.

[3] *Ḥadîth* rapporté par Muslim. Cf. *Sharḥ ṣaḥîḥ muslim*, vol. XVIII, p. 121.

Bukhari et Muslim rapportent que Anas ibn Mâlik (qu'Allah l'agrée) a dit: deux hommes ont éternué en présence du Prophète (ﷺ) qui adressa son souhait de miséricorde à l'un sans l'adresser à l'autre. Ce dernier dit alors au Prophète (ﷺ): quand untel a éternué, tu lui as adressé un souhait de miséricorde; mais quand j'ai éternué, tu ne me l'as pas adressé. Il répondit: *«Celui-ci a loué Allah, tandis que toi, tu ne L'as pas loué».*[1]

En méditant ces formules relatives à l'éternuement, recommandées par le Prophète (ﷺ), nous déduisons qu'elles ont un double objectif: évoquer Allah, et consolider les liens de fraternité entre les musulmans, hommes et femmes. En éternuant, l'être humain se sent délivré d'une irritation due à une allergie ou à des réactions qu'il sentait au niveau de son organisme. Louer Allah à cette occasion est donc approprié. Celui qui l'entend lui adresse un souhait de miséricorde, car celui qui loue Allah mérite Sa miséricorde. Ensuite, celui qui a éternué répond à son compagnon en prononçant une longue invocation qui traduit ses souhaits sincères de le voir vivre dans le droit chemin et dans le bien-être. Ainsi, d'un acte involontaire et passager dans la vie des croyants, l'Islam tire profit pour les inciter à évoquer Allah et à consolider les liens de fraternité et de compassion dans leur vie sociale.

Quand on éternue, il est également recommandé de se mettre la main sur la bouche et d'éviter que l'éternuement laisse une forte résonance. On rapporte à ce sujet qu'Abû Hurayra (qu'Allah l'agrée) a dit: *«Quand le Messager d'Allah (ﷺ) éternuait, il mettait la main ou une partie d'un de ses vêtements sur sa bouche pour diminuer la résonance de son éternuement».*[2]

---

[1] Cf. *an-Nawawî, Riyâḍ aṣ-ṣâliḥîn*, p. 448.

[2] *Ḥadîth* rapporté par Abû Dâwûd (vol. V, p. 288) et at-Tirmidhî (vol. V, p. 86) qui le juge «apprécié atteignant le degré d'authentique» (*ḥassan ṣaḥîḥ*).

La musulmane doit donc apprendre les formules relatives à l'éternuement, car il s'agit des formules de politesse recommandées par le Messager d'Allah (ﷺ). Ce sont des formules appartenant aux règles de bienséance islamiques qu'il ne faut pas négliger en prétextant leur motif apparemment sans importance, car elles contribuent, rappelons-le, à évoquer Allah et à manifester son attention vis-à-vis des autres croyantes.

E. - Règles à observer à l'égard de ceux qui la devancent en âge ou en mérite

Les règles morales islamiques incitent le croyant à adopter une attitude noble et courtoise envers les autres personnes. Respecter les personnes qui nous devancent en âge ou en mérite est l'une des règles de base que toute musulmane doit observer. En l'adoptant, elle confirme son identité et son appartenance à la société musulmane; en la négligeant, elle affiche sa volonté de se détacher de cette honorable appartenance. Le Messager d'Allah (ﷺ) a dit: *«N'est pas de ma communauté celui qui ne vénère pas nos personnes âgées, qui n'est pas tendre envers nos petits et qui ne reconnaît pas le mérite de nos savants».*[1]

Traiter celles ou ceux qui la devancent en âge ou en mérite avec égards et prévenance est une attitude que la musulmane observe constamment. C'est une attitude recommandée par l'Islam pour adoucir les mœurs sociales et exhausser les croyants à un rang élevé sur le plan relationnel. Dans la société musulmane, la priorité en toute chose doit être accordée aux personnes qui devancent les autres en âge ou en mérite. C'est là un signe de reconnaissance et d'estime qu'on est tenu à leur témoigner.

On rapporte à ce sujet qu'une délégation vint voir le Messager d'Allah (ﷺ). Puis quand 'Abd Ar-Raḥmân ibn Sahl, le plus jeune

---

[1] *Ḥadîth* rapporté par Aḥmed ibn Ḥanbal et aṭ-Ṭabarânî selon une voie de transmission jugée «appréciée». Cf. *Majma' az-zawâ'id*, vol. VIII, p. 14.

d'entre eux, voulut prendre la parole, le Prophète (ﷺ) lui dit: *«Laisse l'aîné* [parler]! *Laisse l'aîné*!» Alors 'Abd Ar-Raḥmân se tut, et quelqu'un d'autre, plus âgé, prend la parole.[1]

Dans un autre *Ḥadîth*, le Messager d'Allah (ﷺ) nous enseigne que respecter ceux qui nous devancent en âge ou en mérite est un acte d'adoration voué à Allah, car les honorer traduit une vénération rendue à Allah (exalté soit-Il) qui leur a accordé ce mérite dont ils bénéficient. Il dit: *«C'est vénérer Allah (exalté soit-Il) que de vénérer le vieillard musulman, ainsi que le connaisseur du Coran qui le récite sans excès ni négligence et le chef équitable».*[2]

En témoignant à ces catégories de gens les égards qui leurs sont dus, la musulmane traite chaque membre de la société selon son propre statut social. Dans l'introduction de son *Ṣaḥîḥ*, Muslim rapporte que 'Â'isha (qu'Allah l'agrée) a dit: le *Messager d'Allah* (ﷺ) *nous a ordonné de traiter les gens selon leurs statuts.*[3]

Cela implique que la musulmane avisée est appelée à connaître la valeur de chacune des personnes qu'elle côtoie, hommes ou femmes, et qu'elle doit accorder la priorité à celui qui devance les autres par l'âge, le savoir ou le mérite.

F. - Règles relatives au fait de rendre visite au malade

Rendre visite aux malades est une pratique sociale que l'Islam considère comme l'un des devoirs qui incombent à tout musulman vis-à-vis de son frère.

Le Messager d'Allah (ﷺ) a dit: *«Le musulman doit* [accomplir] *cinq* [devoirs] *à l'égard de tout autre musulman: rendre le salut, rendre visite au malade, suivre le convoi funèbre, répondre à* ⸝

---

[1] *Ḥadîth* rapporté par Bukhari et Muslim. Cf. *an-Nawawî, Riyâḍ aṣ-ṣâliḥîn,* p. 207.

[2] *Ḥadîth* rapporté par Abû Dâwûd (vol. V, p. 174) et jugé «apprécié».

[3] Cf. *Sharḥ ṣaḥîḥ muslim,* vol. I, p. 55.

l'invitation et présenter son souhait de miséricorde à celui qui éternue».[1]

Dans une autre version, Muslim rapporte que le Messager d'Allah (ﷺ) a dit: *«Le musulman doit* [accomplir] *six* [devoirs] *à l'égard de tout autre musulman.»* - Lesquels, ô Messager d'Allah? lui demanda-t-on. Il répondit: *«Lorsque tu le rencontres, salue-le; lorsqu'il t'invite, réponds à son invitation; lorsqu'il te demande conseil, conseille-le; lorsqu'il éternue et loue Allah, présente-lui ton souhait de miséricorde; lorsqu'il tombe malade, rends-lui visite; lorsqu'il meurt, suis son convoi funèbre».*[2]

Pour la femme musulmane avisée, rendre visite au malade n'est pas un acte de courtoisie ou une faveur à l'égard de l'autre, mais un devoir recommandé par l'Islam. Le Messager d'Allah (ﷺ) a dit: *«Donnez à manger à celui qui a faim, rendez visite au malade et délivrez le prisonnier».*[3]

On rapporte aussi qu'al-Barâ' ibn 'Âzib (qu'Allah l'agrée) a dit: *«Le Messager d'Allah (ﷺ) nous a ordonné de rendre visite aux malades, suivre les convois funèbres, adresser le souhait de miséricorde à celui qui éternue, satisfaire celui qui nous adjure, assister le faible, aider l'opprimé et échanger fréquemment les salutations».*[4]

L'aspect impératif de la visite due aux malades ne doit pas en faire d'elle une charge ennuyeuse qu'on accomplit juste pour s'en acquitter, vu l'ambiance morose qui entoure généralement les malades. Bien au contraire, la musulmane doit se rendre au chevet des personnes souffrantes en éprouvant en filigrane un sentiment de

---

[1] *Ḥadîth* rapporté par Bukhari et Muslim. Cf. *an-Nawawî*, *Riyâḍ aṣ-ṣâliḥîn*, p. 452.

[2] Cf. *Sharḥ ṣaḥîḥ muslim*, vol. XIV, p. 143.

[3] *Ḥadîth* rapporté par Bukhari. Cf. *Fat'ḥ Al-Bâri*, vol. IX, p. 519.

[4] *Ḥadîth* rapporté par Bukhari et Muslim. Cf. *an-Nawawî*, *Riyâḍ aṣ-ṣâliḥîn*, p. 451.

joie et de satisfaction, car elle accomplit ainsi un acte qui la rapproche d'Allah et lui assure des bienfaits énormes dans ce bas monde et dans l'Au-delà. Le mérite du fait de rendre visite aux malades ne saurait être apprécié à sa juste valeur que lorsqu'on médite le *Ḥadîth* suivant:

Le Messager d'Allah (ﷺ) a dit: *«Au Jour de la Résurrection, Allah (à Lui la puissance et la majesté) dira: "Ô 'fils' d'Adam, je suis tombé malade, mais tu ne M'as pas rendu visite!" - Ô mon Seigneur, dira l'homme, comment Te rendre visite et Tu es le Seigneur des mondes? Ne savais-tu pas que Mon serviteur untel est tombé malade et tu ne lui as pas rendu visite? -Ne savais-tu pas que si tu lui avais rendu visite, tu M'aurais trouvé auprès de lui? Ô fils d'Adam! Je t'ai demandé de la nourriture et tu ne M'as pas donné à manger! - Seigneur, comment je Te donne à manger et Tu es le Seigneur des mondes? -Ne savais-tu pas que Mon serviteur untel t'a demandé à manger et tu ne lui en as pas donné? Et si tu lui avais donné à manger, tu aurais trouvé cela auprès de Moi? Ô fils d'Adam! Je t'ai demandé à boire et tu ne M'as pas abreuvé? - Seigneur, comment je T'abreuve et Tu es le Seigneur des mondes? - Mon serviteur t'a demandé à boire et tu ne l'as pas abreuvé. Ne savais-tu pas que si tu lui avais donné à boire, tu aurais trouvé cela auprès de Moi?»*[1]

Rendre visite aux malades est donc une œuvre considérable et bénie. En se rendant chez ses sœurs affaiblies par la maladie, la musulmane doit se rappeler qu'elle est en présence du Tout-Puissant, qu'Il assiste à sa démarche noble et qu'Il l'en récompensera généreusement. Pour ressentir l'importante valeur de son geste, il lui suffira de se rappeler ces mots: *«Ô 'fils' d'Adam, je suis tombé malade, mais tu ne M'as pas rendu visite! N'as-tu pas su que Mon serviteur untel était malade et que tu ne lui as pas rendu visite? Ne savais-tu donc pas que si tu lui avais rendu visite, tu M'aurais trouvé auprès de lui?»*

---

[1] Rapporté par Muslim. Cf. *Sharḥ ṣaḥîḥ muslim*, vol. XVI, p. 125.

Le seul fait de se rappeler ce reproche émanant d'Allah devrait inciter toute musulmane à ne plus négliger une visite due à un malade. C'est effectivement un objet de détresse et de perte que de négliger une pratique ayant un mérite aussi considérable. En ce rappelant ce *Ḥadîth*, on n'a qu'à imaginer la honte et le regret qui couvriront celles qui auront négligé de rendre visite aux malades. Cela devrait nous inciter à nous repentir et nous ressaisir pendant qu'il est encore temps; car, au Jour de la Résurrection, le regret ne servira à rien.

Dans la société musulmane, le malade ne se sent pas abandonné seul à ses souffrances. Dans ces moments pénibles, il se voit entouré de croyants qui le connaissent, consolé par leur compassion sincère et encouragé par leurs invocations en sa faveur. Ce qui contribue à atténuer sa souffrance et à l'emplir d'espoir. Cette solidarité sociale et cette noblesse du sentiment représentent le degré le plus élevé au niveau des rapports humains, un degré qui n'a été atteint par aucune société à travers l'Histoire, en dehors de la société musulmane.

En Occident, il se peut que le malade trouve un hôpital convenable pour y être admis et un médecin compétent pour le soigner, mais c'est rarement qu'il trouvera une présence apaisante, une parole tendre, un sourire rafraîchissant, une invocation sincère ou une compassion désintéressée. La philosophie matérialiste a envahi l'existence de l'Homme occidental. Elle a exténué en lui toute compassion humaniste, comme elle a étouffé en son for intérieur tout sentiment fraternel. Hormis l'intérêt purement matériel, elle ne lui a laissé aucun autre mobile dans ses relations sociales. C'est pourquoi il ne rend visite à une autre personne que lorsqu'il est motivé par un intérêt matériel dont il bénéficiera à court ou à long terme. A l'opposé de ce paupérisme sentimental et ce pragmatisme social, le musulman ne manque jamais au devoir de se rendre auprès du malade, car son unique mobile est l'agrément et la rétribution d'Allah.

Nombreux sont les Textes qui incitent le musulman à rendre visite aux malades, en suscitant en lui le sentiment de fraternité et en mettant l'accent sur l'immense récompense qui lui revient en accomplissant cet acte. Parmi ces Textes, il y a le *Ḥadîth* qui dit: *«Quand le musulman rend visite à son frère musulman malade, il ne cesse de cueillir les fruits du Paradis jusqu'à son retour»*.[1]

Il y a aussi un autre *Ḥadîth* qui dit: *«Il n'est de musulman qui, le matin, rend visite à un autre musulman malade sans que soixante-dix mille Anges invoquent Allah en sa faveur jusqu'au soir; et il n'est de musulman qui rend visite le soir à un autre musulman malade sans que soixante-dix mille Anges invoquent Allah en sa faveur jusqu'au matin. Il aura aussi un jardin au sein du Paradis»*.[2]

De par sa perspicacité et sa connaissance profonde, le Messager d'Allah (ﷺ) savait que le fait de rendre visite au malade aura un effet positif considérable sur lui comme sur sa famille. Par conséquent, il n'hésitait jamais à se rendre auprès des malades pour les consoler et invoquer Allah en leur faveur. Sa noblesse d'esprit l'amena même à rendre visite à un malade juif qui le servait.

A ce propos, Bukhari rapporte qu'Anas ibn Mâlik (qu'Allah l'agrée) a dit: le jeune juif qui servait le Prophète (ﷺ) tomba malade.

Le Prophète (ﷺ) vint lui rendre visite, s'assit près de sa tête et lui dit: *«Embrasse l'Islam»*. Le jeune juif regarda son père, présent, qui lui dit: obéis à Abû al-Qâssim! Suite à quoi, il se convertit à l'Islam! Alors le Prophète sortit en disant: *«Louange à Allah qui l'a délivré de l'Enfer!»*[3]

Ainsi, conscient de l'effet de sa visite sur le jeune homme et son père, le Prophète (ﷺ) n'omit point son rôle de Messager et invita le malade à embrasser l'Islam.

Le Messager d'Allah (ﷺ) accordait au fait de rendre visite aux malades une importance si grande telle qu'il institua des règles la concernant. Parmi ces règles qui ont été observées par les

---

[1] *Ḥadîth* rapporté par Muslim. Cf. *Sharḥ ṣaḥîḥ muslim*, vol. XVI, p. 125.

[2] *Ḥadîth* rapporté par at-Tirmidhî (vol. III, p. 292) qui le juge «apprécié».

[3] *Ḥadîth* rapporté par Bukhari. Cf. *Fat'ḥ Al-Bâri*, vol. III, p. 219.

Compagnons et rapportées dans les ouvrages de Traditions:

- **Premièrement:** s'asseoir près de la tête du malade ou au chevet de son lit. Cette pratique est attestée par le *Ḥadîth* que nous venons de citer ainsi que par un autre *Ḥadîth*, où 'Abd Allah ibn 'Abbâs (qu'Allah l'agrée) dit: *«Quand il rendait visite à un malade, le Prophète (ﷺ) s'asseyait près de sa tête puis répétait sept fois* [cette invocation]*: 'J'implore Allah, l'Incommensurable, le Maître du Trône sublime, de t'accorder la guérison'.»*[1]

- **Deuxièmement:** passer la main droite sur la partie du corps dont souffre le malade et invoquer Allah en sa faveur.

'Â'isha (qu'Allah l'agrée) a dit: *«Lorsque le Prophète (ﷺ) rendait visite à quelqu'un de sa famille qui souffrait d'une maladie, il passait sa main droite* [sur l'endroit du corps où le malade avait mal] *puis il disait: 'Ô Seigneur des hommes! Élimine la douleur! Guéris-le, c'est Toi le Guérisseur; il n'y a de guérison que de Ta part. Accorde-lui une guérison qui ne laisse aucun mal'.»*[2]

'Abd Allah ibn 'Abbâs (qu'Allah l'agrée) a dit: *«Le Prophète (ﷺ) rendit visite à un bédouin qui était malade, et c'était de son habitude de dire en cette circonstance: 'Pas de mal!* [Que cette maladie te soit] *une purification, si Allah le veut'.»*[3]

- **Troisièmement:** il est permis aux femmes de rendre visite aux hommes quand ils sont malades et vice-versa, dans le cadre de la décence et de la pudeur, et quand on est sûr de parer à toute tentation perverse. Cela est confirmé par des Textes authentiques, ainsi que par la pratique des femmes vertueuses qui ont vécu aux premiers temps de l'Islam.

---

[1] *Ḥadîth* rapporté par Bukhari dans *al-Adab al-mufrad*, vol. I, p. 633.

[2] *Ḥadîth* rapporté par Bukhari et Muslim. Cf. *an-Nawawî, Riyâḍ aṣ-ṣâliḥîn*, p. 454.

[3] *Ḥadîth* rapporté par Bukhari. Cf. *Fat'ḥ Al-Bâri*, vol. X, p. 118.

Dans son *Ṣaḥîḥ*, Bukhari rapporte qu'Umm ad-Dardâ' avait rendu visite à un *Anṣârîte* souffrant qui fréquentait assidûment la mosquée. Il rapporte aussi que 'Â'isha (qu'Allah l'agrée) a dit: «Quand le Messager d'Allah (ﷺ) arriva à Médine, Abû Bakr et Bilâl tombèrent malades. J'entrai chez eux et je dis: comment te sens-tu, mon père? Et toi, Bilâl, comment te sens-tu?»[1]

La musulmane aux sentiments nobles et raffinés par les principes de l'Islam s'empresse de rendre visite au malade dès qu'on l'en informe, de bon cœur et sans aucune réticence. Aux premiers temps de l'Islam, les femmes musulmanes avaient saisi le sens profond du fait de rendre visite aux malades. Elles n'hésitaient donc pas à accomplir ce devoir noble. Elles consolaient les malades, dissipaient leur détresse et leur manifestaient leur compassion, consolidant ainsi les liens de fraternité et de solidarité au sein de la communauté. A notre époque, la musulmane devrait suivre l'exemple de ces femmes, afin de réactualiser cette tradition noble, humaniste et islamique.

G. - Règles relatives aux obsèques

La vraie musulmane est une femme sage et endurante. Contrairement aux femmes émotives et frivoles, elle sait faire preuve de sang-froid et ne se laisse pas emporter par l'affolement quand elle apprend la mort d'un être qui lui est cher. Dans ces moments pénibles, elle réagit conformément aux orientations de l'Islam.

Une musulmane qui a parfaitement compris les règles de sa religion ne se lamente pas sur le mort, car se lamenter en cette circonstance est une pratique condamnée par l'Islam. Bien plus, c'est une pratique que le Prophète (ﷺ) a classée parmi les actes propres aux mécréants.

---

[1] Cf. *Fat'ḥ Al-Bâri*, vol. X, p. 117.

Le Messager d'Allah (ﷺ) a dit: «[Il y a] *deux* [pratiques qui sont propagées] *parmi les gens,* [et qui indiquent pourtant la] *mécréance: dénigrer le lignage* [d'une personne,] *et se lamenter sur le mort».*[1]

Il a dit également: *«N'est pas des nôtres celui qui,* [en signe de deuil], *se frappe les joues, déchire les encolures de ses vêtements ou profère des propos de l'époque antéislamique».*[2]

La musulmane qui connaît parfaitement les principes de sa religion a la foi profonde que la mort est une réalité à laquelle personne n'échappe, car tout être, excepté Allah, est périssable. Elle a la certitude que la vie en ce bas monde n'est qu'un passage vers l'autre monde, le monde de l'éternité auprès du Seigneur des créatures. A partir de cette foi profonde, elle trouve insensé l'affolement qui pousse les gens ayant perdu un proche à perdre leur *self-control* et à se déchaîner par des gestes indécents, tel le fait de se frapper le visage ou déchirer ses vêtements ou se lamenter pour exprimer son chagrin.

Les Compagnons du Prophète (ﷺ), alors même que leur adhésion à l'Islam était encore fraîche, ont vite assimilé la raison profonde pour laquelle la lamentation sur les morts a été interdite, et se sont immédiatement évertués à l'observer.

Eux, qui ont assisté à la période préislamique, savaient que cette pratique est un rituel païen propre aux polythéistes, et que l'Islam n'admettait aucune pratique relevant de cet ordre. Ils interdirent alors à leurs femmes toute manifestation déchaînée de leur chagrin et désavouèrent toute gestuelle funéraire rappelant l'époque antéislamique.

---

[1] *Ḥadîth* rapporté par Muslim. Cf. *Sharḥ ṣaḥîḥ muslim*, vol. II, p. 57.

[2] Ḥadîth rapporté par Bukhari et Muslim. Cf. *Sharh as-sunna*, vol. V, p. 436.

On rapporte à ce sujet qu'Abû Burda a dit: suite à un malaise dont il fut victime, Abû Mûssâ s'évanouit au moment où sa tête reposait sur le giron de l'une de ses femmes. Une autre femme de sa famille se mit alors à crier, mais il ne put l'en empêcher. Puis lorsqu'il revint à lui, il lui dit: je désavoue celles que le Messager d'Allah (ﷺ) a désavouées. *«Le Messager d'Allah (ﷺ) a désavoué la femme qui,* [en signe de deuil], *pousse des gémissements, se rase la tête ou déchire ses vêtements».*[1]

Cela n'implique aucunement que l'Islam interdit toute manifestation de chagrin. Pleurer un être cher est une réaction forte qu'aucune créature ne peut repousser. L'Islam ne réprouve donc pas le chagrin qui agite le cœur, ni les larmes qui le manifestent, car cela traduit la tendresse qu'on a envers les siens. Une telle réaction, humaine et décente, à la mort d'un être cher est confirmée par les propos et les actes du Messager d'Allah (ﷺ):

Ussâma ibn Zayd (qu'Allah l'agrée) a dit: alors que nous étions en compagnie du Prophète (ﷺ), l'une de ses filles lui envoya quelqu'un lui demander de venir chez elle et l'informer que l'un de ses enfants à elle agonisait. Il dit alors au messager: *«Retourne la voir et informe-la que c'est à Allah qu'appartient ce qu'Il a pris et que c'est à Lui qu'appartient ce qu'Il a donné; toute chose auprès de Lui a un terme bien déterminé. Ensuite, ordonne-lui d'endurer son malheur et d'escompter* [une récompense auprès d'Allah]».

Mais le même messager revint et lui dit: elle t'adjure d'aller la voir.

«Alors le Messager d'Allah (ﷺ) se leva en compagnie de Sa'd ibn 'Ubâda et Mu'âdh ibn Jabal, et je partis avec eux. [Une fois arrivés,] *on remit au Prophète (ﷺ) l'enfant. Celui-ci avait une respiration haletante, semblable au bruit de l'eau quand on la verse dans une outre desséchée. Les yeux du Prophète (ﷺ) débordèrent alors de larmes.»*

---

[1] *Ḥadîth* rapporté par Muslim. Cf. *Sharḥ ṣaḥîḥ muslim*, vol. II, p. 110.

[Constatant cela,] Sa'd lui dit: que signifient ces larmes, ô Messager d'Allah? Il répondit: *«C'est le signe d'une compassion qu'Allah a placée dans les cœurs de Ses serviteurs. Allah n'est compatissant qu'envers les compatissants parmi Ses serviteurs.»*[1]

'Abd Allah ibn 'Umar (qu'Allah l'agrée) a dit: Sa'd ibn 'Ubâda était souffrant. *Le Messager d'Allah (ﷺ) vint alors lui rendre visite* en compagnie de 'Abd Ar-Raḥmân ibn 'Awf, Sa'd ibn Abî Waqqâṣ et 'Abd Allah ibn Massoud. Quand il entra, il constata que Sa'd avait perdu connaissance.

- *«Est-il mort?»* demanda-t-il. — Non, ô Messager d'Allah, lui répondit-on. *Alors le Messager d'Allah (ﷺ) se mit à pleurer* et, constatant ses pleurs, les assistants se mirent aussi à pleurer. Ensuite, il leur dit: *«Vous m'entendez? Allah ne châtiera ni pour les larmes que versent les yeux, ni pour le chagrin du cœur. Il châtiera ou accordera Sa miséricorde selon l'usage qu'on aura fait de celle-ci - il dit cela en désignant sa langue».*[2]

Anas ibn Mâlik (qu'Allah l'agrée) a dit: *«Le Messager d'Allah (ﷺ) entra rendre visite à son fils Ibrâhim au moment où celui-ci était en train de rendre le dernier soupir. Ses yeux fondirent alors en larmes».*

'Abd Ar-Raḥmân ibn 'Awf lui dit: ô Messager d'Allah, même toi! Il répondit: *«Ô Ibn 'Awf, c'est l'effet de la compassion». Il se mit à pleurer encore une fois*, puis il dit: *«Certes, les yeux pleurent et le cœur est triste, mais nous ne disons que ce qui plaît à Allah. Ô Ibrâhîm, nous sommes vraiment attristés d'être séparés de toi».*[3]

---

[1] *Ḥadîth* rapporté par Muslim. Cf. *Sharḥ ṣaḥîḥ muslim*, vol. VI, p. 224-225.

[2] *Ḥadîth* rapporté par Bukhari et Muslim. Cf. *Sharh as-sunna*, vol. V, p. 429.

[3] *Ḥadîth* rapporté par Bukhari et Muslim. Cf. *an-Nawawî, Riyâḍ aṣ-ṣâliḥîn*, p. 463.

Le Messager d'Allah (ﷺ) a admis le fait d'exprimer sa peine en pleurant suite à un malheur, car aucun être humain ne peut s'en empêcher. En effet, les larmes qui coulent d'elles-mêmes contribuent à atténuer la peine et à alléger la douleur. Cependant, il a condamné les lamentations et toutes les autres manifestations excessives du chagrin, car elles ne font qu'attiser la tristesse et générer un climat d'affolement et de dépression. De telles pratiques furent observées durant l'époque préislamique en tant que coutumes que les gens n'hésitaient pas à recommander à leurs héritiers. Leurs proches se lamentaient alors sur eux, accentuaient l'effet du malheur causé par leur mort et énuméraient leurs qualités et leurs bienfaits. Ces deux vers du poète antéislamique Ṭarafa ibn al-'Abd illustrent parfaitement cette coutume:

Quand je mourrai, célèbre ma mort d'une manière qui me sied.
Et déchire l'encolure de ta tunique, ô fille de Ma'bad!
Ne m'évoque surtout pas comme on évoque quelqu'un
Dont l'ambition, le secours d'autrui et la gloire n'égalent pas les miennes.

L'Islam a interdit de façon ferme et catégorique ces pratiques et celles qui leur ressemblent. Ces pratiques sont en effet contraires à la notion du Destin selon la conception islamique; en plus du fait qu'elles exténuent l'énergie humaine et offrent l'opportunité à des suggestions sataniques. Cela est attesté par un *Ḥadîth* rapporté par Muslim, selon lequel Umm Salama (qu'Allah l'agrée) dit: quand Abû Salama *[son époux]* succomba, je me dis: il était étranger, et il a succombé dans un pays étranger. Je lui consacrerai alors des pleurs qui feront date dans les discussions des gens.

Comme je m'apprêtais à le pleurer, une femme des hauteurs de Médine vint pour participer à mes lamentations. Le Messager d'Allah (ﷺ) la reçut alors en disant: *«Comptes-tu introduire*

Satan à une demeure d'où Allah le chassa par deux fois[1] Ayant entendu ses mots, je mis un terme à mes pleurs et ne pleurai plus.[2]

Le Messager d'Allah (ﷺ) portait un intérêt particulier à l'interdiction des lamentations dans les milieux féminins à un point tel qu'il l'intégra parmi les engagements des femmes quand elles lui prêtaient serment d'allégeance. A ce sujet, Bukhari et Muslim rapportent que Umm 'Aṭiyya (qu'Allah l'agrée) a dit: *«Lors du serment d'allégeance que nous prêtâmes au Messager d'Allah (ﷺ), il exigea de nous l'engagement de ne point nous lamenter* [suite à la mort de quelqu'un]».[3]

Dans une autre version rapportée par Muslim, il est dit: *«Quand le verset qui dit:* ﴿Quand les croyantes viennent te prêter serment d'allégeance qu'elles n'associeront rien à Allah (...) *et qu'elles ne désobéiront pas en ce qui est convenable*﴾ *[Coran, 60: 12]* - le serment d'allégeance comportait [aussi] *l'interdiction des lamentations».*[4]

Dans un autre *Ḥadîth*, le Prophète (ﷺ) annonce à la pleureuse un sort horrible au Jour de la Résurrection. Il dit: *«Si une pleureuse ne se repentit pas de son péché avant sa mort, elle sera ressuscitée au Jour de la Résurrection en ayant un habit de goudron et une tunique de gale».*[5]

---

[1] La première fois eut lieu quand le Messager d'Allah dit à certains proches d'Abû Salama qui se mirent à se lamenter suite à la mort de celui-ci: «N'invoquez Allah que pour votre bien, car les Anges disent *Ameen* après ce que vous dites». La seconde: quand Umm Salama s'était abstenue de se lamenter sur son époux après s'être jurée de le faire.

[2] Cf. *Sharḥ ṣaḥîḥ muslim*, vol. VI, p. 224.

[3] Cf. *Fat'h Al-Bâri*, vol. III, p. 176; *Sharḥ ṣaḥîḥ muslim*, vol. VI, p. 237.

[4] Cf. *Sharḥ ṣaḥîḥ muslim*, vol. VI, p. 238.

[5] *Ḥadîth* rapporté par Muslim. Cf. *Sharḥ ṣaḥîḥ muslim*, vol. VI, p. 235.

Il dit aussi: «*Les Anges ne prient ni pour une pleureuse, ni pour celle qui crie* [lors des obsèques]».[1]

La musulmane doit donc éviter ces pratiques condamnées et interdites par l'Islam, comme elle doit appeler les femmes ignorantes à ce conformer aux commandements de l'Islam se rapportant à cette question.

Elle doit aussi, de préférence, se garder de prendre part au convoi funèbre.

A ce sujet, Bukhari et Muslim rapportent qu'Umm 'Aṭiyya (qu'Allah l'agrée) a dit: «On nous interdit de suivre le convoi funèbre, mais pas de façon péremptoire».[2]

Sa participation au convoi funèbre n'est donc pas une pratique illicite (*ḥarâm*), mais un acte qu'il est préférable d'éviter (*makrûh tanzîhan*). Néanmoins, le mieux est de s'en garder, car s'abstenir d'un acte déconseillé (*makrûh*) est une bonne action en soi qui traduit l'obéissance absolue à Allah et à son Messager (ﷺ).

Concernant cette question, la femme est appelée à suivre une démarche contraire à celle de l'homme. L'Islam recommande à celui-ci de suivre le convoi funèbre jusqu'à l'enterrement, tandis qu'il le déconseille à la femme. De par sa nature, l'homme a une capacité de se retenir dans de telles circonstances. A l'opposé, la femme est très sensible et susceptible de ne pas maîtriser ses émotions. Elle est donc exposée à avoir une attitude incompatible avec le climat des funérailles qui risque de troubler cette cérémonie solennelle. Car cette cérémonie ne doit pas être consacrée aux manifestations de tristesse, mais à l'invocation en faveur du défunt et à la méditation que tout croyant doit faire au sujet de la mort, cet événement inéluctable auquel aucune créature ne peut échapper:

---

[1] *Ḥadîth* rapporté par Aḥmed ibn Ḥanbal (vol. VI, p. 235). Ses transmetteurs sont jugés dignes de confiance.

[2] Cf. *Fat'h Al-Bâri*, vol. III, p. 144; *Sharḥ ṣaḥîḥ muslim*, vol. VII, p. 2.

﴾Où que vous soyez, la mort vous atteindra, fussiez-vous dans des tours imprenables.﴿ *[Coran, 4: 78]*

47. Elle s'intéresse à tout ce qui se rapporte aux musulmans

La musulmane imprégnée des principes de sa religion ne s'intéresse pas uniquement à ce qui touche à sa personne, son époux ou ses enfants, mais aussi à tout ce qui se rapporte aux musulmans. Elle demande de leurs nouvelles et manifeste sa solidarité à leur égard, conformément aux enseignements du Prophète (ﷺ) qui dit: *«Dans leur affection, leur bonté et leur compassion les uns envers les autres, les croyants ressemblent à un seul corps; lorsque l'un de ses membres souffre, les autres parties du corps s'interpellent mutuellement pour* [partager] *son insomnie et sa fièvre».*[1] Il dit aussi: *«Le croyant est au croyant comme des parties d'un édifice qui se soutiennent mutuellement».*[2]

Consciente de sa responsabilité de communiquer l'Islam aux autres, la musulmane s'intéresse à tout ce qui touche à sa *Umma*. Elle s'intéresse aux individus et aux familles, comme elle s'intéresse à la société. A travers l'Histoire, les plus vertueuses parmi les femmes musulmanes nous ont légué de multiples exemples illustrant l'attention qu'elles avaient pour tous les musulmans et musulmanes, au niveau individuel comme au niveau collectif. A titre indicatif, l'Imâm Muslim rapporte que Sâlim, le *protégé* de Shaddâd ibn al-Hâdd a dit: le jour où Sa'd ibn Abî Waqqâṣ mourut, j'entrai chez 'Â'isha, l'épouse du Prophète (ﷺ). Ensuite, 'Abd Ar-Raḥmân ibn Abî Bakr entra et accomplit les ablutions mineures. 'Â'isha lui dit alors: ô 'Abd Ar-Raḥmân, accomplis parfaitement tes ablutions, car

---

[1] *Ḥadîth* rapporté par Muslim. Cf. *Sharḥ ṣaḥîḥ muslim*, vol. XVI, p. 140.

[2] *Idem.*, vol. XVI, p. 139.

j'ai entendu le Messager d'Allah (ﷺ) dire: «*Que* [ceux qui ne se lavent pas parfaitement] *les talons redoutent l'Enfer*».[1]

Ainsi, constatant que son frère 'Abd Ar-Raḥmân n'avait pas lavé parfaitement ses talons en faisant ses ablutions mineures, 'Â'isha ne passa pas son erreur sous silence, mais attira son attention sur la nécessité de faire correctement ses ablutions, conformément à ce que le Messager d'Allah (ﷺ) avait dit. On ne doit donc pas confondre l'intrusion dans les affaires personnelles des autres et l'attention qu'on doit avoir à leur égard. La première pratique est réprouvée par l'Islam, tandis que la seconde est recommandée, tant qu'elle relève de l'obligation de commander le bien et interdire le mal.

A ce propos, on rapporte que lorsque 'Umar ibn al-Khaṭṭâb fut poignardé et sentit qu'il était sur le point de mourir, il dit à son fils 'Abd Allah: «Rends-toi chez 'Â'isha. Transmets-lui mes salutations et demande-lui la permission que je sois enterré dans sa maison, près du Messager d'Allah (ﷺ) et d'Abû Bakr».

Il se rendit alors chez elle et l'informa de la volonté de 'Umar. — «Oui, je l'accepte volontiers», lui répondit-elle. Elle ajouta ensuite: «Mon fils, transmets mes salutations à 'Umar et dis-lui: ne laisse pas la communauté de Mohammed sans chef. Désigne un successeur et ne les laisse pas livrés à eux-mêmes, car je crains pour eux la discorde».

C'est en effet la vision perspicace et judicieuse concernant l'unité et la paix au sein de la communauté, car sans chef d'Etat digne de ce poste, elle risque la discorde et les guerres fratricides. De par l'intérêt qu'elle portait au sort de la communauté musulmane, 'Â'isha (qu'Allah l'agrée) à vraiment réfléchi aux conséquences d'une éventuelle mésentente entre les Compagnons au sujet du successeur de 'Umar. Elle est parvenue à une opinion sur la question, puis elle n'a pas hésité à la communiquer au Calife. Cette démarche de la part

[1] Cf. *Sharḥ ṣaḥîḥ muslim*, vol. III, p. 128.

de 'Â'isha devrait inspirer la musulmane et l'inciter à assumer ses responsabilités envers sa religion et sa communauté, pour pouvoir contribuer à l'essor des musulmans et des musulmanes, dans la perspective de devenir, de nouveau, «la meilleure communauté qu'on ait fait émerger aux humains».

48. Elle appelle les gens à la Vérité

Toute musulmane imprégnée des principes de sa religion est consciente qu'elle n'a pas été créée sans but, mais bien pour remplir une mission et accomplir le devoir noble qui consiste à adorer Allah:

> ﴿Je n'ai créé les djinns et les humains que pour qu'ils M'adorent.﴾ *[Coran, 51: 56]*

L'adoration vouée à Allah englobe tout acte ayant comme but de parfaire en bien l'existence humaine sur terre, d'établir le Message d'Allah parmi les humains et d'appliquer Ses commandements dans tous les domaines de la vie. Ces trois éléments représentent la Vérité à laquelle tout musulman et toute musulmane doivent appeler les gens.

Appeler les autres à la Vérité à laquelle nous avons adhéré est un devoir religieux. Quand la musulmane sincère le matérialise, elle le fait uniquement pour parvenir à l'agrément d'Allah et obtenir la grande récompense promise de Sa part. Le Messager d'Allah (ﷺ) a dit à 'Alî ibn Abî Ṭâlib (qu'Allah l'agrée): *«Par Allah, qu'Allah fasse de toi le guide d'un homme dans le droit chemin, cela vaut mieux pour toi que la possession de chamelles rousses».*[1]

Ainsi, une bonne parole que la musulmane adresse à une assemblée de femmes négligentes ou à une femme égarée du droit chemin, et qui donne les effets escomptés, lui garantit une

---

[1] *Ḥadîth* rapporté par Bukhari. Cf. *Fat'h Al-Bâri*, vol. VII, p. 476.

récompense précieuse qui dépasse en valeur les chamelles rousses, ces biens que les Arabes chérissaient le plus à l'époque du Prophète (ﷺ).

La rétribution réservée à celui qui appelle à la Vérité ne s'arrête pas à ce niveau. Dans un autre *Ḥadîth*, le Messager d'Allah (ﷺ) affirme que lorsque le croyant appelle un autre musulman à accomplir un acte de piété, il aura la rétribution due à cet acte à chaque fois que ce musulman l'accomplira. Il dit: *«Celui qui appelle au droit chemin aura la même rétribution réservée à ceux qui le suivront, sans que la leur en soit diminuée»*.[1]

Dans sa mission de prédication, la femme musulmane ne devra pas hésiter ou arrêter son parcours en raison du peu de connaissances religieuses qu'elle aura acquises. Il lui suffit de communiquer le peu qu'elle a acquis dans ce domaine, ne serait-ce qu'un sermon, un *Ḥadîth* ou un verset du Coran. Le Messager d'Allah a dit à ce propos: *«Transmettez ce que vous avez reçu de moi, fût-ce un* [seul] *verset* [du Coran] *(...)»*.[2]

Un verset coranique ou un simple mot de la part du prédicateur peut rencontrer une disposition à adhérer à la foi chez la personne qui l'entend et peut, par conséquent, la ramener à la Vérité qui illuminera son cœur et sa vie.

La musulmane ne doit donc épargner aucun effort permettant de guider les autres femmes vers le droit chemin, car, par ces temps, elles en ont vraiment besoin. Dans le seul but d'obtenir l'agrément d'Allah, elle doit instruire les femmes qui n'ont pas acquis le savoir religieux nécessaire, prouvant ainsi qu'elle souhaite vraiment à sa sœur ce qu'elle souhaite à sa propre personne. Ce sont là des qualités qui distinguent la musulmane qui s'adonne à la prédication des autres femmes; des qualités nobles dont le Messager d'Allah (ﷺ) a fait

---

[1] *Ḥadîth* rapporté par Muslim. Cf. *Sharḥ ṣaḥîḥ muslim,* vol. XVI, p. 227.

[2] *Ḥadîth* rapporté par Bukhari. Cf. *Fat'ḥ Al-Bâri*, vol. VI, p. 496.

l'éloge en disant: *«Qu'Allah embellisse celui qui, ayant entendu un* [enseignement] *de notre part, le transmet tel qu'il l'a entendu; car il se peut que celui à qui on transmet* [un enseignement] *le comprenne mieux que le* [premier] *qui l'a entendu»*.[1]

La musulmane est semblable à une lanterne; une fois emplie de lumière, elle illumine la voie à celles qui se trouvent dans les ténèbres. Consciente qu'elle est de l'immense récompense réservée à celles qui appellent sincèrement à la Vérité, elle n'hésite donc jamais à éclairer les esprits désorientés et les guider vers le droit chemin.

49. Elle commande le Bien et interdit le Mal

Commander le Bien et interdire le Mal est une obligation qui incombe à la femme comme à l'homme. Allah (exalté soit-Il) dit:

> ﴿Les croyants et les croyantes sont alliés les uns des autres. Ils commandent le Bien, interdisent le Mal, accomplissent la Prière, s'acquittent de l'Aumône *[prescrite]* et obéissent à Allah et à Son Messager. Voilà ceux auxquels Allah fera miséricorde, car Allah est Tout-Puissant et Sage.﴾ *[Coran, 9: 71]*

En confiant à la femme la mission de commander le Bien et interdire le Mal, l'Islam lui octroie un statut de prestige, car il lui permet de se situer dans la position de commandeur, elle qui était toujours commandée.

Le devoir de commander le Bien et d'interdire le Mal est, en fait, un honneur. La musulmane est appelée à l'accomplir dans les limites de sa féminité, parmi les milieux féminins et en fonction de ses compétences. Elle doit notamment s'opposer à tout acte condamnable dès qu'elle le constate. Elle doit le faire avec sagesse, patience, subtilité et courtoisie. Elle est tenue à éliminer ce

---

[1] *Ḥadîth* rapporté par at-Tirmidhî (vol. V, p. 34) qui le juge «apprécié atteignant le degré d'authentique» (*ḥassan ṣaḥîḥ*).

qui est condamnable par l'action matérielle si elle en est capable, à condition qu'un tel acte n'engendre pas une discorde dont les conséquences seront pires que le péché condamné. Sinon, elle doit s'évertuer à l'éliminer par des propos persuasifs.

Le cas échéant, elle doit, enfin, le condamner du cœur, en réfléchissant aux moyens qui permettent de l'éradiquer. Cette méthode à trois étapes est recommandée par le Messager d'Allah (ﷺ) dans le *Ḥadîth* qui dit: *«Quand l'un d'entre vous constate ce qui est condamnable, qu'il le corrige par la main. S'il n'y parvient pas, qu'il le corrige par la langue. S'il n'y parvient pas,* [qu'il dénonce] *par le cœur, et c'est là le minimum* [exigé par] *la foi».*[1]

En commandant le Bien et en interdisant le Mal, la musulmane manifeste sa loyauté envers sa religion ainsi qu'envers les autres croyantes qui négligent ou manquent à leurs devoirs religieux. Or, selon le *Ḥadîth* du Prophète (ﷺ), la religion se résume dans le conseil loyal. Commander le Bien et interdire le Mal est donc une obligation nécessaire pour établir et préserver la religion.

Le Messager d'Allah (ﷺ) a dit: *«La Religion, c'est le conseil.»* Nous lui dîmes: pour qui? Il (ﷺ) répondit: *«Pour Allah, Son Livre, Son Envoyé et pour les guides des musulmans et leurs masses.»*[2]

Quand la musulmane consciencieuse manifeste sa loyauté envers les autres femmes en commandant le Bien et en interdisant le Mal, elle contribue à corriger beaucoup de comportements basés sur des coutumes contraires aux enseignements de l'Islam. En changeant ces coutumes, ô combien répandues parmi les femmes, elle rend à sa communauté un service noble qui fait d'elle l'une des meilleures parmi les gens.

On rapporte, à ce sujet, qu'alors que le Prophète (ﷺ) était sur son minbar, un homme se leva et lui dit: ô Messager d'Allah, qui est le

---

[1] *Ḥadîth* rapporté par Muslim. Cf. *Sharḥ ṣaḥîḥ muslim*, vol. II, p. 22.

[2] *Ḥadîth* rapporté par Muslim. Cf. *Idem.*, vol. II, p. 37.

meilleur parmi les gens? Il répondit: «*Le meilleur d'entre les gens est celui qui connaît le plus le Coran, le plus pieux, qui commande plus que les autres le Bien, qui interdit plus que les autres le Mal et qui maintient le plus les liens de parenté*».[1]

C'est en conformité avec cet objectif que la musulmane consciencieuse doit se comporter. Elle ne reste pas muette face à une faute commise, n'hésite pas à exposer explicitement la vérité et n'admet jamais la déviation, car elle est engagée à défendre et propager un Message. A travers la recommandation du Bien et l'interdiction du Mal, elle sauve ses coreligionnaires de l'ignorance et de l'égarement.

Elle accomplit ce devoir surtout pour préserver la société du châtiment que le Messager d'Allah (ﷺ) a annoncé aux peuples parmi lesquels l'on n'entend aucune voix commandant le Bien ou interdisant le Mal.

On rapporte qu'après son investissement comme Calife, Abû Bakr aṣ-Ṣiddîq monta sur le minbar, célébra les louanges d'Allah, puis il dit: ô gens, vous récitez *[souvent]* ce verset: ﴿Ô les croyants! Vous êtes responsables de vous-mêmes! Celui qui s'égare ne vous nuira point si vous avez pris la bonne voie﴾ *[Coran, 5: 105]*, mais vous l'interprétez mal. *[Sachez que]* j'ai entendu le Messager d'Allah (ﷺ) dire: «*Lorsque les gens constatent ce qui est condamnable mais ne le corrigent pas, ils risqueront d'être touchés par le châtiment d'Allah* [réservé aux coupables]».[2]

La musulmane sincère n'est ni indifférente par rapport aux autres, ni inerte sur le plan social. Sa foi et sa conscience font d'elle une femme activiste qui œuvre constamment pour le bien des autres. Elle porte conseil à ceux qui en ont besoin, corrige les comportements

---

1 *Ḥadîth* rapporté par Aḥmed ibn Ḥanbal et aṭ-Ṭabarânî. Ses transmetteurs sont jugés dignes de confiance. Cf. *Majma' az-zawâ'id*, vol. VII, p. 263.

2 *Ḥadîth* rapporté par at-Tirmidhî, Abû Dâwûd et Aḥmed. Cf. *al-Kândahlawî, Ḥayât aṣ-ṣaḥâba*, vol. III, p. 233.

corrompus et contribue à la diffusion des valeurs positives. Elle n'admet jamais qu'un acte portant atteinte à sa religion puisse se produire en sa présence sans le corriger et appeler celles qui le commettent au droit chemin. Elle le fait avec fermeté et sans aucune hésitation, notamment quand il s'agit d'une question touchant à l'essence de la religion. Dans ces cas graves, il n'est plus question de convenance ou de courtoisie. Il n'est plus question de passer sous silence les erreurs qui s'y rapportent; sinon, nous risquerons de subir le sort des juifs quand ils se montrèrent indifférents aux infractions qui transgressaient leur religion.

Le Messager d'Allah (ﷺ) l'explique en disant: *«Chez les israélites, dans une époque antérieure à la vôtre, quand l'un commettait un péché, un autre le lui interdisait juste pour se justifier* [auprès d'Allah]. [Car] *le lendemain* [même], *il lui tenait compagnie et partageait son manger et son boire, comme s'il ne l'avait pas vu commettre un péché la veille. Constatant ce comportement de leur part, Allah (exalté soit-Il) rendit les cœurs des uns semblables à ceux des autres, et Il fit qu'ils soient maudits par les Prophètes David et Jésus fils de Marie; pour avoir désobéi* [à Ses commandements] *et les avoir transgressés. Par Celui qui détient mon âme en Sa Main, vous commanderez le Bien, vous interdirez le Mal et vous empêcherez le malfaiteur de commettre des délits en l'obligeant à se remettre dans le droit chemin, sinon Allah rendra parmi vous les cœurs des uns semblables à ceux des autres et vous maudira comme Il les a maudits.»*[1]

50. Elle est subtile et judicieuse dans sa prédication

Quand elle appelle les autres femmes à l'Islam, la musulmane agit avec sagesse, prudence, intelligence et habileté. Elle prend en considération le niveau intellectuel des autres et leur milieu social,

---

[1] *Ḥadîth* rapporté par aṭ-Ṭabarânî (vol. X, p. 146). Ses transmetteurs figurent parmi ceux admis par Bukhari et Muslim.

afin de trouver les meilleurs moyens lui permettant de les convaincre. Allah (exalté soit-Il) dit:

> ﴿Par la sagesse et la bonne exhortation, appelle *[les gens]* au chemin de ton Seigneur.﴾ *[Coran, 16: 125]*

Dans cette perspective, elle doit se garder de tenir des discours prolixes ou compliqués, susceptibles d'ennuyer son auditoire. Ses propos doivent être clairs, simples et brefs. Elle doit aussi procéder par étapes, en exposant ses idées dans un style attachant. Ainsi, son auditoire parviendra aisément à suivre et assimiler son discours.

Telle est la méthode adéquate dans ce domaine, car elle était adoptée par le Messager d'Allah (ﷺ). Bukhari et Muslim rapportent que l'éminent Compagnon 'Abd Allah ibn Massoud (qu'Allah l'agrée) avait l'habitude de donner son enseignement aux gens tous les jeudis.

Un jour, un homme lui dit: ô Abî 'Abd Ar-Raḥmân, je voudrais que tu nous adresses tes sermons tous les jours! Ibn Massoud lui répondit: «Ce qui m'en empêche c'est que je ne veux pas vous ennuyer. Je choisis les moments où il est opportun de vous enseigner, comme le Messager d'Allah (ﷺ) le faisait vis-à-vis de nous, craignant de nous ennuyer».[1]

Dans son effort de prédication, la musulmane doit se montrer avenante envers son auditoire. Elle doit endurer tout ce qui est susceptible de l'agacer: la lourdeur d'esprit, l'ignorance, les erreurs répétitives, les questions ennuyeuses, etc. En cela, elle se conforme à l'attitude du Messager d'Allah (ﷺ) qui était un modèle en matière de magnanimité, de patience et de gentillesse. Il orientait ses Compagnons de manière aimable, patientait face à la lenteur d'esprit de certains d'entre eux et se montrait attentif à leurs questions, même si, dans certains cas, elles étaient répétitives et ennuyeuses. Il ne se

---

[1] Cf. *an-Nawawî, Riyâḍ aṣ-ṣâliḥîn*, p. 374.

lassait guère de leur répéter ses enseignements, jusqu'à ce qu'ils les assimilent et le quittent en étant convaincus et satisfaits.

A ce propos, l'Imâm Muslim rapporte que Mu'âwiya ibn al-Ḥakam as-Sulamî (qu'Allah l'agrée) a dit: alors que j'accomplissais la Prière en compagnie du Messager d'Allah (ﷺ), un homme éternua. — Qu'Allah t'accorde Sa miséricorde! lui dis-je.

Mais comme je remarquai que les autres me lançaient des regards réprobateurs, je leur dis: que ma mère soit privée de moi! Qu'avez-vous à me regarder ainsi? Ils se mirent alors à taper leurs cuisses de leurs mains.

Ayant remarqué qu'ils me faisaient signe de me taire, cela me courrouça bien que je me taise. Que mon père et ma mère soient sacrifiés pour le Messager d'Allah (ﷺ)!

Je n'ai jamais vu, ni avant lui ni après, un enseignant l'égalant en enseignement. Par Allah, quand il acheva la Prière, il ne me frappa point, ni me blâma, ni m'insulta; il *[se contenta de]* dire: *«Aucune des paroles* [habituelles] *des gens ne convient à la Prière, car elle consiste* [exclusivement] *à célébrer la gloire d'Allah, à proclamer Sa grandeur et à réciter le Coran* - ou des mots allant dans ce sens».

Je lui dis alors: ô Messager d'Allah, cela ne fait pas longtemps que j'étais dans l'Ignorance antéislamique. Allah nous a transmis l'Islâm et pourtant certains hommes parmi nous consultent les devins. — *«Ne les consulte jamais»*, me répondit-il. - Il y a aussi d'autres hommes parmi nous qui procèdent à l'augure, lui dis-je. Il me répondit: *«Ce n'est qu'un pressentiment qu'ils éprouvent. Qu'il ne les empêche donc pas* [d'entamer leurs projets]».[1]

La musulmane soucieuse du succès de sa prédication doit aussi faire preuve de subtilité et de gentillesse vis-à-vis des autres. Elle doit se garder de rappeler aux malfaitrices leurs méfaits ou aux négligentes leurs manquements.

---

[1] Cf. *Sharḥ ṣaḥîḥ muslim*, vol. V, p. 20.

Elle doit plutôt le faire de façon allusive, en choisissant des mots gentils et convenables. Eu égard à leur amour-propre et afin de ne pas les rebuter, elle doit les débarrasser de leurs défauts de manière courtoise et appropriée. Cette méthode est plus efficace et a plus de chance de guérir les gens de leurs maux psychiques, comportementaux et relationnels.

Elle fut la méthode du Messager d'Allah (ﷺ). 'Â'isha (qu'Allah l'agrée) a dit: quand on informait le Prophète (ﷺ) d'un *[méfait commis par]* un homme, il ne disait jamais: qu'a donc untel à dire telle chose? Il disait: «Qu'ont donc certaines personnes à dire telle ou telle chose?»[1]

La clarté des propos contribue aussi à faire parvenir le discours à l'auditoire. A l'instar du Messager d'Allah (ﷺ), la prédicatrice doit s'exprimer dans un style clair et compréhensible.

Elle doit même répéter ses propos jusqu'à qu'elle ait la quasi-certitude que son message a été parfaitement assimilé, sans pour autant les ennuyer en expliquant des évidences.

Anas (qu'Allah l'agrée) a dit: *«Chaque fois que le Messager d'Allah (ﷺ) prononçait un enseignement, il le répétait trois fois pour qu'on puisse mieux le comprendre. Quand il se rendait chez des gens et qu'il les saluait, il les saluait trois fois».*[2]

'Â'isha (qu'Allah l'agrée) a dit: *«Le discours du Messager d'Allah (ﷺ) était clair; quiconque l'entendait le comprenait».*[3]

51. Elle fréquente les femmes vertueuses

Dans ses amitiés avec les autres femmes, la musulmane opte régulièrement pour les femmes vertueuses. C'est, en fait, ce genre de femmes qui l'aide à approfondir sa piété, accomplir les bonnes

---

[1] Cf. *al-Kândahlawî*, *Ḥayât aṣ-ṣaḥâba*, vol. III, p. 129.

[2] *Ḥadîth* rapporté par Bukhari. Cf. *Fat'ḥ Al-Bâri*, vol. I, p. 188.

[3] *Ḥadîth* rapporté par Abû Dâwûd (vol. IV, p. 360) et jugé authentique.

œuvres et orienter celles qui ont besoin de sensibilisation en matière de religion. Fréquenter les femmes vertueuses ne saurait être que bénéfique; c'est une source de bien et de rétribution. Il contribue à mieux comprendre l'Islam, à s'attacher encore plus à ses principes et à avoir une vision judicieuse des choses. Allah (exalté soit-Il) incite tout croyant sincère à tenir compagnie aux gens de piété et ne pas s'en détourner pour des raisons purement temporelles. Il dit:

> ﴾Fais patienter ton âme avec ceux qui invoquent leur Seigneur matin et soir, désirant Sa Face. Que tes yeux ne se détachent point d'eux, en cherchant le faux brillant de la vie sur terre. Et n'obéis pas à celui dont Nous avons rendu le cœur inattentif à Notre Rappel, qui cède à sa passion et dont le comportement est outrancier.﴿
>
> *[Coran, 18: 28]*

Seules les femmes pieuses, vertueuses et nobles de caractère méritent la longue compagnie de la musulmane, car elles seules contribuent à approfondir sa foi et à adoucir son comportement. Un poète arabe dit à ce propos:

En fréquentant les gens nobles, tu seras considéré comme eux.
Tâche donc de ne te familiariser qu'avec cette catégorie.

L'appartenance sociale modeste ou la pauvreté d'une femme vertueuse ne doit pas servir de prétexte à la musulmane sincère pour se détourner d'elle. L'essentiel en matière de relations sociales est la personnalité des autres femmes, et non leur apparence, leur appartenance ou leur richesse. La vertu étant l'unique critère dans les rapports d'amitié, la musulmane ne doit éprouver aucune honte à fréquenter les femmes dont le niveau social est inférieur au sien.

Dans sa quête du savoir, le Prophète Moïse (qu'Allah lui accorde Son salut) a décidé d'accompagner l'homme vertueux, en lui disant sur un ton humble et respectueux: ﴾Puis-je te suivre pour que tu m'apprennes de ce qu'on t'a appris, en m'orientant?﴿ *[Coran, 18: 66]* et ﴾Vraiment, tu ne pourras jamais être patient avec moi﴿ *[Coran, 18: 67]*, lui a répondu l'homme vertueux. Mais Moïse (qu'Allah lui accorde Son salut) a insisté sur sa demande en disant avec politesse et courtoisie: ﴾Si Allah le veut, tu me trouveras patient, et je ne désobéirai à aucun de tes ordres.﴿ *[Coran, 18: 69]*

En choisissant ses amies, la musulmane consciencieuse se rappelle que les gens sont semblables aux métaux; certains sont précieux, d'autres n'ont aucune valeur.

Le Messager d'Allah (ﷺ) a dit: «*Les gens sont* [semblables à] *des mines, telles les mines d'or et d'argent. Les meilleurs d'entre eux aux temps antéislamiques sont les meilleurs au temps de l'Islam, s'ils comprennent parfaitement* [ses enseignements]. *Les âmes sont* [semblables à] *des soldats enrégimentées; celles qui se reconnaissent mutuellement s'accordent entre elles, tandis que celles qui ne s'identifient pas les unes aux autres sont en désaccord entre elles*».[1]

Dans l'univers de l'amitié, il y a deux catégories de compagnons: les bons et les mauvais. La compagnie des bons est bénéfique sur tous les plans, tandis que la compagnie des mauvais n'engendre que les pires conséquences. La musulmane avertie connaît cette classification, car le Prophète (ﷺ) l'en a informée en employant une merveilleuse métaphore.

Il a dit: «*Le bon compagnon et le mauvais sont comparables* [respectivement] *au vendeur du musc et au forgeron. Concernant le vendeur du musc, ou bien il t'en fera cadeau, ou bien tu lui en achèteras, ou bien* [au moins] *tu en sentiras la bonne odeur. Quant au forgeron, ou bien il brûlera tes vêtements, ou bien il te fera sentir une odeur puante*».[2]

En raison de ces considérations, les Compagnons tenaient toujours à rendre visite aux personnes vertueuses dont la compagnie

---

[1] *Ḥadîth* rapporté par Muslim. Cf. *Sharḥ ṣaḥîḥ muslim*, vol. XVI, p. 185.

[2] *Ḥadîth* rapporté par Bukhari et Muslim. Cf. *an-Nawawî, Riyâḍ aṣ-ṣâliḥîn*, p. 211.

les incitaient à évoquer Allah et à attendrir leurs cœurs en méditant sur le sort des humains dans l'autre monde. A ce propos, Anas ibn Mâlik (qu'Allah l'agrée) rapporte le récit suivant:

Après la mort du Prophète (ﷺ), Abû Bakr dit à 'Umar (qu'Allah les agrée): «Allons rendre visite à Umm Ayman comme le faisait le Messager d'Allah (ﷺ).» Quand ils arrivèrent chez elle, elle se mit à pleurer. Ils lui dirent: «Qu'est-ce qui te fait pleurer? Ce qui est auprès d'Allah est bien meilleur pour le Messager d'Allah (ﷺ).» Elle répondit: «Ce n'est nullement parce que je ne sais pas que ce qui est auprès d'Allah est bien meilleur pour le Messager d'Allah (ﷺ) que je pleure. Si je pleure, c'est parce que la Révélation est interrompue *[à jamais]*».

En entendant ces mots, ils furent tellement émus qu'ils se mirent à pleurer avec elle.[1]

Rappelons, enfin, que les assemblées composées de femmes vertueuses, dont l'objectif est d'évoquer Allah et de traiter des sujets sains et sérieux, sont des assemblées entourées par les Anges et enveloppées par la miséricorde d'Allah. Ce genre d'assemblées contribue effectivement à purifier les âmes, à adoucir les caractères et à éclairer les esprits. Il y a là donc de bonnes raisons qui devraient inciter la musulmane à y participer fréquemment, pour jouir de leurs effets bénéfiques dans ce bas monde et dans l'Au-delà.

52. *Elle œuvre pour réconcilier les musulmanes*

La société musulmane est, certes, une société dont les membres se distinguent par l'esprit de fraternité, de communication, de compréhension et de tolérance les uns vis-à-vis des autres. Cependant, cette société demeure substantiellement humaine, et donc susceptible de connaître des épisodes de litiges, d'hostilité, de

---

[1] Récit rapporté par Muslim. Cf. *Sharḥ ṣaḥîḥ muslim*, vol. XVI, p. 9.

discorde pouvant même entraîner jusqu'à la rupture des liens entre les croyants. Ces discordes sont, comme nous venons de le souligner, épisodiques et ne représentent pas une constante au sein de la société musulmane, et ce, en raison des enseignements de l'Islam qui recommandent la fraternité entre croyants et condamnent la haine et l'hostilité.

Ayant en vue la faiblesse humaine due à son penchant égoïste, l'Islam recommande des méthodes efficaces pour remédier à toute situation de discorde ou de rupture entre croyants.

Comme nous l'avons mentionné dans un chapitre précédent, l'Islam interdit à tout musulman de rompre avec son coreligionnaire durant plus de trois jours.

Le Messager d'Allah (ﷺ) dit à ce propos: *«Il n'est permis à personne de rompre avec un croyant durant plus de trois jours. Passés ces trois jours, il doit aller à sa rencontre et le saluer. Si ce dernier répond à son salut, ils se partageront la récompense d'Allah. Si,* [par contre,] *il n'y répond pas, le premier sera disculpé* [du péché] *de la rupture».*[1]

Le Coran ordonne aux musulmans et aux musulmanes de réconcilier les croyants en litige, notamment lorsque l'hostilité aveugle pousse ces derniers à se déclarer la guerre. Il dit:

> ﴾Si deux groupes de croyants se combattent, réconciliez-les. Si l'un d'eux se rebelle contre l'autre, combattez le groupe qui se rebelle jusqu'à ce qu'il se conforme à l'ordre d'Allah. Puis s'il s'y conforme, réconciliez-les avec justice et soyez équitables, car Allah aime les justes.﴿ *[Coran, 49: 9]*

Réconcilier les croyants séparés par un différend est donc un devoir, car la société musulmane doit se distinguer par la concorde et la fraternité. Allah (exalté soit-Il) dit:

---

[1] *Ḥadîth* rapporté par Bukhari dans *al-Adab al-mufrad*, vol. I, p. 505.

﴿Certes, les croyants sont frères. Etablissez donc la concorde entre vos frères, et craignez Allah afin qu'il vous fasse miséricorde.﴾ *[Coran, 49: 10]*

Conformément à ces enseignements, la musulmane est tenue à réconcilier ses sœurs en religion qui sont en conflit ou rompent leurs liens de fraternité. Dans cette perspective, l'Islam l'autorise même à exagérer les propos de l'une des parties en conflit et à les embellir en les rapportant à l'autre partie, afin de hâter leur réconciliation. Inventer des propos flatteurs et les attribuer à une personne en discorde avec une autre, dans l'unique intention de ramener celle-ci à de meilleurs sentiments en préparant ainsi la réconciliation, n'est pas considéré, par l'Islam, comme étant un mensonge. C'est plutôt un mensonge licite, voire recommandé. Bukhari et Muslim rapportent, d'après Umm Kulthûm bint 'Uqba ibn Abî Mu'eiṭe (qu'Allah l'agrée), que le Messager d'Allah (ﷺ) a dit: *«N'est pas un menteur celui qui réconcilie les gens en rapportant - ou en disant - des propos bienveillants»*.[1]

Dans la version de Muslim, il est dit qu'Umm Kulthûm a ajouté: *«Je ne l'ai jamais entendu tolérer le mensonge qu'en ces trois cas de figure: la guerre, la réconciliation entre les gens et entre un homme et sa femme»*.[2]

53. Elle se mêle aux femmes et endure leurs torts

La musulmane sincère doit se mêler aux autres femmes et endurer les méfaits de certaines d'entre elles, car elle agit conformément à un engagement, une cause à défendre et un Message à transmettre. Entreprendre cette tâche, ô combien noble et importante, exige beaucoup d'abnégation et de patience. Il arrive que certaines femmes, qu'elle aborde pour leur expliquer les principes de l'Islam ou les

---

[1] Cf. *an-Nawawî, Riyâḍ aṣ-ṣâliḥîn*, p. 687.

[2] Cf. *Sharḥ ṣaḥîḥ muslim*, vol. XVI, p. 157.

appeler à observer ses règles, se moquent d'elle ou lui répondent de manière peu convenable ou dédaigneuse. Ce genre de femmes existe effectivement dans la société humaine. Elles sont égocentriques, détachées exclusivement aux plaisirs de la vie, attachées à des occupations vaines et futiles, frivoles, insoucieuses vis-à-vis de la religion et lentes à se conformer à ses préceptes. Ces gens-là ont toujours et partout existé. Leur comportement agaçant peut même pousser la musulmane qui les côtoie à désespérer de leur cas et à abandonner définitivement sa mission de prédication. Cependant, cet obstacle ne doit aucunement affaiblir la musulmane ou la pousser à s'éloigner des gens et à se replier sur elle-même. Elle doit plutôt faire preuve de patience et de magnanimité, à l'instar des Prophètes et des Messagers qui ont entrepris cette mission avant elle.

Afin d'aguerrir les croyants qui s'engagent à communiquer l'Islam aux autres et de les encourager à persister dans leur mission, le Messager d'Allah (ﷺ) leur affirme que celui qui endure les méfaits des gens a plus de mérite que celui qui ne les supporte pas.

Il dit (ﷺ): *«Le croyant qui fréquente le gens et endure leurs torts a plus de mérite que celui qui ne les fréquente pas et n'endure point leurs torts».*[1]

Le Messager d'Allah (ﷺ) ainsi que les Prophètes qui l'ont précédé sont des modèles parfaits en matière de patience devant la rudesse des gens, leurs futilités et leurs accusations mensongères. Les croyants et les croyantes engagés à diffuser l'Islam devraient donc suivre leur exemple en faisant preuve de patience et de magnanimité face à la mécréance et la malfaisance de certaines personnes.

Bukhari et Muslim rapportent un récit qui illustre parfaitement l'immense magnanimité du Prophète (ﷺ):

«[Un jour,] *le Prophète (ﷺ) fit le partage* [du butin], *comme il le faisait à plusieurs occasions*. Mais un homme des *Anṣâr* (Médinois)

---

[1] *Ḥadîth* rapporté par Bukhari dans *al-Adab al-mufrad*, vol. I, p. 478.

dit: par Allah, ce partage n'a pas été effectué pour la Face d'Allah (à Lui la puissance et la majesté)! Informé de ces propos, le Messager d'Allah (ﷺ) fut péniblement ému *[au point que]* son visage changea *[de couleur]*. Puis il dit: "*Qu'Allah ait l'âme de Moïse qui, avec endurance, a subi une adversité plus dure; cependant, il les a supportés*".»

En prononçant ces mots, la colère du Prophète (ﷺ) se dissipa, le ressentiment le quitta, et il retrouva son indulgence habituelle. Tel fut le comportement des Prophètes et des croyants qui appelaient sincèrement à la Vérité: endurer les torts et les accusations mensongères émis par les gens. Tel est aussi le comportement à adopter par tout croyant et toute croyante, car sans cela, la mission d'appeler à l'Islam sera entravée.

Pour mener à bien cette mission noble, la musulmane doit faire preuve d'intelligence et de subtilité. En plus de la patience qu'elle doit observer de façon constante, elle doit, au préalable, prendre en considération le niveau mental, intellectuel et social des femmes à qui elle adresse son message, avant d'adopter une méthode adéquate à chacune d'entre elles. Ainsi, son action sera efficace et bénéfique.

CONCLUSION

Les chapitres précédents ont illustré de manière claire la personnalité de la musulmane, conformément aux enseignements de l'Islam tirés des versets coraniques explicites et des *Ḥadîth*s authentiques. Ces enseignements, pleins de sagesse, orientent les diverses composantes de la personne: l'esprit, l'âme, la mentalité, le caractère et la conduite. Ils précisent aussi les différentes normes régissant les relations de la musulmane avec les autres: ses père et mère, ses proches parents, son époux, ses enfants, ses voisins, ses sœurs en religion, ses amies, ainsi que toutes les femmes qu'elle fréquente au sein de la société à laquelle elle appartient. En partant du critère qui consiste à réaliser l'équilibre interne et externe de la personnalité, ces enseignements et ces normes représentent le meilleur modèle à adopter par la femme.

Les chapitres précédents ont également mis en évidence que la femme musulmane n'est pas uniquement une femme au foyer, qui n'ait d'autres occupations que celles qui consistent à gérer le ménage et garder les enfants. Ils ont démontré qu'en plus de ses fonctions naturelles, la femme musulmane a une mission plus noble: l'éducation, l'Appel à la cause de l'Islam, la participation active dans les divers domaines de la vie sociale et la contribution à l'amélioration continue.

En parcourant le présent ouvrage, il ressort clairement que la musulmane éclairée par les enseignements de sa religion est une femme consciencieuse, pure, élégante et intelligente, dotée d'un esprit imaginatif et constructif. Elle connaît profondément et observe scrupuleusement ses obligations envers son Seigneur, sa propre personne, ses père et mère, son époux, ses enfants, ses proches ont été tellement recommandés par l'Archange Gabriel que le Messager d'Allah (ﷺ) a cru qu'il allait leur accorder le droit d'héritage. Elle leur souhaite ce qu'elle souhaite pour elle-même, se comporte convenablement avec eux et respecte leur susceptibilité. D'autre part, elle supporte leurs méfaits, ne fait pas cas de leurs erreurs et se garde de leur nuire ou manquer à leurs droits.

Dans ses relations amicales, elle se distingue des autres femmes. Ses amitiés sont basées essentiellement sur l'amour pour Allah. L'amour le plus sain et le plus pur dans la vie humaine, car il est désintéressé et n'aspire qu'à l'agrément d'Allah. C'est pourquoi ses rapports amicaux sont nobles et sublimes. Avec ses amies et ses sœurs en religion, elle est sincère, dévouée et indulgente. Elle tient à consolider les liens d'amitié et de fraternité avec elles et ne provoque jamais leur rupture. Elle ne médit pas d'elles, ne leur porte pas le moindre sentiment haineux et ne les offense point à travers une polémique ou une querelle. Elle n'hésite jamais à leur venir en aide et les accueillit toujours avec un visage radieux et souriant.

Dans ses rapports sociaux, elle est une femme sociable de premier ordre. Cette qualité est due essentiellement aux principes et aux règles de sa religion qui déterminent les relations avec les autres et recommandent la haute moralité vis-à-vis d'eux. De cette vaste et abondante source, elle tire ses habitudes, sa conduite, ses rapports avec les autres, ainsi que les valeurs morales qui épurent son âme et façonnent de manière parfaite sa personnalité sociale.

Dans un tel cadre, elle se distingue par son bon caractère. Cela signifie que, d'une part, elle observe toutes les qualités morales recommandées par l'Islam; et que, d'autre part, elle évite tout comportement non convenable ou condamné par l'Islam.

Ainsi, elle est véridique, pudique, équitable, loyale dans ses conseils, bienveillante, aimable, accommodante, indulgente, compatissante, sympathique, joviale, modeste, discrète, modérée dans son apparence, généreuse, profitable, altruiste, hospitalière et reconnaissante. Elle honore ses promesses, œuvre pour le bien des gens et aide la débitrice en difficulté. Elle conforme ses habitudes aux critères islamiques, opte pour le travail qui corresponde à sa féminité et respecte les règles de bienséance islamiques. Elle évite la haine, la convoitise envieuse, l'arrogance, la présomption, l'ostentation, le rigorisme abusif en matière de religion, le maniérisme, l'afféterie, l'obscénité, l'indécence, la rancune, la conjecture, la médisance, la calomnie, la traîtrise, la tricherie, l'imposture, l'indiscrétion et les éloges exagérés à l'égard des autres. Elle n'imite pas les hommes. Elle ne se réjouit jamais du malheur des autres, ne se moque nullement des gens et ne rappelle aucunement à ses obligés les bienfaits dont elle les aura comblés.

Dans ses activités sociales, elle n'oublie pas qu'elle est engagée pour une cause noble. Elle s'intéresse donc à tout ce qui se rapporte aux musulmans, et œuvre pour réconcilier ceux et celles qui sont en désaccord. Elle fréquente les femmes vertueuses, se mêle aux autres et endure leurs torts. Elle appelle les gens à la Vérité avec sagesse et habileté, ordonne le Bien et interdit le Mal.

Telle est la personnalité de la femme formée et éclairée par l'Islam. C'est le modèle auquel aspire toute femme, quelle que soit sa société ou son époque. Et elle est le modèle suprême, car elle réunit le bon caractère, l'esprit équilibré, l'âme pure et noble. S'ajoute à cela sa conception saine de l'Univers, de la vie et de l'être humain, ainsi que sa conscience de l'importante mission qu'elle est tenue à accomplir dans ce bas monde.

Atteindre ce haut niveau sur le plan intellectuel, spirituel, comportemental et mental est certes un bienfait considérable qu'aucun autre bienfait ne saurait égaler. Il représente, de toute évidence, un exploit civilisationnel qui dépasse de loin tout ce que l'Humanité a réalisé durant son long parcours, car il traduit l'évolution de la dimension humaine chez la femme, sa maturité et son aptitude à accomplir sa mission noble dans la vie.

Si nous constatons, de nos jours, un décalage flagrant entre la personnalité de la femme telle qu'elle a été définie par l'Islam et la condition dégradée et dégradante de la femme au sein de la société musulmane, c'est parce que les musulmans se sont éloignés de l'Islam pour se subordonner intellectuellement et psychologiquement à l'Occident. Un tel phénomène n'aurait pas eu lieu d'être si les musulmans et les musulmanes s'étaient attachés à leurs sources intellectuelles et spirituelles, afin d'y puiser leur immunité ainsi que leur identité authentique et distinguée.

Certes, l'invasion culturelle tendant à l'acculturation de la société musulmane visait la personnalité du musulman de façon générale, aussi bien l'homme que la femme. Cependant, il n'y a aucun doute que la femme était la cible convoitée par la majorité de ses campagnes dont le but consistait à lui ôter sa vertu qui l'a longtemps distinguée, puis la revêtir d'un comportement postiche qui fait d'elle la copie de la femme occidentale sur les plans de l'allure, la mentalité et la conduite.

Des efforts considérables ont été déployés pour atteindre ce but, et un grand nombre d'associations, d'organismes et de mouvements ont adopté le projet qui consiste à occidentaliser la femme musulmane. Mais ils n'y sont pas parvenus, et nous ne pouvons que louer Allah pour cela. Grâce au mouvement d'Eveil islamique qu'à connu la femme à travers le monde musulman, l'opération d'occidentalisation a connu un échec cuisant. Mieux: même les partisans et les partisanes de ce courant commencent à se rétracter, en reconnaissant l'enracinement de la foi islamique dans l'âme et l'esprit de la femme musulmane.

Désormais, l'espoir est immense de voir la femme musulmane capable d'accomplir parfaitement sa mission. Il exige d'elle la confirmation de sa personnalité, là où elle se trouve et en toutes circonstances, car cela traduit de façon claire la sincérité de son appartenance à l'Islam et à sa civilisation hautement humaniste. Cela traduit aussi son aptitude à relancer la Nation à laquelle elle appartient, et à parfaire le pays où elle vit. Allah (exalté soit-Il) dit:

> ﴾Nous fîmes ainsi de vous la communauté du juste-milieu, afin que vous soyez témoins vis-à-vis des gens, et que le Messager soit témoin vis-à-vis de vous.﴿
>
> *[Coran, 2: 143]*

BIBLIOGRAPHIE

- Abû al-Faraj al-Iṣfahânî, *al-Aghânî*, éd. Dâr Iḥyâ' al-Kutub, Egypte, s.d.
- Abû Dâwûd as-Sijistânî, *as-Sunan*, éd. As-Sa'âda, Egypte, 1369.
- Abû Tammâm, *al-Ḥamâsa*, éd. Université Mohammed ibn Sa'ûd al-Islâmiyya, Riyad, 1401H.
- al-Baghawî, *Sharḥ as-sunna*, éd. Al-Maktab al-Islâmî, Beyrouth, 1390H.
- al-Balâdhurî, *al-Ansâb*, éd. Dâr al-Ma'ârif, Egypte, s.d.
- al-Bayhaqî, *Dalâ'il an-nubuwwa*, éd. Dâr al-Kutub al-'Ilmiyya, Beyrouth, 1405H.
- Bint ash-Shâṭi', *Tarâjim sayyidât bayt an-nubuwwa*, éd. Dâr al-Kitâb al-'Arabî, Beyrouth, s.d.
- Bukhari, *al-Adab al-mufrad*. Voir: al-Jîlânî.
- ad-Dawâlîbî Ma'rûf, *al-Mar'a fî l-'islâm*, éd. Dâr an-Nafâ'is, Beyrouth, 1409H.
- adh-Dhahabî, *Mîzân al-I'tidâl*, éd. Dâr Iḥyâ' al-Kutub al-'Arabiyya, Egypte, 1382H
- adh-Dhahabî, *Siyar a'lâm an-nubalâ'*, éd. Mu'assassat ar-Risâla, Beyrouth, 1401H.
- adh-Dhahabî, *Târîkh al-islâm*, éd. Dâr al-Kitâb al-'Arabî, Beyrouth, 1407H.
- al-Ḥâkim, *al-Mustadrak 'alâ aṣ-ṣaḥîḥayn*, éd. An-Naṣr al-Ḥadîtha, Riyad, s.d.
- al-Haythamî, *Kashf al-astâr*, éd. Mu'assassat ar-Risâla, Beyrouth, 1404H.
- al-Haythamî, *Majma' az-zawâ'id wa manba' al-fawâ'id*, éd. Dâr al-Kitâb al-'Arabî, Beyrouth, 1967.
- al-Hindî, *Kanz al-'ummâl fî sunan al-aqwâli wal-af'âl*, éd. Mu'assassat ar-Risâla, Beyrouth, 1399H.
- Ibn 'Abd al-Barr, *al-Istî'âb fî ma'rifat al-aṣḥâb*, éd. Dâr an-Nahḍa, Egypte, s.d.
- Ibn 'Abd Rabbih, *al-'Iqd al-farîd*, éd. Dâr al-Kitâb al-'Arabî, Beyrouth, 1384H.
- Ibn al-Athîr, *Asad al-ghâba fî ma'rifat aṣ-ṣaḥâba*, Egypte, s.d.
- Ibn al-Jawzî, *Aḥkâm an-nisâ'*, éd. Al-Maktaba al-'Aṣriyya, Beyrouth, 1405H.
- Ibn al-Jawzî, *Ṣifat aṣ-ṣafwa*, éd. Al-Wa'y al-Islâmî, Alep, 1389H.
- Ibn Balbân, *al-Iḥsân fî taqrîb ṣaḥîḥ Ibn Ḥibbân*, éd. Mu'assassat ar-Risâla, Beyrouth, 1412H.
- Ibn Ḥajar, *al-Iṣâba fî tamyîz aṣ-ṣaḥâba*, éd. Dâr an-Nahḍa, Egypte, s.d.

- Ibn Ḥajar, *Fat'ḥ Al-Bâri sharḥ ṣaḥîḥ Bukhari*, éd. Dâr al-Ma'rifa, Beyrouth, s.d.
- Ibn Ḥanbal Aḥmed, *al-Musnad*, éd. Ṣâdir, Beyrouth, s.d.
- Ibn Hishâm, *as-Sîra an-nabawiyya*, éd. Dâr al-Qalam, Beyrouth, s.d.
- Ibn Kathîr, *al-Bidâya wa n-nihâya*, éd. Dâr al-Kutub al-'Ilmiyya, Beyrouth, 1409H.
- Ibn Mâjah, *as-Sunan*, éd. Dâr Iḥyâ' al-Kutub al-'Arabiyya, Egypte, s.d.
- Ibn Qayyim al-Jawziyya, *Zâd al-ma'âd*, éd. Mu'assassat ar-Risâla, 1401H.
- Ibn Qudâma, *al-Mughnî*, éd. Maktabat ar-Riyâḍ, 1401H.
- Ibn Sa'd, *aṭ-Ṭabaqât al-kubrâ*, éd. Ṣâdir, Beyrouth, 1389H.
- al-Jîlânî Faḍlu l-lâh, *Faḍl Allah aṣ-ṣamad fî tawḍîḥ al-adab al-mufrad*, éd. Al-Maktaba as- salafiyya, 1407H.
- al-Kândahlawî, *Ḥayât aṣ-ṣaḥâba*, éd. Dâr al-Qalam, Beyrouth, 1403H.
- Mâlik ibn Anas, *al-Muwaṭṭa'*, éd. éd. Dâr Iḥyâ' al-Kutub al-'Arabiyya, gypte, s.d.
- al-Mundhirî, *at-Targhîb wa t-tarhîb*, Qatar, s.d.
- Muslim, *aṣ-Ṣaḥîḥ*: voir an-Nawawî.
- an-Nasâ'i, *as-Sunan al-kubrâ*, éd. Dâr al-Kutub al-'Ilmiyya, Beyrouth, 1411H.
- an-Nasâ'î, *as-Sunan*, éd. Dâr al-Bashâ'ir al-Islâmiyya, Beyrouth, s.d.
- an-Nawawî, *al-Adhkâr*, éd. Dâr al-Qibla, Jaddah, 1413H.
- an-Nawawî, *Riyâḍ aṣ-ṣâliḥîn*, Beyrouth, s.d.
- an-Nawawî, *Sharḥ ṣaḥîḥ Muslim*, éd. Dâr al-Fikr, Beyrouth, 1401H.
- Ṣafwat Aḥmed Zakî, *Jamharat khuṭab al-'arab*, éd. Al-Maktaba al-'Ilmiyya, Beyrouth, s.d.
- as-Sakhâwî, *al-Maqâsṣid al-Ḥassana*, éd. Maktabat al-Khânjî, Egypte, 1375H.
- as-Samarqandî 'Alâ' ad-Dîn, *Tuḥfat al-fuqahâ'*, Qatar, s.d.
- as-Sibâ'î Musṭafâ, *al-Mar'a bayna l-fiqhi wa l-qânûn*, éd. Al-Maktab al-Islâmî, Beyrouth, 1404H.
- aṭ-Ṭabarânî, *al-Mu'jam al-kabîr*, éd. Az-Zahrâ', Mossoul, 1406H.
- aṭ-Ṭabarî, *Târîkh al-umam wa l-mulûk*, éd. Dâr al-Kutub al-'Ilmiyya, Beyrouth, 1407H.
- at-Tirmidhî, *ash-Shamâ'il al-Mohammediyya*, éd. Dâr al-Ḥadîth,Beyrouth, 1405H.
- at-Tirmidhî, *as-Sunan* ou *al-Jâmi' aṣ-ṣaḥîḥ*, éd. Dâr al-Fikr, Beyrouth, s.d.
- al-Wâqidî, *al-Maghâzî*, éd. 'Âlam al-Kutub, Beyrouth, s.d.
- Wirdî Smâḥat 'Ây, *Mina r-Riqq ilâ as-siyâda*, éd. Damla.

TABLE DES MATIÈRES

CHAPITRE DIX